फ़ैज़ की शायरी

एक जुदा अंदाज़ का जादू

फ़ैज़ की शायरी

एक जुदा अंदाज़ का जादू

संचयन-संपादन

मुरली मनोहर प्रसाद सिंह

चंचल चौहान

कांतिमोहन 'सोज़'

संपादन-सहयोग

रेखा अवस्थी

जवरीमल्ल पारख

संजीव कुमार

राजकमल प्रकाशन

नयी दिल्ली पटना इलाहाबाद

मूल्य : ₹ 450

पहला संस्करण : 2012

प्रकाशक : राजकमल प्रकाशन प्रा.लि.
1-बी, नेताजी सुभाष मार्ग
नई दिल्ली-110 002

शाखाएँ : अशोक राजपथ, साइंस कॉलेज के सामने, पटना-800 006
पहली मंजिल, दरबारी बिल्डिंग, महात्मा गांधी मार्ग, इलाहाबाद-211 001

वेबसाइट : www.rajkamalprakashan.com
ई-मेल : info@rajkamalprakashan.com

आवरण : मनोज कुलकर्णी

टाईप सेटिंग : अभ्यानन्द सिन्हा

मुद्रक : बी.के. ऑफसेट
नवीन शाहदरा, दिल्ली-110 032

FAIZ KI SHAYARI : EK JUDA ANDAZ KA JADU
Edited by Murli Manohar Prasad Singh, Chanchal Chauhan, Kantimohan Soz

ISBN : 978&81&267-2145-0

अनुक्रम

भूमिका

उर्दू शायरी के अग्रणी रचनाकारों में मीर, ग़ालिब और इक़बाल के बाद प्रायः फ़ैज़ अहमद फ़ैज़ को सबसे अधिक महत्व दिया जाता है—लोकप्रियता और अदबी अहमियत—दोनों ही दृष्टियों से। फ़ैज़ का ऐसा क्या करिश्मा है? उनकी शायरी में वह कौन-सा जादू है? चाहे रूमानियत के लिहाज़ से देखें, यथार्थवाद के नज़रिये से देखें, फ़ौजी हुकूमत और तानाशाही के ख़िलाफ़ लड़ने वाले योद्धा के रूप में देखें या इंक़लाबी शायर के रूप में देखें—हर लिहाज़ से फ़ैज़ भारत-पाक उपमहाद्वीप के एक बड़े शायर नज़र आते हैं।

भारत-पाक उपमहाद्वीप के सैकड़ों गायकों ने फ़ैज़ की ग़ज़लों-नज़्मों और नग़मों को करोड़ों लोगों तक संगीत की विभिन्न धुनों में बांधकर पहुंचाया है। जहां भी ऐसे कार्यक्रम होते हैं, लोगों की भीड़ उत्कंठा, उत्साह और जुनून के साथ उमड़ने लगती है। इतने बड़े शायर पर परिचयात्मक और आलोचनात्मक दृष्टि से लिखी गयी एक भी पुस्तक हिंदी में नहीं है। प्रस्तुत संकलन-संचयन इसी अभाव की पूर्ति का विनम्र प्रयास है।

इस पुस्तक में हिंदी और उर्दू के रचनाकारों के आलेखों और टिप्पणियों के माध्यम से फ़ैज़ की शायरी के विभिन्न पहलुओं पर रौशनी डाली गयी है। इसके बावजूद अनेक प्रश्न और प्रसंग यदि छूट गये हों तो कोई आश्चर्य की बात नहीं है। कुछ सवालों पर हम अपने पाठकों को आमंत्रित करते हैं कि वे नये सिरे से सोचें। जैसे यह कि क्या फ़ैज़ की नज़्मों पर अंग्रेज़ी के रोमांटिक कवियों में शेली और कीट्स के ओड (संबोधन गीत) के विशिष्ट रूपविधान अर्थात नयी उद्भावनाओं का गहरा प्रभाव है? जैसे यह प्रश्न भी कि क्या इश्क़ को निजी मुहब्बत की हदों से ऊपर उठाते हुए वतन और इंसानियत से मुहब्बत की व्यापक अर्थ-व्यंजना के स्तर पर ले जाने में फ़ैज़ ने सूफ़ियों के तसव्वुफ़ से मदद ली है? विश्लेषणात्मक दृष्टि से यह प्रश्न भी महत्वपूर्ण है कि क्या फ़ैज़ की ज़्यादातर ग़ज़लें और नज़्में उर्दू काव्य-परंपरा के भीतर छिपी गुंजाइशों और संभाव्य नवोन्मेष की तलाश के क्रम में रची गयी हैं?

हम लोग क्या, दुनिया भर के लोग संगीत से प्रेम करते हैं। केवल हिंदी, उर्दू और पंजाबी भाषी ही नहीं, भोजपुरी, अवधी, ब्रजभाषा, मैथिली, बैसवाड़ी—सभी जनपदों और अंचलों के लोग संगीत सुनकर भावविभोर हो जाते हैं। चाहे वह भक्तिसंगीत हो, निरगुन संगीत हो, सूफ़ी संगीत हो, लोक संगीत हो या जनसंघर्षों की कोख से पैदा होने वाला जनगीत हो—हमें यह सब पसंद है और हम इसमें डूबकर रस लेते

हैं। उर्दूभाषियों, संगीतकारों और गायकों ने ग़ज़लों और नज़्मों की गायकी की परिपाटी क़ायम कर मीर, ग़ालिब और फ़ैज़ की शायरी को अलग-अलग क्षेत्रों की विशाल आबादी तक पहुंचाया है। इसके अतिरिक्त मुशायरे के माध्यम से भी एक बड़े जनसमुदाय तक शायरी की पहुंच बनी रही है। पर हिंदी की आधुनिक कविता बहुसंख्यक जनता से कटती चली गयी है चूंकि सांगीतिक प्रस्तुतियों के लिहाज़ से गायकों ने हिंदी की आधुनिक कविता को अपनाया ही नहीं है। संगीतकारों को हम क्यों दोष दें, जबकि हमारे बीच मधुर स्वर लहरी में गीत गाने वाले लोकप्रिय गीतकारों को दोयम दर्जे के कवि के रूप में देखने का फ़ैशन-सा चल पड़ा है। इसके लिए समकालीन हिंदी समालोचना को दोष न देकर हमें अपने सांस्कृतिक परिवेश की वास्तविकताओं पर पुनर्विचार करना होगा। छंद, लय, धुन, तुकबंदी आदि के विरुद्ध अभियान चलाने वाले जिस तरह के सृजनकर्म पर ज़ोर देते रहे हैं, उसके परिणामों की ज़रा भी चिंता नहीं करते कि किस तरह कविता विशाल आबादी से कटती चली जा रही है।

इस संचयन में उर्दू-हिंदी के अनेक लेखकों ने इस बात पर विचार किया है कि कैसे फ़ैज़ ने इस्लाम के धार्मिक रूपकों और आख्यानों को क्रांतिकारी ढंग से रूपांतरित कर दिया है। कुछ लेखकों ने फ़ैज़ की शायरी की उस विशिष्टता को भी रेखांकित किया है जिसके कारण जन-संघर्ष और क्रांतिकारी उभार के क्रम में उनकी नज़्में इंकलाबी गीत की तरह गायी जाती हैं। ज़ाहिर है कि उत्पीड़ित जनगण की लोकतांत्रिक अभिलाषाओं के अनेक पहलुओं को फ़ैज़ की रचनाशीलता अपने में समो कर चलती है। नतीजा यह कि फ़ैज़ की शायरी सिर्फ़ क्रांतिकारी-जनवादी आंदोलन का परचम ही नहीं बल्कि समाज के बहुत बड़े हिस्से की अनमोल सांस्कृतिक थाती भी बन गयी है।

यह संचयन उपर्युक्त प्रश्नों और विश्लेषण के लिए आवश्यक सूत्रों-संकेतों पर ध्यान आकृष्ट करे, यही हमारा प्रयत्न है। इस संचयन में उर्दू आलोचकों के आलेखों के साथ हिंदी कवियों और आलोचकों के भी आलेख सम्मिलित हैं। अभी तक हिंदी में सिर्फ़ शमशेर बहादुर सिंह ने फ़ैज़ पर एक छोटी टिप्पणी 1979 में लिखी थी। इस संचयन में पहली बार हिंदी के अनेकानेक महत्वपूर्ण रचनाकारों ने फ़ैज़ पर अपना दृष्टिकोण स्पष्ट करते हुए उनकी शायरी का विश्लेषण किया है। हिंदी-उर्दू के अलावा अंग्रेज़ी में लिखित तीन आलेखों के अनुवाद भी इसमें शामिल कर लिये गये हैं।

बहरहाल इस संकलन-संचयन के लेखकों और अनुवादकों के प्रति हम अपना हार्दिक आभार प्रकट करते हैं। इस काम में हमारे प्रिय मित्र साहित्यप्रेमी सुदर्शन सोबती ने भी अपना समय और सुझाव दे कर हमारी मदद की है जिसके लिए हम उनके शुक्रगुज़ार हैं। इसके साथ ही राजकमल प्रकाशन के अशोक महेश्वरी के प्रति भी हम अपना आभार प्रकट करते हैं, जिन्होंने इस पुस्तक के प्रकाशन के प्रस्ताव को उत्साहपूर्वक स्वीकार किया है।

—मुरली मनोहर प्रसाद सिंह
—चंचल चौहान
—कांतिमोहन 'सोज़'

भाग : एक

सच्चाई का नूर

सज्जाद ज़हीर

एक

रावलपिंडी साज़िश के मुक़दमे के दिनों में फ़ैज़ के साथ मैं भी सेंट्रल जेल (हैदाराबाद, सिंध) में था। दिसंबर 1952 तक हमारे मुक़दमे की सुनवाई ख़त्म हो चुकी थी। हमें रोज़ रोज़ स्पेशल डिविज़नल ट्रिब्यूनल के इजलास में जाकर मुलज़िमों के कठघरे में घंटों बैठे रहने और उस दौरान गवाहों की शहादत, वकीलों की जिरह और जजों की बेमतलब क़ानूनी छानबीन से मुक्ति मिल गयी थी। अभी फ़ैसला नहीं सुनाया गया था और हम उम्मीदों के आलम में थे। उन्हीं दिनों एक दिन यह सूचना मिली कि *दस्ते-सबा* प्रकाशित हो गयी। वैसे हम इसकी तमाम चीज़ें फ़ैज़ के मुंह से सुन चुके थे और उन्हें बार-बार पढ़ चुके थे। लेकिन इस ख़बर से हममें से तमाम क़ैदियों को, जो साहित्य में रुचि रखते थे, एक ग़ैर मामूली ख़ुशी हुई। जेल के हाकिमों से अनुमति ले कर हमने एक दावत भी कर डाली, जिसमें हम तमाम क़ैदियों ने मिल कर फ़ैज़ को *दस्ते-सबा* के प्रकाशन पर मुबारकबाद दी। उस मौक़े पर अन्य बातों के अलावा मैंने यह कहा था कि बहुत अर्सा गुज़र जाने के बाद जब लोग रावलपिंडी साज़िश के मुक़दमे को भूल जायेंगे और पाकिस्तान की सन् 1952 की अहम घटनाओं पर नज़र डालेंगे तो यक़ीनन इस साल की सबसे महत्वपूर्ण ऐतिहासिक घटना इस छोटी सी किताब का प्रकाशन ही होगा।

बहुत दिनों से लोग जिनमें कुछ नेकनीयत और कुछ बदनीयत हैं उर्दू साहित्य और विशेष रूप से प्रगतिशील परिवेश के ठहराव या उसके पतन की बातें कर रहे हैं। मैं इस नज़रिये को सही नहीं समझता। बल्कि मेरा ख़याल है कि उर्दू साहित्य का आधुनिक युग उसके रौशनतरीन युगों में से है। यह दौर तक़रीबन 1930 से शुरू होता है और अभी तक जारी है। और अगर हम पिछले चार-पांच साल को ही ले लें तो मेरे ख़याल में फ़ैज़ की *दस्ते-सबा* और *ज़िंदांनामा*, नदीम क़ासमी की *शोला-ए-गुल*, सरदार जाफ़री की *पत्थर की दीवार*, एहतेशाम हुसैन की *तनक़ीद और अमली तनक़ीद*, और मजनूं गोरखपुरी की *नक़ूश-ओ-अफ़कार* आदि किताबें इस दावे के प्रमाण के लिए काफ़ी हैं। रचनात्मकता का सुर्ख़ शोला, 'जिसमें गर्मी भी है, हरकत भी, तवानाई

(ताक़त, शक्ति) भी', विपरीत हालात में न धीमा होता है और न बुझता है बल्कि जहालत व प्रतिक्रिया की काली आंधियां उसे और भी भड़काती हैं और इस तरह संघर्षों और टकराहटों के तूफ़ानों से गुज़र कर और इस जंग से ताक़त व गर्मी ले कर सच्चाई का नूर पहले से भी ज़्यादा चमकता है और इसके हुस्न व असर में अनेक नयी रौशनियां झिलमिलाने लगती हैं।

ज़िंदांनामा की ज़्यादातर नज़्में फ़ैज़ ने मंटगोमरी सेंट्रल जेल और लाहौर सेंट्रल ज़ेल में लिखीं। यानी जुलाई 1952 से मार्च 1955 तक की लिखी हुई चीज़ें इसमें शामिल हैं। इसी दरमियान में हम एक दूसरे से बिछड़ गये थे, क्योंकि हम दोनों को चार-चार साल की क़ैद बामशक़्क़त देने के बाद हुक्मरानों ने यह फ़ैसला किया कि हम एक साथ जेल में न रखे जायें। फ़ैज़ को पंजाब में मंटगोमरी जेल भेजा गया और मुझे हैदराबाद सिंध से बलूचिस्तान की सेंट्रल जेल। हम एक दूसरे से चिट्ठी-पत्री भी नहीं कर सकते थे। दूसरे दोस्तों के ख़तों और कुछ उर्दू पत्रिकाओं के ज़रिये मुझे फ़ैज़ की चंद ग़ज़लें और नज़्में, जो उस ज़माने में लिखी गयीं, पढ़ने का मौक़ा मिल जाता था।

अब ज़िंदगी के हालात मेरे लिए काफ़ी ख़ुशगवार हैं और मैं आज़ाद फ़िज़ा में सांस ले सकता हूं। इसके बावजूद जब मैं उन ज़हनी, जज़्बाती और रूहानी हालात का ख़याल करता हूं जो मुझ पर उस वक़्त छाये हुए थे, जब अपने इस सबसे प्यारे दोस्त और हमदम का कलाम पढ़ता था, तो इसका इज़हार अब मुश्किल मालूम होता था। शायद बेलाग आलोचना के लिए यह अच्छा भी नहीं है। यह भी सही है कि चूंकि हमारे बहुत से अनुभव, ज़िंदगी और अपने वतन को ख़ुशहाल व हसीन बनाने से जुड़े हमारे ख़्वाब, हमारा दर्द, हमारी नफ़रतें और शौक़ एक जैसे थे, इसलिए फ़ैज़ के उन अशआर का मुझ पर ग़ैरमामूली असर होता था। मेरा दिल कभी ख़ून के आंसू रोता था कि जो अपनी हुस्नकारी से सबकी ज़िंदगी इतनी करुणा से भर देता है और अपने नग़मों से हम सबकी रगों में सुरूर की नहरें बहा देता है, क़ैद की मुसीबतें व सख़्तियां उसकी ज़िंदगी का हिस्सा क्यों हैं। तो कभी मेरा ज़हन उस शायरी में मौजूद ख़यालात की ख़ुशनुमा गुलकारियों (कलात्मकता) से कसबे-शऊर करता (सोच हासिल करता) जिनमें आधुनिक द्वंद्वात्मकता के ज्ञान की रौशनी इंसानियत के शरीफ़तरीन जज़्बात से इस तरह मिल गयी है जैसे सूरज की किरणों में गर्मी और रौशनी मिली होती है।

फ़ैज़ की इन नज़्मों को मुकम्मल तौर पर देखें तो हमें मालूम होता है कि जहां तक उनके मूल्यों, जिनको शायर ने इनमें पेश किया है, का ताल्लुक़ है, वे तो वही हैं जो इस ज़माने में तमाम प्रगतिशील इंसानियत के मूल्य हैं। लेकिन फ़ैज़ ने उनको इतनी ख़ूबी से अपनाया है कि वे न तो हमारी सभ्यता और संस्कृति की बेहतरीन परंपराओं से अलग नज़र आते हैं और न शायर के व्यक्तित्व व विशिष्ट मधुर गीतात्मक शैली से अलग।

फ़ैज़ की शायरी में वतन के फूलों की ख़ुशबू है, उनके ख़यालात में उन सचाइयों और जम्हूरी मक़सदों की चमक है जिनसे हमारी क़ौम के ज़्यादातर दिल रौशन हैं। अगर सभ्यता के विकास का अर्थ यह है कि इनसान अपनी मूल प्रकृति और रूहानी पतन से मुक्ति हासिल कर के अपने दिलों में कोमलता, अपनी दृष्टि में न्यायशीलता, और अपने किरदार में दृढ़ता और बुलंदी पैदा करें और हमारी ज़िंदगी अपनी पूर्ण और विशिष्ट हैसियत से बाहरी और अंदरूनी तौर पर साफ़ भी हो, तो फ़ैज़ की शायरी उन तमाम तहज़ीबी मक़सदों को छू लेने की कोशिश करती है। मेरा ख़याल है कि पाकिस्तान और हिंदुस्तान में इसकी असाधारण लोकप्रियता का सबब यही है। लिहाज़ा फ़ैज़ के तमाम चाहने वाले *नक़्शे-फ़रियादी, दस्ते-सबा* और *ज़िंदांनामा* के दीवाने होने के बाद भी उनसे यह उम्मीद रखते हैं कि उनकी अब तक की गयी रचनाओं के मुक़ाबले मात्रा और गुणवत्ता दोनों लिहाज़ से जो रचनाएं अभी नहीं हुई हैं, वे ज़्यादा मूल्यवान होंगी।

(13 जनवरी 1956) **अनुवाद : बलवंत कौर**

दो

फ़ैज़ का लगभग सारा कलाम उनके चार संग्रहों में है यानी सन् 1970 तक *नक़्शे-फ़रियादी, दस्ते-सबा, ज़िंदांनामा* और *दस्ते-तहे-संग*। यही उनके सृजनात्मक जीवन की मुकम्मल दास्तान है। ख़ुशक़िस्मती से हममें से बहुतों ने उन्हें बार-बार पढ़ा है। यह उनके अपने शब्दों में बयान की हुई दास्तान है : अस्ल, सच्ची, अंदरूनी, दिलचस्प, और बड़ी ख़ूबसूरत दास्तान। इसके अलावा और इससे बेहतर मैं या कोई दूसरा शख़्स क्या कह सकता है। मैं कभी-कभी सोचता हूं कि आख़िर लोग किसी कलाकार की बाहरी रोज़मर्रा की ज़िंदगी, उसकी आदतें और स्वभाव, उसकी समाजी हैसियत, उसकी चाल-ढाल, उसके बात करने या शेर पढ़ने के अंदाज़; वह कहां पैदा हुआ, उसने कितनी और कहां शिक्षा पायी, घोषित रूप से और खुफ़िया तौर पर कितनी औरतों से उसने मुहब्बत की; उसका राजनीतिक और सामाजिक दृष्टिकोण क्या है...और इसी क़िस्म की बहुत-सी बातें मालूम करने की कोशिश क्यों करते हैं? विश्वास किया जाता है कि हम इन बातों के मालूम हो जाने के बाद उस कलाकार के व्यक्तित्व को समझ लेंगे और यह भी जान लेंगे कि वह कैसा आदमी है। लेकिन दाने और मिट्टी और हवा और पानी और सूरज की रौशनी के बारे में सब कुछ मालूम करने के बाद भी हम फूल, उसके रंग की मोहकता, उसकी पंखड़ियों की नमी और कोमलता, उसकी उड़ती हुई महक यानी उसकी सारी लताफ़त और उसकी सुंदरता का अंदाज़ा कैसे लगा सकते हैं? वह बना तो उन्हीं चीज़ों के मेल से है जिनका ऊपर ज़िक्र किया गया है लेकिन उनसे किसी क़दर भिन्न है।

लोग नैतिकता के क्षेत्र में आम तौर पर एक बात को सख़्त नापसंद करते हैं, और वह है कथनी और करनी का परस्पर-विरोध, यानी, हम कहें कुछ और, दावा करें कुछ और, अमल करें कुछ और। हमारा देश ऋषियों-मुनियों, औलियाओं-फ़क़ीरों, भक्तों और महात्माओं का देश है। लेकिन हमारे ही देश में 'बगुला भगत' का मुहावरा आम है, और हममें से अक्सर ने ख़ुद पिछले तीस-चालीस बरस में यह माजरा देखा है कि हमारे मुल्क में एक ख़ास क़िस्म की टोपी और लिबास, जो कभी देशभक्ति और निष्ठावान जीवन और विनम्रता की अलामत समझे जाते थे, अब आम हिंदुस्तानियों की नज़र से बिलकुल उनसे उलट बातों के निशान समझे जाने लगे हैं। मैं समझता हूं कि हिंदुस्तान और पाकिस्तान, बल्कि इन मुल्कों के बाहर भी जहां फ़ैज़ के बारे में लोगों को जानकारी है, फ़ैज़ की असाधारण लोकप्रियता और लोगों को उनसे गहरी दिली मुहब्बत का एक कारण उनके काव्य की ख़ूबियों के अलावा यह भी है कि लोग फ़ैज़ की ज़िदंगी और उनके अमल, उनके दावों और उनकी कथनी में टकराव नहीं देखते। गो कि, मेरी राय में, अगर यह टकराव होता भी, तब भी इस वजह से कि कला की दुनिया के विधि-विधान प्रचलित नैतिक विधि-विधानों से अगर भिन्न नहीं तो दूसरे ही स्तर के होते हैं, उनकी काव्यात्मक हैसियत में कोई फ़र्क़ न आता।

मैं मिसाल के तौर पर चंद वाक़िआत आपको बताना चाहता हूं। फ़ैज़ 9 मार्च 1951 को लाहौर में अपने मकान से अचानक गिरफ़्तार कर लिये गये। उस वक़्त वे पाकिस्तान के दो सबसे महत्वपूर्ण अख़बारों–*पाकिस्तान टाइम्स* और *इमरोज़*–के संपादक थे। उनके साथ पाकिस्तानी फ़ौज के चीफ़ आफ़ द जनरल स्टाफ़, जनरल अकबर ख़ान, और कई दूसरे फ़ौजी अफ़सरान भी बड़े ड्रामाई अंदाज़ में गिरफ़्तार कर लिये गये। सारा पाकिस्तान हिल गया। अख़बारों में रोज़ ये अफ़वाहें छपने लगीं कि इन सब लोगों को फ़ौजी बग़ावत की साज़िश के जुर्म में फ़ौरन गोली मार दी जायेगी। मैं उस वक़्त लाहौर में था और मुझे लोगों ने आकर बताया कि किसी को इसका पता नहीं है कि फ़ैज़ किस जेल में हैं। कई हफ़्ते उनकी बीवी और बच्चों को भी इसका पता न था। न किसी को फ़ैज़ से मिलने की इजाज़त थी। यह भी सुना गया कि फ़ैज़ को शारीरिक यातना पहुंचायी जा रही है (बाद में मालूम हुआ कि यह बात ग़लत थी)। अलबत्ता दूसरी बातें सही थीं; यानी वे बिलकुल अकेले और तकलीफ़देह हालात में रखे गये थे। कोई किताब (सिवाय *क़ुरान-मजीद* के), अख़बार, पत्रिकाएं, या काग़ज़, क़लम-दवात तक, उनको नहीं दिया गया था। न ख़ुद कुछ लिख सकते थे, न किसी का कोई ख़त वग़ैरा पा सकते थे। सारांश यह कि परिस्थिति भयावह थी। इन्हीं हालात में फ़ैज़ ने वह अपना मशहूर क़ित'आ[1] कहा :

1. किसी भी एक विषय पर उस सुसंबद्ध पदयोजना वाली कविता को क़ित्आ कहते हैं जिसमें प्रथम शेर के दोनों पद ग़ज़ल के मतले की तरह सम-तुकांत नहीं होते। मगर बाक़ी शेरों में तुकांत योजना ग़ज़ल की ही तरह होती है।

मता-ए-लौह-ओ-क़लम छिन गयी तो क्या ग़म है
कि ख़ूने-दिल में डुबो ली हैं उंगलियां मैंने
ज़बां पे मुहर लगी है तो क्या; कि रख दी है
हरेक हलक़ए-ज़ंजीर में ज़बां मैंने

और इस मज़मून की ग़ज़ल भी कही :

हम परवरिशे-लौह-ओ-क़लम करते रहेंगे
जो दिल पे गुज़रती है रक़म करते रहेंगे
हां, तल्ख़िए-अय्याम अभी और बढ़ेगी
हां, अहले-सितम मश्क़े-सितम करते रहेंगे
मैख़ाना सलामत है, तो हम सुर्ख़िए-मय से
तज़ईने-दरो-बामे-हरम करते रहेंगे

मैंने फ़ैज़ का यह कलाम ख़ुद उनकी ज़बानी हैदराबाद-सिंध जेल में सुना; इसलिए कि उनकी गिरफ़्तारी के तक़रीबन तीन महीने के बाद मैं भी गिरफ़्तार कर लिया गया और रावलपिंडी साज़िश केस के कुल क़ैदी एक स्पेशल ट्रेन में लाहौर से हैदराबाद-सिंध पहुंचाये गये। यह स्पेशल ट्रेन और उसका सफ़र भी अजीबोग़रीब, और दरअसल स्पेशल था। हम तेरह क़ैदी एक ही ट्रेन के अलग-अलग डिब्बों में थे। हरेक क़ैदी दो स्टेनगन से लैस सिपाहियों और एक इंस्पेक्टर पुलिस के साथ फ़र्स्ट क्लास के एक डिब्बे में हिरासत में था। हम एक-दूसरे से मिल नहीं सकते थे, और न हमको यह पता था कि दूसरे डिब्बे में कौन है। लेकिन यह मौक़ा इन बातों के बयान करने का नहीं, और न अब इसका कोई ख़ास महत्व है। जेल के अंदर हमारी मुलाक़ात हुई, और हमने अपनी आपबीतियां सुनाने के बाद फ़ैज़ से पूछा कि शायरी का क्या हाल है, तब उन्होंने हमको अपनी ताज़ा चीज़ें सुनायीं। कागज़-क़लम न होने की वजह से उस वक़्त तक, तीन महीने में, कहा हुआ, कलाम दर-अस्ल लौहे-दिल[2] पर ही लिखा हुआ था। हैदराबाद में जब हमें क़लम और कागज़ रखने की इजाज़त मिली, तब यह कलाम बयाज़[3] में क़लमबंद किया गया।

हैदराबाद सिंध के जेलख़ाने में हम तक़रीबन दो साल रहे। एक स्पेशल ट्रिब्यूनल[4] जो जेल के अंदर ही बैठता था, उसके सामने हमको रोज़ाना पेश होना पड़ता था और हम सरकारी वकील की बहस और जिरह और सफ़ाई के वकीलों का जवाब, सैकड़ों गवाहों की गवाहियां—यह सब सुनते रहते थे। आम तौर पर ये चंद-घंटे निहायत बोरिंग होते थे। दूसरी या आख़िरी पंक्ति के बायें सिरे पर मैं और फ़ैज पास पास बैठे कानाफूसी करते रहते और सामने पड़ी हुई कापी पर कभी कार्टून बनाते, कभी गवाहियों पर अपने नोट लेते। हम 'दंडसंहिता पाकिस्तान' की अनगिनत धाराओं

2. हृदय की पाटी।
3. शेरों के लिखने की कापी, नोटबुक।
4. अदालत।

के तहत मुलज़िम क़रार दिये गये थे; जिनमें सबसे संगीन, फ़ौजी बग़ावत फैलाने का अभियोग था; जिसकी सज़ा मौत थी। हमें उस वक़्त हंसी आती थी जब हमारे ख़िलाफ़ झूठी गवाहियां पेश होती थीं। इन मौक़ों पर कभी-कभी हम या हमारे साथी बेसाख़्ता हंस देते थे जो अदालत की तौहीन का पर्याय समझा जाता था। इस पर स्पेशल ट्रिब्यूनल के अध्यक्ष जस्टिस अब्दुर्रहमान, जिनको हाई ब्लड प्रेशर की शिकायत थी, ग़ुस्से से बिलकुल लाल-पीले हो जाते (वे बहुत गोरे-चिट्टे थे) और ज़ोर-ज़ोर से चिल्लाकर हमको ख़ामोश रहने का आदेश देते, और अगर इस पर भी किसी को और ज़्यादा हंसी आती, तो वे धमकी देते।

अपनी क़िस्मत का फ़ैसला करने वाले जज को नाराज़ कर लेना और भड़काना कोई दूरदर्शिता नहीं थी, लेकिन आख़िर हम भी मजबूर थे।

उन दिनों हम लोग हर पंद्रह दिन पर छुट्टी के दिन एक 'तरही-मुशायरा'[5] करते थे; जिसके लिए शेर कहना हर क़ैदी के लिए लाज़िमी था। दरअसल यह फ़ैज़ के ख़िलाफ़ एक षड्यंत्र था, ताकि उनको शेर लिखने पर मजबूर किया जाये। इन्हीं हालात में फ़ैज़ ने यह ग़ज़ल लिखी :

तुम आये हो न शबे-इंतिज़ार गुज़री है
तलाश में है सहर, बार-बार गुज़री है

और आप सब भी समझ सकते हैं कि इस मशहूर शेर को प्रेरित करनेवाले कौन से हालात थे :

वो बात, सारे फ़साने में जिसका ज़िक्र न था
वो बात उनको बहुत नागवार गुज़री है।

उन्हीं दिनों एक दिन हमने अख़बारों में यह ख़बर पढ़ी कि अनारकली में एक ख़ूबसूरत लड़की, जिसके कंधों पर बालों की घटा छायी थी, हंसती-बोलती गुज़र रही थी। एक मौलाना किसी दुकान पर बैठे थे। उनको यह मंज़र देखकर ख़ुश होने के बजाय सख़्त ग़ुस्सा आया, और इस बेपर्दगी में उन्हें इस्लाम की तौहीन नज़र आयी। चुनांचे वे एक कैंची लिये हुए अपनी जगह से कूदे और लपककर उस बेचारी लड़की की ज़ुल्फ़ें काट दीं। ख़ैर, इस अनधिकार हस्तक्षेप पर मौलाना पकड़े गये और उनको सज़ा हुई। मालूम होता है, फ़ैज़ इस घटना से बहुत प्रभावित हुए और उन्होंने अपनी एक ग़ज़ल में यह शेर लिखा :

दिलबरी ठहरी ज़बाने-ख़ल्क़ खुलवाने[6] का नाम
अब नहीं लेते परीरू ज़ुल्फ़ लहराने का नाम

ज़ाहिर है, इन हालात में सबसे ज़्यादा रूहानी तकलीफ़ हमें उस वक़्त होती थी जब हम पर ग़द्दारी का, स्वदेश-विरोध का इल्ज़ाम लगाया जाता था। इसकी

---

5. किसी नियत छंद और तुक योजना ('तरह') के अनुसार कही गयी ग़ज़लों का मुशायरा 'तरही मुशायरा' कहलाता है।
6. दुनिया का मुंह खुलवाने।

सफ़ाई हम उस अदालत में क्या पेश करते जो बनायी ही इसलिए गयी थी कि विशेष क़ानून का सहारा लेकर (रावलपिंडी साज़िश के मुक़दमे के लिए एक ख़ास क़ानून बनाया गया था, जिसकी एक धारा यह भी थी कि यह मुक़दमा गुप्त रूप से चलाया जायेगा, और इसकी कार्रवाई के किसी हिस्से को भी प्रकाश में लाना स्वयं जुर्म होगा) तमाम अभियुक्तों को किसी-न-किसी प्रकार दंडित किया जाये। लेकिन फ़ैज़ चुप नहीं बैठे और अपनी अनेक कविताओं, ग़ज़लों, स्फुट रचनाओं (क़ित्'ओं) और छिट-पुट अश्'आर में उन्होंने अपनी ऐसी बेमिसाल सफ़ाई पेश की कि उन पर अभियोग लगानेवाले ख़ुद ही मुजरिम नज़र आने लगे। इस क़िस्म की नज़्मों में 'दो इश्क़' और 'निसार मैं तेरी गलियों पे' ख़ास तौर पर इन भावनाओं को व्यक्त करती हैं। 'दो इश्क़' में फ़ैज़ ने नये और अछूते रूपकों का प्रयोग किया है :

तनहाई में क्या-क्या न तुझे याद किया है
क्या-क्या न दिले-ज़ार ने ढूंढ़ी हैं पनाहें
आंखों से लगाया है कभी दस्ते-सबा[7] को
डाली हैं कभी गर्दने-महताब में[8] बाहें

तनहाई की भावनाओं का वर्णन करना हर कवि अपना पैदाइशी हक़ समझता है और आजकल कतिपय कवियों और चिंतकों ने तो इसको बाक़ायदा दर्शन का रूप दे दिया है; और वे अपने तथाकथित एकाकीपन को इतनी अहमियत देते हैं जितना ज़ोर एक ईश्वर को माननेवाले मुसलमान अल्लाह-त'आला के एकाकी और अद्वितीय होने को देते हैं। लेकिन आप ज़रा फ़ैज़ की इस दर्दनाक लेकिन हसीन तनहाई की कल्पना कीजिए जिसमें *दस्ते-सबा* की नर्मी और ठंडक प्रेयसी के हाथों की याद दिलाती है, और चांद की वक्रता को देखकर प्रिया की अनुपस्थिति में, उसके गले में बांहें डाल देने को जी चाहता है।

मानव-स्वतंत्रता, मानवीय मूल्यों की गरिमा, प्रेमपूर्ण सहज मानवीय संबंध, भद्र और पवित्र आचरण, मानवों पर होनेवाले हर प्रकार के ज़ुल्म, शोषण, ज़ोर-ज़बरदस्ती और तानाशाही की समाप्ति का लक्ष्य और इस लक्ष्य और उच्चादर्श की प्राप्ति के लिए ऐसी साधना और संघर्ष—कोई कायिक, मानसिक, आत्मिक रूप से एकाग्र समर्पित प्रेमी ही करता है। फ़ैज़ के श्रेष्ठ काव्य की विषयवस्तु यही है। उनका लहजा कभी नर्म, मुलायम और धीमा; कभी कठोर, तेज़ और द्रुत प्रवाहमय। उनके प्रतीक और व्यंजनाएं कभी सादा, कभी पेचीदा; बात में कभी सीधा-स्पष्ट और ओजस्वी संबोधन; कभी तह-ब-तह हज़ारों पर्दों और नक़ाबों में ढका-छुपा। मसलन देखिए इस 'क़ित'ए' का आहंग (स्वरनाद) कितना ओजस्वी और गूंजता हुआ है :

---

7. ठंडी हवाओं के हाथ (को)।
8. चंद्रमा की गर्दन में।

हमारे दम से है कू-ए-जुनूं में अब भी ख़जिल
अबा-ए-शैख़-ओ-क़बा-ए-अमीर-ओ-ताजे-शही
हमीं से सुन्नते-मन्सूर-ओ-क़ैस ज़िंदा है
हमीं से बाक़ी है गुलदामनी-ओ-कजकुलही[9]

और कभी इस बात को आहिस्ता से मुस्कराकर यों कह देते हैं :

इज्ज़े-अहले-सितम की बात करो
इश्क़ के दम-क़दम की बात करो[10]
बामे-सर्वत के ख़ुशनशीनों से
अज़मते-चश्मे-नम की बात करो[11]
जान जायेंगे जाननेवाले[12]
'फ़ैज़' फ़रहाद-ओ-जम की बात करो।

फ़ैज़ की सहल और सादा शायरी की बात आयी तो एक दिलचस्प वाक़िआ और सुन लीजिए। हैदराबाद-सिंध के जेल में हम पर पहरा देने के लिए जो वार्ड मुक़र्रर थे उनमें एक साहब थे जिनको सब लोग नवाब साहब कहकर पुकारते थे। ये हज़रत गोरे-चिट्टे और काफ़ी मोटे-ताज़े थे। हर वक़्त पान खाये रहते थे, और सिंधी और पंजाबी पहरेदारों के दरमियान वैसी ही वर्दी में होने के बावजूद अपनी साफ़-शुस्ता (प्रांजल) उर्दू और उसके लहजे की वजह से फ़ौरन पहचाने जा सकते थे। दर्याफ़्त करने पर उन्होंने बताया कि वे लखनऊ के हैं, और शीशमहल के नवाबों के ख़ानदान के। वैसे, पाकिस्तान पहुंचकर, यू.पी. और हैदराबाद-दकन से आये हुए शरणार्थियों में से बहुत-से लोग नवाब बन गये हैं। बहरहाल इन साहब को जब मालूम हुआ कि फ़ैज़ शायर हैं और मैं लखनऊ के एक जाने-बूझे शिया ख़ानदान का हूं, तो हम दोनों में ख़ास दिलचस्पी लेने लगे। हम भी वार्डों की तलाश में रहते थे, जिनकी हमदर्दी की भावना से लाभ उठाकर हम उनसे छोटे-मोटे ग़ैर-क़ानूनी काम ले सकें (जिसे जेल की परिभाषा में 'तिगड़म' कहते हैं)। ज़ाहिर है नवाब साहब शायर भी थे। अपनी हलकी-फुलकी ग़ज़लें फ़ैज़ को सुनाते, और फ़ैज़ से कलाम सुनाने की

9. भावार्थ : अपना लंबा धार्मिक चोग़ा पहने हुए शेख़, शानदार लिबासों में शासकगण और मुकुट-छत्रधारी सम्राट हमारी जुनून की गलियों में हतप्रभ होकर लज्जा से भर जाते हैं। आत्मबलिदानी संत मंसूर और महान प्रेमी मजनूं (क़ैस) के आत्मोत्सर्ग का धर्म हमीं से जीवित है। इसी प्रकार अपने दामन को फूलदार (यानी बलिदानी रक्त से रंजित) करने और कुलाह टेढ़ी रखने (यानी विद्रोह की आन लेकर जीने) की परंपरा भी हमीं से क़ायम है।
10. चर्चा करो अत्याचरियों की विनम्रता और दीनता की। प्रेम के साहसिक चरण की चर्चा करो।
11. ऐश्वर्य की उत्तुंग अट्टालिकाओं में प्रसन्न आवास करनेवाले के आगे अश्रुपूर्ण आंखों की गौरव-गरिमा का प्रसंग उठाओ।
12. समझने वाले समझ ही जायेंगे, फ़ैज़ ज़रा फ़रहाद—जैसे मज़दूर और जमशेद—जैसे बादशाह की चर्चा तो करो। (फ़रहाद का प्रेम आज भी अमर है; और जमशेद की बादशाहत का नामोनिशान तक नहीं।)

फ़रमाइश करते। लेकिन फ़ैज़ का कलाम सुनकर थोड़ी-सी रस्मी तारीफ़ करके चुप साध लेते। एक दिन उन्होंने चुपके से मुझसे कहा : 'हैदराबाद में एक मुशायरा होने वाला है। फ़ैज़ साहब ज़रा अच्छी-सी ग़ज़ल लिख दें (यानी वैसी नहीं जैसी फ़ैज़ आम तौर से कहते हैं जो नवाब साहब को ज़्यादा पसंद नहीं आती थी) तो बड़ा अच्छा हो, और नवाब साहब उसे मुशायरे में पढ़ देंगे।' मैंने फ़ैज़ को नवाब साहब का पैग़ाम पहुंचा दिया, और यह भी कह दिया कि इस लखनऊ वाले पर तुम्हारे कलाम का कोई रौब नहीं पड़ा है। अगर उसे ख़ुश रखना है तो उसके मतलब की कोई चीज़ कहो। फ़ैज़ बोले–'भाई, तुम लखनऊवालों को ख़ुश करना मेरे लिए मुश्किल है। आख़िर मैं सियालकोट का पंजाबी हूं, लेकिन चलो, कोशिश करते हैं। अलबत्ता नवाब साहब से कह दो कि इसके एवज़ में हमारे लिए एक शराब की बोतल का इंतज़ाम करेंगे।'[13]

न गुल खिले हैं न उनसे मिले, न मय पी है
अजीब रंग में अबके बहार गुज़री है

एक दिन में फ़ैज़ ने नवाब साहब की फ़रमाइश पूरी कर दी और यह ग़ज़ल लिखी :

तेरी सूरत जो दिलनशीं की है[14]
आशना[15] *शक्ल हर हसीं की है*

इस ग़ज़ल में नवाब साहब की पसंद के ये दो शेर थे :

शेख़ से बेहिरास[16] *मिलते हैं*
हमने तौबा अभी नहीं की है
ज़िक्रे-जन्नत, बयाने-हूर-ओ-क़ुसूर[17]
बात गोया यहीं कहीं की है

नवाब साहब भी वादे के पक्के निकले। एक दिन शाम को चुपके से 'जिन' की एक बोतल जेब में रख लाये, और मेरे हवाले कर दी। गर्मियों के दिन थे। हमने बड़े तकल्लुफ़ से उसे शाम के वक़्त शरबत में मिलाकर पिया। लेकिन उस दिन के बाद फिर जेल में पीने से तौबा कर ली। शराब दरअस्ल आज़ादी और ख़ुशदिली के माहौल में पीने की चीज़ है। दिल कहीं भटके और जेलख़ाना, और अनगिनत अभावों के आलम में इसके असर से दिल की ख़राबी और बढ़ जाती है।

इन हिकायतों और लतीफ़ों की तो पूरी किताब लिखी जा सकती है, और आप शायद उन्हें सुनकर बोर भी न हों।...लेकिन मेरी राय में फ़ैज़ की शायरी से लुत्फ़ उठाने के लिए उसको इन वाक़िआत और परिस्थितियों और प्रेरणास्रोतों से जोड़ने

---

13. बोतल के दाम फ़ैज़ ने अदा किये थे।
14. दिल में बसायी है।
15. परिचित।
16. बेझिझक।
17. क़ुसूर क़स्र का बहुवचन; अर्थात् महलात।

की कोई ख़ास ज़रूरत नहीं है—हालांकि इन्होंने रचनाप्रक्रिया में सहायता दी है; और यह कि उसका सृजन एक ख़ास सरज़मीन में पैवस्त होने के बावजूद, उससे अलग, भिन्न, और विशिष्ट है (भले ही इस शेरो-शायरी के प्रेरक तत्वों के रूप में वे उसका आवश्यक अंश हों)। लेकिन फ़ैज़ की सृजनात्मक प्रतिभा से गुज़रने के बाद उनका महत्व आंशिक मात्र और दूसरे दर्जे का होकर रह जाता है; और जो चीज़ हमको मिलती है वह फ़ैज़ की रूह, उनका विशिष्ट व्यक्तित्व, और चिंतन और कल्पना-नियोजन का आश्चर्यजनक अछूतापन, और कला का अद्वितीय कौशल, हुस्न और लताफ़त और पाकीज़गी और पावन मूल्यों की एक अनंत खोज, जैसे बहार के मौसम में तरह-तरह के फूलों से रौशन किसी बाग़ में मिलीजुली अनजानी महक से भरी मादक हवाओं के हलके झोंकों में होती है। आप उसे महसूस कर सकते हैं, उसको पकड़ना और पहचानना मुश्किल है, इसलिए कि उसकी जैसी और कोई दूसरी चीज़ नहीं, और न ही कला के उत्कृष्ट रूप-जैसी है।

हर शाम उसकी आवाज़ सुनता हूं...

मुल्कराज आनंद

चौरस चेहरे, घुंघराले बालों वाला शर्मीला युवक जिसकी तथ्यों पर मनन करने वाली बड़ी आंखें आकर्षित करती थीं। वह धीरे चलता, वह कम बोलता था। किंतु अकस्मात् भोजन के समय या एक कमरे से दूसरे में जाते हुए वह किसी पुराने कवि की या अपनी रचना की कुछ आरंभिक पंक्तियां दोहराता, गुनगुनाता रहता था। वह प्रायः बहादुरशाह ज़फ़र के मुशायरे में पढ़ी ग़ालिब की दर्दीली पंक्तियों को हमारे साथ सांझा करता :

दिल-ए-नादां तुझे हुआ क्या है...

वास्तव में इस मिसरे के साथ वर्षों तक हम एक-दूजे का अभिवादन करते रहे और मिलने पर हम अपने दर्द को मुस्कान में बदल लेते थे।

पहली बार फ़ैज़ से मेरी मुलाक़ात डॉ. मोहम्मद दीन तासीर के अमृतसर वाले घर में हुई थी। तासीर को मैं कैंब्रिज व लंदन के दिनों से जानता था। वह अपने गृहनगर में इस्लामिक कालेज का प्रिंसिपल था। फ़ैज़ कालेज में लेक्चरर था और तासीर के साथ ही रहता था। प्रिंसिपल की अंग्रेज़ पत्नी क्रिस्टोबेल मेरी उन दिनों की परिचित थीं जब वे मेरे प्रकाशक सर स्टेनले अनविन के यहां काम करती थीं। हम तासीर की चिंतन बैठकों में प्रायः रोज़ ही मिलते थे। सज्जाद ज़हीर, डॉ. घोष, इक़बाल सिंह, तासीर, हरकिरत सिंह, विक्टर केअरनन और सोमनाथ चिब के साथ मिलकर हमने प्रगतिशील लेखक संघ की औपचारिक स्थापना की थी। ये बैठकें इसी सिलसिले में होती थीं। क्रिस हमारी मेज़बान थीं जो हमारे लिए पंजाबी ढंग का मुर्ग़ पकाती थीं। मैंने ही उन्हें सिखाया था। वे अपने पति से उर्दू सीख रही थीं जिससे वे हमारी बातचीत और कविता पाठ का आनंद ले सकें। वे बहुत अध्ययनशील थीं। जब वे अमृतसर अपने पति के साथ रहने के लिए आयीं तो उन्होंने कइयों का दिल जीत लिया हालांकि उनकी राय थी कि तासीर को इस मेम को यहां पर नहीं लाना चाहिए था। वे फ़ैज़ की प्रशंसक थीं। हम दोनों के विचार से फ़ैज़ और नौजवान फ्रेंच कवि रिम्बो के बीच अद्‌भुत सादृश्य था। एज़ेल रिक वार्ड द्वारा चकित करने वाले

प्रतिरोधी शब्दों के इस जादूगर की जीवनी छपने के बाद यह स्पष्ट हो गया था कि रिम्बो इंग्लैंड के युवकों का चहेता हो गया था।

कई तरह से रिम्बो के साथ फ़ैज़ का सादृश्य क्रिस को और मुझे आकर्षित करता था। इसमें कोई संदेह नहीं था। दोनों गांव के सामान्य परिवारों से आये थे। पारिवारिक तानाशाही, सामंतशाही और उनके ऊपर ख़ुदा की सत्ता के विरुद्ध स्वाभाविक जीवन के विकास के लिए उनकी प्रतिभा विकसित हुई थी। दोनों ने कम उम्र में ही प्रतिवाद करना आरंभ किया था। पारंपरिक रूढ़ियों के विरुद्ध दोनों ने सजग भाषा से मनुष्य में जागृति लाने के यत्न किये। कर्मकांड से लदे-फदे पुराने विचारों-विश्वासों पर उन्होंने विचारोत्तेजक बिंबों से प्रहार किया, पूर्ववर्ती भाट चारणों के भाग्यवाद को तिलांजलि देकर भविष्यद्रष्टा का मार्ग अपनाया।

भीतर की तीव्र भावनाओं को व्यक्त करने वाला कवि अदृश्य तारों को झंकृत करता है। ये भावनाएं निश्छल अनुभवों से प्रेरित होती हैं। नया कवि पूववर्ती बिंबों को बार-बार प्रयुक्त होने के कारण क्षरित होते देखता है। दैनिक जीवन के विरोधाभासों में लोगों का सत्य की अपेक्षा पुरानी बुरी आदतों को अपनाना उसे क्षुब्ध करता है। इसलिए वह नये शब्दों और बिंबों द्वारा उन पर कठोर प्रहार करता है ताकि अपनी आंतरिक आग से पतंगे की भांति उन्हें जलाकर भस्म कर दे, जैसा जलालुद्दीन रूमी ने अपनी मसनवी लिखने के बाद कहा है।

अमृतसर हो, श्रीनगर या लाहौर, तासीर और क्रिस के साथ रहते हुए हर दूसरे वर्ष फ़ैज़ को निकट से जानने का अवसर मुझे मिला। मैंने पाया कि उसकी प्रवृत्ति न केवल रिम्बो अपितु अंग्रेज़ कल्पनाशील लारा राइडिंग, डी.एच. लारेंस, रिचर्ड एल्डिंगटन, फ्रांसीसी लुई अरांगो, एलुआर्ड और ज़ारा और लातिन अमरीकी पाब्लो नेरुदा से भी काफ़ी हद तक मिलती है।

जब मैं उस काल का स्मरण करता हूं तो मैं रिम्बो की भाषा में पाता हूं कि उस समय के अधिकांश सत्यनिष्ठ कवि 'आग चोर' थे। पुरानी क्षरित होती हुई रूढ़ियों का दबाव, मनुष्य को मनुष्य द्वारा दी जाने वाली यातनाओं के कारण सुलगती राख से उठने वाले असंतोष की आहों को वे सुनते थे। अमीर और ग़रीब के बीच अन्याय देखकर वे सच का साथ देते थे। इनसे मनुष्य की प्राण रक्षा की भावी आशाओं, कुछ जगहों पर बढ़ती तानाशाही के विरुद्ध लोकतंत्र प्रेमियों की एकजुटता की भिन्न-भिन्न अभिव्यक्तियों को व्यापक समर्थन मिला।

मेज़ पर हमारी रोज़मर्रा की बातचीत मुझे याद है (गर्मियों में श्रीनगर के जेहलम नदी के बांध पर हाउसबोट के छोटे-से खाने के कमरे में तासीर के साथ)। प्रायः हम इक़बाल के बारे में बातचीत करते जिसने मनुष्य की स्थिति को पहचानने का रास्ता दिखाया। वास्तव में घर के बच्चों को इक़बाल का संदेश देने के लिए फ़ैज़ ने एक पोस्टर पर तूफ़ान से अनाथ हुए बच्चों और पंजाब के किसानों की ग़रीबी के बारे में इक़बाल की एक कारुणिक कविता लिखी। हाउसबोट की ऊंचाई पर एक छोटे-से

मुशायरे में तासीर ने लेनिन के बारे में इक़बाल की स्तुति पढ़ी। फ़ैज़ ने इक़बाल की नज़्म की आरंभिक पंक्तियों को दोहराते हुए शब्द साम्य प्रस्तुत किया जहां इक़बाल ने कहा :

सितारों से आगे जहां और भी हैं
अभी इश्क़ के इम्तहां और भी हैं!

उस समय मैं आर्नल्ड टाएन्बी की *इतिहास का अध्ययन* नामक पुस्तक पढ़ रहा था। परिवार जनों के लिए मैंने इस दिव्य द्रष्टा के ये शब्द पढ़े, 'मानवजाति के पहले दस लाख वर्षों में अपने होने वाले वंशजों के सुरक्षित भविष्य के लिए हमने शेर-चीतों से संघर्ष किया। तीस हज़ार साल पहले बैक्टीरिया के अतिरिक्त हमने समस्त मानवरहित प्रकृति पर विजय प्राप्त की, तब से हमारे केवल दो शत्रु हैं—जीवाणु और मनुष्य।'

इसने मुझे जवाहरलाल नेहरू के लेख, 'मनुष्य जीवन का अंतिम उद्देश्य' से कुछ पृष्ठ पढ़ने के लिए प्रेरित किया।

तासीर, फ़ैज़ और मैंने लाहौर पहुंचने के बाद लेखकों की एक बड़ी सभा बुलाने के बारे में विचार किया। हमने अनुभव किया कि हमारे कवियों को भावुकतापूर्ण ग़ज़लों की अपेक्षा यथार्थ की पृष्ठभूमि उकेरनी चाहिए। हमारे गद्य-पद्य को मानवीय यथार्थ के संघर्ष की अभिव्यक्ति का माध्यम बनना चाहिए। ग़ज़ल को काफ़िया की यांत्रिकता से मुक्ति पानी चाहिए। न केवल स्वतंत्रता संग्राम का समर्थन करना चाहिए अपितु क़त्लेआम द्वारा मानवता को पदच्युत करने के हर हमलावर प्रयास का निरंतर मुक़ाबला करना चाहिए, क्योंकि अत्याचारी खुलेआम यह ऐलान करते हैं कि साम्राज्यवाद और सैनिक तानाशाही के ख़िलाफ़ विद्रोह का जवाब नरसंहार करके दिया जायेगा। तमाम तरकीबों से गुज़रने के बाद पुख़्ता अनुभव के आधार पर मनुष्य पूर्ण मनुष्य बन सकता है, यही हमने महसूस किया।

फ़ैज़ की उस समय की कविताओं में प्रेमिका क्रांति का प्रतीक बन गयी। उर्दू की पुरानी कविताओं का रूमानी पक्ष और चुग़ताई के चित्रों में प्रेमिका के भौतिक सौंदर्य का स्थानापन्न मायकोवस्की के ज्वलंत पद्यों में हुआ। मायकोवस्की की भांति फ़ैज़ ने पोस्टर छंद नहीं लिखे अपितु नये ढंग की सार्थक शब्दावली के बिंबों के साथ मधुर ग़ज़लों की रचना से नयी शुरुआत की।

जनरल फ्रैंको ने हिटलर और मुसोलिनी जैसे फ़ासिस्टों की सहायता से किराये के मूरिश गिरोह के सदस्यों को लेकर सर्वहारा आंदोलन के नेता शेवलेरो के नेतृत्व वाली स्पेन की लोकप्रिय निर्वाचित सरकार पर आक्रमण किया। यह दूसरे विश्वयुद्ध का पूर्वाभ्यास था।

पश्चिम के अधिकांश अग्रणी फ़ासीवाद विरोधी लेखकों ने फ़ासीवाद के विरुद्ध स्वेच्छा से रिपब्लिकन आर्मी में शिरकत की और वह सब किया जो इससे पूर्व लेखकों ने कभी नहीं किया था।

प्रेमचंद की अध्यक्षता में लखनऊ में एकत्रित हुए प्रगतिशील लेखकों से मशविरे के बाद मैंने स्पेन में जाकर ऐंद्रे मालराक्स, राल्फ़ फ़ॉक्स, जान कार्नफ़ोर्ड, क्रिस्टोफ़र कॉडवेल, आर्तुरो बेरिया तथा दूसरों के साथ 'इंटरनेशनल ब्रिगेड' की सदस्यता ली।

यद्यपि हम टैगोर, इक़बाल, वल्लतोल, भारती और युवा लेखकों, निराला, फ़ैज़ विष्णु दे, अली सरदार जाफ़री और मजाज़ की कविताओं से परिचित थे—जिनमें शासकों द्वारा ग़ुलामों के साथ बर्बरता के व्यवहार के प्रति विद्रोह था, गांधी की अहिंसा के विरुद्ध हिंसक प्रदर्शन पर क्षोभ था। वास्तव में हम हिटलर द्वारा जर्मनी में साठ लाख यहूदियों के वध और उनके संगठित दमन की प्रक्रिया से परिचित थे। क्रूर अमानवीय केंद्रीकृत नियमित फ़ौजों के तौर-तरीक़ों को हम समझ नहीं पा रहे थे, जिन्हें प्रजातंत्र के लुटेरों ने पूर्ववर्ती साम्राजी सेना के समानांतर गठित किया था।

मानव-अधिकारों के विनाश के विरुद्ध बोल्शेविकों ने स्टालिन के नेतृत्व में एक क्रांतिकारी शक्ति का गठन किया जो कालांतर में फ़ासिस्ट हिंसा का मुक़ाबला करने वाली सबसे बड़ी क्रांतिकारी शक्ति के रूप में उभरी।

गांधी द्वारा दी गयी अहिंसा की शपथ के विरुद्ध जा रहा था मैं, इस भावना ने मुझे सजग कर दिया। स्पेन युद्ध के दौरान घायल एक जनतंत्र प्रेमी की बारसेलोना में डॉ. बेथुन द्वारा की जाने वाली दर्दनाक शल्य क्रिया को देखकर मैं बेहोश हो गया। मैंने खंदकों के समीप ख़ुद को पत्रकारों की श्रेणी में भेजे जाने का अनुरोध किया। मुझे लगा मैं किसी का वध नहीं कर सकता, शत्रु का भी नहीं।

मुझे यह स्वीकार कर लेना चाहिए कि लेखक शब्दों की दुनिया के बाहर कोई और गतिविधि नहीं कर सकता। मुझे याद है कि आदिम समाज में कवि को युद्ध में जाने के लिए नहीं कहा जाता था, पर उसे गाने के लिए निमंत्रित किया जाता था, क्योंकि वह शारीरिक तौर पर कमज़ोर, विनम्र और डरपोक था। हमारे समय के लेखक को द्वंद्व और दुविधा के कारण जनता से दूर रहने की पीड़ा को झेलना पड़ता है, क्योंकि वह आज की वैश्विक संस्कृति यानी युद्ध में अक्सर मन से या सक्रियता से हिस्सा नहीं ले पाता है।

यद्यपि पश्चिम के कई लेखक स्पेन की लड़ाई में शहीद हुए जिनमें हमारे मित्र जान कार्नफ़ोर्ड, राल्फ़ फ़ॉक्स, क्रिस्टोफ़र काडवेल और डेबिड गेस्ट भी थे। एंद्रे मालराक्स अंत तक लड़ते रहे। हेमिंग्वे से नेरुदा और अल्बर्ती तक आधुनिक साहित्य का शायद ही कोई उल्लेखनीय साहित्यकार हो जो मैड्रिड में आयोजित 1937 के वसंत की फ़ासीवाद विरोधी कान्फ्रेंस में न हो।

युद्ध संस्कृति के अलमबरदारों ने नाज़ी जर्मनी और फ़ासीवादी इटली द्वारा मुहैया कराये गये हथियारों से रिपब्लिकनों की खंदकों पर धुआंधार हमले किये। आने वाले द्वितीय महायुद्ध के आयोजकों ने स्पेन में अपने हुनर को आज़माया और फ्रेंको विजयी हुआ।

इस मारकाट में हिस्सा लेने वाले जुनून से निजात पाने के लिए मैं भारत लौट आया। अहिंसा की गांधीवादी भावनाएं, जिन्हें मैंने ग्रहण किया था, मुझे रोक रही थीं, किंतु प्रतिरोधी हिंसा की गतिविधियों में सम्मिलित होने की भावना को भी मैं त्याग नहीं पा रहा था।

मुझे याद है कि हममें से कई दुविधा के अयथार्थ में जी रहे थे। मैं अपने मार्गदर्शक जवाहरलाल नेहरू एवं पुराने मित्रों सज्जाद ज़हीर, मोहम्मद दीन तासीर, फ़ैज़ अहमद फ़ैज़, हीरेन मुखर्जी और विष्णु दे से मिला। हम सब स्पेन की पराजय के कारण सदमे में थे। हम जानते थे कि जिन्होंने मशीनगन और गनबोट की सहायता से स्पेन के गणतंत्र प्रेमी आंदोलन पर विजय प्राप्त की है, उन्हें ज़ाहिरा तौर पर गांधी के अहिंसा आंदोलन से घृणा थी। हमारी दैहिक कमज़ोरी को हमारी नैतिक कमज़ोरी मान लिया गया। क़ानून से परे हम नीच जाति के थे। मानवीय संस्कृति को पुनः स्थापित करने के लिए हमने देशभर में सभाएं आयोजित कीं।

यह विश्वास को बल देने वाली बात थी कि फ़ैज़ की कविता में निराशा का कोई संकेत नहीं था यद्यपि लगता था कि उसने पराजय स्वीकार कर ली थी। उसने युवकों को अपनी निजी पहचान बनाने के लिए प्रेरित किया। मजाज़ की नज़्म 'आवारा' किसी आवारा की आत्मस्वीकृति नहीं थी अपितु अवध के बड़े घरानों द्वारा ब्रिटिश साम्राज्य को सहयोग देने वाले ज़मींदारों से संबंध-विच्छेद की घोषणा थी।

इन वर्षों में परस्पर दूरियां बढ़ गयीं। यद्यपि फ़ैज़ ने क्रिस की बहन एलिस से अब तक शादी कर ली थी।

सज्जाद ज़हीर, हीरेन मुखर्जी और अब्दुल अलीम की सहायता से मैंने 1938 में कलकत्ता में प्रगतिशील लेखक संघ की कान्फ्रेंस का आयोजन किया, जहां रवींद्रनाथ टैगोर ने अपना अध्यक्षीय भाषण भेजा। वे पुराने फ़ासीवाद के तौर-तरीक़े को मानव संस्कृति के लिए ख़तरा मानते थे। उभरते हुए औद्योगिक समाज को पूरी तरह जानने के लिए, जहां पुराने साम्राज्य ध्वस्त हो रहे थे और नये निर्मित हो रहे थे, चेतना का आधुनिकीकरण ज़रूरी था।

जवाहरलान नेहरू ने हमारे साथ सहानुभूति प्रकट की। टॉलस्टाय और गांधी की तरह वे भी सचेत थे कि नये नायक लोगों में कृत्रिम भावनाएं भर रहे हैं, अगर उन्हें अकेला छोड़ दिया जाये। किंतु इन नायकों की गला फाड़-फाड़कर की गयी घोषणाएं, 'मज़हब ख़तरे में है' लोगों को अपने साथ बहा ले जाती थीं। उनके मतानुसार नवनिर्माण के लिए निष्पक्ष विचारों का होना आवश्यक है।

मैंने सोचा लंदन जाकर अपनी किताबें समेट लाऊंगा और लाहौर में सांस्कृतिक केंद्र की स्थापना करूंगा।

वापसी के किराये के लिए मुझे रायल्टी के पैसों की आवश्यकता थी। मैंने अपना नया उपन्यास पूरा किया ही था कि हिटलर ने पोलैंड पर आक्रमण कर दिया। अंततः साम्राजियों ने म्यूनिख़, प्राग और विएना में अपना स्थान बनाये रखने के लिए हिटलर

को संतुष्ट किया। सोवियतों को मालूम था कि पश्चिम की फ़ासीवादियों के प्रति सहानुभूति है इसलिए उन्होंने पूर्व के देशों को अपने पक्ष में करने की कोशिश की और इस युद्ध को साम्राज्यवादी युद्ध की संज्ञा दी। वास्तव में मशीन का जवाब मशीन नहीं था। इसलिए कुछ समय के लिए उन्होंने हिटलर के साथ दिखावटी समझौता किया। तमाम विचारधाराएं बिखर गयीं। तमाम हीरो मोम के पुतले बन गये। तमाम दुनिया अंधकार में डूब गयी। मैंने एक विवेकी प्रतिरोधी होना चाहा। इसलिए एक एकड़ भूमि जोतने की सज़ा मिली। इसी बीच कृष्ण मेनन ने मुझे इस कष्टसाध्य कार्य से मुक्ति दिलायी और सेंट बरो कौंसिल की लायब्रेरी वैन चलाने का कार्य सौंपा।

युद्ध के सात वर्ष एक अनंत दुःस्वप्न, अनिश्चितता, आंतरिक पीड़ा के दिन थे। लाखों की मृत्यु देखना एक डरावना दृश्य था। कोई नहीं जानता था कब वह बम के टुकड़ों से क्षतविक्षत होगा। हम डॉ. सिंहा की किताबों की दुकान पर मिलते थे और बरतानिया की पराजय के सपने देखते थे, विशेषतया जब चर्चिल ने भारत की स्वतंत्रता के एटलांटिक चार्टर को लागू करने से इनकार कर दिया था।

मैं इस बात पर सचेत हो गया कि कमज़ोर होने पर चेतना का सहारा लेकर कैसे कोई नैतिक संवेदना खो सकता है। जवाहरलाल नेहरू एकमात्र भारतीय थे जिसने फ़ासीवादी हिंसा के विरुद्ध संघर्ष में अपना विश्वास नहीं खोया। चूंकि यह साम्राज्यवादी हिंसा के सदृश थी, अतः उन्होंने फ़ासीवादी विजय पर प्रसन्नता प्रकट नहीं की।

मैंने भी साम्राज्यवाद और फ़ासीवाद के मध्य एक कांच की दीवार रखी यह जानते हुए कि दूसरी तमाम मानवीय अच्छाइयों को फ़ासिस्ट शक्ति लील जायेगी अगर वह जीती तो जैसा कि उसने लगभग कर दिखाया।

1942 में जब रूस पर आक्रमण हुआ मैं अराजकतावादी जार्ज आर्वेल के साथ अस्थायी उद्घोषक बन गया था। बीती बातों को याद करते हुए मुझे स्वीकार करना होगा कि मैं संपूर्ण नैतिक पतन का शिकार था। दुनिया आदमी के विकास के आरंभिक वर्षों की तरह नरम भी हो गयी थी।

1946 में भारत लौटने पर मैंने फ़ैज़ को हिंदुस्तानी ब्रिटिश फ़ौज की वर्दी में देखा। मेरी तरह उसका सहयोग भी तर्क की हल्की-सी पर्त की तरह ही रहा होगा। उपनिवेशी शोषक ने शासित शोषित के लिए बहुत कम विकल्प छोड़े थे। प्रतिरोध के बावजूद हम पर समझौतापरस्ती का दाग़ था।

किंतु भारत-पाक विभाजन को स्वीकार कर लेना सबसे बड़ा दुख था। मज़हब की आड़ में युद्धोन्मादी उपद्रवियों ने जनता को काटने-मारने के लिए उकसाया। दोनों ओर लाखों इंसान मारे गये। पाकिस्तान से प्रकाशित पुस्तकों का यहां आना कठिन था। इसी तरह पाकिस्तानियों के लिए भारत में प्रकाशित पुस्तकों को प्राप्त करना कठिन था।

कुछ समय पश्चात मैंने *ब्रदर* शीर्षक से एक उपन्यास लिखने का प्रयास किया, जिसमें दंगे से कुछ समय पूर्व दो कवियों के वियोग की गाथा थी। यह फ़ैज़ और

अन्य मित्रों से अलग होने की गाथा थी। मियां इफ़्तख़ारुद्दीन ने मोटर द्वारा वाया भटिंडा लाहौर से मुझे दिल्ली पहुंचाया। हमारे पथप्रदर्शक नेहरू ने मेरे रक्षक को एक गार्ड के साथ यह कहकर वापिस भेजा कि नवोदित राष्ट्र में जाकर स्थायी मैत्री के लिए कार्य करे।

मियां के कैनाल रोड वाले बंगले से रुख़सत होते समय मैं और फ़ैज़ गले मिले। मैं जानता था कि हमें अपने संबंधों को मेलजोल वाली बैठकों द्वारा बनाये रखना होगा, जो दोनों देशों में नहीं हो पायेंगी और यही हुआ। ये मेलजोल की सभाएं गिनती की ही थीं।

पाकिस्तान की स्थापना के कुछ वर्ष पश्चात हम यह सुनकर भयभीत हुए कि सज्जाद ज़हीर और फ़ैज़ दोनों को कई वर्षों के लिए बलूचिस्तान की जेलों में क़ैद कर दिया गया।

आरोप पत्र का विस्तार से खुलासा इफ्तख़ारुद्दीन ने मुझे 1950 में दिया, जब वह चीनी गणराज्य के अभिनंदन के लिए पाकिस्तान के प्रतिनिधि के रूप में आया। उसी समय पुराने गांधीवादी पंडित मौलवी सुंदरलाल जो स्वयं को मार्क्सवादी कहते थे, के नेतृत्व में पंडित नेहरू ने एक प्रतिनिधिमंडल भेजा जिसमें मैं भी शरीक था।

इफ़्तख़ारुद्दीन ने कहा, उसने *पाकिस्तान टाइम्स* नाम से एक अख़बार निकाला है, फ़ैज़ उसके संपादक हैं और सिकंदर हयात ख़ां के पुराने सामंती परिवार के मज़हर अली सहायक संपादक हैं। किंतु उसके उदारवादी जनतांत्रिक दृष्टिकोण के कारण इसे जीवित रख पाना आसान नहीं। इफ़्ती कोई नयी पुस्तक अपने साथ नहीं लाया था। यद्यपि वह राजनीतिक प्रवृत्तियों का सूक्ष्म आब्ज़र्बर नहीं था, फिर भी उसने बताया कि जनतांत्रिक उद्देश्यों के लिए भूमिगत गुरिल्ला की तरह अधिकांश लोग इक़बाल, जोश, फ़ैज़ के पगचिह्नों पर चल रहे थे। वह स्वयं भी भूमि वितरण समारोहों से बहुत प्रभावित था जो शंघाई गांव के निकट उसने देखे थे और लौटकर वैसा ही करने की उसने इच्छा व्यक्त की थी जैसा कि टॉलस्टाय ने किया था यानी 'अपनी भूमि किसानों को सौंप दी।' मुझे लगा कि हमारे सामूहिक अवचेतन में विश्वव्यापी दृढ़ इच्छाशक्ति है। हमारे दिल एक ही लयताल से धड़कते थे।

यह जनता का प्रेम था जिसने अवध के उच्च न्यायालय के सर्वोच न्यायाधीश के पुत्र सज्जाद ज़हीर को सभी कुछ त्यागकर जवाहरलाल नेहरू का सेक्रेटरी बनने के लिए प्रेरित किया। इसी भावना ने तालुक़ेदार ख़ानदान के वंशज महमूद-उल-ज़फ़र को अपने चचेरे भाई के विरुद्ध कांग्रेस में शामिल होने के लिए प्रेरित किया जो मेहमूदाबाद के जागीरदार थे और मुस्लिम लीग के बड़े नेता थे। इसी प्रेरणा के तहत डॉ. मोहम्मद अशरफ़ ने इतिहास लेखन को त्यागकर दूसरों के साथ मिलकर इतिहास निर्माण का दायित्व संभाला। स्वाभाविक है कि फ़ैज़ अहमद फ़ैज़ भी इसी प्रेरक भावना से आलोड़ित हुए।

उसने जेल के भीतर काग़ज़ क़लम को त्यागकर जेल के हर पत्थर पर कोयले से आज़ादी के गीत लिखे। मृत्युपर्यंत प्रेम करने की विश्वव्यापी इच्छाशक्ति का उस पर दबाव था जो उसकी शायरी में से झलकता है।

फ़ैज़ की नज़्मों में प्रेमिका के प्रति प्यार की भावना वैसी नहीं है जैसी रूमी, जामी और निज़ामी की रहस्यमयी कविताओं में है। इक़बाल के यहां प्रेमी-प्रेमिका के दिलों में मिलन की उत्कट इच्छा है, परंतु फ़ैज़ यह सोचता है कि जब ईश्वर को ही प्रेम की संज्ञा दी गयी है, तो देवत्व फ़ालतू का पदार्थ हो जाता है। फ़ैज़ ने अपनी घोषित बहिर्मुखी शैली में शारीरिक प्रणय के चुंबकीय तत्व को शामिल करने का आग्रह किया है जो कालांतर में अवाम के लिए उसके प्रेम का प्रतीक बन गया। उसका भौतिकवादी नज़रिया शायरी में साफ़ झलकता है। इसीलिए वह आंतरिक भावनाओं के तारों को विश्व की लय के साथ जोड़ता है।

दिल्ली, बर्लिन, मास्को, ताशकंद, हेलिसिंकी, हवाना या लंदन में हम जब भी मिले, हमारी मुलाक़ातें प्रेम का उत्सव थीं। उसके द्वारा पढ़ी गयी नज़्मों में दोस्तों के प्रति, जो उससे बिछुड़ गये थे, गहरे स्नेह की भावना थी। उसे उर्दू-काव्य की प्राचीन दुख भरी अभिव्यक्ति आकर्षित करती थी।

उसके लिए इस्लाम एक शांति का धर्म था। अगर वह सत्ता के गलियारों में बैठे लोगों को धर्म के आधार पर युद्धोन्माद के विरुद्ध आश्वस्त नहीं कर पाता था तो वह निश्चित रूप से अपने देश के कारागृह के बाहर समानधर्मी लोगों को आणविक विनाश के विरुद्ध लामबंद करने में सक्षम था। जीवन के प्रति घृणा फैलाने वाली अंधी ताक़तों, सरकारी फ़रमानों और हाकिमों के फ़ैसलों के विरुद्ध उसके मन में असीम एवं स्पष्ट तौर पर गहरी उपेक्षा थी। बुराई के विरुद्ध अवाम को जागृत करने के लिए उसने अथक यात्राएं कीं, इस शंका से कि बुराई हावी न हो और लगभग असंभव-सी अड़चनों के विरुद्ध संघर्ष की निरंतरता बनी रहे।

लंदन के उर्दू मर्कज़ में 1984 के वसंत में हमारी अंतिम भेंट थी। यह मर्कज़ उन कवियों और लेखकों ने स्थापित किया था जो पाकिस्तान से दूर निर्वासित जीवन जीना चाहते थे। माल्यार्पण के पश्चात हम एक-दूसरे के गले मिले, हम दोनों की आंखों में आंसू थे, फिर हम मुस्कराये और हमने हाथ मिलाया।

फ़ैज़ का शोक नहीं मनाऊंगा। उसने मुझे अपनी नज़्मों की रिकार्डिंग दी। मैं लगभग हर शाम उसकी आवाज़ सुनता हूं। मैं उसकी 'निराशा में आशा' को अपने में समो लेना चाहता हूं, लगभग निराशा से परे आणविक युद्ध के ख़तरे के सम्मुख।

किंचित् संक्षेपण और परिवर्तन के साथ अंग्रेज़ी से हिंदी रूपांतर : केवल गोस्वामी

क्रांति का स्वप्नदर्शी

सैयद सिब्ते हसन

फ़ैज़ साहब की अचानक मृत्यु पर देश के कोने-कोने में और दूसरे देशों में भी जिस गहरे शोक और दुख को प्रकट किया गया है वह उनके दुश्मनों को हैरान करने वाला हो तो हो आम लोगों के लिए बिलकुल नहीं है। ब्रिटेन, कनाडा, अमेरिका, फ्रांस, पूर्वी और पश्चिमी जर्मनी, हॉलैंड, स्वीडन, नार्वे, सोवियत संघ और हिंदुस्तान—गरज़ यह कि शायद ही कोई स्थान हो जहां फ़ैज़ साहब का शोक न मनाया गया हो। समारोहों में जो भाषण हुए, जो लेख पढ़े गये और इस दौरान अख़बारों और पत्रिकाओं में उनके व्यक्तित्व और शायरी के विभिन्न पहलुओं पर जो प्रशंसाएं और प्रभावपूर्ण लेख सामने आये हैं, उन सबको यदि इकट्ठा किया जाये तो कई दफ़्तर तैयार किये जा सकते हैं। हद तो यह है कि उन लोगों को भी, औपचारिक ही सही, फ़ैज़ साहब को श्रद्धा-सुमन अर्पित करने पड़े जो उनकी विचारधारा के शिद्दत से विरोधी हैं।

फ़ैज़ साहब की इस अत्यधिक सर्वप्रियता का वास्तविक कारण यों तो उनका कलाम ही है जिसने पूरी दुनिया को उनका प्रशंसक बना लिया, लेकिन उनकी सर्वप्रियता में उनके व्यक्तित्व का आकर्षण भी शामिल है और वे सेवाएं भी जो फ़ैज़ साहब ने हमारी संस्कृति को सुधारने और उसके विकास के लिए पूरी कीं। उनके स्वभाव की नरमी और मिठास, उनका धीमा लहजा, उनकी मुस्कान, उनकी शिष्टता, दूसरों को सताने और उनमें दोष ढूंढ़ने से बचना, उनकी पूर्ण गंभीरता, सहनशीलता और धैर्य, उनकी नम्रता और मिलनसारी, अत्यधिक अत्याचार की कठोरताओं को हंस-हंसकर बर्दाश्त करने की शक्ति और अपने सिद्धांतों के लिए बड़े से बड़ा बलिदान करने की भावना, उनकी वे खूबियां थीं जिनके कारण हर तबक़े, हर फ़िरक़े के लोग उनकी इज़्ज़त करते थे।

फ़ैज़ साहब का व्यक्तित्व बहुआयामी था। उन्होंने शेरोशायरी के अलावा और भी बहुत से कार्य किये और जिस काम में हाथ डाला उसको ऐसी कुशलता से पूरा किया कि उनकी जगह फिर कभी भरी न जा सकी। उन्होंने अपने विद्वत्तापूर्ण जीवन का आरंभ कॉलेज में अंग्रेज़ी पढ़ाने से किया, पहले अमृतसर में, फिर लाहौर में और अंत में हारून कॉलेज कराची में। वे बहुत मिलनसार शिक्षक थे और अपनी योग्यता

और सुशीलता के कारण गुरुजन और विद्यार्थीगण में निरंतर पसंद किये जाते थे। जिस समय फ़ैज़ साहब हारून कॉलेज कराची के प्रिंसिपल हुए तो कॉलेज बंद होने की बुरी स्थिति में था। इमारत ख़स्ताहाल और बिना सामान के खड्डा[1] के अत्यंत पिछड़े इलाक़े में थी जिसमें विद्यार्थी निर्धन व लाचार थे जिनमें ज्ञानार्जन का शौक़ न था और न अध्यापकों में पढ़ाने की लगन थी, मगर फ़ैज़ साहब ने थोड़ी ही अवधि में अपनी मेहनत और मुहब्बत से कॉलेज का नक़्शा ही बदल दिया और हमारे देखते ही देखते कॉलेज एक जीवंत और गतिशील संस्थान बन गया।

फ़ैज़ साहब ने जब पत्रकारिता शुरू की और *पाकिस्तान टाइम्स* के संपादक नियुक्त हुए तो उनकी दक्षता और सामने आयी। उनके संपादकीय सोचने पर तो मजबूर करते ही थे इसके अतिरिक्त साहित्यिक स्पर्श लिये होते थे जिनको हर व्यक्ति मज़े ले लेकर पढ़ता था। उन्होंने अपने व्यवहार की शिष्टता से एक ऐसी टीम अपने आसपास जमा कर ली थी जो अख़बार की लेखकीय और मानवीय खूबियों की धुन में दिन रात लगी रहती थी। फ़ैज़ साहब ने अपने ज़माने की पत्रकारिता में संयम का जो मानक स्थापित किया था और जिस हिम्मत से वे अपने विचारों को प्रकट करते थे, उसे लोग आज भी याद करते हैं। वे फ़िल्मी कला से संबद्ध हुए तो उनकी देखरेख में ऐसी ला-जवाब फ़िल्म बनी कि हर जगह उसकी धूम मच गयी; उन्होंने 'अलहमरा' का बंदोबस्त संभाला तो जिस वीराने में उल्लू बोलते थे उसके दरोदीवार गीत और संगीत की आवाज़ों से गूंजने लगे और 'अलहमरा' लाहौर का सबसे गर्मागर्म सांस्कृतिक केंद्र बन गया। अब जिस कलाकार, जिस साहित्यकार को देखो 'अलहमरा' की तरफ़ खिंचा चला आ रहा है। किसी कोने में ड्रामे की रिहर्सल हो रही है, किसी स्थान से गाने की आवाज़ें आ रही हैं और किसी हॉल में तस्वीरों की प्रदर्शनी लगी हुई है।

उनको लोकसंस्कृति की कला संबंधी परंपराएं बहुत ही प्रिय थीं। इसीलिए उन्हीं के प्रयत्नों से इस्लामाबाद में लोक-संस्कृति के कलाकारों के लिए पहली बार एक संस्था स्थापित हुई और फ़ैज़ साहब उसके प्रबंधक नियुक्त हुए। उन्होंने अपने थोड़े से समय में देहात के हज़ारों गीत और गाने रिकॉर्ड करवाये। देहाती वाद्ययंत्र इकट्ठा किये। देश के प्रत्येक स्थान की ग्रामीण दस्तकारियों, घरेलू लघुउद्योग के क़ीमती नमूने एकत्रित किये और उनकी प्रदर्शनी की। इस दौरान देश की सांस्कृतिक समस्याओं पर ध्यान देने के लिए उन्होंने एक कमेटी बनायी और उसकी रिपोर्ट स्वयं बड़ी मेहनत से तैयार की, मगर उस रिपोर्ट की सलाहों पर अमल करने की नौबत ही नहीं आयी और अंततः रिपोर्ट का वही हश्र हुआ जो सरकारी रिपोर्टों का अक्सर होता है। फ़ैज़ साहब ने टी.वी. पर सांस्कृतिक मुद्दों पर बातचीत का एक सिलसिला भी शुरू किया था, जो संस्कृतिविरोधी अफ़सरों के आदेश से बंद हो गया।

फ़ैज़ साहब की गिनती पाकिस्तान में ट्रेड-यूनियन आंदोलन के आरंभकर्त्ताओं में होती है। वे कई वर्षों तक डाक और तार कर्मचारियों के संघ के अध्यक्ष भी रहे।

1. एक स्थान का नाम।

उनके घर पर और एक ज़माने में *पाकिस्तान टाइम्स* के आफ़िस में मज़दूर कार्यकर्त्ताओं की भीड़ लगी रहती थी और वे अख़बार में उनके उद्देश्यों के समर्थन में लेख लिखा करते थे। उन्होंने दो-एक बार अंतर्राष्ट्रीय कांफ्रेंसों में मज़दूरों का प्रतिनिधित्व भी किया। उन्हीं की दौड़-धूप का परिणाम था कि पाकिस्तान सरकार ने आई.एल.ओ. की बहुत-सी सलाहों को मंज़ूर कर लिया; अब तो न फ़ैज़ साहब रहे न वे सलाहें।

आज तो वे सरकारें भी शांति की दुहाई देते नहीं थकतीं जो रात-दिन युद्धों की तैयारियों में व्यस्त रहती हैं। लेकिन एक ज़माना था जब साम्राज्यवादी देशों में शांति का नाम लेना अपराध समझा जाता था। उस प्रतिबंध के बाद, युद्ध की तैयारियों को रोकने और एटमी हथियारों से होने वाले विनाश से दुनिया को बचाने का जो विश्वव्यापी अभियान शुरू हुआ और दूसरे देशों की तरह पाकिस्तान की अमन कमेटी बनी तो फ़ैज़ साहब ही उसके अध्यक्ष चुने गये। वे अमन कमेटी की बहसों में बड़ी पाबंदी से शामिल होते और लाहौर, अदकाडा, गुजरांवाला, लायलपुर मतलब यह कि जहां कहीं भी अमन कमेटी का जलसा होता, उसमें भाषण करते और लोगों को बताते कि पाकिस्तान की आज़ादी, अस्तित्व और विकास के लिए शांति कितनी आवश्यक है, क्योंकि उनके कथनानुसार 'अमन गंदुम के खेत हैं और सफ़ेदे के पेड़ दुल्हन का आंचल हैं और बच्चों के हिलते हुए हाथ, शायर की क़लम हैं और चित्रकार का ब्रुश।' उनका कहना था कि पुराने ज़माने के युद्धों और आजकल के युद्धों में ज़मीन-आसमान का अंतर है। पुराने ज़माने में जब लोग तलवार-बंदूक से लड़ते थे तो बर्बादी ज़रूर होती थी लेकिन उसका क्षेत्र बहुत सीमित होता था और आबादी का बहुत थोड़ा हिस्सा उससे प्रभावित होता था। जिस पक्ष ने युद्धस्थल में पराजय देखी वह तख़्तोताज से वंचित हुआ। देश के शासन की बागडोर विजेता के हाथ में आ गयी और जीवन नियमानुसार पुरानी राह पर चलने लगा। लेकिन आज शांति का अर्थ है मानव-जाति का सुरक्षित अस्तित्व और एटमी युद्ध का अर्थ है दुनिया मलबे का ढेर हो जाये और मनुष्य, पशु, पेड़-पौधे किसी का बिलकुल अस्तित्व बाक़ी न रहे और युद्ध की तैयारियों और हथियारों की होड़ में लाभ किसका होता है? हथियार बनाने वाली बड़ी-बड़ी कंपनियों का और उनकी सरकारों का जो अपनी सैन्य-शक्ति के माध्यम से दूसरे देशों पर नियंत्रण स्थापित करते हैं। इसलिए फ़ैज़ साहब के कथनानुसार शांति का संघर्ष और आज़ादी का संघर्ष एक ही यथार्थ के दो पहलू हैं। जो शांति का दोस्त होगा वह अंततः आज़ादी को भी प्रेम करेगा और जो अमन का दुश्मन होगा वह आज़ादी का भी दुश्मन होगा। विकसित देशों का तो ज़िक्र ही क्या, दुख इसका है कि बचे हुए और प्रगतिशील देश भी हथियारों की इस दौड़ में एक दूसरे से आगे निकल जाने की कोशिश कर रहे हैं, हालांकि यह पूंजी यदि कल्याणकारी कार्यों पर ख़र्च हो तो ज्ञान के प्रकाश से अंधेरे घर रौशन हो जायें। बेघरों को आराम से सिर छिपाने, आराम से रहने की सुविधाएं उपलब्ध हों और वे जो दवा और इलाज के लिए तरसते हैं उनकी कमियां दूर हो जायें।

फ़ैज़ साहब की शायरी को पढ़ते समय उनकी रुचि और इच्छा के उन पक्षों को ध्यान में रखना आवश्यक है क्योंकि उनकी अनुभूतियों का ख़मीर उन्हीं अनुभवों से उठा था।

(2)

उर्दू भाषा खुशक़िस्मत है कि उसने सामाजिक जीवन के हर अहम मोड़ पर ऐसे गुणी पैदा किये जो अपने युग की पहचान और समय की आत्मा के शिल्पी साबित हुए। वली दक्कनी और नज़ीर अकबराबादी, मीर तक़ी मीर, सौदा, ग़ालिब और सर सैयद अहमद ख़ां, अल्लामा इक़बाल, जोश मलीहाबादी सभी ने यह ऐतिहासिक सेवा की। फ़ैज़ अहमद फ़ैज़ वर्तमान समय में दुखी मानवता की अंतरात्मा की आवाज़ हैं। ऐसी आवाज़ जो गीत भी है और ललकार भी, जिसमें विश्वास का ताप भी है और संसार के दुख का दर्द भी, महाक्रांति की घन गरज भी है और प्रेम-सौंदर्य का मीठा स्वर भी।

यों तो फ़ैज़ साहब ने शेर कहना कॉलेज के समय ही से आरंभ कर दिया था लेकिन उनकी चिंता और समझ में क्रांतिकारी बदलाव 1938 ई. में आया। मानव-इतिहास का वह बड़ा उथल-पुथल और अशांति का दौर था। विश्व-बाज़ार में महामंदी ने दुनिया को दुष्कर आर्थिक संकट में फंसा दिया था। इस संकट के कारण हिंदुस्तान के औपनिवेशिक जीवन की हालत और भी ख़स्ता थी। फ़ैज़ साहब के कथनानुसार, 'कॉलेज के बड़े-बड़े बांके तीसमार ख़ां जीविका की तलाश में गलियों की ख़ाक फांकने लगे। ये वे दिन थे जब एकाएक बच्चों की हंसी बुझ गयी। उजड़े हुए किसान खेत-खलिहान छोड़कर शहर में मज़दूरी करने लगे और अच्छी-ख़ासी बहू-बेटियां बाज़ार में आ बैठीं।' देश का यह हाल था और यूरोप में फ़ासिज़्म का दानव आग और खून की होली खेल रहा था। हिटलर ने जर्मनी में अपनी सत्ता आते ही लोकतंत्र-समर्थक राजनीतिज्ञों और आधुनिक विचारों वाले साहित्यकारों, चिंतकों, संगीतकारों और राजनीतिकों, सबका जीवन तंग कर दिया था; जो कोड़ों की मार से बचे उनको भागकर सोवियत रूस और अमेरिका में शरण लेनी पड़ी। एरिस्टि टोलर, स्टीफ़ान ज़्विग, थामस मान और हेनरिख़ मान, फ्रायड और आइंस्टाइन सभी देश-निर्वासित हुए। इसी बुरे समय में मुसोलिनी ने हबसा पर आक्रमण कर दिया। इस आक्रामक क़दम द्वारा बहुत-सी क्षति पहुंचने पर संयुक्तराष्ट्र संघ में बहुत शोर मचा लेकिन मुसोलिनी को ब्रिटेन और फ्रांस का समर्थन प्राप्त था। इसीलिए पूर्व के एक पिछड़े हुए देश के निवेदन का कोई असर न हुआ और मुसोलिनी ने हबसा पर कब्ज़ा कर लिया।

इन घटनाओं ने दुनिया भर के स्वतंत्रता-समर्थक साहित्यकारों को चौंका दिया और उनको महसूस होने लगा कि आज़ादी और लोकतंत्र के दुश्मनों का अगर जमकर मुक़ाबला न किया गया तो क़लम पर पाबंदी लग जायेगी। फ़ैज़ साहब जैसे संवेदनशील

शायर का इन स्थितियों से प्रभावित होना स्वाभाविक बात थी। इसलिए प्रगतिशील लेखक संघ की पृष्ठभूमि की चर्चा करते हुए लिखते हैं कि 'जब हम 1935 ई. में अमृतसर (एम.ए.ओ. कॉलेज) में पढ़ाते थे तो हमारे साथ एक मित्र थे रामपुर के, जिनका नाम था साहबज़ादा महमूदुज़्ज़फ़र और उनकी बेगम थीं डॉक्टर रशीद जहां। महमूदुज़्ज़फ़र ने हमसे कहा कि हमने लंदन में हिंदुस्तानी प्रगतिशील लेखकों की एक एसोसिएशन स्थापित की है और अब हम चाहते हैं कि यह संगठन हिंदुस्तान में भी स्थापित हो जाये। क्या तुम्हें उसमें कोई रुचि है? तो हमने कहा, हां। हम ज़रूर इसमें काम करेंगे। यह हमारी जवानी का दौर था और हमें प्रेम-रोग भी हो गया था। रशीद जहां ने कहा, छोड़ो यह प्रेम का चक्कर। ये सभी बेकार बातें हैं। दुनिया के जो दुख हैं वे अधिक कठोर हैं। तुम्हारे प्रेम का यह छोटा सा मामला है और उन्होंने हमें सिखाया कि अपना दुख जो है, तो यह बहुत छोटी चीज़ है। दुनिया भर के दुख देखो और अपने लोगों और अपनी जाति और अपने देश की विपदा के बारे में सोचना चाहिए। क्या अपने लिए ही सोचते रहोगे? यह तो हमारा स्वार्थ ठहरा, यह शेर उसी ज़माने की यादगार है :

और भी ग़म हैं ज़माने में मुहब्बत के सिवा
राहतें और भी हैं वस्ल की राहत के सिवा'

वे सोचते हैं, यह दुनिया 'सदियों के उद्दंडतापूर्ण अंधकारमय मायाजाल' में गिरफ़्तार क्यों है। यहां तंग गलियों और बाज़ार में जिस्म की ख़रीद-फ़रोख़्त क्यों होती है और

ये हसीं खेत फटा पड़ता है जोबन जिन का
किसलिए इनमें फ़क़त भूख उगा करती है

लेकिन वे प्रेम को छोड़ देने के की सलाह से बिलकुल सहमत नहीं थे। वियोग की धुन और विरह के ख़याल की घड़ियां उन पर भारी होती गयीं :

वीरां है मयकदा, ख़ुम-ओ-साग़र उदास हैं
तुम क्या गये कि रूठ गये दिन बहार के

शायर अंततः उस मानसिक द्वंद्व का हल तलाश कर लेता है और उसके सामने यही सच खुलता है कि वैयक्तिक दुख सामाजिक दुख ही का एक पक्ष है, इसलिए 'क्यों न जहां का ग़म अपना लें'। वह जानता है कि इस राह में हंगामा मचेगा, 'सिर फूटेंगे, खून बहेगा' मगर 'पाप के फंदे, ज़ुल्म के बंधन टूटेंगे' और 'खून में ग़म भी बह जायेंगे' क्योंकि जो शक्तियां वैयक्तिक दुख का कारण हैं वही समूह की गर्दन पर रखा भारी पत्थर भी हैं। वैयक्तिक दुख के साथ सामाजिक दुख का अमृत पी लिया तो शायर का इश्क़ दुगना हो गया :

इस इश्क़ न उस इश्क़ पे नादिम है मगर दिल
हर दाग़ है इस दिल पे बजुज़[2] दाग़े-मलामत[3]

---

2. सिवा, अलावा, अतिरिक्त।
3. पछतावा।

फ़ैज़ साहब प्रेम और सौंदर्य के शायर हैं। उनका आदर्श दुनिया में प्रेम और सौंदर्य का शासन है। जीवन के सौंदर्य से आनंदित होने की भावना, वैयक्तिक दुख और सामाजिक दुख से उनका गहरा लगाव, उनकी इंसान-दोस्ती और देशप्रेम, उनकी क्रांतिकारिता और आशावादिता सभी प्रेम के दर्द ही के रूप हैं। प्रेम का दर्द जो उनकी भावना और विचार की आत्मा है और जिसके कारण वे अपने दिल की रिक्तता को हुस्ने दो आलम[4] के जलवों से रौशन करते हैं।

मगर देखना यह है कि फ़ैज़ साहब के प्रेम व सौंदर्य का दृष्टिकोण सूफ़ियों के परंपरागत दृष्टिकोण ही की नक़ल है या उसके बुनियादी कारण सामाजिक हैं। वे कला-प्रति-कला के पैग़ंबर और अस्तित्ववादी दार्शनिक कीर्केगार्द के इस कथन से सहमति व्यक्त नहीं करते कि 'सौंदर्य-मूल्य और सामाजिक-मूल्य एक जैसे नहीं होते हैं।' शायर कीट्स के इस प्रसिद्ध कथन की ओर संकेत करते हुए कि 'सुंदर वस्तु अनंत आनंद की निशानी हैं', फ़रमाते हैं 'शायर कीट्स कुछ भी कहें सौंदर्य से सही राहत तभी मिल सकती है जब वह रचनात्मक हो यानी सौंदर्य अपने वजूद से देखने वाले की भावना, विचार या उसकी कर्मण्यता में प्रचुर सौंदर्य की वृद्धि करे। एक यूनानी गुलदान जो किसी कविता का विचार न बन सके, अपने सौंदर्य के बावजूद सिर्फ़ एक ठीकरा है मिट्टी का। यानी फ़ैज़ साहब की दृष्टि में सौंदर्य की कसौटी उसकी रचनात्मकता है। सौंदर्य केवल सौंदर्यशास्त्र की बातें ही नहीं सामाजिक और सांस्कृतिक मूल्य भी है :

शमः-ए-नज़र, ख़याल के अंजुम, जिगर के दाग़
जितने चिराग़ हैं तेरी महफ़िल से आये हैं

किसी का दर्द हो करते हैं तेरे नाम रक़म
गिला है जो भी किसी से तेरे सबब से है

ग़मे जहां हो, रुख़े यार हो कि दस्तेअदू[5]
सुलूक जिससे किया हमने आशिक़ाना किया

कहते हैं कि 'हर वह चीज़ जिससे हमारे जीवन में सौंदर्य, कोमलता या विनोदप्रियता पैदा हो, जिसका सौंदर्य हमारी मनुष्यता में वृद्धि करे, जिससे आत्मा शुद्ध हो, जो हमारी आत्मा को संगीतमय करे, जिसकी लौ से हमारे दिमाग़ को रौशनी मिले वह सुंदर ही नहीं सार्थक भी है।'

इसमें प्रेमिका की आंखों और होठों की क़ैद नहीं, बल्कि हर वह चीज़ जो मनुष्य की सर्जना के सामर्थ्य को प्रकट करने वाली हो, या मनुष्य की सर्जनात्मक और सौंदर्यात्मक योग्यताओं को उभारे, सुंदर कहलाने की अधिकारी और प्रेम की संरक्षिका है।

---

4. दोनों लोकों (इहलोक-परलोक) का सौंदर्य।
5. दुश्मन का हाथ।

फ़ैज़ साहब का प्रेम-दर्शन उनके सौंदर्य-दर्शन ही का विस्तार है। उनको हाफ़िज़ का वह शेर बहुत पसंद था जिसमें उसने प्रेम को यथार्थ के मार्ग की उपाधि दी है। इस शेर की आवृत्ति हमें फ़ैज़ साहब की नज़्मों में भी मिलती है और उस भाषण में भी जो उन्होंने लेनिन पुरस्कार स्वीकार करते समय दिया था। उन्होंने भाषण समाप्त करते हुए कहा था, 'मुझे विश्वास है कि मानवता जिसने अपने दुश्मनों से कभी हार नहीं खायी, अब भी विजेता होकर रहेगी और अंततः नफ़रत के युद्ध और नीचतापूर्ण अत्याचार के बजाय हमारे जीवन का आधार वही ठहरेगी जिसके सदुपदेश अब से बहुत पहले, फ़ारसी के शायर हाफिज़ ने दिये थे :

खलल पज़ीर बूद हर बन कि मीबीनी
मगर बिनाए मुहब्बत कि ख़ाली अज़ ख़लल अस्त[6]

और वे दुआ करते हैं कि

आइए हाथ उठायें हम भी
हम जिन्हें रस्मे दुआ याद नहीं
हम जिन्हें सोज़े मुहब्बत के सिवा
कोई बुत, कोई खुदा याद नहीं

यह प्रेम की तपिश मनुष्य की कोई हालत नहीं, बल्कि दर्द का वह संबंध है जो उठता हुआ क्षितिज तक फैला हुआ है। उनकी इंसानदोस्ती राष्ट्र-धर्म, ज़ातपांत के पक्षपात से जुदा और पाकसाफ़ है। मानवता का खून जहां कहीं होता है फ़ैज़ साहब तड़प उठते हैं, वे देश की आज़ादी पर बलिदान होते ईरान के छात्रों से प्रेम करते हैं जिनके 'मीठे प्रकाश और कड़वी आग से ज़ुल्म की अंधी रात में फूटा, सुब्हे-बग़ावत का गुलशन'। वे अफ़्रीकी स्वतंत्रता-सर्मथकों का गाना गाते हैं जिन्होंने 'धूल से माथा उठा लिया है और ग़म की छाल आंखों से छील दी है और विवशता के जाल को नोचकर फेंक दिया है।' और अमेरिकी जल्लाद जब ऐथल और जूलियस रोज़नबर्ग को बेगुनाही के अपराध में सूली पर चढ़ाते हैं तो फ़ैज़ साहब उन शहीदों के प्रेम की याद में ऐसा क्रांतिकारी शोक-गीत (मर्सिया) लिखते हैं जिसका उदाहरण उर्दू क्या संसार की शायद ही किसी भाषा में मिले :

तेरे होठों के फूलों की चाहत में हम
दार की खुश्क टहनी पे वारे गये
तेरे हाथों की शम्ओं की हसरत में हम
नीम तारीक राहों में मारे गये

लेकिन इस क्रांतिकारी शान से (मारे गये) कि

लब पे हर्फ़े ग़ज़ल दिल में क़ंदीले ग़म
हम चले आए लाए जहां तक क़दम
अपना ग़म था गवाही तेरे हुस्न की
देख क़ायम रहे इस गवाही पे हम

---

6. दुनिया की हर वस्तु में कोई न कोई दोष है, मगर प्रेम का आधार हर दोष से पवित्र है।

मगर निराश और टूटा-दिल होने का कोई कारण नहीं क्योंकि

क़त्लगाहों से चुनकर हमारे अलम[7]
और निकलेंगे उश्शाक़[8] *के क़ाफ़िले*
जिनकी राहे-तलब से हमारे क़दम
मुख़्तसर कर चले दर्द के फ़ासले

फ़ैज़ साहब ने कहा था कि शायरी अतिप्रसिद्ध ही नहीं पराक्रमी भी है और इस संघर्ष के मौक़े पर उमंग से भरे जीवन को सहयोग की आवश्यकता ही नहीं, कला की भी आवश्यकता है। इस आवश्यकता को उन्होंने फ़िलिस्तीन के संघर्षरतों की पंक्ति में शामिल होकर पूरा किया और गोलों-गोलियों की बारिश में अरब-शायरों की पुरानी परंपरा को नये सिरे से जीवित किया। कहते हैं :

फिर बर्क़ फ़िरोज़ां[9] *है सरे वादी-ए-सीना*
फिर रंग पे है शोला-ए-रुख़्सारे हक़ीक़त
पैग़ामे अजल दावते दीदारे हक़ीक़त
अब सदियों के इक़रारे अताअत को बदलने
लाज़िम है कि इंकार का फरमां कोई उतरे

फ़िलिस्तीन फ़ैज़ साहब का दूसरा देश था जिसका उल्लेख वे बड़े दुख और प्रेम से करते हैं :

मैं जहां पर भी गया अर्ज़े वतन
तेरी तज़लील के दाग़ों की जलन दिल में लिये
तेरी हुरमत के चिराग़ों की लगन दिल में लिये

और—

जिस ज़मीं पर भी खुला मेरे लहू का परचम
लहलहाता है वहां अर्ज़े फ़िलिस्तीं का अलम
तेरे आदा ने किया एक फ़िलिस्तीं बर्बाद
मेरे ज़ख़्मों ने किये कितने फ़िलिस्तीं आबाद

रहा अपने देश से प्रेम, तो फ़ैज़ साहब को किसी सरकारी दरबार से प्रमाणपत्र की आवश्यकता नहीं। उन्होंने लैला-ए-वतन को किस-किस तरह चाहा है 'तन्हा पसे ज़िंदां कभी रुसवा सरे बाज़ार'। उस पर तो क़ैस आमरी[10] को भी ईर्ष्या होती। उनके देशप्रेम का सबसे बड़ा सबूत उनका साहित्य, उनका जीवन है। और सबसे बड़ा प्रमाणपत्र श्रद्धा के वे सदाबहार फूल हैं जो राष्ट्र उन पर न्यौछावर कर रहा है। हमने दुनिया को और कुछ न सही, एक शायर अवश्य दिया है जिसने वतन की लाज रख ली।

---

7. झंडा।
8. आशिकों।
9. रंगे हुए पृष्ठ।
10. अरबी का एक शायर।

फ़ैज़ साहब के प्रेम-सौंदर्य के दर्शन का सकारात्मक पक्ष आपने देख लिया। मगर उसका नकारात्मक पहलू भी है। इसलिए फ़ैज़ साहब की दृष्टि में हर वह वस्तु घिनौनी, असुंदर, धिक्कार योग्य और निंदनीय है जो जीवन की सुंदरता को नष्ट करे, जिससे प्रेम का ख़ून होता हो और जिसके कारण मनुष्य को अपनी सर्जक क्षमताओं को दिखाने का उचित अवसर नहीं मिलता हो। सामाजिक शक्तियों के ध्वंसक कार्य, पूंजीवाद की जमाख़ोरी, ग़ुलामी, अस्तित्व और उस अस्तित्व को बनाने में ज़हर है मानव-स्वाभिमान का निरादर, शोषण, ज़बान पर पाबंदी, काग़ज़ और क़लम की दौलत का लुट जाना उनके लिए सौंदर्य और प्रेम के मूल्य को नकारना है। फ़ैज़ साहब की शायरी मानव-सौंदर्य की शायरी है और यह प्रेम की बुरी हालत के विरुद्ध संघर्ष भी है।

यों तो पुराने शायरों के शहर-आशोब[11] भी विरोध करने ही की एक शक्ल थे और कभी-कभार उनकी ग़ज़लों में भी क्रोध की शैली झलक उठती थी, बल्कि ग़ालिब का सा पारखी तो गुलशने ना आफ़रीदा[12] की ओर भी संकेत कर देता था, लेकिन 19वीं सदी के अंत तक हमारी शायरी के वातावरण पर अत्यधिक आर्तनाद का प्रभुत्व रहा। शायर विगत युग की अच्छाइयों को बड़ी निराशा से याद करते हैं मगर अंधी गली में जब उनको आगे बढ़ने का कोई रास्ता दिखायी नहीं देता तो वे अंततः मुड़-मुड़कर पीछे की ओर देखते हैं। वर्तमान युग का विद्रोही साहित्य उससे बिलकुल अलग है। हमारी नयी विद्रोही शायरी जिसके निर्माता अल्लामा इक़बाल हैं, जीवन-यथार्थ की चित्रकारी ही नहीं करती, बल्कि उन सामाजिक शक्तियों की पहचान भी करती है जो हमारे पतन का कारण हैं और उन स्थितियों को बरक़रार रखने में सहायक हैं। आधुनिक विद्रोही शायरी उन स्थितियों को बदलने और फ़ैज़ साहब के कथनानुसार 'दस्ते क़ातिल को झटक देने' की सामर्थ्य देती है। वह पराजय स्वीकार नहीं करती क्योंकि उसको विश्वास है कि यही रात का अंधेरा सुबह की लाली है और यही पतझड़ बहार के आने की निशानी है :

आते-आते यूं ही पलभर को रुकी होगी बहार
जाते-जाते यूं ही दम भर को ख़िज़ां ठहरी है

यह विद्रोह साहित्य जिसकी सबसे बड़ी विशेषता इसकी आशावादिता है, 20वीं सदी के सामाजिक विवेक और राजनीतिक जागरण का साहित्यिक रूपांतरण है, क्योंकि देश में और पूरी दुनिया में आज़ादी का जो आंदोलन उठा और जो क्रांति आयी उससे हमारे साहित्यकारों, शायरों का प्रभावित होना स्वाभाविक बात थी। रूस-जापान युद्ध में ज़ारशाही की हार, स्वदेशी आंदोलन, तराबलिस युद्ध, और बल्कान युद्ध में ब्रिटिश भूमिका, ईरान में मशूत का आंदोलन, तुर्की में युवा तुर्कों के हाथों सुल्तान की बरख़ास्तग़ी, प्रथम विश्वयुद्ध के विरुद्ध परिवेश और सविनय अवज्ञा आंदोलन और

11. किसी शहर की बुरी दशा को दर्शाने वाली कविता।
12. वह दुनिया जो अभी बनी न हो।

फिर रूसी क्रांति जैसी मुख्य घटनाएं थीं जो विद्रोही-साहित्य में धीरे-धीरे क्रांतिकारी लहरें भी उठाने लगीं।

फ़ैज़ साहब वर्तमान समय के विद्रोही शायरी के बड़े प्रतिनिधि हैं। लेकिन उनकी शायरी में क्रांति का रंग धीरे-धीरे उभरा। उनको 'ग़रीबों की हिमायत' का भाव और 'बाज़ार में मज़दूरों के गोश्त' की ख़रीद-फरोख़्त का दुख तो पहले ही से था, लेकिन वे उस शर्मनाक वर्तमान स्थिति को 'अज़दाद की मीरास' कहकर दिल को बहला लेते थे। उनका विश्वास था :

अजनबी हाथों का बेनाम गिरांबार सितम
आज सहना है हमेशा तो नहीं सहना है

मगर आतंक का वातावरण ख़त्म हुआ और आज़ादी की सुबह उदित हुई तो शायर ने देखा :

यह दाग़-दाग़ उजाला यह शबगज़ीदा सहर
यह वो सहर तो नहीं जिसकी आरज़ू लेकर
चले थे यार कि मिल जायेगी कहीं न कहीं
फ़लक के दस्त में तारों की आख़िरी मंज़िल

तब शायर को यह अहसास हुआ कि दुख की कालिमा के अंत के लिए राजनीतिक स्वतंत्रता काफ़ी नहीं, बल्कि दिल की मुक्ति की घड़ी तब आयेगी जब हम उन घावों से मुक्ति पा लेंगे जो समाज के शरीर में परवरिश पा रहे हैं :

तेरे आज़ार का चारा नहीं नश्तर के सिवा
और ये सफ़्फ़ाक मसीहा मेरे कब्ज़े में नहीं
इस जहां के किसी जी रूह के कब्ज़े में नहीं
हां मगर तेरे सिवा, तेरे सिवा, तेरे सिवा

यह ऐतिहासिक ज़िम्मेदारी फ़ैज़ के अनुसार 'कारख़ाने के भूके जियाले' और 'दुनिया के राजा किसान' और 'उदास क्लर्क' और 'किताब और क़लम के रक्षक' और दूसरे तमाम देशप्रेमी मिल जुलकर अदा कर सकते हैं। फ़ैज़ साहब ने अपनी लिखित पुस्तक, *सरे वादी-ए-सीना*, उन्हीं के नाम समर्पित की है। वे जानते थे कि सत्य और असत्य की इस जंग में 'सर फूटेंगे, खून बहेगा' :

हां तल्ख़ी-ए-अय्याम अभी और बढ़ी
हां अहले सितम मश्क़े सितम करते रहेंगे

लेकिन न कोई बाहरी सहायता काम आयेगी न कोई अतिरिक्त शक्ति हमारी इल्तजा सुनेगी क्योंकि :

अलम नसीबों, जिगर फ़िगारों
की सुब्ह अफ़लाक पर नहीं है
जहां पे हम तुम खड़े हैं दोनों
सहर का रौशन उफ़क़ यही है

यहीं पे ग़म के शरर खिलकर
शफ़क़ का गुलज़ार बन गये हैं
यहीं पे क़ातिल दुखों के तेशे
क़तार अंदर क़तार किरनों
के आतिशे हार बन गये हैं
यह ग़म जो उस रात ने दिया है
यह ग़म सहर का यक़ीं बना है
यक़ीं जो ग़म से करीमतर है
सहर जो शब से अज़ीमतर है

सुबह के होने का यही विश्वास उनका आदर्श था। उनको विश्वास था कि

उठेगा जब जम्मे-सरफ़रोशां
पड़ेंगे दार-ओ-रसन के लाले
कोई न होगा कि जो बचा ले
जज़ा सज़ा सब यहीं पे होगी
यहीं अज़ाब-ओ-सवाब होगा
यहीं से उट्ठेगा शोरे महसर
यहीं पे रोज़े हिसाब होगा

सुल्तानी गणतंत्र की खुशख़बरी सुनाते हुए कहते हैं :

ग़रूरे-सर्वो-समन से कह दो कि फिर वही ताजदार होंगे
जो ख़ारो-ख़स वालिए चमन थे, उरूजे-सर्वो-समन से पहले

हर नागरिक अपनी चिंताओं का, अपने विचारों का हिसाब करता है, उनसे पूछता है कि तुम हमारी संस्कृति के ख़ज़ाने के लिए क्या उपहार लाये हो, तुमने हमारी चिंतन-शैली और जानकारी में, हमारे परंपरागत ज्ञान में, हमारी सौंदर्यसंबंधी रुचियों में क्या वृद्धि की है। इन प्रश्नों के उत्तर तो समय देगा जो बड़ा बेरहम हिसाब करने वाला है। पर हम जानते हैं कि हमारा शायद ही कोई शायर, साहित्यकार हो जो फ़ैज़ साहब के व्यक्तित्व और शायरी से प्रभावित न हुआ हो, जिसकी चेतना का स्तर उनका कलाम सुनने के बाद ऊंचा न हुआ हो। फ़ैज़ साहब ने अत्याचार को अत्याचार कहने की कुशलता दिखायी। इन्कार की शक्ति प्रदान की। 'रजज़'[13] की भाषा दी और अत्याचार के ख़िलाफ़ युद्ध में हमारा हौसला बढ़ाया। उन्होंने मशाइदः हक़[14] की बातचीत में सौंदर्य की कोमलताओं का रंग भरकर बात को अधिक प्रासंगिक, मनोहर और आनंदपूर्ण बना दिया। यहां तक कि उनके अनगिनत शेर लोकप्रचलित हो गये। उन्होंने अपने अछूते प्रतीकों, उपमाओं, शब्दावलियों व पदों

13. युद्ध गीत।
14. सत्य को देखना।

से साहित्य के ख़ज़ाने को मालामाल कर दिया और वे हमारे विश्वास को यह कहकर और मज़बूत कर गये कि

हम जीतेंगे
हक़्क़ा हम इक दिन जीतेंगे
बालाख़िर इक दिन जीतेंगे

अफ़सोस कि क्रांति का यह नक़ीब[15] धोखेबाज़ों के सिर और उनके मूल्यों को ख़त्म होते न देख सका और न जीत की सुबह उसके जीते जी उगी। वह यह कहता हमसे विदा हो गया :

बला से हमने न देखा तो और देखेंगे
फ़रोग़-ए-गुलशन-ओ-सौत-ए-हज़ार का मौसम

अनुवाद : शहाबुद्दीन

15. क्रांति की आवाज़ देने वाला ।

अभिप्राय और व्यंजना की निरंतरता

वज़ीर आग़ा

नक़्शे-फ़रियादी की भूमिका में फ़ैज़ अहमद फ़ैज़ की शायरी पर टिप्पणी करते हुए नून मीम राशिद ने लिखा था : 'फ़ैज़ किसी मर्कज़ी नज़रिये (केंद्रीय विचारधारा) का शायर नहीं, सिर्फ़ एहसासात (संवेदनाओं) का शायर है।'

यह बात 1941 की है। मुझे विश्वास है कि *नक़्शे-फ़रियादी* के बाद *दस्ते-सबा* और *ज़िंदांनामा* के प्रकाशन के बाद राशिद साहब अपने इस वक्तव्य पर पुनर्दृष्टि की आवश्यकता महसूस करेंगे। यह इसलिए कि इन चंद सालों में फ़ैज़ की कविता में एक मौलिक दृष्टिकोण प्रकट हो गया है। फ़ैज़ की कविता इस दृष्टिकोण के प्रचार-प्रसार के लिए समर्पित दिखायी देती है जो *नक़्शे-फ़रियादी* में उद्भूत हुआ था। लेकिन राशिद साहब ने उसे उस समय महत्वपूर्ण नहीं समझा था। शायरी में किसी दृष्टिकोण का प्रकट होना कोई बुराई नहीं है। अधिकतर बड़े शायरों के यहां एक विशिष्ट दृष्टिकोण मिलता है जो जीवन और विश्व को एक विशिष्ट कोण से देखने में सहायक सिद्ध होता है। उनकी निरंतर सक्रिय रचनात्मक प्रक्रिया के कारण इस दृष्टिकोण में लचक, फैलाव, विस्तार या दूसरे शब्दों में एक क्रमिक विकास भी मिलता है जो उनके दृष्टिकोण को क्लिष्टता और जड़ता से बचाये रखता है। फ़ैज़ की कविता में यह बात नहीं है। उनके दृष्टिकोण में एक ठहराव या स्थिरता का एहसास होता है। मानो शायर अवबोध के एक विशेष बिंदु पर पहुंचने के बाद रुक गया है। इससे फ़ैज़ की काव्य रचना को सदमा भी पहुंचा है। मगर इसी बात की तो व्याख्या अपेक्षित है।

नज़्म में फ़ैज़ के स्थान को समझने और उसके विशिष्ट दृष्टिकोण का जायज़ा लेने के लिए उस परिदृश्य का अध्ययन अत्यावश्यक है जिस पर फ़ैज़ की शायरी के चिह्न स्पष्ट रूप से उभरे हुए दिखायी देते हैं।

परिदृश्य की यह दास्तान 1857 से शुरू होती है। 1857 दो युगों का संगम है। यह एक ऐसे दौर की आख़िरी हिचकी है जिसमें व्यक्ति समाज का केंद्र था और जिसमें सामूहिक आंदोलनों में शामिल हो जाने का रुझान व्यक्तिगत अभिव्यक्ति की भावना की अपेक्षा बेहद कमज़ोर था। यह समय सांस्कृतिक विकास का दर्पण

था। इस दौर की शायरी में बाहरी घटनाचक्र, सामूहिक प्रवृत्ति और समाज के विभिन्न क्रियाकलाप भी वैयक्तिकता में ही प्रतिबिंबित दिखायी देते थे। समग्र रूप से इस दौर की शायरी में आंतरिक दृष्टिकोण का चलन ही नज़र आता है। यह चलन समाज की अंतर्मुखता के अनुरूप है। लेकिन 1857 के बाद का दौर उस समाज के ख़िलाफ़ बग़ावत का दौर है। अचानक दूरियों के कम होने, नगरों के विस्तारीकरण, राजनीतिक जागरूकता, लोकतांत्रिक व्यवस्था और शिक्षा के अवसरों की उपलब्धता के कारण संस्कृति के तत्व सभ्यता के रूप में उद्भूत होते हैं और वैयक्तिक मूल्यों पर सामूहिक मूल्य का वर्चस्व स्थापित होना आरंभ हो जाता है। दूसरे शब्दों में, भावना पृष्ठभूमि में चली जाती है और बुद्धि एवं अवबोध की क्षमताएं मैदान मार लेती हैं। इस युग के साहित्य में भी ये प्रवृत्तियां स्पष्ट रूप से दृष्टिगोचर होती हैं।

एक विशेष प्रकार की कविता का विकास इसका एक उदाहरण है। हाली और मोहम्मद हुसैन आज़ाद के प्रयासों से राष्ट्रीय और यथार्थवादी कविता का आंरभ होता है। इस कविता का अधिकांश नज़्म में है और यह मनोभाव की आंतरिक दुनिया से 'आज़ाद' होने की एक कोशिश है। विशेषतः हाली की नज़्में बहिर्मुखी कविता की एक बड़ी हद तक समर्थक हैं। न सिर्फ़ यह कि इन नज़्मों का रुख़ आम जन की ओर है और हाली उनके माध्यम से क़ौम को अपमान के कुएं से बाहर निकालने का एक महान कार्य करने के इच्छुक हैं बल्कि उनकी पृष्ठभूमि में भी किसी व्यक्तिगत रहस्योद्घाटन या भावनात्मक आवेग का चिह्न छुपा है। ऐसा प्रतीत होता है कि हाली की काव्ययात्रा एक सोची समझी हुई भावना के अनुरूप है और इसीलिए इसमें लालित्य पूर्ण रूप से उभरा हुआ नहीं मिलता है जिस पर शेर का प्रभाव निर्भर है। उर्दू नज़्म में भाव के प्रति एक बड़ी हद तक उपेक्षा की यह प्रवृत्ति, जिसे हाली ने प्रचलित किया, हाली से लेकर इक़बाल तक दिखायी देती है। चुनांचे हाली की क़ौमी शायरी, जोश की इंक़लाबी शायरी और किसी हद तक इक़बाल की दार्शनिक शायरी वास्तव में एक ही सिलसिले की कड़ियां हैं। हाली की तरह जोश की कविता में भी वैयक्तिक अभिव्यक्ति का अभाव है और भावनात्मक आवेग लक्ष्य है जो शेर के लिए अत्यावश्यक है। कला की दुनिया में इस भावनात्मक आवेग का महत्वपूर्ण स्थान है। बल्कि अगर यह कहा जाये कि इसके बिना कला का उदय संभव ही नहीं तो शायद ग़लत न हो। हज़रत यूनुस का मछली के पेट में सिमटना, हज़रत नूह का तूफ़ाने-नूह से गुज़रना, हज़रते रसूले अकरम का हिरा नामक गुफा में जाना आदि प्रसंगों से हमें उस ग़ोताख़ोरी के महत्व का अनुमान होता है जो वैयक्तिक अभिव्यक्ति के लिए आवश्यक है और जिसका प्रतिबिंब कला की दुनिया में भी उतना ही महत्वपूर्ण है। यह ग़ोताख़ोरी जोश के यहां नज़र नहीं आती। उनके यहां विशेषतः व्यक्तिगत प्रतिक्रिया का अभाव है। इक़बाल की आरंभिक रचनाओं में भाव और बुद्धि का सम्मिश्रण मिलता है। विशेष रूप से *बांगे-दरा* की बहुत की नज़्मों में व्यक्तिगत प्रभाव का एहसास भी होता है लेकिन आगे चलकर इक़बाल के यहां भी वैयक्तिक आग्रह एक सीमा तक बुद्धि

और अवबोध तथा विचारधारात्मक कशमकश के मोटे पर्दों में दब कर रह गया है। हाली, जोश और इक़बाल इन तीनों की कविता जनोन्मुखी है। यद्यपि इनमें से प्रत्येक की संबोधन शैली दूसरे से भिन्न है। तीनों की शायरी का आरंभ किसी भावनात्मक आवेग का कृतज्ञ नहीं है और इसीलिए तीनों के वैयक्तिक सरोकारों का व्यक्तिवादी तत्व अनुपस्थित है।

उर्दू नज़्म की इस परंपरा के परिदृश्य में फ़ैज़ की कविता के कुछ लक्षण विशेष महत्व रखते हैं। हाली, जोश या इक़बाल के विपरीत फ़ैज़ की शायरी का आरंभ एक कोमल संवेदनात्मक या भावनात्मक आवेग से होता है। फ़ैज़ के जीवन के उस भावनात्मक आवेग के विवरण से हमें सरोकार नहीं। लेकिन *नक़्शे-फ़रियादी* का पहला हिस्सा इस जज़्बे की गहराई, कोमलता और शिद्दत का बड़ी हद तक प्रमाण है। यह वह युग है जिसमें शायर बाहरी जीवन के ठोस सत्यों और घटनाओं की सतही संवेदना से हटकर दिल के समंदर में उतर आया है। फ़ैज़ के जीवन के इस मोड़ का कारण प्रेम का हादसा है। प्रेम तन्मयता और तल्लीनता का सर्वाधिक मुखर उदाहरण है। जब तक इसकी पकड़ मज़बूत रहती है, व्यक्ति अपने परिवेश से असंपृक्त होकर अपनी 'स्व' की परिक्रमा करने पर मजबूर दिखायी देता है। यही प्रेम फ़ैज़ की शायरी का पहला मील का पत्थर है और यही वह तीव्र भावनात्मक आवेग है जिसने फ़ैज़ को शेर कहने पर उकसाया है। इस दौर में फ़ैज़ ने कुछ अत्यंत ख़ूबसूरत नज़्में लिखी हैं जो उनके 'स्व' के अंदर उठने वाले तूफ़ान की तीव्रता और वहशत की एक झलक प्रस्तुत करती हैं और शायर के प्रेम की पीड़ादायक स्थिति को बड़ी कलात्मक शैली में प्रस्तुत करती हैं। शायद उर्दू नज़्म के किसी शायर ने प्रेम के भाव को इतनी तीव्रता और अपनत्व के साथ प्रस्तुत नहीं किया जितनी तीव्रता और अपनत्व के साथ फ़ैज़ ने प्रस्तुत किया है। उसका प्रेम केवल परंपरागत इश्क़ की दास्तान नहीं है। इसमें शारीरिक सामीप्य और इसके फलस्वरूप भावनात्मक तूफ़ान के प्रमाण भी मिलते हैं। उससे फ़ैज़ की शायरी के नेपथ्य में शेर कहने की असाधारण तीव्रता और ऊष्मा का भी कुछ अनुमान होता है। उदाहरणार्थ, ये कुछ टुकड़े देखिए :

ख़ुदा वो वक़्त न लाये कि सोगवार हो तू
सुकूं की नींद तुझे भी हराम हो जाये
तेरी मसर्रते-पैहम तमाम हो जाये
तेरी हयात तुझे तल्ख़ जाम हो जाये
ग़मों से आईनः-ए-दिल गुदाज़ हो तेरा

—'ख़ुदा वो वक़्त न लाये'

सो रही है घने दरख़्तों पर
चांदनी की थकी हुई आवाज़
कहकशां नीमवा निगाहों से
कह रही है हदीसे-शौक़े-नियाज़

साज़े-दिल के ख़मोश तारों से
छन रहा है खुमारे कैफ़ आगीं
आरज़ू, ख़्वाब, तेरा रूए-हसीं!

—'सरोदे-शबाना'

बहारे-हुस्न ये पाबंदि-ए-जफ़ा कब तक?
ये आज़माइशे-सब्रे-गुरेज़पा कब तक?
क़सम तुम्हारी बहुत ग़म उठा चुका हूं मैं
ग़लत था दावए-सब्रो-शकेब आ जाओ
क़रारे-ख़ातिरे-बेताब थक गया हूं मैं

—'इंतज़ार'

फ़ैज़ की काव्य रचना का यह दौर शायर की आगामी विजयों के लिए एक आधार की हैसियत रखता है और इस आधार की जड़ें संवेदना और भावों की गहराइयों तक उतरती चली गयी हैं। कुछ दूसरे शायरों की तरह फ़ैज़ ने बुद्धि के चूने गारे से शेर की आधारशिला नहीं रखी। इसी में फ़ैज़ की जीत है और इसी से *नक़्शे-फ़रियादी* के दूसरे हिस्से में धुरी बदलने के बावजूद संवेदना की तीव्रता और अपनत्व वैसे ही दृष्टिगोचर होता है।

प्रेम की पीड़ा और सौंदर्य के चमत्कारों के इस युग के बाद फ़ैज़ बक़ौल ख़ुद अपने आप को ब्रह्मांड समझना छोड़ कर परिवेश पर एक दृष्टि डालते हैं और उनकी संवेदना में एक त्वरित परिवर्तन उद्भूत हो जाता है। वैसे भी यह सारी प्रक्रिया संभवतः एक क्रमिक विकास ही के अधीन है क्योंकि सूफ़ीमत में भी इश्क़े-मजाज़ी के बाद ही इश्क़े-हक़ीक़ी का दर्जा आता है। फ़ैज़ की मुहब्बत भी ऊंचाई पाकर वैश्विक रूप धारण करती है और उनका ग़मे-जानां उत्तरोत्तर ग़मे-दौरां में परिवर्तित होता चला जाता है। अब फ़ैज़ ज़िंदगी की ठोस सच्चाइयों को देखते हैं तथा विषमता, ज़ुल्म, बाज़ारवाद, सामूहिक सरोकार और व्यक्ति के लालच का जायज़ा लेते हैं। वे प्रेक्षक को एक नये सामाजिक बोध से परिचित कराने के लिए उन्हें आंदोलित करने, पुरातन विचार रूपी मूर्तियों को तोड़ने और ज़िंदगी की घृणास्पद असमानता को समाप्त करने की शिक्षा देने लगते हैं। इस प्रक्रिया के दौरान उनकी निगाहें उस लक्ष्य पर केंद्रित रहती हैं जहां पहुंच कर सारे दुख ख़त्म हो जायेंगे और जनता की सारी मुसीबतें मिट जायेंगी। जहां रात की सियाही पर उषाकाल का उजाला होगा और नया इनसान एक नये संकल्प के साथ ज़िंदगी के राजमार्ग पर यात्रा आरंभ कर सकेगा।

कुछ लोगों का विचार है कि अवाम को अपमान की गुफा से बाहर निकालने, उनकी रगों के जमे हुए ख़ून में आवेग पैदा करने और उनके सामाजिक बोध को जाग्रत करने की कोशिशों में फ़ैज़ की महानता छिपी है, यह बात सही नहीं है। यह काम फ़ैज़ से पहले उर्दू के दूसरे शायर भी कर चुके हैं। हाली का संबोधन सीधे-सीधे जन सामान्य से था। जोश भी राष्ट्रीय भावना के तहत क़ौम को इंक़लाब और क्रांति

के लिए उकसाते रहे हैं। इक़बाल इन दोनों से आगे हैं कि वे केवल शारीरिक रूप से लोगों को आगे बढ़ने की शिक्षा नहीं देते और न उन्हें केवल सामाजिक, राजनीतिक बोध जाग्रत कर लेने पर आमादा करते हैं बल्कि उन्हें मानसिक रूप से एक क़दम आगे बढ़ने की प्रेरणा भी देते हैं।

निस्संदेह फ़ैज़ का दृष्टिकोण उन सब शायरों से भिन्न है। और वास्तविकता यह है कि हर शायर का दृष्टिकोण दूसरे से भिन्न होता है। जनता की भलाई और तरक़्क़ी का जो भाव फ़ैज़ के यहां दृष्टिगोचर होता है, कमोबेश वही भाव हाली, जोश और इक़बाल के यहां भी मौजूद है। फ़ैज़ की विशिष्टिता उसकी प्रतिक्रिया के ढंग में है। वह इस तरह कि फ़ैज़ ने दिल पर घाव खाने के बाद वैश्विक प्रेम को अपनाया है। उनका दर्द व्यक्तिगत हानि के एहसास से परिपूर्ण है। उन्होंने अपनी व्यक्तिगत संकीर्णता से गुज़र कर जीवन की विस्तृत चादर पर फैलने की कोशिश की है। इसीलिए उनकी प्रतिक्रिया में अपनत्व और तीव्रता तथा उनकी कार्यशैली में आधुनिकता और नवीनता है। इस दूसरे दौर में फ़ैज़ की नज़्मों का वैशिष्ट्य यह है कि इनमें रूमान और यथार्थ का पारस्परिक संबंध प्रकट हुआ है और इनमें व्यष्टि और समष्टि की सीमाएं मिलती हुई और एक दूसरे में विलीन होती दिखायी देती हैं। यही फ़ैज़ की सबसे बड़ी देन है। इसी में फ़ैज़ की विशिष्टता है। यह अनोखी प्रतिक्रिया 'मुझ से पहली सी मोहब्बत मेरे महबूब न मांग' से शुरू होती है और इसका प्रतिबिंब उनकी दूसरी नज़्मों विशेषतः 'रक़ीब', 'चंद रोज़ और मेरी जान', 'मौज़ूए-सुख़न', 'शाहराह' और 'मेरे हमदम मेरे दोस्त' में इस प्रकार होती है कि शायर की भावनात्मक और मानसिक कशमकश और इन स्थितियों को एक दूसरी में विलीन कर देने के प्रयास स्पष्ट दिखायी देने लगते हैं। आरंभ में फ़ैज़ अपनी इस कोशिश में सफल नहीं हो सके। उनकी बहुत सी नज़्मों में इन दोनों स्थितियों का मिलन बिंदु एक रूप होकर सामने आया है। ऐसा महसूस होता है जैसे शायर जान बूझ कर एक विशेष प्रकार की भावनात्मक प्रतिक्रिया से नितांत दूसरी भावनात्मक प्रतिक्रिया की ओर बढ़ने का प्रयास कर रहा हो या जैसे वह रूमान की भावनात्मक स्थिति का मात्र सामाजिक बोध की परिपक्वता के लिए प्रयोग करने का इच्छुक हो। इसीलिए इन नज़्मों में एक 'झोल' है जिसका पाठक को फ़ौरन एहसास हो जाता है। लेकिन अंत की कुछ नज़्मों विशेषतः 'मेरे हमदम मेरे दोस्त' में फ़ैज़ ने अपने इस प्रयास में पूरी सफलता पायी है। उनकी ये नज़्में उर्दू शायरी में एक बिलकुल नयी आवाज़ हैं। इनमें शायर ने पहली बार रूमान और यथार्थ को न सिर्फ़ एक दूसरे के समीप किया है बल्कि उनको बहुत कलात्मक शैली की मदद से एक दूसरे में विलीन भी कर दिया है। रोचक यह है कि इन सारे प्रयासों का मूल बुद्धि और अवबोध या संकल्प पर अवस्थित नहीं। इसमें वह स्वयंभू रवानी है जो अपनत्व के भाव से उत्पन्न होती है और जिसका प्रभाव सदैव रहता है।

उर्दू नज़्म में फ़ैज़ का यह तरीक़ा कि सामाजिक या आर्थिक यथार्थ से पाठक को परिचित कराने और उसे बेहतर भौतिक जीवन की झलक दिखाने के लिए

न्यूनतम समानता का ढंग स्वीकार किया जाये, उर्दू साहित्य के लिए बिलकुल नया था। आर्थिक और राजनीतिक जागरूकता के युग में उसकी भावनात्मक अपील इतनी अधिक थी कि देखते-देखते न सिर्फ़ उन्हें जनता में बेहद लोकप्रियता हासिल हुई बल्कि शायरों के एक पूरे समूह ने भी इस ख़ास मैदान में फ़ैज़ का अनुसरण शुरू कर दिया। फ़ैज़ से पहले रूमान और यथार्थ के अलग-अलग ख़ाने थे। एक दिल की आवाज़ थी और उसमें नाज़ुक भावनाओं और संवेदनाओं की छवियां थीं। दूसरी बुद्धि की आवाज़ थी और उसके सामने उन्नति, सुधार और जनता को जागरूक करने का संकल्प निहित था। पहली स्थिति ने शायर को जीवन के यथार्थ से हटा कर रूमान और प्रेम के दुर्ग में सीमित कर दिया था और दूसरी स्थिति ने शायर को भाव और संवेदना से विमुख करके ऐसी शायरी की ओर उन्मुख कर दिया था कि जिसमें बाहरी आंदोलन का प्रतिबिंब ही सब कुछ था और जिसकी नींव उस लालित्यपूर्ण प्रतिक्रिया पर अवस्थित नहीं थी जो शेर के लिए नितांत आवश्यक है। फ़ैज़ ने इन दोनों स्थितियों को सम्मिश्रित किया और पाठक को रूमान के सुगंधित वातावरण से गुज़ार कर यथार्थ की चट्टानों तक पहुंचाया। जब पाठक का जीवन के आरोह-अवरोह से परिचय हो गया और वह वर्तमान को एक बिलकुल नयी रौशनी में देखने की क्षमता से परिचित हो गया तो उसने पाठक का ध्यान संधि युग की एक ऐसी मंज़िल की ओर आकर्षित किया जहां पहुंच कर बक़ौल शायर ग़म और खिन्नता के धुंधलके छंट जायेंगे और मनुष्य को एक नयी ज़िंदगी हासिल हो जायेगी।

जैसा कि पहले भी ज़िक्र हुआ कि फ़ैज़ की यह आवाज़ उर्दू नज़्म के लिए बिलकुल नयी थी और बहुत से शायरों ने उसका खुलकर अनुसरण भी किया। साहिर के यहां विशेषतः फ़ैज़ ही की प्रतिध्वनि सुनायी देती है। *तल्ख़ियां* का शायर भी रूमान से अपनी यात्रा का आरंभ करता है और रूमान तथा यथार्थ के परस्पर संबंधों पर उसका समापन होता है। साहिर के अलावा मजाज़, जां निसार अख़्तर और अन्य शायरों के यहां भी लगभग यही ढंग अपनाया गया है। असंख्य उर्दू शायर हैं जो *नक़्शे-फ़रियादी* के प्रकाशन से लेकर आज तक इस विशेष कार्यशैली और बुद्धि एवं अवबोध की इस विशेष शैली का अंधाधुंध अनुसरण करते आये हैं। लेकिन अफ़सोसनाक बात यह है कि ख़ुद फ़ैज़ भी अब रुक से गये हैं और उन्होंने सोचने के इस ख़ास अंदाज़ और दृष्टिकोण की इस ख़ास प्रवृत्ति से आगे क़दम नहीं बढ़ाया। *नक़्शे-फ़रियादी* की इस प्रवृत्ति की प्रतिध्वनि *दस्ते-सबा* और *ज़िंदांनामा* में भी सुनायी देती है। यही चीज़ है जिसने फ़ैज़ के काव्यात्मक विकास को हानि पहुंचायी है।

संक्षेप में कह सकते हैं कि *नक़्शे-फ़रियादी* में फ़ैज़ ने एक ऐसा दृष्टिकोण प्रस्तुत किया है जो तीन मुखर तत्वों से मिलकर बना है। इस दृष्टिकोण का पहला तत्व है रूमान से यथार्थ की ओर विचलन। इस विचलन में फ़ैज़ ने जिस कलात्मक अंतर्दृष्टि का प्रमाण दिया है, ऊपर उसका उल्लेख हुआ है। लेकिन ये विचलन

नक़्शे-फ़रियादी की नज़्मों तक सीमित नहीं। *दस्ते-सबा* और *ज़िंदांनामा* की बहुत सी नज़्मों में भी शायर ने उसी 'विचलन' को बार बार प्रस्तुत किया है। 'दो इश्क़', 'तुम्हारे हुस्न के नाम', *'ऐ हबीबे-अंबरदस्त'*, 'मुलाक़ात' और 'हम जो तारीक राहों में मारे गये' में प्रेम और सौंदर्य का आलंबन लेकर यथार्थ के प्रकटीकरण की वही प्रवृत्ति मिलती है जिसका आरंभ *नक़्शे-फ़रियादी* में किया गया था। फ़ैज़ के दृष्टिकोण का दूसरा तत्व है वर्तमान का अवबोध। यहां फ़ैज़ ने समाज के आरोह-अवरोह अर्थात विशेष रूप से भौतिक और आर्थिक असमानता को बेनक़ाब किया है। इस तत्व का आरंभ भी *नक़्शे-फ़रियादी* से होता है और *दस्ते-सबा* और *ज़िंदांनामा* में उसकी प्रतिध्वनियां निरंतर सुनायी देती हैं। ये चंद टुकड़े देखिए :

इन दमकते हुए शहरों की फ़रावां मख़्लूक़
क्यों फ़क़त मरने की हसरत में जिया करती है?
ये हसीं खेत फटा पड़ता है जोबन जिनका
किस लिए इनमें फ़क़त भूक उगा करती है?

—'मौज़ूए-सुख़न' (नक़्शे-फ़रियादी)

ये गलियों के आवारा बेकार कुत्ते
कि बख़्शा गया जिनको ज़ौक़े-गदाई
ज़माने की फटकार सरमाया उनका
जहां भर की धुतकार उनकी कमाई

—'कुत्ते' (नक़्शे-फ़रियादी)

जिस्म पर क़ैद है जज़्बात पे ज़ंजीरें हैं
फ़िक्र महबूस है गुफ़्तार पे ताज़ीरें हैं
अपनी हिम्मत है कि हम फिर भी जिये जाते हैं
ज़िंदगी क्या किसी मुफ़लिस की क़बा है जिसमें
हर घड़ी दर्द के पैवंद लगे जाते हैं

—'चंद रोज़ और मेरी जान'

नादारी, दफ़्तर, भूक और ग़म
इन सपनों से टकराते रहे
बेरहम था चौमुख पथराओ
ये कांच के ढांचे क्या करते

—'शीशों का मसीहा कोई नहीं' (दस्ते-सबा)

दूर नौबत हुई फिरने लगे बेज़ार क़दम
ज़र्द फ़ाक़ों के सताये हुए पहरे वाले
अहले-ज़िंदां के ग़ज़बनाक ख़रोशां नाले
जिनकी बांहों में फिरा करते हैं बांहें डाले

—'ज़िंदां की एक सुब्ह' (दस्ते-सबा)

सब्ज़ा सब्ज़ा सूख रही है फीकी ज़र्द दुपहर
दीवारों को चाट रहा है तनहाई का ज़हर
दूरे-उफ़क़ तक घटती बढ़ती उठती गिरती रहती है
कुहरे की सूरत बे-रौनक़ दर्दों की गदली लहर

—'ऐ रौशनियों के शहर' (ज़िंदांनामा)

ये कुछ पंक्तियां इसका प्रमाण हैं :

बेफ़िकरे धन दौलत वाले
ये आख़िर क्यों ख़ुश रहते हैं
उनका सुख आपस में बांटें
ये भी आख़िर हम जैसे हैं
हमने माना जंग कड़ी है
सर फूटेंगे ख़ून बहेगा
ख़ून में ग़म भी बह जायेंगे
हम न रहें ग़म भी न रहेगा

—'सोच (नक़्शे-फ़रियादी)

लेकिन अब ज़ुल्म की मीआद के दिन थोड़े हैं
इक ज़रा सब्र कि फ़रियाद के दिन थोड़े हैं

—'चंद रोज़ और मेरी जान' (नक़्शे-फ़रियादी)

रात का गर्म लहू और भी बह जाने दो
यही तारीकी तो है ग़ाज़ाए-रुख़्सारे-सहर
सुब्ह होने ही को है ऐ दिले बेताब ठहर

—'ऐ दिले बेताब ठहर'

नक़्शे-फ़रियादी की इन नज़्मों में सोये हुए इनसान को जगाने, उसे अत्याचार का एहसास दिलाने की कोशिश भी है और भविष्य की ओर शायर का रुझान भी स्पष्ट है। यह चिंतन दूसरे संकलनों में भी इसी तरह क़ायम रहता है :

अभी गरानिए-ए-शब में कमी नहीं आयी
नजाते-दीदा-ओ-दिल की घड़ी नहीं आयी
चले चलो कि वो मंज़िल अभी नहीं आयी

—'सुब्हे-आज़ादी' (दस्ते-सबा)

ये हाथ सलामत हैं जब तक, इस ख़ूं में हरारत है जब तक
इस दिल में सदाक़त है जब तक, इस नुत्क़ में ताक़त है जब तक
इन तौक़ो-सलासिल को हम तुम सिखलायेंगे शोरिशे-बरबतो-नै
वो शोरिश जिसके आगे ज़बूं हंगामए-तब्ले-क़ैसरो-कै

—'शोरिशो-बर्बतो-नै' (दस्ते-सबा)

गर आज तुझ से जुदा हैं तो कल बहम होंगे
ये रात भर की जुदाई तो कोई बात नहीं
गर आज औज पे है तालए-रक़ीब तो क्या
ये चार दिन की ख़ुदाई तो कोई बात नहीं

—'निसार मैं तेरी गलियों पे' (दस्ते-सबा)

ये ग़म जो इस रात ने दिया है
ये ग़म सहर का यक़ीं बना है
यक़ीं जो ग़म से क़रीम तर है
सहर जो शब से अज़ीम तर है

—'मुलाक़ात' (ज़िंदांनामा)

हो न हो अपने क़बीले का भी कोई लश्कर
मुंतज़िर होगा अंधेरे की फ़सीलों के उधर
इनको शोलों के रजज़ अपना पता तो देंगे
ख़ैर हम तक वो न पहुंचे भी सदा तो देंगे
दूर कितनी है अभी सुब्ह, बता तो देंगे

—'दर्द आयेगा दबे पांव' (ज़िंदांनामा)

आशा की यह लौ जो *दस्ते-सबा* और *ज़िंदांनामा* में उभरी है, वह केवल इन संकलनों तक ही सीमित नहीं। वास्तव में फ़ैज़ का सारा कलाम एक 'इंतज़ार' की व्याख्या है। मानसिक विश्लेषणकर्ताओं के लिए यह एक विचार करने का क्षण है कि वे *नक़्शे-फ़रियादी* की शुद्ध रूमानी नज़्मों की उस प्रतिष्ठित स्थिति का अवलोकन करें जो 'इंतज़ार इंतज़ार! और मुसलसल इंतज़ार' पर आधारित है और फिर उसके इस रूप का अध्ययन करें जब यह श्रेष्ठता प्राप्त कर प्रेयसी के लिए निरंतर प्रतीक्षा के बजाय एक चमकती हुई उषा की प्रतीक्षा में बदल जाती है। यह परिवर्तन पहले पहल *नक़्शे-फ़रियादी* ही में उद्‌भूत होता है। 'हम लोग', 'तनहाई', 'ऐ दिले बेताब ठहर' और अन्य नज़्में इसका प्रमाण हैं। *दस्ते-सबा* और *ज़िंदांनामा* में भी यह स्थिति बराबर क़ायम रहती है। इस विशेष संदर्भ में भी फ़ैज़ की प्रयत्नशील प्रवृत्ति *नक़्शे-फ़रियादी* तक ही सीमित है।

उपर्युक्त विश्लेषणात्मक अध्ययन इस बात का प्रमाण है कि फ़ैज़ ने *नक़्शे-फ़रियादी* में जो दृष्टिकोण प्रस्तुत किया था, *दस्ते-सबा* और *ज़िंदांनामा* में भी वह उसी की अभिव्यक्ति और प्रसार में लगे रहे हैं। ऐसा नहीं है कि फ़ैज़ का यह दृष्टिकोण अनुचित है। संपूर्ण विश्व इस विचारधारा की उपादेयता को स्वीकार करता है। कौन है जो अत्याचार, ग़ुलामी और शोषण की हिमायत करेगा। लेकिन फ़ैज़ का उत्तरदायित्व शायर का है, समाज सुधारक या राजनेता का नहीं। नेता या सुधारक के लिए एक विशेष दृष्टिकोण की लकीर पर जमे रहना अत्यावश्यक है जबकि शायर परिपक्वता, निरंतर रचनात्मक क्रियाशीलता और क्रमिक विकास की ओर उन्मुख रहता है। उसके लिए किसी स्थान विशेष पर हमेशा हमेशा के लिए रुक जाना उसकी शायरी के लिए लाभप्रद

नहीं होता। *नक़्शे-फ़रियादी* के बाद फ़ैज़ के यहां जो ठहराव, एक रुकी-रुकी सी मनःस्थिति मिलती है, दृष्टिकोण के ठहराव ही का परिणाम है और इससे (कम से कम अस्थाई रूप से) फ़ैज़ के रास्ते में दीवारें खड़ी हो गयी हैं।

और अब उन आपत्तियों के तौर पर कुछ ऐसी बातों की चर्चा होनी चाहिए जो प्रत्यक्षतः आलोच्य विषय से संबंधित नहीं लेकिन जिनके प्रकाश में विषय की बेहतर परख संभव है।

अनुभव सिद्ध है कि सांस्कृतिक उन्नति, सामाजिक संगठन और सामूहिकता के आंदोलन के एक काल विशेष के बाद एक ऐसी स्वाभाविक प्रतिक्रिया सामने आती है जिससे व्यक्ति की वैयक्तिकता स्पष्ट होती है और वह समूह की यांत्रिक प्रक्रिया से विचलित होकर नवीन कार्यशैली का प्रमाण देता है। यही संस्कृति का आरंभ है। संस्कृति का हर दौर ग़ोताख़ोरी का दौर होता है। मनुष्य आत्माभिव्यक्ति की प्रक्रिया से अपनी थमी हुई मानसिक क्षमताओं और संवेदनात्मक दक्षता का नवीनीकरण करता है ताकि सामाजिक विकास की दौड़ में अगला महत्वपूर्ण क़दम उठा सके। अतः संस्कृति भी सामाजिक संगठन ही की एक प्रक्रिया है। संस्कृति का बहाव हर बार एक उच्चतर धरातल तक पहुंच जाता है और इसके बाद जो सामाजिक और सांस्कृतिक संगठन अस्तित्व में आता है, निस्संदेह उसकी सतह भी पहले से उच्चतर होती है।

सभ्यता और संस्कृति की यह कशमकश और संश्लेषण ऐतिहासिक महत्व रखता है। हर सभ्यता और संस्कृति की उन्नति एक स्थान विशेष पर पहुंचने के बाद अवनति की ओर अग्रसर हो जाती है और क्रमशः अपने प्रतिष्ठित बिंदु से हटती चली जाती है और संस्कृति की एक नयी उमंग बढ़कर उसे सहारा देती है। संस्कृति स्वयं व्यक्ति के प्रयासों और उसकी गुप्त क्षमताओं की पैदावार है। वह सदैव अपने भीतर से एक बेहतर और उच्चतर संस्कृति को जन्म देती है।

संस्कृति और सभ्यता का यही संश्लेषण एक बड़े अजीब अंदाज़ से शायरी में भी दृष्टिगोचर होता है। जब शायर की ज़िंदगी में कोई ऐसी रोचक घटना घटती है कि वह सभा समारोह से विलग और विरक्त होकर अपने 'स्व' के समुद्र में उतर जाता है तो उसकी रचना में भी एक अद्भुत आकर्षण और क्षमता उत्पन्न हो जाती है। उसकी रचना प्रक्रिया में एक स्वनिर्मित शैली झलकने लगती है। यह कार्यशैली संस्कृति के विकास से साम्य रखती है। जब कुछ समय के बाद शायर की यह नवीन भावनात्मक और मानसिक सोच की सतह जनसामान्य तक पहुंचती है (अर्थात जब अंधानुकरण से इस नयी आवाज़ के बहुत से नोकीले किनारे भोथरे हो जाते हैं) तो यह अपना आकर्षण और क्षमता तेज़ी से खोने लगती है। मानो सभ्यता और समाज की परिसीमाओं में आकर यह आवाज़ स्थिर होने लगती है। एक महान शायर ऐसे समय में एक नयी रचनात्मक प्रक्रिया द्वारा किसी नयी अभिव्यक्ति से शेर को एक नया भावनात्मक और मानसिक आधार प्रदान करता है। अपनी इस प्रक्रिया के फलस्वरूप

शायर समाज को भी एक उच्च मानसिक धरातल पर ले आता है। एक अच्छे शायर की ज़िंदगी में थोड़े-थोड़े विराम के बाद यह रचनात्मक प्रक्रिया बराबर चलती रहती है। बिलकुल वैसे ही जैसे जीवन की विस्तृत व्यवस्था में संस्कृति की नित नयी लहरें उद्‌भूत होती रहती हैं।

उपर्युक्त आपत्तियों के प्रकाश में फ़ैज़ की नज़्मनिगारी का जायज़ा इस गुत्थी को खोलता है कि आरंभ में फ़ैज़ की ज़िंदगी में रोचक घटना घटित हुई थी और शायर को जिस भावनात्मक आवेग से दो चार होना पड़ा था उसके नतीजे में फ़ैज़ के यहां एक ऐसा मानसिक धरातल उत्पन्न हुआ जो इससे पहले मौजूद नहीं था। फ़ैज़ का सबसे बड़ा कारनामा यह है कि उन्होंने न सिर्फ़ यह नया धरातल पैदा किया बल्कि एक क्षण में अपने समाज को भी एक अधोगामी मानसिक धरातल से ऊपर उठा कर एक नये धरातल पर वे ले आये। *नक़्शे-फ़रियादी* फ़ैज़ के इस कारनामे का सबूत है लेकिन उसके बाद एक लंबे समय के लिए ख़ामोशी छा जाती है। ख़ुद फ़ैज़ को इन दिनों में अपनी रचनात्मक क्षमताओं पर ठहराव का एहसास होने लगा था। अतः उन्होंने *नक़्शे-फ़रियादी* की भूमिका में साफ़-साफ़ लिख दिया, 'शेर लिखना जुर्म न सही लेकिन बिना वजह शेर लिखते रहना ऐसी बुद्धिमानी भी नहीं। आज से कुछ बरस पहले एक निश्चित भाव से प्रभावित शेर स्वयं होते थे लेकिन अब लिखने के लिए सोचना पड़ता है।' यह अस्थायी ठहराव हर शायर की ज़िंदगी में कई बार आता है। लेकिन हर बार उसे जब एक नयी रचनात्मकता का पड़ाव मिलता है तो वह अस्थायी ठहराव के धरातल से ऊपर उठ आता है। लेकिन फ़ैज़ के कलाम को यह नया रचनात्मक आवेग न मिल सका। अतः *नक़्शे-फ़रियादी* और *दस्ते-सबा* के मध्यकाल में उन्होंने संभवतः केवल दो नज़्में लिखीं। इनमें से एक नज़्म 1947 के हादसे से संबंधित है। चूंकि शेर में क्षमता और प्राण हैं इसलिए नज़्म भी उच्च कोटि की है। दूसरी नज़्म 'दो आवाज़ें' एक विवेकशील प्रयास है और इसमें अपनत्व की कमी है। फ़ैज़ की शायरी में इस लंबे ठहराव की समाप्ति शायर की ज़िंदगी के दूसरे बड़े हादसे पर होती है। गिरफ़्तारी और जेल के इस हादसे का अब एक ऐतिहासिक महत्व है। लेकिन ऐसा महसूस होता है कि संवेदनात्मक और भावनात्मक तौर पर यह हादसा शायर के जीवन के पहले हादसे से कहीं कम महत्वपूर्ण था। शायद इसीलिए यह हादसा शायर की रचनात्मक क्षमताओं को पूरी तरह उकसा न सका। क़ैद होने के बाद फ़ैज़ के लिखने की रफ्तार तेज़ हो जाती है। उसका एक कारण तो तहरीके-शेर है जो अगर पूरी तीव्रता की पक्षधर नहीं, तब भी एक तहरीक तो है। दूसरा कारण संभवतः यह है कि जेल के लंबे अकेलेपन और ख़ाली समय को 'कुछ न कुछ करने' की भावना का साथ देना पड़ा है और फ़ैज़ लिखते चले गये हैं। लेकिन *दस्ते-सबा* और *ज़िंदांनामा* में किसी नये धरातल का अस्तित्व में न आना इस बात की दलील है कि जेल यात्रा में वह भावनात्मक तीव्रता नहीं थी जो *नक़्शे-फ़रियादी* में थी। इसलिए समग्रता से इन दोनों संकलनों में *नक़्शे-फ़रियादी* में उभरने वाले दृष्टिकोण ही का

प्रतिबंब दिखायी देता है। यह ठीक है कि इस दृष्टिकोण के कुछ ऐसे पक्ष जो *नक़्शे-फ़रियादी* में पूरी तरह नहीं उभरे थे, *दस्ते-सबा* और *ज़िंदांनामा* में पूरी तरह उभर आये हैं। यह भी ठीक है कि कुछ पक्ष जो *नक़्शे-फ़रियादी* में स्पष्ट थे, बाद के संकलनों में अपेक्षाकृत छुपे हुए मिलते हैं। लेकिन समग्र रूप से दृष्टिकोण की सीमा में कोई परिवर्तन दिखायी नहीं पड़ता। फ़ैज़ ने जो कुछ अपने पहले संकलन में कहा था, वही दूसरे रचना संकलनों में भी कहते चले गये हैं।

वह जिसने शायरी को 'पैग़ंबरी' के बजाय जुज़्वे-पैग़ंबरी कहा था, विनम्रता का प्रदर्शन नहीं कर रहा था। पैग़ंबरी में सिर्फ़ एक रचनात्मक कर्म होता है। यद्यपि यह कर्म तीव्रता और महानता में अपना सानी नहीं रखता लेकिन शायरी छोटे-छोटे असंख्य रचनात्मक स्फुरणों का समुच्चय है। किसी पैग़ंबर की तरह शायर का काम यह नहीं कि किसी एक विचारधारा के प्रचार-प्रसार के लिए अपना जीवन अर्पित कर दे बल्कि उसका काम यह है कि जीवन और ब्रह्मांड के रहस्यों से निरंतर पर्दा हटाता चला जाये। शायर के सामने ज़िंदगी की रंगबिरंगी स्थितियों, भावनाओं और अभिव्यक्तियों का एक ढेर सा लगा है। फूल की पत्ती से लेकर चमकने वाले सितारे तक ज़िंदगी के आश्चर्यों और सौंदर्यों की एक शृंखला खिंचती चली गयी है। शायर का काम इन स्थितियों और आश्चर्यों को निरंतर उद्घाटित करते रहना है। इसी से दूसरे कलाकारों पर शायर की श्रेष्ठता सिद्ध होती है। फ़ैज़ की नज़्मनिगारी अब तक केवल एक ही आरंभिक आवेग की उपज है। इसीलिए इसमें विचारधारा और दृष्टिकोण का एक ठहराव दिखायी देता है। एक ऐसा ठहराव जिससे फ़ैज़ की शायरी, उसके लालित्य और विकासोन्मुखता को सदमा पहुंचा है।

अनुवाद : रहमान मुसव्विर

असलियत का राज़ खोलने वाली शायरी

शमशेरबहादुर सिंह
मुग़ीसुद्दीन फ़रीदी

सन् 1978 में फ़ैज़ का स्वागत हिंदुस्तान के हर बड़े शहर में कुछ ऐसे हुआ जैसे बरातियों के दिलों में बसे हुए किसी हसीन दूल्हे का होता है।

यह हुस्न फ़ैज़ की शायरी के अंदर हमारे उपमहाद्वीप के उस इनसान का है जिसके जिस्म पर हज़ारों ज़ख़्म हैं, जो सितारों की तरह चमक रहे हैं। उन्हीं ज़ख़्मों का सेहरा पहने हुए इस 'दूल्हे' की बारात में हिंद-ओ-पाक का हर वह नागरिक शामिल है जो आज इनसान बनने को तरस गया है। क्योंकि आज सच पूछिए तो ऐसे इनसान के सिर्फ़ दूर-दराज़ सपने ही उसके पास रह गये हैं, और कुछ नहीं।

फ़ैज़ उस हिंदुस्तान की यादगार भी है जिसने अंग्रेज़ों की सियासत और संगीनों के आगे अपना सीना खोला था। उसी साम्राज्यवादी सियासत ने हमारे विशाल सीने के दो टुकड़े कर दिये थे और आज वो दोनों चुपचाप अलग-अलग तड़प रहे हैं। क्या वो सचमुच कभी मिल भी सकते हैं, एक भी हो सकते हैं...भूगोल के मिलन में नहीं, दिलों के एक होकर मिलने में?

अकेले फ़ैज़ के यहां ये दोनों एक होकर, मिले हुए, हमारे सामने आते हैं। फ़ैज़ की शायरी से दोनों को गहरा सुकून मिलता है।

फ़ैज़ वहीं हैं जहां असलियत बोलती है, भाषा की हदों से ऊपर उठकर बोलती है, और अपने लहजों के नर्म और गर्म तेवर से हमारे आज की ज़िंदगी के बहुत-से राज़ खोलती चलती है...वो राज़ जिनसे रूह तो वाक़िफ़ है मगर जिन पर बूर्ज़ुआ और सामंती सियासत और तानाशाही ने शोषण और अत्याचार के धुआंधार पर्दे डाल रखे हैं, अगर्चे वह बहुत-कुछ ढंक नहीं भी पा रहे हैं। हां, इसी मंच पर फ़ैज़ की शायरी अपनी आवाज़ बुलंद करती है।

फ़ैज़ की शायरी ऐसे ज़िंदा इशारों का पर्याय है जो दर्द की चीख़ और कराह को कसकर अंदर-ही-अंदर दबाये और छुपाये हुए है, मगर जो दरअसल दबाये दबते हैं न छुपाये छुपते।

फ़ैज़ की शायरी एक ऐसा संगीत है जो मालूम तो होता है रूमानी, मगर अस्लन् इज्तिहादी है—अपने रूमानी तेवर में भी ख़ालिसन् इन्क़िलाबी, यानी संघर्षों में उसका जन्म हुआ है। रूमान के सही माने और मफ़हूम—उनके सही सार्थक संदर्भ—शायद पहली बार फ़ैज़ के यहां ही इतने आधुनिक रूप में, इतने साफ़-साफ़ समझ में आने लगते हैं जितने कि पहले कम ही समझ में आये होंगे। जोश और मजाज़ का कलाम इनके साथ रखकर देख सकते हैं। ('मख़दूम'...का मामला कुछ दूसरा है)

फ़ैज़ ने इक़बाल की गर्म ओजस्वी कल्पना को अपने ख़ून की आंच नर्मा कर व्यापक अवाम के दिलों में रौशन किया है, और इस रंग और लय में किया है कि अपने सुख-दुख के इतिहास के फ़लसफ़े को वह व्यापक अवाम पहले से कुछ ज़ियादा खुले अंदाज़ में समझने लगा।

इस समझ में अगर किसी सियासत को दख़्ल था तो वह गहरी इन्सानी सच्चाइयों में, और पावन क़ुर्बानियों की सच्चाई थी। फ़ैज़ के यहां व्यक्तिगत प्रेम के महत् मूल्य का अर्थ भी इसी सच्चाई में झलकता है। फ़ैज़ का पूरा कलाम इसका प्रमाण है।

नवंबर, 1979

एक कल्ट फ़िगर

क़ुर्रतुलऐन हैदर

...हर युग अपने शायर के ज़रिये पहचाना जाता है। यह फ़ैज़ साहब का दौर है और यह दौर *नक़्शे-फरियादी* के प्रकाशन के वक़्त से चला आ रहा है। फ़ैज़ साहब का कम्युनिज़्म, रूस-दोस्ती, भारत-नवाज़ी, पंजाबियत, बेहद मक़बूलियत, ये तमाम चीज़ें आपको कितनी ही खलती हों, आप उनके बारे में कुछ नहीं कर सकते।...

हाल ही में जब फ़ैज़ साहब लखनऊ गये थे, एक उर्दू दैनिक ने लिखा था कि फ़ैज़ अहमद फ़ैज़ पंजाबी ज़बान के अलमबरदार और उर्दू के मुख़ालिफ़ हैं, लिहाज़ा, उनका यहां स्वागत न किया जाये और डाक्टर अयूब मिरज़ा के कथनानुसार पाकिस्तान के चंद अख़बार उनको भारत-नवाज़ कहते हैं। रहा उनका कम्युनिज़्म, तो यह अलग बात है। फ़ैज़ साहब अब सुपर-स्टार हैं। उर्दू अफ़साना व नॉवल-निगार के प्रतिकूल उर्दू शायर एक पर्फ़ारमिंग-आर्टिस्ट भी होता है। मुशायरों के ज़रिये उसका संपर्क जनता से क़ायम रहता है। फ़ैज़ साहब उन ख़ुशक़िस्मत शायरों में से हैं, जो ख़ास और आम लोगों को ख़ुश नज़र आते हैं, हालांकि वो बहुत क़ाबिले-ज़िक्र परर्फ़ामिंग-आर्टिस्ट नहीं है। न तरन्नुम से पढ़ते हैं, न उनका उच्चारण तहलकाख़ेज है, मगर उनका कलाम इतना सम्मोहक और दिलकश है और वो शख़्सियत का ऐसा प्रभाव रखते हैं, जो बहुत कम लोगों को नसीब होता है। एक दीगर बेहद अहम शायर नून मीम राशिद ने आज़ाद शायरी का पौधा लगाया, लेकिन उनकी मुश्किल-पसंदी ने उनको ख़ास लोगों तक सीमित रखा। यों भी उनके और फ़ैज़ साहब के रवैयों में बहुत फ़र्क़ था।...

नक़्शे-फ़रियादी की आरंभिक नज़्में-'ख़ुदा वह वक़्त न लाये...', 'मेरी जां अब भी अपना हुस्न वापस फेर दे मुझको', 'तहे नज़ूम कहीं चांदनी के दामन में', वग़ैरह-वग़ैरह इसी माहौल के ज़ेरे-असर लिखी गईं और इसी फ़िज़ा में आरंभिक इश्क़ का तहैयुर (विस्मय) भी शामिल था, लेकिन हम लोग उस दौर की एक झलक भी ठीक से नहीं देख पाये थे कि देश पर विश्वमंदी के साये ढलने शुरू हो गये!...

1935 में फ़ैज़ साहब अमृतसर के एक कॉलेज में लैक्चरर हो गये। यहां उनकी मुलाक़ात देहरादून के साहबज़ादा महमूदुज़्ज़फ़र और उनकी बीबी यानी रशीदा आपा

से हुई। रशीदा ने फ़ैज़ साहब को *कम्युनिस्ट मैनीफ़ेस्टो* पढ़ने को दिया, जिसको पढ़कर फ़ैज़ साहब की आंखें खुल गयीं।

ज्ञान हासिल होने के बाद फ़ैज़ साहब ने अपनी मशहूर नज़्म लिखी : 'मुझसे पहली-सी मुहब्बत मिरे महबूब न मांग!'

उसी ज़माने में 1936 में तरक़्क़ीपसंद तहरीक बाज़ाबिता शुरू हुई। 1938 में अल्लामा इक़बाल का इंतक़ाल हो गया। मुहम्मद हुसैन आज़ाद के बाद से लेकर नून मीम राशिद और फ़ैज़ अहमद फ़ैज़ के आगमन के वक़्त तक उर्दू अदब पर इक़बाल की छत्रछाया मौजूद थी। इक़बाल ग़ालिब की तरह कालातीत और बहुत ऊंचे थे। इससे किसी को इंकार नहीं था। तरक़्क़ीपसंदों ने उनको रूढ़िवादी कहा, लेकिन इससे कोई फ़र्क नहीं पड़ा। आल इंडिया रेडियो का नेटवर्क फैलाया जा रहा था। पितरस बुख़ारी और गवर्नमेंट कॉलेज, लाहौर के निकले विद्यार्थी, जो पंजाब के बुद्धिजीवियों का क्रीम समझे जाते थे, बहुत-से ऑल इंडिया रेडियो में शामिल हो चुके थे। जंग छिड़ी। लाहौर के ही इन बुद्धिजीवियों में से एक कर्नल मजीद मलिक फ़ौज के लोक-संपर्क विभाग में चुने गये थे, जिनके आग्रह पर फ़ैज़ साहब ने किंग्ज़ कमीशन ले लिया। उस वक़्त हफ़ीज़ जालंधरी (लेखक : *शाहनामा इस्लाम*) भी सरकारी सांग पब्लिसिटी विभाग में शामिल 'यह अड़ोसिन-पड़ोसिन कहे जो कहे मैं तो छोरे को भरती करा आयी रे' लिख रहे थे।...

पंडित नेहरू आदमी पहचानते थे। 1946 में उन्होंने फ़ैज़ साहब से फ़रमाइश की कि वे 'इंटनेशनल'[1] का काव्यानुवाद करें। प्रोफ़ेसर फ़ैज़ अहमद फ़ैज़ ने अपने दौर की तर्जुमानी इस तरह शुरू की कि लोग चौंक उठे। फ़ैज़ का उसलूब (शैली) एक पूरे अहद का शेरी मिज़ाज और शिनाख़्त बन गया और बहुतों ने कहा कि फ़ैज़ इक़बाल के बाद अहमतरीन शायर हैं।...

संभवतः 1947 के लगभग फ़ैज़ साहब फ़ौज छोड़कर *पाकिस्तान टाइम्स* के चीफ़ एडीटर हो गये। सिब्ते हसन और बन्ने भाई भी कम्युनिस्ट पार्टी की तरफ़ से पाकिस्तान भेज दिये गये थे। अब लाहौर में एक बेहद सुर्ख़ा-सुर्ख़ फ़र्रुख़ाबादी ग्रुप जमा हो गया। नज़रियाती कट्टरपन इस गिरोह का एक गुण था। इस क़िस्म का कट्टर गिरोह उस वक़्त बंबई में भी जमा था। इन हज़रात में से अब काफ़ी अरसे से कोई भी कट्टर नहीं रहा, लेकिन फ़ैज़ साहब की ज़ेहनी पुख़्तगी इस चीज़ से ज़ाहिर होती है कि जिन दिनों ये सारे तरक़्क़ीपसंद हज़रात इक़बाल को फ़सताई पुकारते थे, महज़ फ़ैज़ साहब इस इंतहापसंदी के मुख़ालिफ़ थे और उस ज़माने में उन्होंने इक़बाल पर यह ख़ूबसूरत नज़्म लिखी थी :

आया हमारे देश में एक खुशनवा फ़क़ीर
आया और अपनी धुन में ग़ज़लख़्वां गुज़र गया
सुनसान राहें ख़ल्क़ से आबाद हो गयीं

---

1. दुनिया भर में कम्युनिस्टों द्वारा गाया जाने वाला गीत।

वीरान मैकदों का नसीबा संवर गया
थीं चंद ही निगाहें, जो उस तक पहुंच सकीं,
पर उसका गीत सब के दिलों में उतर गया
अब दूर जा चुका है वह शाहेगदानुमा
और फिर से अपने देस की राहें उदास हैं
चंद इक को याद है कोई उसकी अदाए ख़ास
दो-इक निगाहें चंद अज़ीज़ों के पास हैं
पर उसका गीत सब के दिलों में मुक़ीम है
और उसकी लय से सैकड़ों लज़्ज़त-शनास हैं
उस गीत के तमाम मुहासिन हैं लाज़वाल
उसका वफ़ूर उसका ख़रोश, उसका सोज़ो-साज़
यह गीत मिस्ले-शोला-ए जव्वाला तुंदोतेज़
उसकी लपक से, बादे-फ़ना का जिगर, गुदाज़
जैसे चिराग, वहशते-सरसर से बेख़तर
या शम्ए-बज़्म, सुबह की आमद से बेख़बर

उन्हीं दिनों पहली मर्तबा फ़ैज़ साहब से मुलाक़ात हुई। वे कराची में मेरे चचाज़ाद भाई और बहन सय्यद सईद हैदर और बेगम अज़रा हैदर के यहां आये हुए थे। मैंने छूटते ही उन से निहायत बेवक़ूफ़ी का सवाल किया : फ़ैज़ साहब, सुना है, बन्ने भाई, आजकल पाकिस्तान में अंडरग्राउंड हैं। किस जगह अंडरग्राउंड हैं?'

आपा अज़रा एक निहायत बुद्धिजीवी ख़ातून हैं गो मेरी तरह उनको भी शेर याद नहीं रहते, उन्होंने फ़ैज़ साहब से कहाः 'फ़ैज़ साहब, वह क्या उम्दा शेर है कि–

जाने क्या, जाने क्या, जाने क्या
और जाने क्या, जाने क्या, जाने क्या

फ़ैज़ ने निहायत संजीदगी से सिर हिलाया। कराची में हमारे यहां और लाहौर में मेरे चचेरे भाई लुक़मान हैदर और बेगम लुक़मान हैदर और जरी अहमद सैयद और हमीरा सैयद के यहां फ़ैज़ साहब की बड़ी दिलचस्प महफ़िलें जमती रहतीं। फिर अचानक वे ग़ायब हो जाते, यानी जेल चले आते। उसी दरवेशाना अंदाज़ से वापस आ कर उन महफ़िलों में शामिल हो जाते। फ़ैज़ साहब को किसी ने क्रोधित या झल्लाया हुआ नहीं देखा; बसिलसिला पिंडी साज़िश केस, फ़ैज़ साहब चार साल क़ैद में रहे। इसी ज़माने में लंदन में एक बार मैंने *डान* अख़बार की सुर्ख़ी देखी। सज्जाद ज़हीर और फ़ैज़ अहमद फ़ैज़ को फांसी की सज़ा (बड़ी ख़ैरियत हुई कि वे बच गये) तो समझ में आने की बात है कि वह शायर, जिसके लिए सचमुच सज़ाए-मौत की ख़बरें छप रही हों, वह...

मक़ाम फ़ैज़ कोई राह में जचा ही नहीं
जो कू-ए-यार से निकले, तो सू-ए-दार चले

महज़ रस्मी तौर पर नहीं लिखेगा। फ़ैज़ साहब की विशिष्ट शैली ने उनको डब्ल्यू. एच. ऑडन की तरह 'कवियों का कवि' बनाया और इक़बाल की तरह उन्होंने मुल्की सियासत में नुमायां रोल अदा किया। बहैसियत अंग्रेज़ी जर्नलिस्ट वे पाकिस्तान के अहमतरीन दैनिक *पाकिस्तान टाइम्स* के एडीटर रहे। इसलिए पाकिस्तान की कोई हुकूमत फ़ैज़ साहब को नज़रअंदाज़ न कर सकती थी। एक लतीफ़ा मशूहर था कि हर नयी गवर्नमेंट फ़ैज़ अहमद फ़ैज़ को 'इनहेरिट' करती है। मैंने कराची और लाहौर में आला हुक्मरानों को फ़ैज़ साहब की दरबारदारी करते देखा। उन लोगों ने भी फ़ैज़ साहब को सराहा, जो उनकी बायीं बाजू की सियासत के मुख़ालिफ़ या ख़ाइफ़ (रुष्ट) थे। ज़ेहनपरस्त, बुद्धिजीवी, स्कूलों-कॉलेजों के टीचर, सरकारी अधिकारियों, सोसाइटी की फ़ैशनेबल बेगमात उन सब के लिए फ़ैज़ साहब से मुलाक़ात एक स्टेटस-सिंबल थी।

मुझे याद है, 1956 में जब दिल्ली में एशियन राइटर्स कान्फ्रेंस आयोजित हुई थी, उस में लाहौर से फ़ैज़ साहब और एजाज़ हुसैन बटालवी शिरकत के लिए आये थे। वापस जा कर एजाज़ ने कहा: 'फ़ैज़ साहब तो कान्फ्रेंस में अशोक कुमार बने हुए थे।' फ़ैज़ साहब को जो मक़बूलियत हिंदुस्तान में हासिल है, उस से सब वाक़िफ़ हैं। सोवियत यूनियन में उनकी जो आवभगत की जाती है, वह मैं अपनी आंखों से देख चुकी हूं। इधर पश्चिम में कनाडा, इंग्लैंड, अमेरिका, जहां-जहां उर्दू-दां और ख़ास तौर पर पंजाबी आबाद हैं, वे फ़ैज़ साहब के लिए आंखें बिछाये रहते हैं।

तो क्या फ़ैज़ अहमद फ़ैज़ की इस लोकप्रियता में उनका कुछ 'पुट-ऑन' भी शामिल है? मैं समझती हूं कि ऐसा नहीं है। मैं एक बहुत लंबे अरसे से फ़ैज़ साहब से वाक़िफ़ हूं और इस दौरान में वो अहम से अहमतर और मक़बूल से मक़बूलतर होते गये।

फ़ैज़ साहब धीरे-धीरे एक 'कल्ट फ़िगर' में तब्दील होते गये और अब एक क़िस्म के संत बन चुके हैं। 1977 में एक किताब लाहौर से छपी, *हम कि ठहरे अजनबी,* जिसका शीर्षक दरअसल 'मलफ़ूज़ात (प्रवचनावली) हज़रत फ़ैज़ शाह जहां-दोस्त' होना चाहिए था। उसमें उनके एक श्रद्धालु ने, जो उनके निजी डाक्टर भी हैं (नाम उनका डाक्टर अयूब मिर्ज़ा) उनसे विभिन्न मुलाक़ातों में सवालात किये हैं और उनका तसल्लीबख़्श जवाब पाया है। उन संवादों से फ़ैज़ साहब की धीमी पुरसुकून शख़्सियत, विनम्रता, सच्चाई, ख़लूस नीयत, शिष्टता, तीव्र देशभक्ति, ग़मख़्वारी और दर्दमंदी, शरीफ़ स्वभाव, हंसमुखता बखूबी प्रगट होती है। दुनिया के अहमतरीन मसलों को फ़ैज़ साहब बहुत सरलता और नरमी से हल कर देते हैं।

'मलफ़ूज़ात हज़रत फ़ैज़ शाह जहां-दोस्त' पढ़ते हुए मुझे वे सब ज़माने याद आये, जब हज़रत फ़ैज़ की अचानक गिरफ़्तारी की ख़बर सुनकर हम सब उदास हो जाते थे और हमें बेहद ताज्जुब होता था। आख़िर फ़ैज़ साहब जैसे शर्मीले क़िस्म

के इंसान, जो ऊंची आवाज़ में बात तक नहीं करते, इतने ख़तरनाक इंक़लाबी किस तरह हैं कि उनको आये दिन पकड़ कर बंद कर दिया जाता है। एक किशोरायु लाल-बुझक्कड़ 'कज़िन' ने सिर हिलाकर कहा : 'आपा, अब समझ में आया। ये फ़ैज़ साहब जो हैं, वे पुलिस वालों से मिले हुए हैं। उनसे कह रखा है कि मुझे कभी-कभार जेल भेज दिया करो, ताकि वहां की यातनाएं झेलकर बढ़िया शायरी करूं। आप ही सोचिए :

सरफ़रोशी के अंदाज़ बदले गये, दावा-ए-क़त्ल पर मक़तले शहर में
डाल कर कोई गरदन में तौक़ आ गया लादकर कोई कांधे पे दार आ गया

जो चल सको, तो चलो कि राहे-वफ़ा बहुत मुख़्तसर हुई है
मक़ाम है अब न कोई मंज़िल फ़राज़े, दारो-रसन से पहले

जिस धज से कोई मक़तल में गया, वो शान सलामत रहती है
ये जान तो आनी-जानी है, इस जां की तो कोई बात नहीं

रफ़ीक़े राह थी, मंज़िल हर इक तलाश के बाद
छुटा यह साथ, तो रह की तलाश भी न रही

मलूल था दिले-आइना हर ख़राश के बाद
जो पाश-पाश हुआ इक ख़राश भी न रही

ऐसी खूबसूरत शायरी फ़ैज़ साहब के अलावा और कौन कर सकता था?...

फ़ैज़ साहब का असर उनके अनेक समकालीन शायरों पर बहुत गहरा और स्पष्ट है। इसके अलावा, 'शीशों का मसीहा', 'दर्द का रिश्ता', 'हम जो तारीक राहों में मारे गये', 'मेरे हमदम-मेरे दोस्त, 'यह दाग़-दाग़ उजाला', 'निसार मैं तेरी गलियों पे', 'मता-ए लौह-ओ-क़लम', 'चले भी आओ कि गुलशन का कारोबार चले', 'बोल कि लब आज़ाद हैं तेरे', 'मौसमे गुल है तुम्हारे बाम पर आने का नाम', 'खुदा वो वक़्त न लाये कि सोगवार हो तू', 'दर्द बेचेंगे, गीत गायेंगे', 'तेरे अहद में दिले-ज़ार के सभी अख़्तियार चले गये', 'न गंवाओ नाविके-नीमकश, दिले रेज़ा-रेज़ा गंवा दिया', 'जैसे वीराने में चुपके-से बहार आ जाये', 'चंद रोज़ और मेरी जान फ़क़त चंद ही रोज़', 'गुल हुई जाती है अफ़सुर्दा सुलगती हुई शाम', 'वो बात सारे फ़साने में जिसका ज़िक्र न था', 'दश्ते-तन्हाई में ऐ जाने जहां लरज़ां हैं', 'दर्द आयेगा दबे पांव लिये सुर्ख़ चिराग़', 'परवरिशे लौह ओ क़लम', 'मुझ से पहली-सी मुहब्बत', 'आज की रात साज़े दर्द न छेड़', 'आओ कि मर्गे सोज़े मुहब्बत मनायें हम', वग़ैरह-वग़ैरह अब अदबी कहावतें बन चुकी हैं। खुद मैंने सबसे पहले 'दाग़-दाग़ उजाला' के उन्वां से एक अफ़साना लिखा था, जो *इमरोज़* में छपा। फिर जब कभी फ़ैज़ साहब लाहौर से तशरीफ़ लाते, मैं कहती : 'आप ने अपना होमवर्क किया? कोई ऐसा शेर कहा, जिसे मैं नावेल का उन्वां बना लूं। फिर मैंने 'सफ़ीना-ए-ग़मे

दिल' उड़ाया। चंद साल बाद 'आख़िरे-शब के हमसफ़र' अपनी घरेलू म्यूज़िक पार्टियों में 'ढल चुकी, रात, बिखरने लगा तारों का ग़ुबार', 'केदारा' में अलाप कर हम महफ़िल ख़त्म करते; यह बाक़ायदा एक 'रिचुअल' था। इस पर याद आया कि फ़ैज़ साहब इस लिहाज़ से भी बहुत खुशक़िस्मत हैं कि उनके कलाम को सुरों में ढालने के लिए मेहदी हसन, नूरजहां, फ़रीदा ख़ानम, मलिका पुखराज, नैयारा नूर जैसी आवाज़ें मिलीं।

फ़ैज़ साहब के यहां 'शफ़क़ की राख में जल बुझ गया सितारा-ए-शाम', 'यहां से शहर को देखो', और 'ज़र्द पत्तों का बन जो मेरा देश है', 'सब्ज़ा-सब्ज़ा सूख रही है फीकी ज़र्द दोपहर', के साथ-साथ ड्रामे की कमी नहीं :

रास्ते बुझ गये रुख़सत हुए रहगीर तमाम
और कुछ देर में लुट जायेगा हर बाम पे चांद

ज़ीना-ज़ीना उतर रही है रात

दिल में अब यूं तेरे भूले हुए ग़म आते हैं
जैसे बिछड़े हुए काबे में सनम आते हैं
रक़्से मय तेज़ करो, साज़ की लय तेज़ करो
सूए मयख़ाना सफ़ीराने हरम आते हैं
एक-एक कर के हुए जाते हैं तारे रौशन
मेरी मंज़िल की तरफ़ तेरे क़दम आते हैं

अब कोई तब्ल बजेगा, न कोई शाहसवार
सुब्ह दम मौत की वादी को रवाना होगा

फ़ैज़ साहब ज़बान के मामले में उस स्टेज पर पहुंच चुके हैं कि इत्मीनान से खुशबुए खुश-किनारां और बादबाने कश्ती-ए-सहबा के साथ साथ पोस्टमैनों के नाम भी लिखते चले जाते हैं और कोई कुछ नहीं कहता। फ़ैज़ साहब ने एक फ़िल्म 'जागो, हुआ सवेरा' भी बनायी थी, जिसने एवार्ड हासिल किये।

पाकिस्तान के मशहूर पत्रकार अयूब अहमद किरमानी की ट्रैजिक मौत पर फ़ैज़ साहब ने एक इंतहाई ख़ूबसूरत मर्सिया लिखा :

जमेगी कैसे बिसाते-यारां कि शीशा ओ जाम बुझ गये हैं
सजेगी कैसे शबे-निगारां कि दिल सरे-शाम बुझ गये हैं

महज़ यह एक ग़ज़ल फ़ैज़ साहब के स्टाइल और डिक्शन की मुकम्मल अक्कासी करती है। फ़ैज़ की शायरी की मख़सूस फ़िज़ा और डिक्शन को अंग्रेज़ी में बदलना या अनुवाद करना बहुत मुश्किल है। विक्टर कैरनन *कलामे-फ़ैज़* का अंग्रेज़ी में तजुर्मा कर चुके हैं। इससे पहले मैंने कैम्ब्रिज की एक 'पोएट्री-रीडिंग' की महफ़िल में पढ़ने के लिए *दस्ते-सबा* की कई नज़्मों का तर्जुमा किया था, जो अफ़सोस कि लंदन वापस

आते हुए ट्रेन में रह गया, लेकिन मेरा अब भी यही ख़याल है कि उर्दू शायरी का अंग्रेज़ी में कामयाब तर्जुमा तक़रीबन नामुमकिन है।

फ़ैज़ साहब आर्म-चेयर सोशलिस्ट कभी नहीं रहे और वे अपने वालिद की ख़रीदी हुई ज़मीनें अपने ग़रीब रिश्तेदारों को बांट चुके हैं और बसिलसिला देशभक्ति उन्होंने जो कुछ झेला है, वह सब को मालूम है।

फ़ैज़ न हम यूसुफ़, न कोई याक़ूब, जो हम को याद करे
अपनी क्या कनआं में रहे या मिस्र में जा आबाद हुए

फ़ैज़ साहब आज भी ऐसी चीज़ें लिख रहे हैं, जैसे बन्ने भाई का मर्सिया :

ख़ला में एक हाला-सा जहां है
यही तो मसनदे-पीरे-मुग़ां है

और 'फ़िलिस्तीनी बच्चे की लोरी' :

मत रो बच्चे
तेरे आंगन में
मुरदा सूरज नहला के गये हैं
चंदरमा दफ़ना के गये हैं

फ़ैज़ साहब की शायरी कभी कुम्हला नहीं सकती। यह ऐसी शायरी है, जिसे आज के फ़िलिस्तीन और ईरान व अलजीरिया का शायर पहचान सकता है। मीर, ग़ालिब और इक़बाल भी उसको पसंद करते और पंजाब के बुल्ले शाह, वारिस शाह और बाबा फ़रीद भी।

उर्दू से अनुवाद : सुरजीत

विश्वकाव्य की अमूल्य धरोहर

मुहम्मद हसन

फ़ैज़ अहमद फ़ैज़ (1911-1984) सियालकोट में पैदा हुए। उनके पिता ने काफ़ी समय तक अफ़ग़ानिस्तान में राजकीय सलाहकार के रूप में कार्य किया था। फ़ैज़ की शिक्षा लाहौर में हुई। उन्होंने अरबी और अंग्रेज़ी की परीक्षाएं पास कीं और बाद में अमृतसर के एक कॉलेज में प्रवक्ता नियुक्त हुए। उसी ज़माने में वे एक भावनात्मक संबद्धता की बिना पर छायावादी कविता की ओर बढ़े। जब वे अमृतसर में थे तो डॉ. रशीद जहां और उनके पति साहबज़ादा महमूदुज्ज़फ़र के ज़रिये सज्जाद ज़हीर से मिले, जो उन दिनों हिंदुस्तान के विभिन्न नगरों का दौरा करके साहित्यकारों को प्रगतिवादी विचारों की ओर आकर्षित कर रहे थे। 1936 में लखनऊ में अंजुमन तरक़्क़ीपसंद मुसन्नफ़ीन (प्रगतिशील लेखक संघ) का पहला सम्मेलन हुआ जिसकी अध्यक्षता प्रेमचंद ने की। प्रगतिशील और मार्क्सवादी विचारों के प्रभाव से फ़ैज़ की कविता में एक नया मोड़ आया और उन्होंने रूमानी दुःख दर्द को व्यापक दिशा प्रदान की। 'मुझ से पहली सी मुहब्बत मेरे महबूब न मांग', 'रक़ीब से' और 'चंद रोज़ और मेरी जान फ़क़त चंद ही रोज़' जैसी कविताएं उसी समय की यादगार हैं।

कुछ समय बाद द्वितीय विश्वयुद्ध आरंभ हो गया और 1941 में जब हिटलर की फ़ौजों ने सोवियत रूस पर आक्रमण कर दिया तो हिंदुस्तान में प्रगतिशील विचारधारा के लोगों ने हिटलर के विरुद्ध युद्ध में मित्र देशों की सहायता करने का निर्णय लिया। इसी निर्णय से प्रभावित फ़ैज़ अंग्रेज़ों की सेना में भर्ती हो गये और कर्नल के पद तक पहुंचे। उस ज़माने में प्रसारण और प्रकाशन के काम में बराबर भाग लेते रहे।

युद्ध समाप्त होने के पश्चात् हिंदुस्तान की स्वतंत्रता की समस्या सामने आयी। इस मार्ग में सबसे बड़ी कठिनाई हिंदू-मुस्लिम मतभेद से पैदा हो रही थी। मुस्लिम लीग मुस्लिम बहुसंख्यक राज्यों को मिलाकर पाकिस्तान बनाना चाहती थी और प्रगतिशील धारा से संबंधित लोग इस पक्ष में थे कि हिंदुस्तानी मुस्लमानों को मुस्लिम लीग को उग्रवादियों के प्रभाव से बचाने के लिए प्रगतिशील विचारधारा के मुसलमानों को मुस्लिम लीग में सम्मिलित होकर कार्य करना चाहिए। इसी विचार से प्रभावित

होकर फ़ैज़ ने प्रसिद्ध राष्ट्रवादी नेता मियां इफ़्तिख़ारुदीन से मिल कर अंग्रेज़ी दैनिक समाचार पत्र *पाकिस्तान टाइम्स* निकाला और उसके संपादक नियुक्त हुए।

1951 में रावलपिंडी षड्यंत्र में शामिल होने के आरोप में उन पर मुक़दमा चलाया गया। पाकिस्तान के प्रधानमंत्री साहबज़ादा लियाक़त अली ख़ान को उस समय के प्रधान सेनापति जनरल अय्यूब ख़ान ने यह विश्वास दिलाया कि कुछ सैनिक अधिकारी कम्युनिस्टों से मिल कर उनका तख़्ता पलटना चाहते हैं और शासन पर अधिकार करने की योजना बना चुके हैं। उनमें जनरल अकबर ख़ान, मेजर इस्हाक़ और दूसरे सैनिक अधिकारियों के साथ सैयद सज्जाद ज़हीर, महासचिव पाकिस्तान कम्युनिस्ट पार्टी और फ़ैज़ अहमद फ़ैज़ भी शामिल थे। षड्यंत्र में शामिल होने का आरोप सिद्ध न हो सका, मगर सलाहकार समिति की बैठक में भाग लेने के कारण उन्हें चार वर्ष के कारावास का दंड मिला। कारावास के दौरान फ़ैज़ ने ग़ज़लें लिखना आरंभ किया और उनकी नज़्मों में एक रंग और राग उभरा जिसमें लालसा और अभिलाषा, विवशता और अत्याचार के एहसास के बावजूद संकल्प और साहस के दीप प्रज्जवलित हैं और जो आशा और विश्वास से भरा हुआ है। कारागृह में कही हुई उनकी कविताओं और ग़ज़लों के संग्रह *दस्ते-सबा* और *ज़िंदांनामा* के नाम से छपे और छपते ही पूरे विश्व में प्रसिद्ध हो गये।

कारावास से छूटने के बाद फ़ैज़ विभिन्न प्रकार के सामाजिक और कल्याणकारी आंदोलनों से जुड़े, श्रमिक संगठनों के अध्यक्ष बने, निर्धन बच्चों के स्कूल चलाते रहे और अपने देश के सभी जनतांत्रिक आंदोलनों से जुड़े रहे। यही नहीं अंतर्राष्ट्रीय स्तर पर भी अत्याचार, अन्याय, पराधीनता, युद्ध और निरंकुशता के विरुद्ध लड़ी जाने वाली हर लड़ाई में वे मानसिक रूप से शामिल रहे। उन्हें सोवियत संघ के सबसे बड़े पुरस्कार 'लेनिन शांति पुरस्कार' से सम्मानित किया गया।

उनके देश पाकिस्तान में रूढ़िवादी सैनिक शासन स्थापित होते रहे और फ़ैज़ को अपने जनवादी रुझान और प्रगतिशील विचारों की बिना पर बार-बार कारावास की यातना झेलनी पड़ी। अंततः जब 1972 में बांगलादेश के पाकिस्तान से अलग हो ज़ाने के बाद ज़ुलफ़िक़ार अली भुट्टो के नेतृत्व में पाकिस्तान का संविधान बना और पहली बार आम चुनाव के माध्यम से सरकार स्थापित हुई तो फ़ैज़ अहमद फ़ैज़ पाकिस्तान आर्ट कौंसिल के अध्यक्ष नियुक्त किये गये। किंतु कुछ वर्ष बाद ही जनरल ज़िया-उल-हक़ ने मार्शल लॉ लागू कर दिया और प्रशासनिक अधिकार हथिया कर इस्लाम के नाम पर अति रूढ़िवादी क़ानून लागू करना शुरू कर दिया। जन आंदोलनों पर प्रतिबंध लगा दिया और प्रगतिशील विचारों पर सख़्त पाबंदी लगायी जाने लगी।

फ़ैज़ अहमद फ़ैज़ के लिए यह स्थिति धैर्य की परीक्षा की सी थी। उन्होंने देश से बाहर जाने का फ़ैसला किया। जल्द ही फ़िलिस्तीनी आंदोलन के नेता यासर अरफ़ात से संपर्क किया। एफ्रो-एशियाई लेखकों के आंदोलन की पत्रिका *लोटस* के संपादक बन गये। यह पत्रिका बेरूत से प्रकाशित होती थी। वे फ़िलिस्तीन के स्वतंत्रता आंदोलन

से भी जुड़े रहे और विभिन्न देशों के प्रगतिशील आंदोलनों के निमंत्रण पर व्याख्यान देते और दौरे करते रहे। जीवन के अंतिम समय में वे लाहौर वापस गये और वहीं उनका देहावसान हुआ।

फ़ैज़ अपने जीवन में ही हीरो का रूप धारण कर चुके थे। उनके काव्य में वह ताज़गी, रंगीनी, प्रबलता और शक्ति है जो आधुनिक उर्दू साहित्य में ही नहीं बल्कि आधुनिक विश्व साहित्य में उदाहरणीय है। फ़ैज़ की कोशिश यह रही है कि वे व्यक्तिगत और निजी अनुभवों को, विस्तृत वैचारिक और व्यापक सामाजिक दुःख दर्द को, इस तरह अपना कर अपने काव्यात्मक रचाव में जगह दें कि उन पर व्यक्तिगत अनुभवों का रंग छाया रहे। इस कोशिश में उन्होंने एक तरफ़ पूर्वी विशेषतः फ़ारसी और उर्दू की काव्य परंपरा से काम लिया है और दूसरी तरफ़ पाश्चात्य रूमानी कवियों की कल्पना, लक्षणा और रूपक शैली को अपनी शैली में इस तरह समो लिया कि उनका काव्य आधुनिक शैली की विशेषताओं से सुसज्जित हो गया है।

इसके अलावा उनके जीवन के संदर्भ में उनके काव्य की यथार्थपरकता और विशेषता और बढ़ गयी है। कठोर से कठोर कष्ट झेलने के बावजूद और अत्याचार, हिंसा बल्कि मौत की आंखों में आंखें डालकर भी वे आशा और साहस का परित्याग नहीं करते। आशा और साहस की यह प्रबलता उनके काव्य में एक व्यक्तिगत और निजी अनुभव के रूप में उभरती है और करोड़ों लोगों के दर्द में शामिल ही नहीं होती बल्कि उस दर्द के माध्यम से अत्याचार पर काबू पाने का निमंत्रण और उस अन्यायी समाज पर विजय पाने की भविष्यवाणी भी करती है।

फ़ैज़ का सबसे बड़ा कारनामा यह है कि उन्होंने व्यक्तिगत अनुभवों को इस प्रकार व्यापक बनाया है कि उनके साथ की सांसारिक समस्याएं भी उनके व्यक्तिगत अनुभव का एक हिस्सा मालूम होती हैं। इनमें अपने ही दिल पर घटित होने वाली घटनाओं ही की सी गहराई, आवेश और सहानुभूति पायी जाती है। वे गहरे से गहरे यथार्थ को भी प्रवचन की तरह नहीं कहते बल्कि उसे अपने दिल पर गुज़री हुई परिस्थितियों का रूप दे देते हैं। इसी कारण उनकी कविताओं में प्रचार या प्रोपेगंडा की लहर तेज़ नहीं होने पाती और उनकी कविता मद्धिम गति और नर्मी से दिलों को छूती है और छा जाती है। जिस अन्याय के विरुद्ध उनका पाठक-श्रोता लड़ना चाहता है और स्वयं को असहाय पाता है, उसे फ़ैज़ के काव्य में देखता और पहचानता है और फ़ैज़ को उसके विरुद्ध संघर्ष करता हुआ देखता है। यही प्रत्यक्ष संबद्धता उनकी कविताओं की लोकप्रियता और सम्मोहकता का एक महत्वपूर्ण कारण है।

शैली की दृष्टि से फ़ैज़ की कविता ने छायावादिता और यथार्थवादिता का एक आकर्षक विभेद पैदा किया। उसमें दुख दर्द अपने चारों तरफ़ बिखरे हुए समाज का ही है जिसका कवि भी स्वयं एक अभिन्न अंग है; लेकिन उनकी दृष्टि आने वाले समय की उन शुभ घड़ियों पर टिकी हुई है जिनका मार्ग कोई रोक नहीं सकता। फ़ैज़ का काव्य यथार्थ पर रंगीन पर्दा डालने वाला काव्य नहीं है। उसकी सबसे बड़ी शक्ति

यही है कि वह दुख को अपना कर और अपना ही नहीं संपूर्ण विश्व का दुख अपना कर उसे दूर करने का उत्साह जगाता है। इसके साथ ही निदान सोचने और दुख से प्राप्त हुई शक्ति और साहस और आशा को जगाता है और एक उज्ज्वल भविष्य के लिए विश्वास पैदा करता है। यही सच्चाई, यही ताज़गी, यही उन्मुक्तता और यही दुख व पीड़ा से प्राप्त हुआ जीवनदान और निवारण-शक्ति फ़ैज़ की पहचान है।

और इसी शक्ति और प्रबलता को प्रकट करने के लिए उन्होंने ऐसी शैली का आविष्कार किया जिसमें अपनी धरती की सुगंध भी है और पाश्चात्य काव्य की लक्षण और रूपक विधा की व्यंजना भी। यह सब कारीगरी या शैली के स्थान पर अनिवार्य रूप से प्रकट होने वाली उनकी व्यक्तिगत भावनाओं का ही प्रतिफल है और इसीलिए उनकी संवेदना प्रत्यक्ष रूप से काव्य के रूप में ढल जाती है और दिल को प्रभावित करती है।

इस दृष्टिकोण से फ़ैज़ की कविता उर्दू की ही नहीं हमारी राष्ट्रीय बल्कि विश्व काव्य की अमूल्य धरोहर है और इसके अध्ययन से दिशा और ज्ञान के नये मार्ग प्रशस्त होते हैं।

दरअसल, कविता हर व्यक्ति अपने तौर पर पढ़ता है और हर पाठक का अपना मापदंड होता है जिसके आधार पर वह अपनी योग्यता और क्षमता के अनुसार कविता से प्रभावित होता है। फ़ैज़ के काव्य की कई दिशाएं हैं, इसलिए उससे आनंद लेने और उसकी दिशाओं को समझने व आनंद प्राप्त करने की कई सतहें और कोण हैं। आलोचक किसी पाठक की केवल इतनी सहायता कर सकता है कि कवि और काव्य के बारे में मौलिक बातों का ज्ञान करा दे। बाक़ी काम स्वयं पाठक के अनुभव, कल्पना और विद्वत्ता पर निर्भर करता है कि उसका विवेक और भावना उस काव्य से किस तरह फूल खिलाती हैं, कैसे-कैसे अर्थ निकालती है।

परंपरागत ज़बान में एक जुदा अंदाज़ का जादू

मुहम्मद अली सिद्दीक़ी

फ़ैज़ निर्विवाद रूप से फ़ैज़ हैं—उन्होंने परंपरागत काव्य भाषा से अपने धीमे स्वभाव, सुंदर सांस्कृतिक रचाव और तार्किक खोज पर आधारित वैज्ञानिक विश्वास के लिए जिस ढंग से बिलकुल जुदा अंदाज़ से काम लिया है वह न केवल उनकी कलात्मक श्रेष्ठता का प्रमाण है बल्कि उस सत्य की घोषणा भी है कि उन्होंने परंपरागत भाषा पर उठायी जाने वाली सामूहिक आपत्तियों को निराधार और अनावश्यक घोषित कर दिया है। फ़ैज़ परंपरागत काव्य भाषा से संबंध-विच्छेद किये बिना एक बड़े रचनाकार के रूप में उभरे, जबकि आधुनिक युग के कई बड़े रचनाकार चली आ रही काव्य-शैली को निरस्त किये बिना या उस में दरार डाले बिना अपनी विशेष काव्य शैली आविष्कृत न कर सके। ये फ़ैज़ ही हैं जो अपने चिराग़ों को हाफ़िज़ और उर्फ़ी के चिराग़ों से जलाते और मसहफ़ी की हसीं फज़ा में बाक़ायदा तौर पर सांस लेते हुए सौदा और ग़ालिब की ओर बढ़ते हैं।

मसहफ़ी फ़ैज़ के सर्वप्रिय कवियों में से हैं। वे मसहफ़ी और साथ ही साथ सौदा के रंग में इस हद तक डूबे हुए हैं कि ग़ालिब से सभी प्रकार के लगाव के बावजूद ग़ालिब के कौतुक भरे वातावरण से बचकर निकल जाते हैं। फ़ैज़ ने प्रियतम को सच्चा और अच्छा मानते हुए भी अपने अनोखेपन पर अडिग रहते हुए मसहफ़ी और सौदा के रंगों से एक तीसरा रंग पैदा करने की कामयाब कोशिश की है। उन्होंने अपने जाम में मुहब्बत की पवित्र शराब के साथ अपनी राजनीतिक दृष्टि को कुछ इस ढंग से प्रस्तुत किया है कि वे परंपरागत काव्य भाषा की सैकड़ों सालों की जादूगरी को मंत्र बनाते हुए उसे अपने विशेष जादू से चमत्कृत करते हुए दिखायी देते हैं। उन्होंने इस प्रभामंडल को विस्तृत करने के लिए अंतर्राष्ट्रीय पटल पर सक्रिय समान विचार के कवियों से कुछ इस ढंग से आदान-प्रदान किया है कि उर्दू कविता के इतिहास का एक उज्ज्वल अध्याय बन गया है। जब फ़ैज़ अपने शेर में वास्तविकता जगाते हैं तो ऐसी स्थिति में वे बड़ी हद तक धार्मिक ज्ञान का भी उपयोग करते हैं।

फ़ैज़ ने सूफ़ियाना और सामाजिक ज्ञान को प्रायः विस्मृत नहीं किया है लेकिन शायद ही उर्दू के किसी और शायर ने स्पष्ट रूप से धार्मिक उपक्रमों से इस हद तक

क्रांतिकारी काम लिया हो जिस हद तक फ़ैज़ ने। उनके जीवन काल में पारंपरिक काव्य पद्धति के विरुद्ध कई बड़े और महत्वपूर्ण विद्रोह हुए लेकिन वे बहुत हद तक केवल इस कारण निष्प्रभावी हो गये कि फ़ैज़ जैसे महान रचनाकार ने परंपरागत भाषा की कमियों के ख़िलाफ़ सभी तर्क निरस्त कर दिये। ऐसा नहीं था कि ये आपत्तियां पूरी तरह से ग़लत या अनावश्यक थीं। लेकिन फ़ैज़ ने उन आपत्तियों को जिस ढंग से प्रभावहीन बना दिया इसके कारण फ़ैज़ के समानधर्मा और उनके अनुयायियों के लिए रास्ते अपने आप आसान हो गये। वर्तमान परिस्थिति फ़ैज़ अहमद फ़ैज़ के लिए बहुत अनुकूल रही लेकिन फ़ैज़ अहमद फ़ैज़ की अप्रत्याशित लोकप्रियता ने फ़ैज़ के अध्ययन के रास्ते में कई रुकावटें खड़ी कर दी हैं। चूंकि कई साहित्यिक पंडित इस भ्रम में हैं कि आने वाले कुछ वर्षों में साहित्यिक भाषा बदल जायेगी या इस हद तक बदल जायेगी कि शायद आने वाली पीढ़ी ही फ़ैज़ की गिनती क्लासिक कवि के रूप में करने लगे। फ़ैज़ की काव्य पद्धति पर आज भी वे सभी आरोप लग रहे हैं जिन्हें फ़ैज़ जैसे शायर के ख़िलाफ़ प्रतिक्रिया ही माना जा सकता है। यहां यह प्रश्न उठता है कि क्या फ़ैज़ कोई वर्चस्व की लड़ाई लड़ रहे हैं? क्या उनकी कविता की भाषा के विरुद्ध आज से बीस साल पहले भी नयी कविता के दावेदारों ने आसमान सिर पर नहीं उठा लिया था, और क्या आज भी गद्यमय कविता के कई समर्थक फ़ैज़ की काव्य भाषा को पारंपरिक घोषित कर उसे आधुनिक विचारों की अभिव्यक्ति के लिए अपर्याप्त घोषित नहीं कर रहे हैं?

फ़ैज़ की शैली निश्चित रूप से दो प्रकार के दृष्टिकोण को जन्म देती है। उसे स्वीकार किया जाये या फिर उसे अस्वीकार किया जाये। लेकिन यह संभव नहीं है कि फ़ैज़ की काव्य शैली को पसंद करके उससे दूर रहा जाये। आज हमारे बीच ऐसे बहुत से कवि हैं जिन्होंने इस असफल प्रयास में अपना भविष्य गंवा दिया और ऐसे महानुभाव भी हमारे बीच उपस्थित हैं जिन्होंने फ़ैज़ की दार्शनिक भाषा को भी अनसुना कर दिया और विरोधी राय की आतिशबाज़ी की सहायता से थोड़ी सी रौशनी पैदा करके अपने उद्देश्य की पूर्ति कर गये।

फ़ैज़ की काव्य भाषा के विषय में पहली बात तो यह है कि यह हमारी काव्य परंपरा की निरंतरता में है। स्पष्ट है कि विद्रोह परंपरा ही के किसी न किसी मिलन बिंदु से फूटता है। फ़ैज़ अपने विरोधियों के हर वार से इस आधार पर बचते रहे और सुरक्षित होते चले गये कि वे अजनबी भाषाओं के अनमोल रूपकों और कुछ अनोखे काव्यानुभव को उर्दू के भंडार में कुछ इस ढंग से रचनात्मक ईमानदारी के साथ शामिल करते हैं कि ये गढ़े हुए शब्द फ़ैज़ की रचना में शामिल होते ही फ़ैज़ की अपनी खोज नज़र आने लगते हैं। जबकि फ़ैज़ से कमतर रचनाकारों के यहां इस ढंग का अधिग्रहण चोरी मालूम पड़ता है और उनकी पंक्तियां चीख-चीख कर बताती हैं कि यहीं कहीं हमारे बीच 'बाहरी तत्व' छिपा बैठा है। फ़ैज़ की काव्य शैली न केवल परंपरा के सुंदरतम दौर से संबद्ध होती है बल्कि वे उसे अपने विशेष परिवेश,

संस्कृति, पीढ़ियों के संस्कार और अच्छे-बुरे के बारे में परंपरागत अनुभवों से गुज़ारते हुए नये युग की आवश्यकताओं से संबद्ध कर देते हैं। और इस तरह फ़ैज़ की परंपरा की अवधारणा में वह सब कुछ आ जाता है जो उनके लिए राजनीतिक रूप से भी ठीक होता है। फ़ैज़ के यहां राजनीतिक रूप से ठीक और सौंदर्यशास्त्रीय ढंग से सुंदर होने में किसी प्रकार का कोई द्वंद्व नहीं है। फ़ैज़ की रचनाओं का अध्ययन अगर केवल इस पहलू से किया जाये तो उनकी शायरी में राजनीति और सौंदर्यशास्त्र दोनों एक दूसरे के संबंध को स्पष्ट करते हैं। एक ख़ास ढंग का राजनीतिक उद्देश्य ख़ास ढंग का सौंदर्यशास्त्रीय नियम उत्पन्न करता है और विशेष संबंधों को चिह्नित भी। इस ढंग से प्रतीकों को नये सिर से अपनाने की इच्छा उत्पन्न होती है और यह काम उस समय और भी महत्वपूर्ण हो जाता है जब उपमानों को अनायास ही व्यवहृत करने से अर्थ स्पष्ट हो सकता है। फ़ैज़ इस मंज़िल से इस तरह गुज़रते हैं कि उनकी शायरी की पंक्तियों के बीच का अर्थ छिपा नहीं रहता बल्कि हमसे बातचीत करता रहता है। कई बार उनकी शायरी चौंका देने वाला जादुई दायरा बन जाती है जिसका अर्थ उसी समय स्पष्ट हो पाता है जब पाठक फ़ैज़ की Wave-length पर आ जाये।

फ़ैज़ की काव्य शैली के विरोध का एक कारण तो केवल यह जान पड़ता है कि फ़ैज़ ने अपने चिंतन के साथ श्रेष्ठ रचनात्मक तकनीक को मिला दिया है जो हर किसी के बस की बात नहीं है। फ़ैज़ के चिंतन पर आक्रमण किया जा सकता है। फ़ैज़ की तकनीक पर नाक-भौं चढ़ायी जा सकती है, और फ़ैज़ की काव्य भाषा की कई नयी शैलियों पर उंगली भी उठायी जा सकती है। लेकिन जब यही सब अलग-अलग अंग-प्रत्यंग आपस में मिलकर अपने Mosaic का निर्माण कर देते हैं तो फिर सारे हमले बेकार हो जाते हैं क्योंकि अब युद्ध केवल काव्य प्रभाव ही से हो सकता है और काव्य प्रभाव के विरुद्ध युद्ध परंपरागत काव्य शैली की संभावना से युद्ध किये बिना संभव नहीं हो पाता और यह काम फ़ैशनप्रिय विद्रोह के बस की बात नहीं है।

फ़ैज़ ने पहला युद्ध तो परंपरावादियों के विरुद्ध लड़ा। वह उस समय जब उन्होंने अपनी नज़्म में जो ग़ज़ल ही की परंपरा का एक अंग थी, प्रगातिशील अर्थ को इस तरह ग्रहण किया कि वह काव्य परंपरा में बोझ सा न लगे। उन्होंने अपनी नज़्मों में ग़ज़ल के सभी प्रकार के माधुर्य को मिलाते हुए उनके अर्थ के लिए रास्ते निकाले जो कई कवियों के विचार में छंद मुक्त *कविता में ही संभव* थे। फ़ैज़ ने यह मोर्चा अपने पहले संग्रह *नक़्शे-फ़रियादी* में लिया था।

फ़ैज़ ने दूसरा मोर्चा उस समय जीता जब *बादे-सबा* और *ज़िंदांनामा* के प्रकाशन ने कुछ और बाधाएं पार कीं और परंपरावादियों को एक भ्रम में डालकर बहुत संकट में फंसा दिया। जर्जर व्यवस्था को तहस-नहस करने के लिए जिस काव्य भाषा का प्रयोग किया गया वह मानो जर्जर व्यवस्था को बचाने के लिए प्रस्तुत की जा रही है। यहां फ़ैज़ ने भाषा के विषय में अपनी राजनीतिक समझ से काम लिया जिसके अनुसार भाषाएं सामाजिक, आर्थिक और राजनीतिक व्यवस्था से संबद्ध नहीं होती

बल्कि उनकी एक अलग व्यवस्था होती है और वे समाज की प्रगति के साथ विकसित होती हैं। फ़ैज़ भाषा के व्यावहारिक महत्व के समर्थक थे। सामंतवादी युग और पूंजीवादी युग की भाषा का अंतर शब्दकोश में सतत वृद्धि के अंतर से संबद्ध किया जाता है। भाषा का व्याकरण और व्यवहार जैसे का तैसा रहता है। अगर फ़ैज़ की काव्य शैली के विरोधी इस बुनियादी वैज्ञानिक वास्तविकता को दृष्टि में रखते तो उन्हें इस अपमान का सामना न करना पड़ता जो उन्हें तर्कसंगत प्रत्यक्षवाद (logical positivism) के पश्चिमी विद्वानों के उस दावे के कारण उठाना पड़ा कि भाषा चाहे वह कोई हो, मानवीय स्वभाव को अभिव्यक्त करने में अक्षम है। फ़ैज़ उन काव्य विमर्शों से बख़ूबी वाक़िफ़ थे। वे अपनी काव्य भाषा पर मज़बूती से डटे रहे। वे जानते थे कि उर्दू काव्य परंपरा के भीतर रहते हुए दार्शनिक विषय और हास्य-व्यंग्य के भावों को भी व्यक्त किया जा सकता है। फ़ैज़ ने यह मोर्चा अभिव्यक्ति और संप्रेषण की आवश्यकता पर विश्वास रखते हुए जीता, जबकि फ़ैज़ की काव्य शैली को ख़तरनाक हद तक मधुर घोषित करने वालों ने फ़ैज़ के मुक़ाबले में समसामयिकता से प्रयोगवादी उद्भावनाएं प्रस्तुत की थीं, जो स्वीकृत नहीं हो सकीं। संभव है कि भविष्य में यही खोज फ़ैज़ के रंग का असर कम कर सके। किंतु इस समय फ़ैज़ के आसपास होने वाले समस्त विद्रोहों की अपील बहुत सीमित है। यह विशेष रूप से कुछ लोगों के उस दावे के ख़ारिज होने के बाद कि परंपरागत भाषा को निरस्त कर दिया जाये और एक नयी गणितीय भाषा गढ़ ली जाये।

फ़ैज़ ने उर्दू की काव्य परंपरा के विरुद्ध जो मोर्चा जीता है वह उन लोगों का भी ध्यान खींचता है और दाद चाहता है जो उनके राजनीतिक चिंतन से असहमति रखते हैं। केवल इसी ढंग से फ़ैज़ की वैज्ञानिक चिंतन पद्धति का समर्थन किया जा सकेगा जिसका उद्देश्य उर्दू भाषा की काव्य परंपरा का बचाव था। फ़ैज़ की काव्य भाषा का अध्ययन किया जाये तो ऐसा लगता है कि हम विशुद्ध सामंतवादी युग में सांस ले रहे हैं। जब वैभवशाली शब्दावली और जड़ावदार भाषा के भीतर कठोर वास्तविकता को छिपाना उद्देश्य होता था, तो कवि इस ढंग की भाषा का प्रयोग केवल इसलिए किया करते थे कि शासक वर्ग की आवभगत रूपवादिता और कलावादी पच्चीकारी द्वारा की जा सके। फ़ैज़ ने इस मेकेनिज़्म से रक्षात्मक के बजाय आक्रामक दृष्टि से काम लिया और वे सफल रहे। यह सब कुछ इसलिए संभव हुआ कि फ़ैज़ ने क्लासिकी शब्दकोश से लाभ उठाते हुए उस वास्तविकता को अपने सामने रखा जो उनकी नौजवानी और जवानी के दौर के उपमहाद्वीप के समाज में Base यानी Content के रूप में थी। उस ज़माने में परिवर्तन और क्रांति के सभी प्रयास क़ौमपरस्त राजनीति, मज़दूर आंदोलन और अंतर्राष्ट्रीयतावाद के अनुभव, एक विशेष ढंग की अंतर्वस्तु (Content) को उपयुक्त रूप (Form) में व्यक्त कर रहे थे। हम देखते हैं कि फ़ैज़ की शायरी में क्रांतिकारी विचार के लिए भी कई बार धार्मिक अभिधान (Connotation) के शब्द इस्तेमाल होते हुए नज़र आते हैं, शायद यह सजग चयन के कारण हो।

यह सब कुछ इसलिए है कि फ़ैज़ अपनी शायरी का जाल दूर तक और स्पष्ट रूप से फेंकना चाहते थे।

कुछ उदाहरण प्रस्तुत हैं :

ख़ुदा वो वक़्त न लाये कि सोगवार हो तू
...
गुरूरे हुस्न सरापा नियाज़ हो तेरा
तवील रातों में तू भी क़रार को तरसे
तेरी निगाह किसी ग़मगुसार को तरसे
ख़िज़ां रसीदा तमन्ना बहार को तरसे
कोई जबीं न तेरे संगे आस्तां पे झुके

(नक़्शे-फ़रियादी)

इस बंद में 'ख़ुदा', 'जबीं' और 'संगे आस्तां' पर ग़ौर कीजिए—फ़ैज़ प्रसिद्ध धार्मिक उपादानों से विशुद्ध रूमानी वातावरण उत्पन्न कर रहे हैं। कुछ और उदाहरण देखें :

हर हक़ीक़त मजाज़ हो जाये
काफ़िरों की नमाज़ हो जाये

इश्क़ दिल में रहे तो रुस्वा हो
लब पे आये तो राज़ हो जाये
...
किनारे रहमते हक़ में उसे सुलाती है
सुकूते-शब में फ़रिश्तों की मर्सिया ख़्वानी
तवाफ़ करने को सुब्हे-बहार आती है
सबा चढ़ाने को जन्नत के फूल लाती है।

(नक़्शे-फ़रियादी)

मुतलक़ुल-हुक्म है शीराज़ए-असबाब अभी
साग़रेनाब में आंसू भी ढलक जाते हैं
लगज़िशे-पा में है पाबंदी-ए-आदाब अभी
...
खुशा-नज़ारये-रुख़्सारे' यार की साअत
खुशा-क़रारे दिले बेक़रार का मौसम
हदीसे बादा-ओ-साक़ी नहीं तो किस मसरफ़
ख़िरामे-अब्रे सरे-कोहसार का मौसम
...
हमारे दम से है कूए-जुनूं में अब भी ख़जिल
अबाए शेख़ो-क़बाए-अमीरो-ताजेशही

हमीं से सुन्नते मंसूरो-क़ैस ज़िंदा है
हमीं से बाक़ी है गुल दामनी-ओ-कज कुलही

(दस्ते सबा)

बोलो कि शोरे-हश्र की ईजाद कुछ तो हो।
बोलो कि रोज़े-अद्ल की बुनियाद कुछ तो हो।

(ज़िंदानामा)

उपर्युक्त पंक्तियों में आये ठेठ पारंपरिक शब्द व्यापक अर्थों में क्रांतिकारी अर्थों के वाहक हैं, और यही फ़ैज़ की विशेष पहचान है 'पेकिंग की तामीर' शीर्षक कविता देखें :

यूं गुमां होता है बाज़ू हैं मेरे साठ करोड़
और आफ़ाक़ की हद तक मेरे तन की हद है
दिल मेरा कोहो-दमन, दश्तो-चमन की हद है
मेरे केसे में है रातों का सियहफ़ाम जलाल
मेरे हाथों में है सुब्हों की अनाने गुलगूं
मेरी आग़ोश में पलती है ख़ुदाई सारी
मेरे मक़दूर में है मोजज़ा-ए-कुन-फ़यकूं

फ़ैज़ अंतिम पंक्ति तक इस तरह आते हैं कि 'मोजज़ा-ए-कुन-फ़यकूं' की तरकीब तक पहुंचते हैं। फ़ैज़ ने एक विशुद्ध धार्मिक उपादान को कुछ से कुछ बना दिया है।

फ़ैज़ की कविता 'शोरिशे-ज़ंजीर बिस्मिल्ला' देखें या 'आज बाज़ार में पा-ब-जौलां चलो'—दोनों नज़्मों में इस्लामी संस्कृति में सांस लेते हुए उपादानों को कुछ इस तरह प्रस्तुत किया गया है कि परंपरागत काव्यशैली की संभाव्य शक्ति फ़ैज़ की क़लम में सिमट आयी है :

नागहां आज मेरे तारे-नज़र से कटकर
टुकड़े टुकड़े हुए आफ़ाक़ पे ख़ुर्शीदो-क़मर

फिर 'ज़िंदां ज़िंदां शोरे अनलहक़ महफ़िल महफ़िल क़ुल-क़ुल हैं, जैसी पंक्ति पर रुकिए, और फ़ैज़ के यहां पारंपरिक रस की चाश्नी महसूस कीजिए। ये उद्धरण केवल बानगी भर हैं। ज़ाहिर है कि फ़ैज़ की कविता की मधुरता को कमज़ोरी मान लिया गया। फ़ैज़ पर पारंपरिक भाषा के प्रयोग का आरोप अधिक तूल न पकड़ता अगर उनके एक समकालीन कवि नून मीम राशिद ने फ़ैज़ की परंपरा के साथ 'मिरंजां-मिरंजी' (न किसी को दुखी करना न स्वयं दुखी होना) को आलोचना का लक्ष्य न बनाया होता। फ़ैज़ 'हलक़ाए अरबाबे-ज़ौक़' (नये ढंग के रचनाकरों का मंडल-हिंदी के प्रयोगवाद जैसा) के काव्यशास्त्र (सनकी) से नहीं भिड़ते तो शायद यह समस्या इतनी गंभीर नहीं होती। लेकिन जो कुछ भी हुआ वह बहुत आवश्यक था। ब्रेख़्त और लुकाच के बीच भाषा को लेकर गतिरोध राशिद और फ़ैज़ के बीच के विवाद से मिलता-जुलता है। केवल एक बात अलग है कि लुकाच और राशिद अपने समकालीन प्रतिद्वंद्वियों के बारे में कुछ अधिक सनकी हैं। लेकिन दोनों का महत्व अपनी जगह स्थायी है।

फ़ैज़ की मूल विशेषता यह है कि उन्होंने इकहरे अर्थों वाले उपादानों को नये संदर्भों में प्रस्तुत किया। परंपरागत अन्योक्ति और उपमान केवल उसी रचनाकार के यहां आत्मसात हो सकते हैं जो प्राचीन और नवीन के खांचों में विभाजित न हो। वह अपनी आधुनिकता में प्राचीनता के सार्थक तत्वों को स्वीकारे और अपनी प्राचीनता में सभी प्रकार की आधुनिकता का समर्थन करे। फ़ैज़ ने अर्नेस्ट फिशर की तरह अपनी काव्य भाषा को अपने समय की चिंता तक सीमित कर लिया है। फ़ैज़ की शायरी अपने समय के एक ताक़तवर चिंतन को प्रदर्शित करती है और यह अजीब बात है कि आज़ादी के बाद वे क्रमशः अधिक राजनीतिक भंगिमा स्वीकार करते हुए दिखते हैं, जिसकी एक वजह तो यही है कि आज़ादी उनके लिए भ्रम निकली :

यह दाग़ दाग़ उजाला यह शबगज़ीदा सहर

और फिर लगातार जेल के कष्ट झेले। जिन्होंने आज़ादी और उसकी राह में रुकावटों को कुछ इस तरह चित्रित किया कि उनके यहां वतन और महबूब के बीच का अंतर समाप्त हो गया और हम देखते हैं कि जैसे फ़ैज़ ने यह तारीफ़ अपनी काव्य भाषा के बयान में की है।

ख़ुद फ़ैज़ की काव्य भाषा के तेवर में *शामे-शह्रे-यारां* के साथ-साथ परिवर्तन स्पष्ट नज़र आता है और जैसे-जैसे हम आगे बढ़ते हैं फ़ैज़ के यहां सुंदरता के बजाय तेज और ओज का रंग दिखता है। भाषा कम क्लासिक होती चली जाती है। अपितु कई जगह कथात्मकता का रंग अलग से दिखता है, फ़िलिस्तीन और लेबनान की घटना हृदय विदारक होने के कारण ओज गुण उत्पन्न कर देती है। इस चमत्कार का आरंभ इक़बाल के इस निम्नलिखित शेर से होता है :

गुमां मुबर्रिका बियाबां रसीदकार मुगां
हज़ार बादए-नाख़ुर्दा दर रंगे-ताक अस्त

इस संग्रह में शामिल नज़्म 'मेरे दर्द को जो ज़बां मिले' इस तरह शुरू होती है :

मेरा दर्द नग़मए बेसदा
मेरी ज़ात ज़र्रए-बेनिशां
मेरे दर्द को जो ज़बां मिले
मुझे अपना नामो-निशां मिले
मुझे राज़े नज़्मे-जहां मिले
मेरी ख़ामशी को बयां मिले
मुझे कायनात की सरवरी
मुझे दौलते-दो जहां मिले।

यह नज़्म फ़ैज़ की मृत्यु से ग्यारह साल पहले की है और सन् 1973 ई. से 1984 ई. तक फ़ैज़ सजग रूप से जिस शैली की ओर बढ़ते हुए दिखते हैं वह 'तुम अपनी करनी कर गुज़रो' का दौर है। अब फ़ैज़ धीरे-धीरे सरल-सीधी शायरी की तरफ़ आ रहे हैं। इस नज़्म का आख़िरी बंद देखिए :

अब क्यों उस दिन की फ़िक्र करो
जब दिल टुकड़े हो जायेगा
और सारे ग़म मिट जायेंगे
तुम ख़ौफ़ो-ख़तर से दर गुज़रो
जो होना है सो होना है
गर हंसना है तो हंसना है
गर रोना है तो रोना है
तुम अपनी करनी कर गुज़रो
जो होगा देखा जायेगा

इस संग्रह (*शामे-शह्‌रे-यारा*) की ग़ज़ल का एक शेर है :

वो बुतों ने डाले हैं वसवसे कि दिलों से ख़ौफ़े ख़ुदा गया
वो पड़ी हैं रोज़ क़यामतें कि ख़याले रोज़े-जज़ा गया

इस शेर में 'ख़ौफ़े-ख़ुदा' और 'रोज़े-जज़ा' के स्पष्टतः सरल और इकहरे अर्थ की तरक़ीब से किस प्रकार अलग काम लिया गया है।

'मरसिया इमाम' में फ़ैज़ अपनी सोच की छाप की घोषणा कुछ इस तरह करते हैं :

तालिब हैं अगर हम तो फ़क़त हक़ के तलबगार
बातिल के मुक़ाबिल में सदाक़त के परस्तार
इंसाफ़ के, नेकी के मुरव्वत के तरफ़दार
ज़ालिम के मुख़ालिफ़ हैं, तो बेकस के मददगार
जो ज़ुल्म पे लानत न करे आप लईं है
जो जब्र का मुन्किर नहीं वो मुन्किरे-दीं है

'उम्मीदे-सहर की बात सुनो' भी अधिक जटिल संरचना की तरह बढ़ती है :

अब इल्तिफ़ाते निगारेसहर की बात सुनो
सहर की बात उम्मीदेसहर की बात सुनो

और *मेरे दिल मेरे मुसाफ़िर* जो यासिर अरफ़ात को समर्पित है, निर्वासन के ज़माने की वतनी शायरी से भरी हुई है। यह संग्रह सन् 1978 की पहली नज़्म 'मेरे दिल मेरे मुसाफ़िर' से शुरू होता है। इसमें जुदाई के मनोभाव हैं और मिलन की आख़िरी सरमस्तियां पड़ाव पर हैं, स्मृतियों की बौछार है। मख़दूम की आख़िरी याद हो या क़ाफ़क़ाज के शायर क़ासिन क़ुली की कविताओं के अनुवाद, इसी विचार की ओर इशारा करते हैं कि

हर इक दौर में, हर ज़माने में हम
ज़हर पीते रहे, गीत गाते रहे

स्पष्ट रूप से यह पीछे की ओर देखने का प्रयास है किंतु इस दौर की शायरी में ओज गुण स्पष्ट रूप से दिखता है। बेरूत-प्रवास इस दिशा में अपने आप में प्रेरणा की एक बहुत बड़ी भूमिका निभाता है। 'लाओ तो क़त्लनामा मेरा' और 'तीन आवाज़ें'

स्पष्ट रूप से सरल काव्यशैली की ओर क़दम है लेकिन उन नज़्मों में भी और ख़ास तौर पर 'तीन आवाज़ें' का आख़िरी हिस्सा 'निदाए-ग़ैब' की निम्नलिखित पंक्तियां गवाह हैं कि फ़ैज़ विशुद्ध राजनीतिक प्रयास या उद्देश्य के लिए धार्मिक अभिधान के शब्द बहुत चपलता और सुंदरता से प्रयुक्त करते हैं और इस तरह वे अपनी रचनाओं को बहुआयामी बनाने में सफल हो जाते हैं :

हर एक उलिल-अम्र को सदा दो
कि अपनी फ़र्दे-अमल संभाले
उठेगा जब जमए सरफ़रोशां
पड़ेंगे दारो-रसन के लाले
कोई न होगा कि जो बचा ले
जज़ा सज़ा सब यहीं पे होगी
यहीं अज़ाबो-सवाब होगा
यहीं से उट्ठेगा शोरे-महशर
यहीं पे रोज़े-हिसाब होगा

फ़ैज़ के ओज और अली सदार जाफ़री के ओज की अवधारणा में समानता ढूंढ़ने का चलन नज़र आने लगा है। उन दोनों समकालीन कवियों की ओज की अवधारणा में काफ़ी अंतर है। फ़ैज़ की भंगिमा विशुद्ध राजनीतिक नहीं है। 'दो नज़्में फ़िलिस्तीन के लिए' में फ़ैज़ की ओज की अवधारणा स्पष्ट हो जाती है।

'ग़ुबारे अय्याम' फ़ैज़ के अंतिम दिनों की रचना है जो सन् 1983 ई. में इस शेर पर ख़त्म होती है :

या ख़ौफ़ से दर गुज़रें या जां से गुज़र जायें
मरना है या जीना है इक बार ठहर जायें

फ़ैज़ संभवतः स्पष्ट रूप से वह सब कुछ कह गये जो काव्य भाषा में कहा जा सकता है। शायरी से फ़ैज़ ने और फ़ैज़ से शायरी ने जैसा व्यवहार किया है वह हमारी क़ौमी ज़िंदगी का एक महत्वपूर्ण अध्याय है।

एक ऐसे दौर में जब साहित्य और रोमांचक विधाओं के सभी विभागों ने वे सारे काम अपने ज़िम्मे ले लिये हैं जब दूसरे समाज में सभी विभागों की उपस्थिति में अपने-अपने ढांचों में पूरे किये जाते हैं। यह कठिन कार्य बहुत हद तक बड़ी ख़ूबसूरती से साथ पूरा किया जा रहा है। फ़ैज़ ने इस जिम्मेदारी को जिस ढंग से बख़ूबी निभाया है वह नयी पीढ़ी के मन में इस तरह बैठ गया है कि अब तकनीक और रूप के लिए विद्रोह शायरी का असली उद्देश्य यानी अंतर्वस्तु के लिए विद्रोह नहीं रह गया है। फ़ैज़ अपने अनुयायियों और बाग़ियों के लिए केवल इस कारण से भी आदरणीय रहेंगे कि उनकी काव्य शैली से बग़ावत अब बहुत कठिन है।

(1985 ई.)

हिंदी अनुवाद : मो. ज़फ़र इक़बाल

भाग : दो

मैंने फ़ैज़ को देखा था

केदारनाथ सिंह

फ़ैज़ की चर्चा हिंदी में इतनी अधिक हुई है कि उनकी शायरी पर कोई बात करना किसी कही हुई बात को बार-बार दोहराने की तरह लगता है। मैंने उस बुलंद शख़्सियत को, जिसे फ़ैज़ अहमद फ़ैज़ कहा जाता है, देखा था और थोड़ा क़रीब से देखा था, इसलिए उसी की चर्चा करूंगा। वैसे भी व्यक्ति फ़ैज़ और शायर फ़ैज़ दोनों से मिलकर उस जीवंत काव्य मिथक का निर्माण हुआ है जिसे हम फ़ैज़ के सृजन के रूप में जानते हैं। पहली बार मैंने फ़ैज़ का नाम तब सुना था जब मैं इंटरमीडिएट का विद्यार्थी था। यह वह दौर था जब प्रगतिशील कवियों का ज़िक्र छिड़ने पर कुछ नाम बार-बार सामने आते थे, हिंदी और उर्दू दोनों के। उनमें फ़ैज़ का भी नाम अक्सर सुनने में आता था। आज याद करता हूं कि फ़ैज़ के किस पहले शेर से पहली बार मेरा साक्षात्कार हुआ था तो मुझे याद आता है उनका एक पुराना रूमानी सा शेर जो इस तरह था :

आस उस दर से टूटती ही नहीं
जा के देखा न जा के देख लिया

इस आख़िरी टुकड़े पर मैं रुक गया था और कहीं उसी तरह वह आज भी मेरी स्मृति में अटका हुआ है। पर यह असली फ़ैज़ न थे। जिस क्रांतिकारी फ़ैज़ को हम जानते हैं, रूमानियत उसकी पूरी बनावट का एक हिस्सा ज़रूर थी, पर ख़ालिस फ़ैज़ की पहचान उन दूसरी बहुत सी ग़ज़लों के आधार पर बाद में क्रमशः बनती गयी और मेरे जैसे उस समय के असंख्य युवा पाठकों के दिलो-दिमाग़ में बनती गयी, जिस फ़ैज़ को आज हम जानते हैं। इसी क्रम में यह तथ्य भी जोड़ दूं कि अचानक एक दिन (संभवतः यह मेरे बी.ए. का अंतिम वर्ष था या फिर एम.ए. का आरंभ) जब मुझे श्री सच्चिदानंद हीरानंद वात्स्यायन 'अज्ञेय' की ओर से एक छपा हुआ कार्ड मिला जिसमें किसी एशियाई लेखक सम्मेलन का ज़िक्र था। यह दिल्ली में होनेवाला था जिसमें एशिया महाद्वीप के अनेक बड़े साहित्यकार शामिल होनेवाले थे। मुझे अच्छी तरह याद है कि बनारस के कुछ अन्य लेखकों के साथ मैं उस महत्त्वपूर्ण साहित्यिक समागम को देखने गया था। मैं जान बूझकर 'देखने' शब्द का इस्तेमाल कर रहा हूं

क्योंकि एक युवा लेखक के लिए सिर्फ़ यही संभव था। जिन व्यक्तित्वों को देखा, उनमें निःसंदेह फ़ैज़ अहमद फ़ैज़ भी थे। मुझे मंच का दृश्य अब तक याद है। वहां जिन बड़े व्यक्तित्वों की पंक्ति बैठी थी, उसमें कुछ नाम मुझे याद आ रहे हैं : राहुल सांकृत्यायन, लक्ष्मी प्रसाद देवकोटा और फ़ैज़। याद यह भी आ रहा है कि जब स्वागताध्यक्ष ने फ़ैज़ के नाम का उल्लेख किया तो देर तक हाल में करतल ध्वनि होती रही। यह फ़ैज़ को पहली बार देखना था। विज्ञान भवन के हाल में यह आयोजन हो रहा था, जिसकी अंतिम पंक्ति से मेरी युवा आंखें फ़ैज़ को जितना देख सकी थीं, उसमें सबसे आकृष्ट करनेवाली चीज़ उनकी ख़ामोशी थी, लगभग उस सुपरिचित शेर जैसी ख़ामोशी :

इस तरह अपनी ख़ामुशी गूंजी
जैसे हर सिम्त से जवाब आये

उनके व्यक्तित्व से मेरी यह छोटी सी दूरस्थ जान-पहचान कुल जमा यहीं तक थी, पर यह धुंधली सी याद एक खोयी हुई पूंजी की तरह मेरे काम आयी 1978 में, जब मैं जेएनयू आ चुका था और कुछ मित्रों के साथ उस समय के एक चर्चित नाटक 'बेगम का तकिया' देखने मेघदूत थिएटर गया था। वहां सबसे अंत में बैठे-बैठे एकदम अगली पंक्ति में एक चेहरा दिखायी पड़ा जो उस चेहरे से हल्का सा मिलता-जुलता था, जिसे मैंने युवा नेत्रों से कभी विज्ञान भवन में देखा था। नाटक की समाप्ति पर हम कुछ लोग उधर लपके, जिधर वह फ़ैज़ जैसा शख़्स तेज़ी से बढ़ा जा रहा था। निकट पहुंचकर मैं अपनी उत्सुकता को दबा न सका और एकदम पूछ बैठा, 'माफ़ करें! क्या आप फ़ैज़ अहमद फ़ैज़ हैं?' वे चकित हुए और दबी ज़बान में 'हां' जैसा कुछ कहा। यह तो मैंने बाद में जाना कि वे पाकिस्तान से छिपकर भारत आये थे और नहीं चाहते थे कि उनके होने की ख़बर सार्वजनिक हो। हां, चलते-चलते मैंने और मेरे कुछ अन्य मित्रों ने भी उनसे यह अनुरोध ज़रूर किया कि आप एक दिन जेएनयू आयें। उन्होंने स्वीकृति में सिर हिलाया।

उसके कई दिनों बाद फ़ैज़ का जेएनयू में आना हुआ। मैं 23-24 वर्षों तक जेएनयू में रहा हूं पर न तो उसके पहले वैसा कुछ हुआ था न उसके बाद। फ़ैज़ का आना एक बहुत बड़े जश्न की तरह था, एक छोटे-मोटे आंदोलन की तरह, जिसमें सारी दिल्ली उमड़ पड़ी थी। भीड़ का आलम यह था कि उस बड़े से पंडाल में सबसे अंतिम और सबसे लंबा जो व्यक्ति खड़ा था उसका नाम है मक़बूल फ़िदा हुसैन। वे अपने नियम के अनुसार नंगे पांव खड़े थे। यह शायर फ़ैज़ के व्यक्तित्व का दुर्दम आकर्षण था जो इतने सारे लोगों को खींच लाया था। फ़ैज़ ने उस अवसर पर क्या कहा, यह ठीक-ठीक याद नहीं। वैसे भी फ़ैज़ वक्ता न थे। इतना याद है कि उन्होंने कुछ ग़ज़लें पढ़ीं और इस तरह पढ़ीं जैसे पढ़ना कोई सज़ा हो। बार-बार आग्रह किये जाने के बाद भी उन्होंने वही चार-पांच ग़ज़लें सुनायी थीं जिन्हें वे सुनाना चाहते थे और चुप हो गये थे। फ़ैज़ का इस तरह आना और सार्वजनिक मंच पर लंबे अरसे

बाद आना दिल्ली के सांस्कृतिक इतिहास की एक बड़ी घटना थी, जिसकी समाचार पत्रों में व्यापक चर्चा हुई थी।

इसके बाद की दो छोटी-छोटी घटनाओं का जिक्र करूंगा। इसी बीच एक दिन फ़ैज़ से मिलने उनके होटल जाना हुआ। वह कौन सा होटल था, यह ठीक-ठीक याद नहीं आ रहा है, मेरे साथ नामवरजी थे और संभवतः एक कोई और। हमने देखा कि फ़ैज़ एक बड़े से कमरे में अकेले बैठे थे, लगभग दीवार के पास और दीवार की ओर मुंह किये। बग़ल में एक छोटी सी तिपाई पर एक भरा गिलास और बर्फ़ के कुछ टुकड़े रखे हुए थे। दीवार की ओर मुंह करके बैठना और अपने प्रिय भरे गिलास के साथ बैठना, मुझे कुछ अजीब सा लगा। मुझ से रहा न गया और मैं औचक पूछ बैठा :

'फ़ैज़ साहब! दीवार की ओर मुंह करके क्यों पी रहे हैं?'

वे हंसे और बोले, 'अच्छा सवाल पूछा, अकेले कभी नहीं पीना चाहिए।'

यह एक बड़े शायर के अकेलेपन और उसकी अंतर्निहित पीड़ा पर एक स्मिति-भरी टिप्पणी थी—एक गहरी और वेधक टिप्पणी।

फ़ैज़ से अंतिम बार मिलना एक फर्शी नशिस्त में हुआ था, श्रीमती शीला संधू के आवास पर। उसमें अनेक लोग उपस्थित थे, जैसे डॉ. कर्ण सिंह और पाकिस्तान के तत्कालीन उच्चायुक्त जनाब अब्दुल सत्तार। हिंदी के तो कई लोग थे ही। दो चीज़ें मुझे ख़ास तौर पर याद हैं, बल्कि तीन।

डॉ. कर्ण सिंह ने फ़ैज़ की कई चीज़ें उस मौक़े पर सुनायी थीं, सीधे अपनी स्मृति से और अंत में कुछ डोगरी लोकगीत भी सुनाये थे। उनका कंठ इतना अच्छा है, इसका पता पहले न था। फ़ैज़ ने उस मौक़े पर ज़्यादातर नज़्में पढ़ी थीं और बेशक कुछ ग़ज़लें भी। एक ग़ज़ल पढ़ते-पढ़ते अचानक वे किसी जगह अटक गये थे, जैसे कुछ भूल रहे हों कि अचानक पीछे से किसी ने मानो 'प्रॉम्प्ट' किया हो और इस तरह उन्हें भूला हुआ मिसरा याद आ गया। लोगों ने देखा, जिस व्यक्ति ने 'प्रॉम्प्ट' किया था वे पाकिस्तान के हाई कमिश्नर थे। फ़ैज़ ने उनकी ओर देखा और पढ़ना जारी रखा। इससे अधिक कोई तवज्जो न दी। हां, जब फ़ैज़ का पाठ समाप्त हो गया तो उच्चायुक्त महोदय एकदम से भागे हुए आये और फ़ैज़ के सामने अभिवादन कर के खड़े हो गये। बैठने का इशारा करने पर भी बैठे नहीं, अंत तक खड़े ही रहे। फ़ैज़ से कुछ शिष्टाचार जैसी बातें होती रहीं और फिर वे कहीं पीछे जाकर फ़र्श पर ही बैठ गये। पर इस पूरे प्रसंग का अंतिम हिस्सा उस नज़्म से जुड़ा है जो मेरी फ़ैज़ की असंख्य पसंदीदा कविताओं में से एक है। कविता का शीर्षक है, 'रक़ीब से' जिस पर फ़िराक़ गोरखपुरी का मशहूर लेख भी मैंने पढ़ा था। ज़ाहिर है 'रक़ीब' शब्द का पूरी उर्दू परंपरा में एक रूढ़ अर्थ है और इस नज़्म की सबसे बड़ी ब्यूटी यही है कि वह इस रूढ़ प्रतीक में एक नयी मानवीय अर्थवत्ता भर देती है। और इस अर्थ में यह कविता प्रेम कविताओं की दुनिया में एक ऐतिहासिक महत्व रखनेवाली कविता बन जाती है। जब फ़ैज़ अपनी कई ग़ज़लें और नज़्में पढ़ चुके तो मैंने अनुरोध किया कि कृपया

'रक़ीब से' पढ़ें। बोले, 'ये तो नहीं पढ़ूंगा, कुछ चीज़ें अपनी ही ज़बान से निकलती हैं और हवा में मंडरा कर जैसे अपने ही सर पर गिर पड़ती हैं, यह नज़्म वैसी ही है।' फिर कई लोगों के इसरार करने पर उन्होंने यह नज़्म पढ़ी और सिर्फ़ वहीं तक पढ़ी जहां यह टुकड़ा आता है :

हमने इस इश्क़ में क्या खोया है, क्या सीखा है
जुज़ तेरे और को समझाऊं तो समझा न सकूं।

बहुत कहने के बाद भी इसके बाद का हिस्सा उन्होंने नहीं पढ़ा और धीरे से कहा, 'नज़्म यहीं ख़त्म होती है।' उसके बाद नज़्म में और 14 लाइनें हैं जो थोड़ी लाउड हैं और उस समय का जो एक तरक़्क़ीपसंद चलन था उसके अनुसार थीं। फ़ैज़ को वह बाद का हिस्सा अनावश्यक लगा और इसलिए उन्होंने उसे छोड़ दिया। यह एक बड़े शायर का आत्मालोचन था और कला की उसकी अपनी समझ का आईना भी। फ़ैज़ में यह नैतिक साहस था और भरी सभा में उसे व्यक्त करने का अपना ख़ास तरीक़ा भी।

फ़ैज़ की काव्यशैली

ज़ुबैर रज़वी

यह बात दिलचस्प और जानने योग्य है कि फ़ैज़ ने अपने शेरों के पहले काव्य संग्रह की शुरुआत अपनी किसी मज़बूत नज़्म या ग़ज़ल से नहीं की। *नक़्शे-फ़रियादी* में सब से पहले दो-दो शेर 'अशआर'[1] शीर्षक से पढ़ने को मिलते हैं। इनमें ये दो शेर तो फ़ैज़ के मुरीदों पर छा गये हैं :

रात यूं दिल में तेरी खोई हुई याद आयी
जैसे वीराने में चुपके से बहार आ जाये।
जैसे सहराओं[2] में हौले से चले बाद-ए-नसीम[3]
जैसे बीमार को बेवजह क़रार आ जाये

इसके बाद के ये दो शेर प्रसिद्ध नहीं हो सके :

दिल रहीने-ग़मे-जहां[4] है आज
हर नफ़स[5] तश्न-ए-फ़ुग़ां[6] है आज
सख़्त वीरां है महफ़िल-ए-हस्ती
ऐ ग़मे दोस्त तू कहां है आज

इन शेरों के बाद संग्रह की पहली नज़्म 'ख़ुदा वो वक़्त न लाये' है। इसके बाद ग़ालिब के असर वाली ग़ज़ल है :

हुस्न मरहूने-जोशे-बादा-ए नाज़[7]
इश्क़ मिन्नतकशे-जुनूने-नियाज़[8]

सवाल पैदा हो सकता है कि क्या *नक़्शे-फ़रियादी* की यह तरतीब ग़ैर-इरादतन थी? क्या उपर्युक्त शेर को जानबूझ कर पहले पृष्ठ पर जगह दी गयी है? यह सवाल इसलिए पूछा जा रहा है कि ज़्यादातर ऐसे शेर किसी भी संग्रह के आख़िरी पृष्ठों पर जगह पाते रहे हैं। मेरा विचार है कि फ़ैज़ ने ऐसा जानबूझ कर किया है। याद रहे कि

---

1. शेर का बहुवचन। 2. रेगिस्तानों। 3. ठंठी हवा। 4. गिरवी। 5. सांस। 6. रोना, रुदन। 7. शराब और सौंदर्य की उमंग में डूबा हुआ। 8. दर्शन के जादू का अभिलाषी।

जब *नक़्शे-फ़रियादी* का दूसरा एडिशन प्रकाशित हुआ और फ़ैज़ ने इसकी एक मुख़्तसर सी भूमिका लिखी तो यह संकेत भी किया था कि

मैं चाहता हूं कि दूसरा एडिशन उस समय तक रोके रखूं जब तक पहले एडिशन में काफ़ी काट-छांट की गुंजाइश न निकल सके।

फ़ैज़ *नक़्शे-फ़रियादी* के दूसरे एडिशन में बस इतनी ही काट-छांट कर सके थे कि, उन्हीं के शब्दों में, वे चार पांच नज़्में जिन पर ज़्यादा एतराज़ था, निकालनी पड़ीं। और इतनी ही नयी नज़्मों का इज़ाफ़ा भी कर सके। लेकिन *नक़्शे-फ़रियादी* के शुरुआती पृष्ठों में उन्होंने कोई बदलाव नहीं किया। संग्रह के बिलकुल शुरू में भिन्न-भिन्न स्वर वाले दो-दो शेर देने का कारण मेरी नज़र में यह है कि फ़ैज़ शुरुआती कलाम में ही अपनी शायरी के विषय–'निजी व दुनियावी दुख' और अपने 'पैरायः बयान' (काव्य शैली) की कुंजी पढ़ने वाले को सौंप देना चाहते थे ताकि *नक़्शे-फ़रियादी* के भूमिका लेखक, नून मीम राशिद का पहला वाक्य ही पाठक के ज़ेहन में उनकी काव्य शैली की एक छवि बना ले। राशिद ने लिखा था : '*नक़्शे-फ़रियादी* एक ऐसे शायर की ग़ज़लों और नज़्मों का पहला संग्रह है जो रूमान और हक़ीक़त के संगम पर खड़ा है।'

अगले पृष्ठों पर *नक़्शे-फ़रियादी* की नज़्में, ग़ज़लें इन्हीं शुरुआती चार शेरों की बड़ी ख़ूबसूरत व्याख्या बन जाती हैं। जब दुनिया के ज़ुल्मो-सितम से सब कुछ नष्ट हो जाता है तो फिर ग़मेदोस्त की याद आती है। उर्फ़ी के शब्दों में जब प्रेमी के ग़म में जिस्म-ओ-जान पिघलने लगते हैं तो अपने अंदर का चंदन महकने लगता है :

जैसे सहराओं में हौले से चले बाद-ए-नसीम

फ़ैज़ की शायरी का स्ट्रक्चर देखें तो पता चलता है कि वह जवानी के जज़्बों पर केंद्रित थी। जवानी के ये ख़ास जज़्बे कभी दिल में यादों के अलाव जलाते हैं, तो कभी किसी के क़दमों की ख़्वाबनाक आहटें सुनने के लिए जागते रहते हैं। फ़ैज़ की इन शुरुआती नज़्मों में इश्क़ बेहिसाब भी है और बेशुमार भी। महबूब की जो काल्पनिक तस्वीर उनकी नज़्मों में उभर कर आती है वह इस से पहले की इश्क़िया शायरी के लिए अनजानी है। फ़ैज़ उन दोनों तरह के लोगों के क़ायल हैं जो इश्क़ को दुनिया से छुपाते हैं और वे जो दुनिया के सामने अपने इश्क़ का इज़हार करते हैं। पर ख़ुद फ़ैज़ अपने महबूब से मिलने के बजाय ज़्यादा उसके दीदार की चाहत रखते हैं। अपने समकालीन आशिक़ शायरों के बरअक्स फ़ैज़ इश्क़ के बयान के परंपरागत तरीक़ों को अपनाते ही नहीं बल्कि उन्हें छोड़ना व्यर्थ भी मानते हैं। उनके लिए महबूब उनकी ज़िंदगी में ख़ुशी का एक स्रोत है। इश्क़ एक धुन, लय, तरन्नुम और तबस्सुम बन कर फ़ैज़ की शायरी में समाया हुआ है। वे अपने इश्क़ के बेशुमार रंगों में हुस्न की आकर्षक तस्वीरें बनाते नहीं थकते :

ख़ुमारे-ख़्वाब से लबरेज़ अहमरी[9] आंखें
सफ़ेद रुख़ पे परेशान अंबरी[10] आंखें
छलक रही है जवानी हर इक बुने-मू[11] से
रवां हो बर्गे[12] -गुले-तर से जैसे सैले[13] शमीम[14]
ज़िया-ए-मह[15] में दमकता है रंगे-पैराहन
अदा-ए-इज्ज़[16] से आंचल उड़ा रही है नसीम

फ़ैज़ के शायरी कैनवस पर रंगों के हलके पड़ जाने का कोई कमज़ोर रचनात्मक लम्हा नहीं आता। फ़ैज़ शब्द और अर्थ को उनके परंपरागत रूपों में इस्तेमाल नहीं करते। उनकी शायरी विषय प्रतिपादन से कहीं ज़्यादा फ़िज़ासाज़ी (वर्णन, चित्रण) की क़ायल है और यह फ़िज़ासाज़ी ज़िंदगी से ऐसी जुड़ी हुई है कि पाठक ख़ुद को भी इस पूरी फ़िज़ा से घुला-मिला महसूस करता है।

फ़ैज़ की शुरुआती इश्क़िया शायरी में अनुभवों की विविधता की कमी है; लेकिन उनके बाद के संग्रहों में उनका यह इश्क़िया अनुभव कई अनुभवों की छाया में मिल जाता है।

फ़ैज़ *नक़्शे-फ़रियादी* के शुरुआती शेरों में अपनी काव्य शैली की पहचान कराते हैं और पूरे संग्रह में उन्हीं शेरों की रौशनी में सफ़र करते हुए अपनी आवाज़ व लहजे की ख़ास पहचान बनाने की कोशिश में मसरूफ़ नज़र आते हैं। इस विशिष्ट लहजे की पहली झलक 'सरोदे-शबाना' नज़्म के इन मिसरों में मिलती है :

सो रही है घने दरख़्तों पर
चांदनी की थकी हुई आवाज़

फ़ैज़ अपनी इस अनोखी काव्य शैली को अपनी बाद की नज़्मों में ख़ूब चमकाते हैं जो अंततः उनके डिक्शन की दिलकशी की बुनियाद बन जाती है। जाने-पहचाने इश्क़िया अनुभव से गुरेज़ और नून मीम राशिद की कही हुई बात की पहली गवाही *नक़्शे-फ़रियादी* की नज़्म 'मुझ से पहले सी मुहब्बत मेरी महबूब न मांग' से मिलती है। फ़ैज़ की यह पहली नज़्म विषय के नयेपन और उसके काव्यात्मक रचाव की बिना पर प्रगतिशील नज़्मों की सिरमौर बन जाती है। महबूब के ग़म में ऐसा 'मुहब्बत-आमेज़ गुरेज़'[17] उर्दू नज़्म के लिए अनजाना था। यह पहला मौक़ा था जब शायर अपनी निगाह का केंद्र बदलने की कोशिश करता है और एक नये केंद्र की पहचान करते हुए यह कह कर महबूब को हैरत में डाल देता है :

9. लाल। 10. रसीली। 11. रोम-रोम। 12. पत्ता। 13. बहाव। 14. ठंडी हवा का झोंका। 15. चांद की रौशनी। 16. कोमलता। 17. गुरेज़ उर्दू नज़्म में क़सीदे का एक प्रकार है। पहले इश्क़िया शायरी में गुरेज़ की तकनीक का इस्तेमाल नहीं होता था।

और भी दुख हैं ज़माने में मुहब्बत के सिवा
राहतें और भी हैं वस्ल[18] *की राहत के सिवा*
मुझसे पहली-सी मुहब्बत मेरी महबूब न मांग

यह नज़्म ग़म-ए-यार और ग़म-ए-रोज़गार दोनों की तकलीफ़ों से जुड़ी होने कारण पूरी प्रगतिशील नज़्म के लिए एक मिसाल बन जाती है। अज़ीज़ अहमद के शब्दों में इस नज़्म को इश्क़ और इंक़लाब के दरम्यान एक सिलसिलेवार भूमिका भी कहा जा सकता है। *नक़्शे-फ़रियादी* में फ़ैज़ की शायरी इसी जुड़ाव के बिंदु के आसपास पड़ाव डाले रहती है और बड़ी हद तक फ़ैज़ की काव्य शैली की पहचान बन जाती है। 'रक़ीब से', 'सोच', 'चंद रोज़ और मेरी जान' वाली नज़्मों में फ़ैज़ अपने जाने पहचाने इश्क़िया दुख-दर्द की तरफ़ वापस लौट आते हैं। फ़ैज़ के आलोचकों ने इसे प्रगतिशील नज़्म के लिए पूर्व रचित काव्य शैली का ही अनुसरण क़रार दिया है। वज़ीर आग़ा ने फ़ैज़ के इस शेरी रवैये को अवरोध बतलाया; इस तरह की क़यास आराई की कल्पना दूसरे तरक़्क़ीपसंद शायरों के लिए तो दुरुस्त हो सकती है लेकिन जहां तक फ़ैज़ की बात है, विषय की यह कोशिश एक वास्तविकता है। इसका एक सबूत आज़ादी के सिलसिले में फ़ैज़ की नज़्म से मिलता है :

यह दाग़-दाग़ उजाला, यह शबगज़ीदा[19] *सहर*
वो इंतज़ार था जिसका, यह वो सहर तो नहीं

विषय के साथ परंपरागत प्रगतिशील बर्ताव करने के बावजूद यह उर्दू की एक बड़ी राजनीतिक नज़्म बन गयी है। बिलकुल उसी तरह जिस तरह समसामयिक विषय पर लिखा हुआ मंटो का अफ़साना 'नया क़ानून'। आज़ादी के विषय पर सरदार जाफ़री ने अपनी पहली नज़्म में आज़ादी के जश्न का स्वागत किया लेकिन जब नये राजनीतिक हालात आये तो फिर उन्होंने दूसरी नज़्म 'फ़रेब' लिखी और साहिर ने 'मफ़ाहमत'। इसका असर किसी हद तक अख़्तर-उल-ईमान ने भी क़बूल किया है :

मुझे ऐसा महसूस होता है यह मेरी मेहनत का हासिल नहीं है
अभी तो वही रंग-ए-महफ़िल वही जब्र[20] *है हर तरफ़ जख़्म.ख़ुर्दा*[21] *सा इनसान*
जहां तुम मुझे ले के आये हो यह वादिए-रंग भी मेरी मंज़िल नहीं है।

लेकिन अख़्तर-उल-ईमान यह कह कर चुप नहीं हो जाते, वे अपनी नज़्म 'पंद्रह अगस्त' को आगे बढ़ाते हैं और दो नज़्में और लिखते हैं : 'आज़ादी के बाद' और 'ग़ुलाम रूहों का कारवां'।

बाक़ी प्रगतिशील शायरों के मुक़ाबले में फ़ैज़ परंपरागत नज़रियों पर विचार करने से इंकार करते है। वे यक़ीनी तौर से इन्सानी दुख-दर्द पर संजीदा होते हैं और चाहते हैं कि इसका इलाज जल्दी हो। वे इस इन्सानी दुख-दर्द को अपनी ही आंख

18. मिलन। 19. रात की डसी हुई। 20. बलशाली, ताक़तवर। 21. घायल।

से देखते हैं और इसके चारासाज़ (वैद्य) बन कर अपने हाथ से बनाये हुए फ़ाहे इस पर रखते हैं :

जब कभी बिकता है बाज़ार में मज़दूर का गोश्त
शाहराहों[22] पे ग़रीबों का लहू बहता है।
आग सी सीने में रह-रह के उबलती है न पूछ
अपने दिल पर मुझे क़ाबू ही नहीं रहता है।

('रक़ीब से')

फ़ैज़ के ज़्यादातर आलोचकों ने फ़ैज़ को रूमान और हक़ीक़त के मेल से शायरी करने वाला शायर कहा है। दरअसल यह फ़ैज़ के शायरी के डिक्शन को सरसरी तौर पर पढ़ने का नतीजा है। इसमें शक नहीं कि इश्क़ से इंक़लाब की तरफ़, रूमान से हक़ीक़त की तरफ़, और ग़मे-ए-यार से ग़म-ए-रोज़गार की तरफ़ फ़ैज़ की शायरी का गुरेज़[23] और वापसी उनकी शायरी के अध्ययन को दिलचस्प बनाता है। वे नज़्म 'रक़ीब से' और 'चंद रोज़ और मेरी जान' में गुरेज़ की तकनीक[24] अपनाते हुए जब अपना विषय बदलते हैं तो इसमें एक ऐसी पैबंदकारी का एहसास होता है जो भद्दा और बेमेल लगने लगता है। इसी पैबंदकारी के प्रति आलोचनात्मक होते हुए साक़ी फ़ारूक़ी 'रक़ीब से' नज़्म सुनते वक़्त फ़ैज़ को इस बंद पर रोक देते हैं और इसरार करते है कि नज़्म इस बंद पर खत्म हो गयी।

हम पे मुश्तरिका[25] हैं एहसान ग़मे उल्फ़त के
इतने एहसान कि गिनवाऊं तो गिनवा न सकूं
हमने इस इश्क़ में क्या खोया है क्या सीखा है
जुज़[26] तेरे और को समझाऊं तो समझा न सकूं

साक़ी फ़ैज़ की नज़्मों में जिस पैबंदकारी की आलोचना करते हैं, उसका एहसास फ़ैज़ को भी था कि उनकी नज़्मों में गुरेज़ की तकनीक का कच्चापन रह जाता था। इन संगमनुमा नज़्मों में दो कोशिशों का एहसास बड़ा स्पष्ट है। यानी नज़्म इश्क़िया रूप से शुरू होकर इनसान के दुनियावी सरोकारों से जा मिलती है। पर इस नज़्म में तीसरे स्तर पर मेहनत का एहसास बाक़ी रह जाता है तो बाद में 'मौज़ूए-सुख़न' जैसी नज़्म में पहली बार उभर कर सामने आता है। महबूब और ज़माने दोनों के ग़म से जुड़ाव की और एक मिसाली सूरत इस नज़्म में पहली बार फ़ैज़ ने इस्तेमाल की है और इसमें वे बेहद कामयाब हैं। इस लिए फ़ैज़ की संगमनुमा 'नज़्मों' में 'मौज़ूए सुख़न' सब से अनोखी और भरपूर नज़्म है। इस नज़्म का आग़ाज ही बड़ी मद्धम लय से होता है :

गुल हुई जाती है अफ़सुर्दः[27] सुलगती हुई शाम
धुल के निकलेगी अभी चश्म-ए-महताब[28] से रात

---

22. राजपथ। 23. गुरेज़ की तकनीक। 24. क़सीदे का एक प्रकार। 25. सम्मिलित या साझे का। 26. सिवाय। 27. ठिठुरती हुई। 28. चांद की आंख।

और मुश्ताक़[29] निगाहों की सुनी जायेगी
और उन हाथों से मस[30] होंगे ये तरसे हुए हाथ

नज़्म धीरे-धीरे फ़िज़ासाज़ी (चित्रण) करती हुई अनायास ही गुरेज़ की तकनीक को अपनी ऊंचाइयों पर ले जाती है :

आज तक सुर्ख़ो-सियह सदियों के साये के तले
आदम-ओ-हव्वा की औलाद पे क्या गुज़री है
मौत और ज़ीस्त की रोज़ानः सफ़आराई[31] में
हम पे क्या गुज़रेगी, अजदाद[32] पे क्या गुज़री है।

'मुझ से पहली सी मुहब्बत मेरी महबूब न मांग, 'रक़ीब से', 'चंद रोज़ और मेरी जान', जैसी नज़्मों के बर-अक्स फ़ैज़ पहली बार अपनी इस नज़्म को एक दूसरे ही गुरेज़ के साथ लेते हैं और वापस अपने महबूब के ज़िक्र की तरफ़ लौट आते हैं :

ये भी हैं ऐसे कई और भी मज़मूं होंगे
लेकिन उस शोख़ के आहिस्तः से खुलते हुए होंठ
हाय उस जिस्म के कमबख़्त दिल आवेज़[33] ख़ुतूत
आप ही कहिए कहीं ऐसे भी अफ़्सूं[34] होंगे
अपना मौज़ूए-सुख़न इनके सिवा और नहीं
तबए-शायर[35] का वतन इनके सिवा और नहीं

नज़्म में गुरेज़ की यह दूसरी दिशा फ़ैज़ के दूसरे संग्रह *दस्ते-सबा, ज़िंदांनामा, दस्ते-तहे-संग* में नहीं मिलती है। 'मौज़ूए-सुख़न' फ़ैज़ के जाने पहचाने काव्य कौशल का आख़िरी उदाहरण है। इसके बाद ऐसी संगमनुमा नज़्में फ़ैज़ के संग्रहों में नहीं मिलतीं। जो शायर *नक़्शे-फ़रियादी* में रूमान और हक़ीक़त के संगम पर खड़ा था, वह *दस्ते-सबा* से *मेरे दिल, मेरे मुसाफ़िर* जैसे काव्यसंग्रहों में अपने पैरायः बयान को नहीं दोहराता। *दस्ते-सबा* की भूमिका में फ़ैज़ ने अपनी शायरी में ज़िंदगी से जुड़े विषयों का इस्तेमाल करने का कारण देते हुए कहा था :

> *इन्सानी ज़िंदगी के संगठित संघर्ष में हौसले का होना ज़िंदगी की ही मांग नहीं कला की भी मांग है। कला इस मानवीय ज़िंदगी का एक आकर्षण है और कलात्मकता की ज़रूरत इस इन्सानी ज़िंदगी के संघर्ष का एक पहलू है।*

फ़ैज़ ने *दस्ते-सबा* में अपने इस शेरी पक्ष को एक और नज़्म, 'दो इश्क़' में बड़ी ख़ूबसूरती से ज़ाहिर किया है। 'दो इश्क़' एक तरह से 'मौज़ूए सुख़न' ही का विस्तार है पर 'मौज़ूए सुख़न' से कहीं ज़्यादा अच्छी और बड़ी नज़्म है। बाक़र मेहदी के शब्दों में, अब निजी और दुनियावी दुख के बीच की खाई बहुत कम हो गयी है और नज़्म

29. उत्सुक। 30. स्पर्श। 31. मोर्चाबंदी। 32. पूर्वज। 33. मोहक। 34. जादू। 35. कवि स्वभाव।

'दो इश्क़' की शुरुआत भी 'मौज़ूए सुख़न' की तरह बड़े स्वप्नदर्शी लहजे़ में होती है। एक मायने में उसका यहां मिलन हो गया है :

ताज़ा हैं अभी याद में ऐ साक़ी-ए-गुलफ़ाम[36]
वो अक्से-रुख़े-यार से महके हुए अय्याम[37]
वो फूल-सी-खिलती हुई दीदार की साअत[38]
वो दिल-सा धड़कता हुआ उम्मीद का हंगाम

इस नज़्म में फ़िज़ासाज़ी भी 'मौज़ूए सुख़न' जैसी है। 'मौज़ूए सुख़न' का यह बंद देखिए :

आज फिर हुस्ने-दिलआरा[39] *की वही धज*[40] *होगी*
वही ख़्वाबीदः सी आंखें, वही काजल की लकीर
रंगे-रुख़सार[41] *पे हल्का सा वो ग़ाज़े*[42] *का ग़ुबार*[43]
संदली हाथ पे धुंधली सी हिना की तहरीर[44]

और यह बंद है 'दो इश्क़' का :

इस बाम से निकलेगा तेरे हुस्न का ख़ुर्शीद
उस कुंज से फूटेगी किरन रंगे हिना की
इस दर से बहेगा तेरी रफ़्तार का सीमाब[45]
उस राह पे फूलेगी शफ़क़[46] *तेरी क़बा की*

नज़्म 'दो इश्क़' में लैला-ए-वतन के ज़िक्र की तरफ़ गुरेज़ की तकनीक का इस्तेमाल 'मौज़ूए सुख़न' से कहीं ज़्यादा गुंथा हुआ और असरदार है :

चाहा है इसी रंग में लैला-ए-वतन को
तड़पा है इसी तौर से दिल उसकी लगन में
ढूंढ़ी है यूं ही शौक़ ने आसाइशे-मंज़िल
रुख़सार के ख़म[47] *में कभी काकुल*[48] *की शिकन में*

'मौज़ूए-सुख़न' में फ़ैज़ ने इस दुनिया में मरने की चाह में जीनेवाले ज़्यादातर प्राणियों के साथ अपने जज़्बात के साथ एकमेक होने का ऐलान किया था। ग़रीबी और पिछड़ेपन की शिकार आदम और हव्वा की औलाद पर जो कुछ गुज़रती रही है, फ़ैज़ ने उसे अपनी शेरो-शायरी का सरमाया क़रार दिया है। 'दो इश्क़' में निजी और दुनियावी इश्क़ के साथ अब तीसरा इश्क़ भी बयान में शामिल हो जाता है। यह तीसरा इश्क़ है—लैला-ए-वतन का।' *नक़्शे-फ़रियादी* के बाद की शायरी अब दो के बजाय तीन इश्क़ या तीन आवाज़ें बन कर उभरती है। लेकिन कुछ इस तरह कि उनके धागों को अलग-अलग करके उनकी ढेरियां बनाना मुमकिन नहीं। अब शायर को मानवता के इस संगठित संघर्ष में अपनी कला की समझ को शामिल करने की सफ़ाई देने

---

36. फूल जैसा साक़ी। 37. दिन। 38. लम्हा। 39. मनमोहक रूप। 40. रीत, ढंग। 41. गाल। 42. उबटन। 43. रंग। 44. मेंहदी के बेलबूटे। 45. पारा। 46. लालिमा सूर्यास्त की। 47. गाल पर पड़नेवाला गढ़ा। 48. बाल।

की ज़रूरत महसूस नहीं होती। 1940 के बरसों के साहित्यिक मंज़रनामे पर प्रगतिशील शायरी की मांग का जो दबाव था उस से फ़ैज़ भी प्रभावित थे। लेकिन फ़ैज़ चूंकि किसी भी नक़्शे क़दम पर चलने वाला शायरी मिज़ाज रखते ही नहीं थे इसलिए उन्होंने अपनी रचनात्मक समझ के आधार पर *नक़्शे-फ़रियादी* वाली शायरी के आख़िरी दौर में निजी और दुनियावी ग़मों को तो ख़ूब निभाया, मगर बाद के अपने संग्रहों में अपने विषय की विविधता से नया रचना-संसार निर्मित किया और इस तरह अपनी शायरी के मूल ढांचे को लगातार सींचते हुए *मेरे दिल मेरे मुसाफ़िर* तक आते आते पाठकों के आगे ख़ासे सुर्ख़रू हो गये।

उर्दू से अनुवाद : बलवंत कौर

जिस धज से कोई मक़तल में गया*

कांतिमोहन

फ़ैज़ अहमद फ़ैज़ चल बसे। वो 1982 में लाहौर आये थे। लाहौर में 20 नवंबर 1984 को दिल का दौरा पड़ा और तत्काल ही उनकी मृत्यु हो गयी। इस मौत के सदमे से उबरने में काफ़ी वक़्त लगेगा, फिर भी यह सोचकर हैरानी होती है कि हर तरह के शोषण से मानव मुक्ति के लिए ज़िंदगी भर संघर्ष करने वाला यह दुर्द्धर्ष योद्धा लोकतंत्र को फ़ौजी बूटों से लगातार कुचले जा रहे उस घुटन भरे माहौल में दो साल ज़िंदा कैसे रह लिया। कोई दो साल पहले जब वे भारत आये थे तो उनके मित्रों और शुभचिंतकों की इच्छा थी कि वे पाकिस्तान न लौटें, भारत में ही रहें। प. बंगाल की वाम मोर्चा सरकार ने कलकत्ता विश्वविद्यालय में इक़बाल चेयर की स्थापना प्रस्तावित की थी और उनकी ख़्वाहिश थी कि फ़ैज़ इक़बाल प्रोफ़ेसर के रूप में यहीं बने रहें। लेकिन, उनकी पारिवारिक विवशताएं थीं जो उन्हें लेबनान से पाकिस्तान खींच लायी थीं। इसके अलावा वो पाकिस्तान को दिलो-जान से चाहते थे। इन परिस्थितियों ने उन्हें भारत रहने की इजाज़त नहीं दी और वे 'कूए-यार' से निकलकर सीधे 'सूए-दार' चले गये।

फ़ैज़ पिछले पचास बरस से लिख रहे थे। अपने घटना प्रधान और कर्मसंकुल जीवन में उन्होंने लिखना कभी नहीं छोड़ा। फिर भी, इस प्रदीर्घ रचना-काल में उन्होंने अपनी कविताओं की केवल सात नन्हीं पुस्तिकाएं प्रकाशित करायीं। तुलनात्मक दृष्टि से देखें तो रचनाओं का यह परिमाण बहुत कम है, लेकिन उनकी कविता की गुणवत्ता ऐसी थी कि अपने काव्य-शैशव में ही फ़ैज़ जनता के विभिन्न तबक़ों के बीच बेहद लोकप्रिय हो गये और पिछले चालीस बरसों के दौरान एक कवि के रूप में वे जिस तरह इस उपमहाद्वीप की काव्य रसिक जनता के मानसिक क्षितिज पर छाये रहे हैं, उसे देखते हुए इस काव्य युग को अगर फ़ैज़ युग कहा जाये तो बहुत कम लोगों को इस पर आपत्ति होगी। उनकी मृत्यु से इस युग का अंत हो गया।

---

* 'फ़ैज़ और हम' शीर्षक से यह लेख 1984 में दिल्ली विश्वविद्यालय के हिंदी-उर्दू विभागों की एक संयुक्त गोष्ठी में पढ़ा गया था।

फ़ैज़ की असाधारणता और अद्वितीयता को समझने के लिए हमें इस युग की उन परिस्थितियों को समझना होगा जिन्होंने फ़ैज़ को सजाया-संवारा, उनकी शायरी को परवान चढ़ाया, उन्हें फ़ैज़ बनाया। चार दशकों के इस युग में चार महती और शक्तिमती धाराएं विलोड़ित हो रही थीं और फ़ैज़ के संवेदनशील मन को मथ-मथकर उसे संस्कारित और अनुप्राणित कर रही थीं।

उन्होंने एक ऐसे दौर में होश संभाला और क़लम उठायी जबकि इस देश में साम्राज्यविरोधी राष्ट्रीय मुक्ति संग्राम तरंगायित हो रहा था। यह संग्राम जाति, क्षेत्रीयता, भाषा, धर्म और सेक्स की संकरी दीवारों को तोड़कर इस उपमहाद्वीप की विराट भौगोलिक इकाई को एक जीवंत और स्पंदित राष्ट्र का रूप प्रदान कर रहा था। 1930 के बाद मज़दूर वर्ग एक स्वतंत्र वर्ग के रूप में सक्रिय हो चुका था और जनता के विभिन्न तबक़ों के बीच व्यापक और टिकाऊ एकता क़ायम करने वाली शक्ति के रूप में काम कर रहा था। यह एक ऐसा दौर था जिसमें कला और संस्कृति के क्षेत्र में हर तरह की संकीर्णताओं, सामाजिक रूढ़ियों और प्रगति की राह में बाधा बने हुए अंकुशों पर प्रहार किया जा रहा था तथा साहित्य को जनता के व्यापक संघर्ष और प्रतिरोध की शक्तियों से जोड़ा जा रहा था। फ़ैज़ और उनके कई सहकर्मी इन दिनों इश्क़ और रूमान की कविताएं लिख रहे थे। इन रूमानी कविताओं को लेकर रूपवादी आलोचक जब फ़ैज़ को इश्क़ो-मोहब्बत का शायर साबित करने की कोशिश करते हैं तो हमारे कुछ प्रगतिशील साथी पेशो-पस में पड़ जाते हैं। कई बार हम यह भूल जाते हैं कि उस दौर में प्रेम की अभिव्यक्ति एक सकारात्मक और प्रगतिशील अभिव्यक्ति थी और ऐसी कविताओं को लेकर हमें क्षमायाचना करने की क़तई ज़रूरत नहीं है। फ़ैज़ जैसे कवियों ने प्रेम के इस सकारात्मक रूप को ही आगे चलकर देश-प्रेम और मानव-प्रेम का रूप प्रदान किया। उनके इस विकास को रेखांकित करना हमारी ज़िम्मेदारी है।

फ़ैज़ के बचपन में ही रूस में महान अक्टूबर क्रांति संपन्न हो चुकी थी। लेनिन के नेतृत्व में समाजवादी सोवियत संघ ने सर्वहारा अंतर्राष्ट्रीयतावाद की अपनी ज़िम्मेदारियां निभानी शुरू कीं तो उपनिवेशों में चल रहे राष्ट्रीय मुक्ति आंदोलनों की साम्राज्यविरोधी अंतर्वस्तु दृढ़ हुई और इनमें से कुछ देशों के अपने-अपने मज़दूर आंदोलनों ने उसे दृढ़तर बनाया। रूस में समाजवाद की स्थापना के बाद उपनिवेशों की ग़ुलाम जनता सिर्फ़ राजनीतिक आज़ादी से संतुष्ट हो जाने के लिए तैयार नहीं रह गयी थी। वह हर तरह की दासता, शोषण और उत्पीड़न से मुक्ति पाने के सपने देखने लगी थी। इस दौर में, सोवियत संघ न केवल सर्वहारा अंतर्राष्ट्रीयतावाद का केंद्र था बल्कि हर प्रकार के आर्थिक शोषण और सामाजिक उत्पीड़न के विरुद्ध मानवमुक्ति का एक जीवंत प्रतीक बन गया था। समाजवादी आंदोलन की इस प्रचंड धारा ने देखते-देखते अगर प्रेमचंद से लेकर फ़ैज़ तक कई पीढ़ियों के प्रबुद्ध साहित्यकारों को अपनी ओर खींच लिया तो इसमें हैरानी की कोई बात नहीं थी। समाजवाद और राष्ट्रीय मुक्ति

आंदोलन की दो सशक्त धाराएं मिलकर एक हो गयी थीं और एशियाई-अफ़्रीकी देशों के असंख्य देशभक्त साहित्यकार और बुद्धिजीवी इनसे प्रेरणा ले रहे थे। कुछ आलोचक इस दौर की परिस्थितियों को नज़र अंदाज़ करते हुए प्रगतिशीलता को विदेशी और अभारतीय सिद्ध करने की कोशिश करते रहते हैं। वे भूल जाते हैं कि भारत का राष्ट्रीय आंदोलन एक ऐसे दौर में विकसित हुआ है जिसमें एक ओर साम्राज्यवाद और बाक़ी तमाम दुनिया के बीच अंतर्विरोध पनप रहा था तथा दूसरी ओर समाजवाद संपूर्ण विश्व के मुक्ति आंदोलन का खुला और निर्भीक समर्थन कर रहा था। ऐसे में, समाजवादी विचारधारा के प्रति ग़ुलाम देशों के स्वतंत्र बुद्धिजीवियों की आसक्ति न केवल स्वाभाविक और पूरी तरह देशभक्तिपूर्ण थी, बल्कि अनिवार्य और अपरिहार्य थी। हैरानी की बात नहीं कि 1935 तक आते-आते हम देखते हैं कि फ़ैज़ ने न सिर्फ़ समाजवादी विचारधारा ही अपना ली बल्कि अमृतसर के एक प्रतिष्ठित कॉलेज में पढ़ाने वाला यह सफ़ेदपोश बुद्धिजीवी मज़दूरों के सुख-दुःख का भागीदार बन गया, उनकी ट्रेड यूनियनों में काम करने लगा; उसकी शायरी में 'ग़मे-यारां' 'ग़मे-दौरां' की शक्ल में ढलने लगा।

1936 में प्रगतिशील लेखक संघ की स्थापना हुई। शुरू में ऐसा लगा था कि यह कोई स्वतंत्र धारा नहीं है बल्कि राष्ट्रीय मुक्ति आंदोलन और समाजवादी आंदोलन का संगम मात्र है, लेकिन बाद की घटनाओं ने शीघ्र ही प्रगतिवादी साहित्यांदोलन को एक स्वतंत्र धारा का रूप दे दिया और इसने बहुत बड़े पैमाने पर साहित्यकर्मियों और कलाकारों को अपनी ओर आकृष्ट किया। यूरोप में पतनशील पूंजीवाद अपने सबसे घिनौने, मानवघाती और प्रतिक्रियावादी रूप—नाज़ीवाद और फ़ासीवाद—में सर उठा रहा था; बाक़ी तमाम दुनिया से साम्राज्यवाद का अलगाव लगभग संपूर्ण हो चला था और दुनिया भर की शांतिप्रिय और मुक्तिकामी जनता इस उभरते हुए ख़तरे का मुक़ाबिला करने के लिए तैयार हो रही थी। सोवियत संघ इसका नेतृत्व कर रहा था। इन परिस्थितियों ने प्रगतिशील साहित्यांदोलन को बहुत जल्द ही एक शक्तिशाली आंदोलन बना दिया और देश की लगभग तमाम भाषाओं के समर्थ रचनाकार इसकी ओर आकृष्ट हुए। प्रगतिवादी आंदोलन इसलिए इतनी जल्दी और इतना ज़्यादा लोकप्रिय नहीं हो गया कि देश में पहली बार एक राजनीतिक पार्टी ने उसे प्रवर्तित किया था—जैसा कि कुछ आलोचक सोचते हैं—बल्कि उसके लोकप्रिय और सर्वग्राह्य होने की वजह यह थी कि वह एक साथ साम्राज्यविरोध, युद्ध विरोध और शांति-मुक्ति-प्रगति की पक्षधरता का प्रतीक था। फ़ैज़ और उनकी सी मानसिकता वाले असंख्य साहित्यकारों और बुद्धिजीवियों का इस धार में आ मिलना ऐसा ही स्वाभाविक था जैसे नदी में मछलियों का आ जाना। इसे 'प्रेम की डगर छोड़कर क्रांति का झंडा उठा लेने' जैसी उलटबांसियों से नहीं समझा जा सकता।

बहरहाल, दूसरा विश्वयुद्ध होकर रहा। लाल सेना ने दुर्दांत दस्यु फ़ासीवाद को धूल चटायी। पहले विश्वयुद्ध के कराल गर्भ से समाजवाद की एक कोंपल फूटी थी

जो दूसरे विश्वयुद्ध तक एक अभयदाता अक्षयवट की शक्ल ले चुकी थी। दूसरे विश्वयुद्ध की विकराल कोख से एक सशक्त वल्लरी निकली जो लगातार मढ़े चढ़ती जा रही थी और अपना विस्तार कर रही थी। दूसरे विश्वयुद्ध की समाप्ति पर समाजवादी शिविर अस्तित्व में आया। ग़ुलामी की कड़ियां तोड़कर पहले उत्तरी कोरिया तथा वियतनाम, बाद में भारत और चीन आज़ाद हुए। 1945 से जिस नये युग का सूत्रपात हुआ वह साम्राज्यवाद की लगातार पराजयों, समाजवाद की सतत सफलताओं और दुनिया के पैमाने पर राष्ट्रीय मुक्ति आंदोलनों की निरंतर प्रगति का युग है। आज भी कुल मिलाकर घटना-विकास इसी दिशा में हो रहा है।

तो भी, दूसरे विश्वयुद्ध में साम्राज्यवाद मर नहीं गया। अमरीकी साम्राज्यवाद के नेतृत्व में उसने नयी रणनीति और नये पैंतरे विकसित किये और उन्हें आज़माना शुरू कर दिया। दूसरे विश्वयुद्ध के बाद उपनिवेशों को प्राप्त स्वतंत्रता में एक ओर औपनिवेशक जनता के साम्राज्यविरोधी राष्ट्रीय मुक्ति आंदोलनों की शक्ति मूर्तिमंत है तो दूसरी ओर साम्राज्यवाद की बदली हुई रणनीति—जिसे आम तौर पर नव-उपनिवेशवाद के नाम से पुकारा जाता है—भी परिलक्षित होती है। इन देशों में सत्ता का हस्तांतरण उन शक्तियों को करना जो स्वाभाविक रूप से साम्राज्यवाद की शत्रु नहीं हैं, इन देशों के आर्थिक विकास के लिए 'सहायता' के नाम पर उनकी सरकारों को तरह-तरह के बंधनों में बांधना और उन्हें अपने ऊपर निर्भर बनाना, बहुराष्ट्रीय निगमों और कंपनियों की पूंजी वहां लगाकर उनकी अर्थव्यवस्था में साम्राज्यवादी हितों का विस्तार करना, विचारधारात्मक प्रचार के ज़रिये इन देशों के प्रचार-तंत्र को प्रभावित करना, पतनशील साम्राज्यवादी संस्कृति का निर्यात, प्रलोभन, दबाव और धमकी द्वारा गुटनिरपेक्षता की नीति से उन्हें विचलित करना, फ़ौजी और जनविरोधी निज़ामों को पनाह देना और इन निरंकुश शासकों से रणनीति की दृष्टि से महत्वपूर्ण स्थान अपने सैनिक अड्डों के लिए झटक लेना, अविकसित देशों में फूटपरस्त और अलहदगीपरस्त ताक़तों की सरपरस्ती और सी.आइ.ए. जैसी ख़ुफ़िया एजेंसियों की उनमें घुसपैठ की मदद से वहां अस्थिरता पैदा कर देना, धार्मिक संकीर्णता, तत्ववाद तथा हर तरह के प्रतिक्रियावाद की ताक़तों को शह देना—नवउपनिवेशवाद की रणनीति के प्रमुख घटक हैं। ज़ाहिर है कि इस रणनीति के विरोध में भी एक रणनीति विकसित की गयी जिसमें साम्राज्यविरोध, गुटनिरपेक्षता का समर्थन, आर्थिक स्वतंत्रता और आत्मनिर्भरता, समाजवादी देशों से सहयोग और विघटनकारी-पृथकतावादी तथा धार्मिक तत्ववाद के विरोध पर विशिष्ट बल दिया गया। यही वह चौथी धारा थी जिसने फ़ैज़ के कवि-मानस को प्रभावित किया और उनकी रचनाओं से बल प्राप्त किया। यह, उपनिवेशवाद और उसके विरुद्ध लगातार व्यापक होता हुआ जनांदोलन भारतीय कवियों की तुलना में फ़ैज़ के बारे में कहीं ज़्यादा प्रासंगिक है।

भारत की तरह ही पाकिस्तान में भी सत्ता का हस्तांतरण वहां के पूंजीपति-भूस्वामी शासक वर्गों को किया गया। फ़ैज़ ने पाक आज़ादी के चरित्र को समझने में भूल

नहीं की। 1947 पर उनकी कविता इसका प्रमाण है। कविता की अंतिम पंक्तियां उनकी समझ को स्पष्ट कर देती है :

अभी गिरानि-ए-शब में कमी नहीं आयी
नजाते-दीदा-ओ-दिल की घड़ी नहीं आयी
चले चलो कि वो मंज़िल अभी नहीं आयी।

ग़ौरतलब है कि फ़ैज़, हमारे उपमहाद्वीप के अनेक कवियों की तरह, राजनीतिक आज़ादी को अंतिम लक्ष्य मानने की भूल नहीं करते। वे समझते हैं कि अनगिनत क़ुर्बानियां देने के बाद इस उपमहाद्वीप की जनता ने जो आज़ादी हासिल की है वह आंखों और दिल पर लगी हुई तमाम पाबंदियों से, मानव को हर कोण से कसे हुए तमाम बंधनों और चुभने वाले अंकुशों से, हर तरह के शोषण और सामाजिक उत्पीड़न से, मुक्त कराने वाली शक्ति नहीं है। यह मात्र एक पड़ाव है जहां दम लेकर देश की जनता को वास्तविक मुक्ति के संघर्ष की राह पर आगे बढ़ जाना है। उस युग के अधिकांश नहीं तो अनेक साहित्यकारों की समझ यह नहीं थी। वे इस आज़ादी को ही मुक्ति मान बैठे थे और संघर्ष की नयी मंज़िल की ओर रवाना होने से इनकार कर रहे थे। ऐसे ही लोगों की पस्तहिम्मती और अवसरवादिता के चलते प्रगतिशील लेखक संघ का विघटन हुआ। इस विघटन में बहुत से ऐसे प्रगतिशील लेखकों की समझ ने भी योग दिया जो राजनीतिक आज़ादी को अंतर्वस्तु को, और उसके द्वारा प्रदत्त संघर्ष के नये सुअवसरों की संभावना को पहचानने से पूरी तरह इनकार कर रहे थे। उनसे हटकर, फ़ैज़ इस आज़ादी को 'नजाते-दीदा-ओ-दिल की घड़ी' में तब्दील करने में जी-जान से जुटे रहे और उन्हें इसकी क़ीमत चुकानी पड़ी।

1951 में उन्हें रावलपिंडी षड्यंत्र केस में गिरफ़्तार करके जेल में ठूंस दिया गया। चार वर्षों तक वे सींखचों में क़ैद रहे और फांसी का फंदा लगातार उनके सर पर झूलता रहा। इतिहास की विडंबना देखिए कि नवउपनिवेशवादी ताक़तों की शह पर जिस सरकार ने फ़ैज़ पर सितम ढाये, उसी के प्रमुख लियाक़त अली ख़ां को नवउपनिवेशवाद की सुनियोजित हिंसा का, इस उपमहाद्वीप में, पहला शिकार बनना पड़ा। इसके बाद से पाकिस्तान पर नवउपनिवेशवाद का शिकंजा लगातार कसता ही गया। आज वह उस पर बुरी तरह हावी है। फ़ैज़ ने पाकिस्तान में अपनी आंखों से उन मूल्यों और आदर्शों को मासूम बच्चों की तरह क़त्ल होते हुए देखा जिन्हें इस उपमहाद्वीप के अवाम ने बेशुमार क़ुर्बानियां देकर हासिल किया था—एकता, स्वतंत्रता, समानता, प्रेम, शांति, जनवाद और धर्मनिरपेक्षता। ये मूल्य और आदर्श उन्हें जान से प्यारे थे। यह सोचकर तकलीफ़ होती है कि जो कवि मानव मात्र की अखंडता और मुक्ति का सपना अपनी आंखों में संजोये रहा उसे दो-दो बार अपनी मातृभूमि के टुकड़े होते हुए देखना पड़ा और एक बार नहीं बल्कि बार-बार उस जम्हूरियत को कटते-पिटते और लहूलुहान होते देखने की पीड़ा भोगनी पड़ी जिस पर वह सौ जान निछावर करता था। धर्म के विधि-निषेध का ज़िंदगी भर मज़ाक उड़ाने वाले फ़ैज़ को ख़ुद अपने ही मुल्क में

जमाते-इस्लामी की दरिंदगी झेलनी पड़ी और जिस जनवादी आंदोलन को मज़बूत बनाने में वह तमाम ज़िंदगी लगा रहा वह इतना आंतकित हो उठा कि उसकी रक्षा करने के लिए आगे नहीं आ सका। फ़ैज़ को बार-बार पाकिस्तान—जिसमें उनकी रूह बसती थी—छोड़ने पर मजबूर होना पड़ा।

इन चार-चार शक्तिशाली धाराओं के आलोड़न और घात-प्रतिघात ने फ़ैज़ को एक असाधारण कवि बनाया। इन शक्तिमती धाराओं से प्रेरणा लेकर, इनकी शक्ति को अपने कवि-व्यक्ति में समो लेना फ़ैज़ की एक ऐसी विशेषता है जो उनके समकालीन अन्य कवियों में इतनी प्रचुरता से नहीं पायी जाती। हम देखते हैं कि फ़ैज़ की कविता अपनी समग्रता में एक ओर पाकिस्तान का 37 साला इतिहास प्रस्तुत करती है तो दूसरी ओर वह मानव मुक्ति की कविता है जो दुनिया भर के उन तमाम लोगों से मुख़ातिब होती है जो ज़ुल्म के ख़िलाफ़ लड़ रहे हैं। दूसरे शब्दों, फ़ैज़ की कविता एक साथ राष्ट्रीय और अंतर्राष्ट्रीय दोनों है। फ़ैज़ विश्व राजनीति से बहुत गहरे जुड़े हुए थे। उनकी कई कविताएं सीधे-सीधे अंतर्राष्ट्रीय घटनाओं पर, एशियाई-अफ़्रीकी देशों में चल रहे मुक्ति आंदोलनों पर लिखी गयी हैं। लेकिन, फ़ैज़ की असाधारणता इस बात में नहीं है। फ़ैज़ की असाधारणता इस बात में है कि उन्होंने जो कविताएं पाकिस्तान की ठोस परिस्थितियों पर लिखी हैं, और जो पहली नज़र में उनकी नितांत आत्मगत अभिव्यक्तियां लगती हैं, दरअसल इतना व्यापक प्रभाव रखती हैं कि दुनिया के किसी भी कोने में पढ़ी, समझी और सराही जा सकती हैं। फ़ैज़ का यही जादू उन्हें हिंदी-उर्दू के उन कवियों से अलग करता है जो फ़ैज़ के युग में पैदा हुए और फ़ैज़ की ही तरह चार-चार शक्तिशाली धाराओं में संस्कारित होने के बाद भी असाधारण कवि नहीं बन पाये। फ़ैज़ की कविता को समझना उनके इसी जादू को समझना है।

फ़ैज़ ने उर्दू साहित्य की परंपरा को उसकी संपूर्णता में आत्मसात किया था। इस उपमहाद्वीप की सांस्कृतिक परंपरा को भी उन्होंने बहुत ध्यान से देखा और परखा था। जब जनरल अय्यूब ने पाक संस्कृति पर रिपोर्ट लिखने का काम फ़ैज़ को सौंपा था तब कुछ तरक़्क़ीपसंदों को बहुत बुरा लगा था। लेकिन, जब फ़ैज़ ने रिपोर्ट पेश की तो अय्यूब ने उसे छापने से इनकार कर दिया। फ़ैज़ की मान्यता थी कि पाक संस्कृति की जड़ें भारतीय उपमहाद्वीप में हैं। इसका मतलब इस तथ्य को रेखांकित करना था कि भारतीय उपमहाद्वीप में हज़ारों साल से विभिन्न और परस्परविरोधी धर्मों और नस्लों के लोग साथ-साथ रहते आये हैं। उनके खान-पान, रहन-सहन और पूजा-पाठ के तौर-तरीक़े अलग रहे हैं। लेकिन इसके बावजूद, भारत उन सबका देश है। इस उपमहाद्वीप की यही सांस्कृतिक परंपरा है जो पाकिस्तान को भी विरासत में मिली है। अगर पाकिस्तान को एक रखना है तो स्थायी एकता मज़हब की बुनियाद पर नहीं बल्कि उस देश में रहने वाली तमाम क़ौमियतों की निजी पहचान को समझकर, अल्पसंख्यकों के हितों को सुरक्षित रखते हुए, उनकी भाषाओं और बोलियों को विकास

के समान अवसर प्रदान करते हुए और आर्थिक प्रगति के लाभों का जनता के बीच न्यायसंगत वितरण करने की नीति पर चलकर ही क़ायम की जा सकती है। ज़ाहिर है कि फ़ैज़ की यह मान्यता न तो जनरल अय्यूब को रास आ सकती थी और न जमाते-इस्लामी को, जो धर्मोन्माद की राह पर चलते हुए उस देश के और ज़्यादा टुकड़े करने के सामराजी मनोरथ सफल करने पर आमादा थी। लिहाज़ा, फ़ैज़ को अपनी रिपोर्ट ख़ुद प्रकाशित करानी पड़ी। भुट्टो के ज़माने में बयान की आज़ादी का इस्तेमाल करते हुए जब फ़ैज़ ने अपनी सांस्कृतिक अवधारणा का खुलासा करना शुरू किया तो उन्हें जमाते-इस्लामी के धर्मोन्मत्त आक्रमण का सामना करना पड़ा।

फ़ैज़ उर्दू साहित्य के गंभीर अध्येता थे। उन्होंने अपने साहित्य की परंपरा का भी अध्ययन और विश्लेषण किया और अपनी रचनाओं से उसे आगे बढ़ाया। हमें उनकी शायरी इसीलिए इतनी अपनी और अज़ीज़ लगती है क्योंकि वह उर्दू साहित्य की परंपरा से उच्छिन्न नहीं है, उसके विरोध में नहीं खड़ी है बल्कि उसकी धारा का अभिन्न अंग है, उसे आगे बढ़ाती है। उर्दू के अधिकांश आधुनिकतावादी, यहां तक कि कुछ प्रगतिशील कवियों की कविता के बारे में यह बात इतने यक़ीन से नहीं कही जा सकती। इसका मतलब यह नहीं कि उन्होंने नये प्रयोग नहीं किये, कविता में नये और सामयिक विषयों का समावेश नहीं किया या उनका अपना अलग रंग नहीं है। फ़ैज़ के ज़्यादातर शेरों पर उनकी अपनी मोहर लगी हुई है। उर्दू की साहित्यिक परंपरा का अंग होते हुए भी हमें यह तय करने में ज़्यादा वक़्त नहीं लगता कि यह शेर फ़ैज़ का है। हुआ यह है कि उर्दू साहित्य की परंपरा का अध्ययन करते हुए फ़ैज़ ने पाया कि इस सशक्त परंपरा में आज के ज़माने का चित्रण करने की पूरी-पूरी गुंजाइश है और उन्होंने इसका भरपूर फ़ायदा उठाया।

फ़ैज़ की शायरी के ज़्यादातर प्रतीक पारंपरिक हैं। उनके यहां ज़ाहिद और रिंद हैं, साग़रो-मीना हैं, गुलो-बुलबुल हैं, शमा और परवाना हैं, आशियां और क़फ़स हैं, मस्जिद और बुतख़ाना है, ज़ुल्फ़ो-रुख़सार हैं, दारो-रसन और मक़तल हैं, क़ातिल और बिस्मिल हैं, ख़िज़ां और बहार हैं, धूप और शबनम है, चांद और ख़ुर्शीद हैं—गोया उर्दू परंपरा की सारी महफ़िल अपने पूरे ठाट-बाट और रख-रखाव के साथ उनके यहां मौजूद है और इसके बावजूद उनकी शायरी ख़ास उनकी अपनी, औरों से अलग और आधुनिक है। इसकी वजह यह है कि फ़ैज़ का सोच उनके अपने ज़माने का सोच है, अपने से पहले कवियों के मुक़ाबले शायरी का उनका मक़सद जुदा है, फ़ैज़ के दिल और दिमाग़ पर पड़ने वाले असरात जुदा हैं, उनकी समस्याएं अलग क़िस्म की हैं और उनका समाधान भी अलग है। फ़ैज़ जानते थे कि परंपरा से चले आये प्रतीकों में नये अर्थ भरना, उन्हें नये भावों और विचारों का संवाहक बनाना कोई खेल नहीं बल्कि एक जोखिम भरी चुनौती है। तो भी, उन्होंने आगे बढ़कर यह चुनौती क़बूल की। वजह यह है कि अगर आप अपनी परंपरा को सिर्फ़ पहचान लेते हैं, उसे अपने दौर से जोड़कर नहीं देख पाते, अपने युग की अपेक्षाओं के अनुसार उसका विकास नहीं

कर पाते, तो परंपरा को लेकर इतनी सर-मग़ज़ी करना बेकार है। फ़ैज़ ने न सिर्फ़ यह मोर्चा दिलेरी से संभाला बल्कि उसे फ़तेह करके दिखाया।

मन में फ़ैज़ की प्रतीक योजना पर विस्तार से लिखने की बड़ी इच्छा थी, लेकिन यह लेख पहले ही इतना लंबा हो गया है कि इसकी गुंजाइश नहीं रह गयी है। तो भी, इतना तो कहना ही होगा कि उनके प्रतीकों को सिर्फ़ पारंपरिक अर्थों में लेने से फ़ैज़ की शायरी को समझना नामुमकिन है। उनका यार या महबूब क्रांति भी है; रहगुज़र या सफ़र क्रांति का पथ भी है; दारो-रसन फांसी के अलावा अत्याचार का भी प्रतीक है, जुनूं, इश्क़ और शराब क्रांति या उसका उन्माद है; चिराग़ उत्सर्ग का प्रतीक है; रिंद, रहरौ, सौदाई, बिस्मिल आदि प्रतीकों का इस्तेमाल क्रांति के पथिक के लिए हुआ है; नासेह या ज़ाहिद अपने उन पारंपरिक अर्थों के अलावा प्रतिक्रियावादी या शंकालु लोगों के भी प्रतीक हैं जो क्रांतिकारियों को क्रांति पथ पर चलने से रोकने की कोशिश करते हैं; बज़्म या महफ़िल वस्तुगत परिस्थितियों का प्रतीक है। फ़ैज़ की प्रतीक-योजना की यह समझ हासिल किये बिना उनकी शायरी की क्रांतिकारी अंतर्वस्तु हमारी नज़रों से ओझल हो जायेगी। फ़ैज़ के कुछ आलोचकों के साथ यह हादसा हो भी चुका है। दरअसल इस समझ के बिना पारंपरिक शायरों के कलाम से फ़ैज़ की शायरी को जुदा करना कठिन है। मिसाल के तौर पर हम जिगर और फ़ैज़ के ये दो शेर ले सकते हैं जो लगभग एक ही मनःस्थिति को व्यक्त करते हुए लगते हैं, हालांकि वास्तव में दोनों में बहुत बड़ा फ़र्क़ है :

यूं तड़पकर दिल ने तड़पाया सरे-महफ़िल मुझे
उसको क़ातिल कहने वाले कह उठे क़ातिल मुझे

—जिगर

जिस धज से कोई मक़तल में गया वो शान सलामत रहती है
ये जान तो आनी-जानी है, इस जां की तो कोई बात नहीं

—फ़ैज़

मक़तल, क़ातिल और मक़तूल का वजूद दोनों ही शेरों में मौजूद है। जिगर की महफ़िल क़ातिल की महफ़िल है जहां आशिक़ क़त्ल होने के लिए जमा हुए है : लेकिन, क़त्ल के बाद आशिक़ का दिल इस तरह तड़पता है और उसे भी तड़पाता है कि न सिर्फ़ माशूक़ पर बल्कि महफ़िल में बैठे रक़ीबों पर भी आशिक़ की सच्ची मोहब्बत का राज़ अयां हो जाता है। इश्क़ की इस सदाक़त और क़ुर्बानी को देखकर क़ातिल के लिए नादिम और शर्मसार होने के अलावा चारा ही क्या रह जाता है? क़ातिल की इस नदामत और इक़रारेजुर्म को देखकर रक़ीबों पर यह असर होता है, गोया क़ातिल मक़तूल है और मक़तूल ही अस्ल क़ातिल है। इस तरह, जिगर इस शेर में जज़्ब-ए-इश्क़ की सदाक़त और उसकी शिद्दत के असर को नुमायां करते हैं। जिगर के ज़माने में गांधीजी का हृदय-परिवर्तन का सिद्धांत सिर्फ़ एक फ़लसफ़ा नहीं रह गया था बल्कि उनकी आवाज़ पर हज़ारों लोग अत्याचारी ब्रिटिश हुकूमत के सामने सीना खोलकर

खड़े हो जाते थे और इन शांतिप्रिय लोगों की क़ुरबानियों का असर सिर्फ़ भारतीय जनता पर नहीं बल्कि दीगर मुल्कों के अवाम पर भी पड़ रहा था। मुमकिन है कि जिगर के इस शेर में उस दौर का यह सामाजिक यथार्थ किसी-न-किसी हद तक झलक रहा हो, हालांकि शेर की मौजूदा बुनावट में इसकी गुंजाइश कम ही दिखायी देती है। कुल मिलाकर यह शेर तड़पने-तड़पाने और क़ातिल कौन है इसकी पहचान में ही उलझकर रह जाता है। दोनों मिसरों के अंत में 'मुझे' होने के कारण पाठक का ध्यान कवि की वैयक्तिक मनोदशा पर ही केंद्रित हो जाता है और शेर कोई व्यापक अर्थ व्यक्त करने में कामयाब नहीं हो पाता।

इसके विपरीत, फ़ैज़ के शेर में व्यक्तिगत भावना का सामान्यीकरण कर दिया गया है। मक़तल में जाने से ज़्यादा महत्व इस बात का है कि जानेवाला किस धज से जाता है। जान तो 'आनी-जानी' है, वह तो किसी की भी सलामत नहीं रहेगी। सलामत रहने वाली चीज़ तो वह अदा या धज ही है जिससे मक़तूल मक़तल में जाता है। यह धज ही वह चीज़ है जो आशिक़ को दीगर मक़तूलों से अलग करती है और लोगों को हमेशा याद भी रहती है। वैयक्तिकता का अभाव धीरे-धीरे हमें शेर के सामान्यीकृत, व्यापक और उदात्त अर्थ की दुनिया में ले जाता है। पाठक का मन 'मक़तल' और 'धज' के प्रतीकों के पारंपरिक अर्थ से हटकर दूसरे अर्थ तलाश करने लगता है। आहिस्ता-आहिस्ता उस पर यह राज़ खुलता है कि यह मक़तल सिर्फ़ उर्दू ग़ज़ल का वह पारंपरिक मक़तल नहीं जो मीर से लेकर जिगर तक की रचनाओं में मौजूद है बल्कि यह तो क्रूर और निरंकुश तानाशाही का प्रतीक है जिसके हाथों न जाने कितने जम्हूरियतपसंद और तरक़्क़ीपसंद नौजवान क़त्ल हो रहे हैं। इन क़त्ल होनेवालों की धज अलग-अलग है। कोई क्रूर सत्ता के दमन को देखकर सिहर उठता है, कोई हंसते हुए और अपने अक़ीदे को नारे की शक्ल देते हुए क्रांतिकारी उत्साह के साथ फांसी के फंदे को चूम लेता है। ऐसे में 'जां की तो कोई बात' हो ही नहीं सकती चूंकि वह तो 'आनी-जानी' है, चूंकि मरना तो उन्हें भी होगा जो इस लड़ाई में शामिल नहीं हैं। लोग—हर तरह के लोग—मर जायेंगे, याद रह जायेगी उनकी वह 'धज' जिसे लेकर वे मक़तल में गये। इस धज की 'शान' सलामत रहेगी क्योंकि ज़ुल्म का पंजा इसे मिटा नहीं सकता। यह शान सलामत रहेगी क्योंकि इससे प्रेरणा लेकर आशिक़ों यानी योद्धाओं के काफ़िले बढ़-चढ़कर क़ुरबानी देते रहेंगे और दस्ते-क़ातिल को पशेमान और परेशान करते रहेंगे; 'और निकलेंगे उश्शाक़ के क़ाफ़िले'।

ग़ौर करने की बात है अपने ज़माने के सामाजिक यथार्थ के एक बहुत महत्वपूर्ण पहलू को जिगर ने आभ्यंतरीकृत करके उसे किस तरह ग़ज़ल के पारंपरिक शेर के चौखटे में महदूद कर दिया है, जबकि फ़ैज़ ने यथार्थ के उसी पहलू से वाबस्ता अपने ज़ाती तास्सुरात को सामान्यीकृत करके प्रेषणीय बना दिया है, और इस कोशिश में वे अपने शेर में न सिर्फ़ अपने दौर की एक अहम सचाई की तस्वीर उतारने में कामयाब

हुए है बल्कि ग़ज़ल की पारंपरिक धारणा को एक नवीन और विशद आयाम देने में भी सफल रहे हैं।

असल बात यह है कि मीर से उर्दू शायरी की जो नयी परंपरा शुरू हुई, ग़ालिब ने उसे उत्कर्ष पर पहुंचाया और उनके बाद पहले इक़बाल ने और आगे चलकर ज़ोश, फ़िराक़ और फ़ैज़ ने उसे अपने दौर की ज़रूरतों के हिसाब से विकसित किया। ग़ालिब के पचासों ऐसे अशआर हैं जो फ़ैज़ की शायरी पढ़ते हुए बेसाख़्ता याद आ जाते हैं और फिर भी फ़ैज़ के अशआर की अपनी ख़ास और आज़ाद हैसियत है। इस बारे में विस्तार से लिखकर इस लेख को लंबा बनाना ठीक नहीं, इसलिए मैं सिर्फ़ दो मिसालें लेकर अपनी बात स्पष्ट करूंगा।

ग़ालिब और फ़ैज़ के इन दो शेरों पर ग़ौर कीजिए :

क़फ़स में मुझसे रूदादे-चमन कहते न डर हमदम
गिरी है जिसपे कल बिजली वो मेरा आशियां क्यों हो।

—ग़ालिब

चमन पे ग़ारते-गुलचीं से जाने क्या गुज़री
क़फ़स से आज सबा बेक़रार गुज़री है।

—फ़ैज़

दोनों शेर मिलते-जुलते नज़र आते हैं। दोनों शायर क़फ़स में हैं। दोनों को अपने आशियानों की चिंता है जो मुसीबत की ज़द में हैं। ग़ालिब का 'हमदम' शायर को 'चमन की रूदाद' सुनाते हुए डर रहा है, फ़ैज़ को सबा की बेक़रारी से चमन की चिंता हो उठती है, एक चमन पर बिजली गिरी है तो दूसरे को उसके माली ने ही ग़ारत कर दिया है। लेकिन, ग़ालिब और फ़ैज़ के ज़माने का जो फ़र्क़ है वह इन दो शेरों में साफ़ झलक रहा है। एक विराट महल की तरह भरभराकर गिरते हुए सामंती युग में सांस लेते हुए ग़ालिब अपने दिल को यह झूठी तसल्ली दे लेते हैं कि चमन में हज़ारों आशियाने हैं, कोई ज़रूरी तो नहीं कि जिस पर बिजली गिरी है वह मेरा ही आशियाना हो, या जब बिजली गिर ही गयी तो वह 'मेरा आशियां' कहां रह गया, उसे तो अब नये सिरे से बनाना पड़ेगा और यह 'हमदम' भी कैसा है जो 'रूदादे चमन' सुनाते हुए डरता है—कहीं यह हज़रत ही तो 'मेरा आशियां' नहीं फूंक आये और अब सारा क़ुसूर बिजली का बता रहे हों। लेकिन, फ़ैज़ की चिंता 'मेरे आशियां' तक महदूद नहीं, उन्हें सारे चमन की फ़िक्र है जिसे ख़ुद उसका ही गुलचीं ग़ारत करने पर आमादा है। 'आशियां' की जगह 'चमन' और 'बिजली' की जगह 'गुलचीं' कर देने और 'मेरे' को ग़ायब कर देने से न सिर्फ़ फ़ैज़ के शेर पर उनकी निज विशिष्टता की मुहर लग जाती है, बल्कि दोनों के दौर का फ़र्क भी नुमायां हो जाता है। फ़ैज़ का 'चमन' फ़ौजी तानाशाही के शिकंजे में तड़पता पाकिस्तान हो जाता है, उनकी चिंता देशभक्त की चिंता हो जाती है, 'गुलचीं' पाकिस्तान की फ़ौजी हुकूमत हो जाती है जो उस देश में लोकतंत्र, स्वतंत्रता और प्रगति की ताक़तों को नेस्त-नाबूद करने

पर उतारू थी, जिसने फ़ैज़ जैसे न जाने कितने वतनपरस्तों और जम्हूरियत पसंदों को जेल की आहनी दीवारों में क़ैद कर दिया था।

ग़ालिब का एक और बहुत मशहूर शेर है :

काविकावे-सख़्तजानीहाए-तनहाई न पूछ
सुब्ह करना शाम को लाना है जूए-शीर का

वियोग की शाम को दिन में बदलने के लिए शायर अकेला जूझ रहा है। फ़रहाद भी शीरीं को हासिल करने की शर्त के तौर पर अपने तेशे से पहाड़ को काटकर दूध की नहर निकालने के लिए इसी तरह अकेला जूझा था। लेकिन फ़रहाद ने वह नहर एक बार निकाली थी, यहां शायर को हर रोज़ रात को सुबह करना होता है, फ़रहाद की यातना झेलनी होती है। गोया, फ़रहाद के जुनून से ग़ालिब की यातना बड़ी है।

अब इस शेर की तुलना फ़ैज़ के इतने ही मशहूर शेर से कीजिए :

दिल नाउमीद तो नहीं नाकाम ही तो है
लंबी है ग़म की शाम मगर शाम ही तो है।

समस्या यहां भी वही है—ग़म की शाम को मसर्रत की सुबह में तबदील करने की। लेकिन, यहां नाकामी नाउम्मीदी नहीं बनने दी जाती और इसके नतीजे में मिलता है यह अदम्य विश्वास कि शाम कितनी ही लंबी क्यों न हो, अंततः सुबह में बदलकर रहेगी। यह विश्वास ही वह डोर है जिसे पकड़कर हम इस सचाई तक पहुंच सकते हैं कि यह लंबी शाम जुदाई की नहीं बल्कि इस सड़े-गले और मानव द्वारा मानव के शोषण पर आधारित निज़ाम की शाम है जिसका अंत क्रांति की सुनहरी भोर में होना एक ऐतिहासिक सच्चाई है और जो व्यक्ति इस सच्चाई को जानता है, उसका दिल कभी-कभी नाकामी के एहसास से भर तो सकता है लेकिन नाउम्मीद नहीं हो सकता। इस शेर में तनहाई का ज़िक्र नहीं है क्योंकि तनहाई नाकामी को नाउम्मीदी में तब्दील कर देती है और शाम को सुबह करना जू-ए-शीर को लाने जैसा मुश्किल हो जाता है। 'तनहाई' के ग़ायब हो जाने से फ़ैज़ का यह शेर एक क्रांतिकारी अवधारणा को काव्यात्मक ढंग से व्यक्त करने में समर्थ हो सका है और फ़ैज़ के ज़माने के सामाजिक यथार्थ का कलात्मक चित्र प्रस्तुत करने में सक्षम भी।

फ़ैज़ को अपने विचारों के कारण जमाते-इस्लामी के हमले झेलने पड़े तो अपने कथ्य की क्रांतिकारी अंतर्वस्तु को प्रस्तुत करने के लिए उन्होंने रूप या फ़ार्म में जो परिवर्तन किये उन्हें लेकर उर्दू के उन कठमुल्ला आलोचकों का कोप-भाजन भी बनना पड़ा जो भाषा, कथ्य और शिल्प के अंतःसंबंधों को नहीं समझ पाते और शिल्प या रूप को एक स्वतंत्र और निरपेक्ष इकाई मानकर चलते हैं। फ़ैज़ ने अपनी नज़्मों में ग़ज़ल के और ग़ज़लों में नज़्म के गुण पैदा किये। उनकी ज़्यादातर नज़्में समकालीन इतिहास की महत्वपूर्ण घटनाओं से प्रेरित होकर लिखी गयी हैं, लेकिन उनकी शैली ऐसी है, गोया उन नज़्मों का ताल्लुक़ उनकी अपनी ज़िंदगी के हादसों से हो। जहां फ़ैज़ इन घटनाओं पर खुली टिप्पणी करना चाहते थे वहां उन्होंने नज़्म के बजाय

नग़्मों, तरानों और क़व्वालियों का फ़ार्म अपनाया और कला मूल्यों की अपनी चिंता पर इस बात को प्राथमिकता दी कि जिनके लिए ये चीज़ें लिखी जा रही हैं वे इन्हें आसानी से समझ सकें और अपने संघर्षों में इन्हें हथियार की तरह इस्तेमाल कर सकें। फ़ैज़ ने ग़ज़ल की रूमानियत बनाये रखी लेकिन उसे अपने ज़ाती दुख-दर्द का नहीं बल्कि समकालीन यथार्थ का वाहक बनाया। उन्होंने ग़ज़ल के अशआर को कवि की भिन्न-भिन्न मनोदशाओं और व्यक्तिगत संदर्भों को व्यक्त करने वाले स्वतंत्र और विशृंखल पद मानने की परिपाटी त्याग दी। उनकी ज़्यादातर ग़ज़लें ऐसी हैं जिनमें एक ग़ज़ल में शायर का एक ही मूड है और वह मूड समकालीन यथार्थ के किसी एक पहलू से जुड़ा हुआ है। इस मामले में ग़ालिब से उन्हें ज़रूर मदद मिली होगी जिनकी अनेक ग़ज़लों में शायर पर एक ही मूड तारी रहता है। ग़ालिब की एकाध ग़ज़ल की विस्तृत व्याख्या द्वारा फ़ैज़ ने ग़ज़ल में मूड की निरंतरता साबित भी की। आज भी उर्दू और हिंदी की ग़ज़ल कुल मिलाकर ग़ालिब और ख़ासकर फ़ैज़ के ही नक़्शे-क़दम पर चल रही है और फ़ैज़ ने अपने सात कविता संग्रहों में उर्दू के शायरों की परंपरा पर चलते हुए अपने बारे में जो एकाध दर्पोक्तियां शामिल की हैं उनमें से इस दर्पोक्ति को सिद्ध कर रही है :

हमने जो तर्ज़े-फ़ुगां की थी क़फ़स में ईजाद
फ़ैज़ गुलशन में वही तर्ज़ेबयां ठहरी है।

फ़ैज़ 1936 के ज़माने से ही प्रगतिशील साहित्यांदोलन और प्रगतिशील लेखक संघ की गतिविधियों से अभिन्न रूप से जुड़े रहे। इस आंदोलन से जुड़े हुए अनेक चोटी के साहित्यकारों की तुलना में उनकी विशिष्टता यह है कि सर्वहारा की विचारधारा के घोषित पक्षधर होते हुए भी उन्होंने साहित्य के मोर्चे पर कभी संकीर्णतावादी रुख़ अख़्तियार नहीं किया। उन्होंने विचारधारा और साहित्य के अंतःसंबधों को सही ढंग से समझा और एंगेल्स की यह सलाह लगातार अपने मन में रखी कि वर्ग समाज में साहित्य किसी-न-किसी वर्ग की विचारधारा का प्रतिपादन तो अवश्य करेगा लेकिन साहित्यिक कृति में विचारधारा जितनी प्रच्छन्न होगी, कलाकृति के रूप में वह रचना उतनी ही अधिक प्रभावशाली और सार्थक होगी। यही कारण है कि फ़ैज़ की शायरी शुरू से आख़िर तक विचारधारा से ओतप्रोत है लेकिन उनका बड़े से बड़ा विरोधी भी उनकी रचनाओं को यह कहकर ख़ारिज नहीं कर सका है कि उनकी रचनाएं कलात्मक नहीं, प्रचारात्मक हैं। उनकी रचनाओं में जोश, साहिर, अली सरदार जाफ़री जैसे तरक़्क़ीपसंद शायरों की घनगरज नहीं है, बड़बोलापन नहीं है, मसीहाई अंदाज़ नहीं है, पाठकों को पिछड़ा हुआ समझकर उन्हें ऐतिहासिक भौतिकवाद या सर्वहारा की भूमिका के बारे में शिक्षित करने का दंभ नहीं है, बल्कि अपनी कविता और अपने पाठकों की समझ के प्रति एक अदम्य और अखंड विश्वास है :

जान जायेंगे जाननेवाले
फ़ैज़ फ़रहादो-जम की बात करो।

आज के दौर में अगर हमारे तरक़्क़ीपसंद शायर फ़ैज़ से पाठकों के फ्रैंड-फिलासफ़र-गाइड बनने की यह कला सीखने की कोशिश नहीं करते तो फ़ैज़ का नाम लेना, एक रस्म-अदाई बनकर ही रह जायेगा।

फ़ैज़ ने सिद्धांतों के सवाल पर कभी समझौता नहीं किया। जनवाद के उस मक़तल में उनका सर हमेशा तना रहा। अपनी पूरी ज़िंदगी में उन्होंने अपनी यह कठिन प्रतिज्ञा सफलतापूर्वक निभायी जो उन्होंने अपने कवि-कर्म के प्रस्थान-बिंदु पर की थी :

हम परवरिशे-लौहो-क़लम करते रहेंगे
जो दिल पे गुज़रती है रक़म करते रहेंगे।

उन्होंने ज़िंदगी भर मज़दूरों-किसानों और अन्य मेहनतकश तबक़ों के लिए एक व्यक्ति और एक कवि के रूप में काम किया, उनके संघर्षों में भाग लिया, उन्हें आगे बढ़ाने में अपनी भूमिका निभायी। जब 1942 में साम्राज्यवादी युद्ध ने लोकतंत्र के लिए युद्ध का रूप लिया तो फ़ैज़, अपने फ़ासीविरोधी विश्वास को मूर्त रूप देने के लिए, फ़ौज में भरती हो गये। उन्होंने आज़ाद पाकिस्तान में हर तरह के ज़ुल्म सहे लेकिन अपने सिद्धांत नहीं त्यागे। वे सर्वहारा क्रांति के प्रति पूरी तरह समर्पित क्रांतिकारी कवि थे और सर्वहारा की विचारधारा के मूर्तिमंत प्रतीक थे, और फिर भी विनय, मैत्री और सहिष्णुता की प्रतिमूर्ति, दंभातीत और सहज मानव प्रेम से ओतप्रोत। अगरचे 'फ़ैज़-अज़-फ़ैज़' शीर्षक वार्ता में कवि ने इस बारे में ख़ुद पाठकों का ध्यान इस बाबत खींचा है, तो भी इस सचाई की ओर बहुत कम आलोचकों का ध्यान गया है कि फ़ैज़ की पूरी शायरी में मैं का प्रयोग शायद ही कहीं हुआ हो, हर जगह हम है। मेरा, मुझे, मुझसे जैसे शब्द मिल जायेंगे, लेकिन 'मैं' नहीं मिलेगा। शायद इसकी वजह यह हो कि 'मैं' और 'हम' का वज़न बराबर है, लेकिन वज़न बराबर होते हुए भी 'मैं' को निकालकर 'हम' को अपना लेना, सर्वहारा की विचारधारा से प्रतिबद्ध कवियों के लिए भी आसान नहीं है; समकालीन उर्दू-हिंदी कविता इसकी गवाह है। आज हमारे लिए फ़ैज़ की सबसे बड़ी सार्थकता यही है कि हम उनसे सीखकर, अपने विश्वासों को बनाये रखकर, अपनी रचनाओं को उनकी तरह एक साथ कलात्मक, क्रांतिकारी और लोकप्रिय बनायें।

तनहा नहीं लौटी कभी आवाज़

मुरली मनोहर प्रसाद सिंह

सन् 2011 हिंदी-उर्दू के कई साहित्यकारों की जन्म शताब्दी का साल है। हिंदी के अज्ञेय, नागार्जुन, केदारनाथ अग्रवाल, शमशेर बहादुर सिंह, भुवनेश्वर और उर्दू के रचनाकारों में फ़ैज़ तथा मजाज़ की शताब्दी मनाने के लिहाज़ से यह साल हमारे सांस्कृतिक इतिहास का बहुत ही महत्वपूर्ण काल हो गया है। 1911 में पैदा होने वाले ये सभी रचनाकार 1930 से 1985 तक हिंदी-उर्दू के साहित्यिक परिदृश्य पर छाये रहे। बीसवीं सदी के इस कालखंड में राष्ट्रीय मुक्ति संग्राम, भारत-पाक विभाजन के साथ-साथ स्वाधीनता और नये ढंग के लोकतांत्रिक और क्रांतिकारी आंदोलनों के असर से हिंदी-उर्दू की साहित्यिक रचनाशीलता के क्षेत्र में अनेक प्रकार की नयी प्रवृत्तियों का अभ्युदय हुआ। इन नयी प्रवृत्तियों के प्रवर्त्तक या अग्रणी स्रष्टा के रूप में इन रचनाकारों का अभूतपूर्व योगदान माना जाता है।

इन सभी रचनाकारों के बीच फ़ैज़ की अपने ढंग से अलग क़िस्म की अहमियत है। वे सिर्फ़ उर्दूभाषियों के ही प्रिय कवि नहीं हैं, हिंदी और पंजाबी भाषी लोग भी उन्हें उतना ही प्यार करते हैं। जब फ़ैज़ अहमद फ़ैज़ की सत्तरवीं वर्षगांठ मनाने के क्रम में हिंदुस्तान में 'जश्ने फ़ैज़' का समारोह 1980 के अप्रैल महीने में आयोजित किया गया तो नयी दिल्ली के फ़िक्की सभागार में फ़ैज़ को सुनने वालों की ऐसी भीड़ उमड़ी कि कोई ठिकाना ही न रहा। पांच दिनों तक यह समारोह चला और हर दिन सभागार में ठसाठस भीड़ का रेला आता रहा। लखनऊ, इलाहाबाद, हैदराबाद– फ़ैज़ जहां भी गये, उनके प्रेमियों का उमड़ना जन सैलाब की शक्ल में नज़र आया।

फ़ैज़ के प्रति इस आकर्षण के अनेक कारण थे। उनकी ज़िंदगी ख़ुद-ब-ख़ुद इस बात की मिसाल थी कि ज़ालिम शासन के ख़िलाफ़ और नवस्वाधीन देश के ग़ैर-लोकतांत्रिक समाज में न्याय और स्वतंत्रता के पक्ष में आवाज़ बुलंद करने वालों को क्या-क्या नतीजे भुगतने पड़ते हैं। इस लिहाज़ से देखें तो यह स्पष्ट हो जाता है कि फ़ैज़ का जीवन कोई समतल मैदान नहीं था। ज़िंदगी अगर एकरेखीय, इकहरी और निर्द्वंद्व होती तो फ़ैज़ की शायरी का ऐसा चुंबकीय प्रभाव पैदा ही नहीं होता। एक खातेपीते संपन्न परिवार में पैदा हुए फ़ैज़ को 20-22 साल की उम्र में पिता

के निधन के बाद अचानक तबाहहाल, मुसीबत में फंसे परिवार की दरिद्रता के बीच अपनी बी.ए. की पढ़ाई पूरी करनी पड़ी और एम.ए. पास कर तुरंत नौकरी ढूंढ़नी पड़ी। उसके बाद 40 साल की उम्र में तथाकथित राष्ट्रद्रोह के आरोप में चार साल तक इस जेल से उस जेल तक तबादले और अंधेरे तहख़ाने जैसी तनहाई में क़ैदी ज़िंदगी के एकांतवास की यातना से गुज़रना पड़ा। 47 साल की उम्र में दोबारा गिरफ़्तारी और एक क़ैदी के रूप में फिर परिवार से बिछुड़ना पड़ा। उसके बाद मुल्कबदर कर दिये गये और वे लंदन, मास्को, काहिरा, बेरूत भटकते रहे। इसराइल की ओर से बेरूत पर बमबारी में फंसे *लोटस* के संपादकीय मुख्यालय से उखड़कर अंततः फिर कहीं और ठिकाना ढूंढ़ना पड़ा।

इस पृष्ठभूमि में फ़ैज़ की सृजनशीलता बहुरंगी ही नहीं हुई, उनकी शायरी की अंतर्वस्तु का कैनवास भी क्रमशः व्यापक होता गया। उनकी प्रारंभिक रचनाओं में बेशक एक नौजवान के प्रेमी हृदय और इश्क़ की रूमानियत भरी पड़ी है। पर इन ग़ज़लों-नज़्मों में भी हक़ीक़त का पुट जिस सादगी, निश्छलता और तड़पती हुई रूह के साथ व्यक्त होता है, वह अपने आप में अनुपम है। फ़िराक़ गोरखपुरी ने फ़ैज़ की इश्क़िया शायरी को विश्व की प्रेमकविता में क्लासिक कृतित्व का दर्जा दिया है। इस दौर की रचनाओं में यद्यपि सर्वाधिक प्रसिद्ध नज़्म 'मुझसे पहली सी मुहब्बत मेरी महबूब न मांग' है, जिसकी ये पंक्तियां नूरजहां की गायकी के एक ख़ास अदाज़ में सारे नौजवानों को नया पैग़ाम देती हैं :

तेरी सूरत से है आलम में बहारों को सबात
तेरी आंखों के सिवा दुनिया में रक्खा क्या है
तू जो मिल जाये तो तकदीर निगूं हो जाये
यूं न था, मैंने फ़क़त चाहा था यूं हो जाये
और भी दुख हैं ज़माने में मुहब्बत के सिवा
राहतें और भी हैं वस्ल की राहत के सिवा

लेकिन इसी नज़्म में साफ़गोई के साथ ज़माने के और भी दुखों का ज़िक्र है जिसकी वजह से नौजवान मजबूर है :

लौट जाती है उधर को भी नज़र क्या कीजे
अब भी दिलकश है तेरा हुस्न मगर क्या कीजे

रूमानी शायरी के दौर में ही फ़ैज़ ने ज़िंदगी की हक़ीक़त की रौशनी में 'रक़ीब से' शीर्षक एक अद्वितीय ढंग की कविता लिखी। हक़ीक़त यह है कि एक नौजवान जिसको दिलोजान से प्यार करता है, उसे कोई दूसरा भी प्यार कर रहा है। प्रेम में प्रतिद्वंद्वी तो होता ही है। पर फ़ैज़ उसे गुस्से या नफ़रत से न देखकर, किस तरह देखते हैं– यह अपने आप में एक अनूठी भावदशा है :

तूने देखी है वो पेशानी वो रुख़सार वो होंठ
ज़िंदगी जिनके तसव्वुर में लुटा दी हमने

तुझपे उट्ठी हैं वो खोई हुई साहिर आंखें
तुझको मालूम है क्यों उम्र गंवा दी हमने

फ़ैज़ की प्रेम कविताएं प्रारंभ में अवश्य ही निजी प्रेमानुभूति की व्याकुलता से स्पंदित हैं; पर बाद में देशप्रेम और क्रांति के स्वप्न से धड़कता हुआ, उत्पीड़ित जनगण की मुक्ति का भविष्य उसी इश्क़ या प्रेमानुराग का हिस्सा हो गया। *दस्ते-सबा, जिंदांनामा, दस्ते-तहे-संग, सरे-वादी-ए-सीना, मेरे दिल मेरे मुसाफ़िर, शामे-शहरे-यारां* आदि में पहले जैसी रूमानियत के बजाय हक़ीक़तनिगारी का रुझान हावी होता गया है।

फ़ैज़ की शायरी सतही क़िस्म की नारेबाज़ी का शिकार नहीं हो पायी, चूंकि यथार्थ का प्रेक्षण और रवायत के अंदर गुंजाइश पैदा करने वाली अभिव्यक्ति-प्रणालियों की तलाश में फ़ैज़ को सर्वाधिक कामयाबी मिली। ज़िंदगी की मुसीबतों, तबाहियों और ज़ुल्मो सितम से जूझते हुए लोगों की आशा-निराशा, स्वप्न और आकांक्षा, हार-जीत से परे संकल्पशीलता आदि को आत्मसात कर अपनी सृजनशीलता को उच्च स्तर तक उठाने का गुर फ़ैज़ निरंतर सीखते रहे। फ़ैज़ लाहौर को दिलो-जान से चाहते थे। लाहौर उस ज़माने में एक ऐसा केंद्र था, जिसमें हिंदी-उर्दू-पंजाबी के नये-पुराने साहित्यकार, संगीत के क्षेत्र में अपनी प्रतिभा का चमत्कार दिखलाने वाले, पत्रकारिता को नया स्वरूप देने वाले और फ़िल्म की नयी तकनीक में प्रयोग करने वाले लोगों की भरमार थी। इस सांस्कृतिक परिवेश का भरपूर लाभ फ़ैज़ को मिला। उसी लाहौर में मुल्क के बंटवारे के वक़्त पैशाचिक नरसंहार और बर्बरता का घिनौना अमानवीय रूप भी फ़ैज़ ने देखा।

हिंदुस्तान की आज़ादी के नाम पर जो सुबह हमें मिली, उस सुबह को ब्रिटिश साम्राज्यवाद की सांपिन के समान अंधेरी कालरात्रि ने डस लिया। जिस स्वाधीन देश का हम इंतज़ार कर रहे थे, वैसा न तो देश मिला और न आज़ादी की वह सुबह मिली।

हिंदुस्तान-पाकिस्तान का बंटवारा, करोड़ों लोगों का बेघरबार होना और लाखों लोगों का वहशियाना ढंग से जनसंहार–सब कुछ फ़ैज़ की आंखों के सामने हो रहा था। पूरा मुल्क दोज़ख़ की आग झेल रहा था। रक्तरंजित और जलते हुए लाहौर के दर्दनाक दृश्य देखकर फ़ैज़ ने 'सुबहे-आज़ादी' शीर्षक से नज़्म लिखी :

ये दाग़-दाग़ उजाला, ये शबगज़ीदा सहर
वो इंतिज़ार था जिसका, ये वो सहर तो नहीं

इतना ही नहीं, आज़ादी के नाम पर हिंदुस्तान-पाकिस्तान दोनों मुल्कों में पूंजीपतियों और सामंतों के गठबंधन और औपनिवेशिक अफ़सर तंत्र के हाथों हुकूमत आ गयी। फ़ैज़ ने इसी नज़्म में आगे कहा :

नजाते-दीदा-ओ-दिल की घड़ी नहीं आयी
चले चलो कि वो मंज़िल अभी नहीं आयी

टूटी हुई तमन्नाओं की टीस और आगे संघर्ष जारी रखने का हौसला–ये दोनों तत्व फ़ैज़ की शायरी के प्राण हैं। ऐसी नज़्मों या ग़ज़लों को सुनकर या पढ़कर कोई ख़ामोश,

विरक्त और तटस्थ नहीं रह सकता। तुरंत ही ये पंक्तियां अनुगूंज पैदा करती हैं, लोग इन्हें गुनगुनाने लगते हैं और एक सामूहिक लय में वे बंध जाते हैं। बेगाना तो कोई रह ही नहीं सकता चूंकि उसके एहसास को, उसकी ख़ामोशी को ये पंक्तियां मुखर रूप से यथावत सामने ले आती हैं।

निरंकुश सत्ताधारियों के विरुद्ध प्रतिरोध के रूप में लिखित उन गीतों को जो फ़ैज़ की शायरी के अनेक गायकों द्वारा अलग-अलग अंदाज़ में गाये गये हैं, यदि देखें तो ऐसा मालूम पड़ता है कि फ़ैज़ वाचिक और सांगीतिक परंपरा के ही कृतिकार हैं। मुद्रित रूप में उन नज़्मों का वह असर नहीं पड़ता जो संगीत में ढलने के बाद पड़ता है। जब इसे मेहदी हसन, इक़बाल बानो आदि की गायकी के अंतर्गत सुनें तो ये नज़्में अपनी लय के कारण फ़ौरन हमें बांध लेती हैं :

निसार मैं तेरी गलियों पे ऐ वतन, कि जहां
चली है रस्म कि कोई न सर उठाके चले
जो कोई चाहने वाला तवाफ़ को निकले
नज़र चुरा के चले जिस्मो-जां बचा के चले

कारावास काल की कविताओं में 'ज़िंदां की शाम' फ़ौजी हुकूमत को एक चुनौती देती है :

ज़ुल्म का ज़हर घोलने वाले
कामरां हो सकेंगे आज न कल
जल्वागाहे-विसाल की शम्एं
वो बुझा भी चुके अगर तो क्या
चांद को गुल करें, तो हम जानें

राष्ट्रद्रोह के मुक़द्दमे की सज़ा भुगत लेने के बाद 1955 में जब फ़ैज़ रिहा होकर आये तो 1958 में *पाकिस्तान टाइम्स* के संपादक की हैसियत से लिखी गयी आलोचनात्मक टिप्पणियों के कारण फ़ौजी हुकूमत ने उन्हें दोबारा गिरफ़्तार कर लिया। पूरे पाकिस्तान में जन-जन का जो गुस्सा था, उसे व्यक्त करते हुए फ़ैज़ ने एक नज़्म लिखी : 'आज बाज़ार में पा-ब-जौलां चलो।' यह नज़्म भी वक़्त की नज़ाकत के हिसाब से क्रांतिकारी जनगीत बन गयी।

इस्लामी कट्टरपंथियों और फ़ौजी शासकों ने इन दिनों पाकिस्तान में 'ईशनिंदा' को अपराध घोषित कर रखा है। आज के पाकिस्तानी परिवेश और सत्तर के दशक के पाकिस्तानी परिवेश की तुलना करें तो पता चलेगा कि फ़ैज़ ने तमाम ख़तरों को ध्यान में रखते हुए साफ़-साफ़ अपनी प्रतिबद्धता जतलायी :

आइए, हाथ उठायें हम भी
हम जिन्हें रस्मे-दुआ याद नहीं
हम जिन्हें सोज़े-मुहब्बत के सिवा
कोई बुत कोई ख़ुदा याद नहीं।

मुहब्बत की यह पीड़ा सिर्फ़ निजी नहीं, संपूर्ण देश और जनगण के लिए मुहब्बत की पीड़ा है। फ़ैज़ 'इश्क़' को देशप्रेम, भारत-पाक उपमहाद्वीप के उत्पीड़ित जनसमुदाय के दर्द और टीस को व्यक्त करने वाले सामाजिक संदर्भ का प्रतीक बना देते हैं। यह इश्क़ या प्रेमानुराग अगली मंज़िल तक चलकर संघर्ष को तार्किक परिणति पर पहुंचाने वाले आशावाद का भी रूप ले लेता है। इसीलिए यह माना जाता है कि फ़ैज़ उम्मीदों के शायर हैं, संघर्ष में उनका यक़ीन मुकम्मल है और भविष्य की आहटों को वे सुन सकते हैं। संभवतः इसीलिए वे आह्वान करते हैं : 'तुम अपनी करनी कर गुज़रो/जो होगा देखा जायेगा।'

1967 के आसपास जब अरब-इसराइल युद्ध हुई तो संपूर्ण अरब जगत में अमरीकी पिट्ठू इसराइल की हमलावर हिंसक कार्रवाई को लेकर ग़ुस्सा फूट पड़ा। विश्व जनमत ने इसराइल द्वारा सिनाई की घाटी पर की जा रही बमबारी और कब्ज़े की नंगी बर्बरता का विरोध किया। इसी दौर में फ़िलिस्तीनी मुक्ति आंदोलन ने एक शक्ल ग्रहण करना शुरू किया, चूंकि 1964 में फ़िलिस्तीनी मुक्ति संगठन की स्थापना हो चुकी थी। अरब जगत में मिस्र, जोर्डन, सीरिया आदि के शासकों की डांवाडोल नीतियों के कारण ही फ़िलिस्तीनी मुक्ति संगठन की स्वतंत्र कार्रवाई की ऐतिहासिक आवश्यकता उत्पन्न हो गयी थी।

अरब जगत और विश्व राजनीति के उक्त ठोस ऐतिहासिक संदर्भ में फ़ैज़ ने एक विराट फलक पर 'सरे-वादी-ए-सीना' शीर्षक कविता लिखी। सिनाई की घाटी ही वह जगह है, जहां ईसा से भी पहले पैग़ंबर मूसा ने जलवा देखा था, जिस जलवे के ज़रिये पैग़ंबर को इलहाम हुआ कि ख़ुदा का संदेश आया है। इस मिथक को पीछे छोड़ते हुए फ़ैज़ कहते हैं कि सिनाई की घाटी में फिर एक नया जलवा बिजली की तरह चमक रहा है, हक़ीक़त का यह शोला नये रंग में दहक रहा है। यह हक़ीक़त आमंत्रित कर रही है—सुनो फिर से क़ुर्बानी के आह्वान को। इस नज़्म के अंतिम बंद में कहा गया, सत्ताधारी शासकों को आवाज़ दो, उनसे कहो कि वे अपना कर्त्तव्य निभायें, अगर वे अपनी ज़िम्मेदारी (फ़र्दे-अमल) पूरी नहीं करते तो जान हथेली पर रख कर शहादत देने वालों का रेला जब आयेगा तो इन सत्ताधारियों की कोई हिफ़ाज़त नहीं कर सकता, उनको यहीं पुरस्कृत या दंडित किया जायेगा (जज़ा-सज़ा), फ़ांसी के फ़ंदे कम पड़ जायेंगे, अच्छे-बुरे का अंतिम फैसला (अज़ाब-ओ-सवाब) भी तभी होगा। वही क़यामत का क्षण होगा (शोर-ए-महशर) और लोगों के कर्मों की जांच भी अंतिम रूप से हो जायेगी (रोज़-ए-हिसाब) :

हर एक उलिल-अम्र को सदा दो
कि अपनी फ़र्दे-अमल संभाले
उट्ठेगा जब जम्म-ए-सरफ़रोशां
पड़ेंगे दार-ओ-रसन के लाले
कोई न होगा कि जो बचा ले

जज़ा सज़ा सब यहीं पे होगी
यहीं अज़ाब-ओ-सवाब होगा
यहीं से उट्ठेगा शोर-ए-महशर
यहीं पे रोज़-ए-हिसाब होगा

फ़ैज़ इस नज़्म के ज़रिये सिर्फ़ अरब-इसराइली जंग के वक़्त तक ही अर्थ-व्यंजना को सीमित नहीं करते बल्कि अपना कर्त्तव्य पूरा न करने वाले सभी सत्ताधारियों को चेतावनी दे रहे हैं। इस कविता को यदि हम आज मिस्र की घटनाओं के संदर्भ में पढ़ें तो इसकी हर पंक्ति एकदम नया अभिप्राय प्रकट करने लगती है। ज़ाहिर है कि इस्लाम के धार्मिक आख्यान, अरब-इसराइल जंग, अरब जगत में तानाशाह शासकों की जनविरोधी हरकतों और पाकिस्तान की फ़ौजी हुकूमत—इन सभी संदर्भों का समुच्चय इस कविता को एक बड़े फलक पर प्रतिष्ठित कर देता है। इसके अंतिम बंद में दी गयी चेतावनी किसी भी देश के वर्गीय अंतर्विरोध के विस्फोटक क्षणों को उद्भासित कर सकती है। इस नज़्म की तुलना में सर्वाधिक लोकप्रिय नज़्म 'लाज़िम है कि हम भी देखेंगे' मानी जाती है जिसे इक़बाल बानो ने एक इंक़िलाबी गीत के रूप में गाया है।

कम्युनिस्ट आंदोलन के एक कार्यकर्त्ता के नाते कह लें, सर्वहारा अंतर्राष्ट्रीयतावादी कह लें या तरक़्क़ीपसंद शायर कह लें—इनमें से सभी रूपों में फ़ैज़ का एक तराना अक्सर मज़दूर संगठनों के द्वारा गाया जाता है, जिसकी पंक्तियां हैं :

हम मेहनतकश जगवालों से जब अपना हिस्सा मांगेंगे
इक खेत नहीं इक देश नहीं
हम सारी दुनिया मांगेंगे
जब सफ़ सीधी हो जायेगी जब सब झगड़े मिट जायेंगे
हम हर इक देश के झंडे पर इक लाल सितारा मांगेंगे

फ़ैज़ की शायरी के बदलते हुए सुरों, रंगों और विविध विषयों का यह इंद्रधनुषी तिलिस्म पचास सालों के भारत-पाक उपमहाद्वीप की घटनाओं, पूंजीवादी-समाजवादी शिविरों की टकराहटों और अरब जगत में फ़िलिस्तीनी मुक्ति आंदोलन के संघर्ष और विषाद के ऐतिहासिक परिप्रेक्ष्य में बुना गया है। उनकी कुछ कविताएं मर्सिया या स्मृति-आख्यान की शक्ल में लिखी गयी हैं; मसलन हाफ़िज, इक़बाल, सज्जाद ज़हीर, मख़्दूम को याद करने वाली ये नज़्में इतिहास के ख़ास-ख़ास संदर्भों को उद्घाटित करती हैं।

फ़ैज़ की शायरी के अनेक रंग हैं। अपनी प्रारंभिक रचनाओं में अरबी-फ़ारसी की रससिक्त शब्दावली और उर्दू काव्य-परंपरा में रची-बसी कथन शैली को अपने ज़माने की हक़ीक़तों के संदर्भों से जोड़कर जिस प्रकार के प्रयोग उन्होंने किये, उनसे भिन्न एकदम नये ढंग की भाषिक उद्भावना में अपना सर्वथा भिन्न रंग फ़ैज़ ने बाद की अनेक रचनाओं में पेश किया। उदाहरण के लिए, 'शीशों का मसीहा' शीर्षक रचना

देखें, या *गुबारे अय्याम* नामक संग्रह की 1981 में लिखित नज़्म सोवियत संघ के विघटन की आहटों से भरी हुई है। तब सोवियत समाजवादी व्यवस्था टूटने के कगार पर थी। इस उलझी हुई विषय-वस्तु पर हिंदी-उर्दू की यह अकेली अद्वितीय रचना है। एक जटिल वास्तविकता को सीधी-सादी ज़बान में गहरे जज़्बात के साथ चित्रित किया गया है और इस बातचीत की गीतात्मकता भी अपने आप में गहरे उद्वेलनों से भरी है :

जब दुख की नदिया में हमने
जीवन की नाव डाली थी
था कितना कसबल बांहों में
लोहू में कितनी लाली थी
यूं लगता था दो हाथ लगे
और नाव पूरम्पार लगी
ऐसा न हुआ, हर धारे में
कुछ अनदेखी मझधारें थीं
कुछ मांझी थे अनजान बहुत
कुछ बेपरखी पतवारें थीं

सोवियत संघ के पतन का यह विश्लेषण काव्यभंगिमा की दृष्टि से अपनी सांकेतिक व्यंजना में विलक्षण है। इससे भिन्न रंगत लिये सीधी-सादी भाषा में फ़िलिस्तीनी मुक्तिसंघर्ष के जटिल आख्यान को प्रस्तुत करने वाली लोरी है, जिसमें बच्चे को समझाया गया है कि उसके पिता शहीद क्यों हुए हैं, उसके भाई किस मुक्तिकामी स्वप्न को चरितार्थ करने वाले संग्राम के सिपाही हैं :

मत रो बच्चे
कुछ ही पहले
तेरे अब्बा ने
अपने ग़म से रुख़सत ली है
मत रो बच्चे
तेरा भाई
अपने ख़्वाब की तितली पीछे
दूर कहीं परदेस गया है

जनभाषा की विविध छटाओं और काव्यरूपों को आत्मसात करने के लिहाज़ से फ़ैज़ नयी पीढ़ी के रचनाकारों के लिए आलोक स्तंभ हैं। इसके साथ ही उर्दू की काव्यपरंपरा की भिन्न-भिन्न अंतर्धाराओं के विरसे से सींची गयी फ़ैज़ की शायरी मीर, सौदा, ग़ालिब, मुसहफ़ी और इक़बाल की अगली कड़ी बन गयी है। मीर और ग़ालिब के यहां दर्द, कसक और विषाद का स्पर्श हमारी रूह के तार आहिस्ता-आहिस्ता बजाता है। फ़ैज़ की शायरी में यह कसक ग़मगीनी तक ही सीमित नहीं रहती बल्कि उम्मीद और

अगली मंज़िल तक जाने का हौसला भी देती है। आशा-निराशा का यह द्वंद्व एक बड़े कैनवस पर बार-बार झलकता है।

मीर और ग़ालिब के ज़माने में जनवादी-क्रांतिकारी आंदोलनों की उपस्थिति नहीं थी। पर बीसवीं सदी के जन-आंदोलनों और विचारधारात्मक संघर्षों का संसर्ग प्राप्त होने की वजह से फ़ैज़ की शायरी में स्वाधीनता, जनवाद और सामाजिक समानता के स्वप्नों का संदर्भ एक गहरे अवसाद से संपृक्त हो गया है। ज़ाहिर है कि इस विराट परिप्रेक्ष्य में फ़ैज़ की शायरी की अर्थ-व्यंजकता बहुआयामी हो गयी है।

फ़ैज़ की आशा और निराशा, यथार्थ और स्वप्न, युद्ध और शांति, कल्पना और अनुभूति के प्रगाढ़ रंगों में डूबा हुआ बीसवीं सदी का ऐतिहासिक द्वंद्व अनेक शक्लों में बार-बार उभरता है। विरासत और हक़ीक़त—इन दोनों से रूबरू फ़ैज़ की शायरी जन-जन की आत्मा में बस जाती है, उसके संघर्षशील अस्तित्व का अटूट हिस्सा बन जाती है।

भारत-पाक उपमहाद्वीप में या यों कहें कि उर्दू-हिंदी और पंजाबी ज़बान समझने वाले करोड़ों लोगों की चेतना पर फ़ैज़ अहमद फ़ैज़ पिछले सत्तर सालों से छाये हुए हैं; 1984 के नवंबर महीने में इस दुनिया से विदा लेने के बावजूद। उनकी शख़्सियत, उनकी शायरी और उनकी ग़ज़लों-नज़्मों के संगीत का जादू बढ़ता ही जा रहा है। उनकी शायरी के अनगिनत मिसरे और टुकड़े लोगों की ज़बान पर इस तरह चढ़े हुए हैं कि बातचीत और भाषण में लोकोक्ति की तरह ही नहीं, एक तार्किक प्रमाण की तरह अक्सर इस्तेमाल में आते रहे हैं। मसलन :

> *'वो बात सारे फ़साने में जिसका ज़िक्र न था/वो बात उनको बहुत नागवार गुज़री है'...'मुझसे पहली सी मुहब्बत मेरी महबूब न मांग'...'और भी दुख हैं ज़माने में मुहब्बत के सिवा'...'बोल कि लब आज़ाद हैं तेरे'...'ये दाग़-दाग़-उजाला, ये शबगज़ीदा सहर/वो इंतिज़ार था जिसका ये वो सहर तो नहीं/चले चलो कि वो मंज़िल अभी नहीं आयी'...'जब तख़्त गिराये जायेंगे, जब ताज उछाले जायेंगे'...'कटते भी चलो बढ़ते भी चलो, बाज़ू भी बहुत हैं, सर भी बहुत'...'निसार मैं तेरी गलियों पे ऐ वतन कि जहां/चली है रस्म कि कोई न सर उठाके चले'...तेरी आंखों के सिवा दुनिया में रक्खा क्या है?'*

ग़ज़ल और नज़्म के मिसरे का इस तरह रोज़ाना के संवाद में उपयोग कबीर की साखियों, तुलसी की चौपाइयों, मीर के शेरों या फिर ग़ालिब की ग़ज़लों से ही होता रहा है। लोकोक्तियों के ख़ज़ाने में फ़ैज़ की ग़ज़लों और नज़्मों के टुकड़े भरे पड़े हैं। किसी भी कवि या शायर की व्यापक लोकप्रियता की पुष्टि इस कसौटी पर भी होती रहती है।

सरे-वादी-ए-सीना नामक संग्रह के शुरू में ही 'इंतिसाब' शीर्षक से एक नज़्म है जो दरअसल समर्पण के रूप में लिखी गयी है। यह कविता बताती है कि फ़ैज़

अपनी शायरी के द्वारा समाज और देश के किन-किन तबक़ों को संबोधित कर रहे हैं या करना चाह रहे हैं; इस समर्पण में बताया गया है कि ये रचनाएं आज के ग़म के नाम हैं, देश के नाम हैं जो दर्द की अंजुमन में तब्दील हो चुका है। 'इंतिसाब' की अगली पंक्तियां बताती हैं कि फ़ैज़ की ये रचनाएं डाकिये, तांगेवाले, रेलवाले वग़ैरह के साथ ही उनके नाम भी हैं:

जिसके ढोरों को ज़ालिम हंका ले गये।
जिसकी बेटी को डाकू उठा ले गये
हाथ भर खेत से एक अंगुश्त पटवार ने काट ली है।

इतना ही नहीं उनकी शायरी दुखी मांओं के नाम भी है :

रात में जिनके बच्चे बिलखते हैं और
नींद की मार खाये हुए बाज़ुओं से संभलते नहीं।

अर्थात बेवाओं, ब्याहताओं, कटड़ियों, गलियों—सबके नाम। जनसाधारण के इन्हीं तबक़ों की बोलीबानी, रोज़मर्रा की ज़िंदगी में रचीबसी ज़बान और इन्हीं लोगों के संघर्षशील कर्म-मुखर जीवन की कोख में पली-बढ़ी, धड़कती हुई सामूहिक लय के सहारे फ़ैज़ अपनी रचनाओं के बंद, मिसरे और टुकड़े तराशते हैं। इसलिए उनकी ग़ज़लों और नज़्मों के भीतर भिन्न-भिन्न क़िस्म की कथनभंगिमाओं का संगीत स्वतः प्रवाहित है। इस संगीत को फ़ैज़ के गायकों ने अलग-अलग धुनों, सुरों और तालों में बांधकर लोकप्रिय बना दिया है। लोग फ़ैज़ की शायरी के मिसरे, टुकड़े और पद अक्सर गुनगुनाते हैं, बातचीत या मुहावरेदानी में उनका अक्सर इस तरह इस्तेमाल करते हैं मानो वे उक्तियां उनके ख़ुद के वजूद का हिस्सा हों। फ़ैज़ के शब्द उधार लेकर अगर कहूं तो यही कहना पड़ेगा कि 'तनहा नहीं लौटी कभी आवाज़' उनकी। मुशायरे और विभिन्न गायकों के संगीत से इसी निष्कर्ष की पुष्टि होती है।

इस सिलसिले में इस बात को भी रेखांकित अवश्य करना चाहिए कि बेगम अख़्तर, इक़बाल बानो, मेहदी हसन, नूरजहां, नय्यारा नूर, फ़रीदा ख़ानम, टीना सानी, मधु रानी, शुभा मुद्‌गल, विद्या शाह, समीना डे, मदन गोपाल आदि ने फ़ैज़ की नज़्मों और ग़ज़लों पर आधारित संगीत को हिंदी-उर्दू भाषी जनता के क़ौमी संगीत का रूप दे दिया है। बांग्लाभाषियों के रवींद्र संगीत के समानांतर हिंदी-उर्दू भाषियों का यह क़ौमी संगीत दिनोंदिन लोकप्रिय होता जा रहा है।

फ़ैज़ की पंजाबी रचनाओं, फ़िल्मों के लिए लिखे गये गीतों, दकनी की ग़ज़लों और फ़िलिस्तीनी बच्चे के नाम रची गयी लोरी में मौजूद लयात्मकता ध्यान देने योग्य है। यह उल्लेखनीय है कि फ़ैज़ की शायरी का अंतःसंगीत नाटक और रंगमंच से उनके गहरे लगाव से पैदा हुआ है। लगभग 12 वर्ष की उम्र से ही देर रात तक सियालकोट की भिन्न-भिन्न नाटकमंडलियों के नाटकों का प्रदर्शन देखने के सिलसिले में वे घर से चुपचाप ग़ायब हो जाते थे। नौटंकियों के गीत और संवाद उनकी स्मृति पर छाये रहते थे। मैट्रिक पास करते-करते, मीर, सौदा, ग़ालिब, इक़बाल की सैकड़ों ग़ज़लें

वे मुंहज़बानी सुना सकते थे। इस असाधारण क्षमता के कारण अरबी, फ़ारसी, उर्दू की काव्यपरंपरा तथा पंजाबी लोकगीतों की परिपाटियों के अंदर की गुंजाइशों की कतरब्योंत और छांटी का एक स्वाभाविक गुण उनकी सृजन-प्रक्रिया में कार्यरत दिखायी देता है। जनसाधारण के हर तबक़े की अलग-अलग क़िस्म की बोली-बानी को कवित्वपूर्ण ढंग से पेश करने का हुनर, असलियत में नाटक के प्रति जुनून और जनसंघर्षों के प्रति हमदर्दी की छाप लगाये बिना निखर कर विकसित हो ही नहीं सकता था। फ़ैज़ की शायरी के जादू का यही रहस्य है।

नवक्लासिकीयत और तरक़्क़ीपसंदी में मिलाप बिंदु की तलाश

शमीम हनफ़ी

फ़ैज़ की शायरी के बारे में जब भी कुछ सोचना चाहा, एक सवाल ख़ामोशी से सामने आ खड़ा होता है। यह कि क्या सिर्फ़ जज़्बे और एहसास की मदद से, लंबी उम्र पाने वाली किसी शायराना अनुभूति की खोज हो सकती है? यह एक परेशान करने वाला सवाल है क्योंकि वह शायरी, जिसे हम बड़ी शायरी कहते हैं, आमतौर पर केवल संवेदनाओं और भावनात्मक घटनाओं के बयान तक सीमित नहीं रहती। इक़बाल के संदर्भ में इस मसले का जायज़ा लेते हुए, सलीम अहमद ने लिखा था कि खरी भावना और खरा ज्ञान रचनात्मक अनुभूति में किसी न किसी सतह पर एक हो जाते हैं, उनमें फ़र्क़ बाक़ी नहीं रह जाता। इसीलिए इक़बाल की शायरी में अनुभूति विचारात्मक आधार और इससे जुड़ी संवेदनात्मक कैफ़ियतों की नींव से एक दूसरे को सहारा देती हैं। उनकी शायरी को हम न तो सिर्फ़ विचारों के एक संग्रह के रूप में देखते हैं, न ही ये शायरी सिर्फ़ एहसास के दायरे में गर्दिश करती है। फ़ैज़ ख़ुद भी इक़बाल के बहुत क़ायल थे, और एक ऐसे दौर में उन्होंने इक़बाल के प्रति अपनी आस्था का इज़हार किया जो प्रगतिशील लेखकों के जज़्बाती उबाल और विचारात्मक अतिवाद का दौर कहा जा सकता है। इसलिए क्या अख़्तर हुसैन रायपुरी और मजनूं गोरखपुरी और क्या सरदार जाफ़री, क्लासिकी शायरी पसंद करने के बावजूद उनमें से किसी भी आलोचक ने इक़बाल की शायरी का हक़ अदा नहीं किया। जबकि इक़बाल की मौत पर फ़ैज़ ने जो व्यक्तित्व आधारित 'मर्सिया' कहा है, उन पंक्तियों में इक़बाल के समग्र रचनात्मक व्यवहार, उनकी शायराना अलग पहचान की सच्ची तारीफ़ और व्याख्या के बहुत से बिंदु भी छिपे हुए हैं। इस नज़्म के कुछ मिसरों को ग़ौर से पढ़ने की ज़रूरत है। मिसाल के तौर पर पहले बंद के ये चार मिसरे :

आया हमारे देस में इक ख़ुशनवा[1] फ़क़ीर
आया और अपनी धुन में ग़ज़लख़्वां गुज़र गया
सुनसान राहें ख़ल्क़ से आबाद हो गयीं

---

1. अच्छी आवाज़।

वीरान मयकदों का नसीबा संवर गया
थीं चंद ही निगाहें जो उस तक पहुंच सकीं
पर उसका गीत सबके दिलों में उतर गया

और उसके बाद नज़्म का तीसरा बंद :

इस गीत के तमाम मोहासिन[2] हैं लाज़वाल[3]
इसका वफ़ूर[4], इसका ख़रोश[5], इसका सोज़-ओ-साज़[6]
यह गीत मिस्ले-शोला-ए-जव्वाला[7] तुंद-ओ-तेज़[8]
उसकी लपक से बादे-फ़ना[9] का जिगर गुदाज़[10]
जैसे चिराग़ वहशते-सर-सर[11] से बेख़तर
या शम्म-ए-बज़्म सुब्ह[12] की आमद[13] से बेख़बर

इस नज़्म में शायरी, ख़ास कर इक़बाल की शायरी के जिन तत्वों की अहमियत पर ज़ोर दिया गया है, उन्हें मुख़्तसर यूं बयान किया जा सकता है :

1. इक़बाल की शायरी की पहली ख़ूबी उनकी ख़ुशनवाई है यानी वह गाने लायक़ आवाज़ जिसने बयानिया शायरी को कलात्मक ऊंचाई तक पहुंचाया।
2. इक़बाल की शायरी में सूफ़ियाना और क़लंदरी का एक माहौल भी समाया हुआ है, उनकी शायरी सिर्फ़ हमारे दिमाग़ से ही रिश्ता क़ायम नहीं करती, बल्कि हमारी संवेदनाओं पर भी असर डालती है।
3. इक़बाल की शायरी की विशेषताओं तक पहुंच पाना हर एक के बस की बात नहीं है। लेकिन उनका जादू सब पर चलता है।
4. इक़बाल की शायरी की ख़ूबियों में सब से नुमायां हैसियत उसके जज़्बाती वफ़ूर, उसके ख़रोश और उस की शो'ला सामानी की है।
5. यह शायरी अपने अंदर कभी न मिटने वाली और हमेशा ही ज़िंदा रहने के पहलू भी रखती है।
6. यह शायरी अपनी रक्षा आप करती है। इस पर वक़्त के किसी ख़ास संदर्भ की क़ैद नहीं है। शायरी की प्राथमिकताएं या रुझान की तब्दीली इस शायरी का कुछ नहीं बिगाड़ सकती।

विचारों के शोर के दौर में उर्दू की क्लासिकी शायरी, और ख़ास तौर पर इक़बाल की शायरी के सिलसिले में जो आक्रामक रवैये सामने आये (अख़्तर हुसैन रायपुरी, अली सरदार जाफ़री) उन्हें देखते हुए फ़ैज़ के रचनात्मक विवेक के साथ-साथ, उनके आलोचनात्मक विवेक का भी एक बहुत बेहतर और तरक़्क़ीयाफ़्ता नक़्शा बनता है। अपने एक लेख ('इक़बाल अपनी नज़र में') में इक़बाल की शायरी की रौशनी में फ़ैज़ ने उनकी जो छवि तलाश की है, उसमें एक विरह में डूबे हुए प्रेमी के दुःख-दर्द

---

2. ख़ूबियां। 3. न मिटने वाला। 4. ज़ोर। 5. शोर। 6. दुख और संगीत। 7. आग की लपटों की तरह। 8. सख़्त और तेज़। 9. ख़त्म कर देने वाली हवा। 10. दिल पिघला देने वाला। 11. हवा का पागलपन। 12. सुबह की महफ़िल का चिराग़ यानी सूरज। 13. आना।

और उसकी ख़्वाहिशें हैं। बादशाह जैसी शान ओ शौकत, फ़क़ीरों जैसी नर्मदिली, सूफ़ियों जैसी बेनियाज़ी, भाई जैसी मुहब्बत और दोस्तों जैसी मुरव्वत है। जैसे फ़ैज़ शेरों की मदद से शायरी की जो तस्वीर पेश करते हैं, उसकी वे ख़ूबियां नहीं हैं जिन पर उनके प्रगतिशील समकालीन ज़ोर देते थे। *मीज़ान* में फ़ैज़ के गद्य लेखों को संकलित किया गया है। उनमें जगह जगह ऐसे इशारे बिखरे हुए हैं जिनसे फ़ैज़ की प्राथमिकताएं और शायरी या शायर की शख़्सियत की तरफ़ फ़ैज़ के रवैये का अंदाज़ा लगाया जा सकता है। व्याख्या के लिए कुछ मिसालें देखिए :

हर वह चीज़ जिससे हमारी ज़िंदगी में लुत्फ़ या लताफ़त या रंगीनी पैदा हो, जिसका हुस्न हमारी इंसानियत में इज़ाफ़ा करे, जिससे कथार्सिस हो, जो हमारी रूह को गीतों से भर दे, जिसकी आवाज़ से हमारे दिमाग़ को रौशनी और चमक हासिल हो, सिर्फ़ हसीन ही नहीं, मुफ़ीद भी है। इसी वजह से तमाम गाने लायक साहित्य (बल्कि तमाम अच्छी कलाएं) हमारे लिए इज़्ज़त के क़ाबिल हैं। यह फ़ायदामंदी सिर्फ़ ऐसी रचनाओं का एकाधिकार नहीं है जिनमें किसी दौर के ख़ास राजनीतिक या आर्थिक मामलों की सीधी विवेचना की गयी हो।

(मज़मून : 'शायर की क़द्रें,' मीज़ान, पेज नं 32)

उपमा या रूपक मंज़िल नहीं, रास्ते हैं और रास्ते की अहमियत महज़ मंज़िल की वजह से होती है और अगर एक मंज़िल ही अहम नहीं है तो उसका रास्ता भी यक़ीन के लायक नहीं होगा। शायर या लिखने वाले की मंज़िल तो उसका विषय या ख़याल है और अगर यह मंज़िल बिलकुल बंजर है तो रास्ते की रंगीनी उसे दिलफ़रेब नहीं बना सकती।

(मज़मून : 'हमारी तनक़ीदी इसतलाहात', मीज़ान, पेज नं 42)

किसी तहरीर की रवानी का अल्फ़ाज़ के प्रकार से बहुत कम संबंध है। अगर ख़याल लिखने वाले के ज़ेहन में साफ़ है और उसने उसे आराम से आप तक पहुंचा दिया है तो उसकी तहरीर में फ़ारसी के बजाय लातीनी संरचनाएं हों तो भी हम उसे आसान ही कहेंगे।

(संदर्भ उपर्युक्त, मीज़ान, पेज नं 43)

कलात्मक रचना के सभी तत्व अहम हैं। परीक्षण भी, अनुभूति भी, जज़्बा भी, कल्पना भी और विचार भी। शिल्प और अभिव्यक्ति की क्षमता भी, लेकिन इनमें प्राथमिकता यक़ीनन कल्पनाशीलता ही को हासिल है।

(मज़मून : 'फ़न्नी तख़लीक़ और तख़य्युल', मीज़ान, पेज नं 54)

तख़य्युल वह रहस्यमय चीज़ है, जिससे (कलात्मक रचना के) मुर्दा तन में जान पड़ती है। इसे आप दमे-ईसा (ईसा मसीह की मुर्दे में जान डालने की सलाहियत) तसव्वुर कीजिए या कुन फ़ेकुन (ख़ुदा ने दुनिया बनाने के लिए यह शब्द कहे थे और दुनिया बन गयी थी)।

(संदर्भ उपर्युक्त, मीज़ान, पेज नं 55)

अच्छे साहित्य में विषय और कहने की शैली एक ही शय के दो पहलू होते हैं और उनमें दुई का तसव्वुर ग़लत है। अल्फ़ाज़ और उनके मा'नी अलग-अलग या एक के बाद दूसरा नहीं आते, एक साथ और एक वक़्त में हम तक पहुंचते हैं।

(मज़मून : 'मौज़ू और तर्ज़-ए-अदा', मीज़ान, पेज नं 69)

हमारे ज़ाती और आम अनुभवों के बहुत से पहलू ऐसे हैं जिनके इज़हार के लिए अब भी ग़ज़ल ही सबसे असरदार और सबसे पसंदीदा सिन्फ़-ए-सुख़न है।

(मज़मून : 'जदीद फ़िक्र-ओ-ख़याल के तक़ाज़े और ग़ज़ल', मीज़ान, पेज नं 113)

तमाम कलाकारों और हुनरमंदों की पंक्ति में साहित्यकार की हैसियत सबसे ज़्यादा भरोसेमंद ही नहीं सबसे ज़्यादा ज़िम्मेदार भी है। वह एक ही समय में अपनी कल्चर की रचना भी होता है और रचनाकार भी, उसकी आयत भी और उसकी व्याख्या करने वाला भी, अपनी ही ज़ात में अपने ज़माने की तस्वीर भी और तस्वीर बनाने वाला भी।

(मज़मून : 'अदब और सक़ाफ़त', मीज़ान, पेज नं 127)

इंक़लाबी शायर पर हुस्न-ओ-इश्क़ या मय और जाम हराम नहीं और उस पर ये हुक्म नहीं लगाया जा सकता कि वो इंक़लाबी विषयों के अलावा अपने दूसरे अनुभवों और दूसरी वारदातों का ज़िक्र ही न करे।

(मज़मून : जोश, शायरे-इंक़लाब की हैसियत से, मीज़ान, पेज नं 210)

चूंकि जोश ने अपने वर्गगत विचारों को व्यवस्थित नहीं किया, इसलिए उनका नज़रिया-ए-इंक़लाब भी एक हद तक सही नहीं है। वो इंक़लाब की कल्पना हमेशा किसान या मज़दूर की नज़र से नहीं बल्कि एक ख़ुशहाल शहरी की नज़र से करते हैं जिसका नतीजा यह है कि उनके शेर में इंक़लाब एक हैालनाक, डरावनी और दहशतनाक घटना की सूरत इख़्तियार कर लेता है।

(संदर्भ उपर्युक्त, मीज़ान, पेज नं 215)

आम इंक़लाबी शायर इंक़लाब के बारे में गरजते हैं, ललकारते हैं, सीना कूटते हैं, इंक़लाब के बारे में गा नहीं सकते। उनके ज़हन में इंक़लाब का तसव्वुर बिजली की तूफ़ानी कड़क से बनता है। हज़ार गीतों और बहार की रंगीनी की शक्ल नहीं। वो सिर्फ़ इंक़लाब की हौलनाकी को देखते हैं, उसके हुस्न को नहीं पहचानते।

(मज़मून : 'आहंग, मजाज़ के संग्रह का ताआरुफ़', मीज़ान, पेज नं 236)

इन लेखों (मशरिक़ व मग़रिब के नग़मे, मीराजी) की निखरी हुई पारदर्शी सतह पर उन अस्पष्ट परछाइयों और निर्गुण परछाइयों का कोई निशान नहीं मिलता जो उनके शेर की ख़ास कैफ़ियात हैं। उनकी रचना का यह हिस्सा पूरी तरह से उसी अक़्ल की सुरक्षा और रहनुमाई में लिखा गया है जिसे वे बज़ाहिर शायरी की प्रक्रिया के क़रीब नहीं फटकने देते। इन मज़ामीन का

ठहराव, बयान की रवानी और ख़याल की रवानी में उनका (मीराजी की साहित्यक ज़िंदगी के शायद सबसे ज़्यादा और शायद सबसे सुकून भरे दौर का) सुराग़ भी मिलता है। यह दुख भरा एहसास भी होता है कि अगर हमारे अहले फ़न की उजाड़ ज़िंदगियों में अंदरूनी दर्द और दुख के अलावा जिस्म-ओ-जां के तकाज़े पर गली-गली ख़ाक छानना, दर दर आवाज़ देना न होता तो शायद आधुनिक साहित्य की तारीख़ काफ़ी अलग होती और उसके कई दिलकश अध्याय इतने अधूरे और संक्षिप्त न रह जाते।

(लेख : 'मीराजी का फ़न (मशरिक-ओ-मग़रिब के नग़मे की प्रस्तावना) मीज़ान, पेज नं. 253-54)

फ़ैज़ के आलोचनात्मक लेखों से लिये गये हर उद्धरण में कोई न कोई ऐसी बात ज़रूर कही गयी है जिससे फ़ैज़ के व्यक्तिगत विचारों का इज़हार होता है, और साफ़ पता चलता है कि फ़ैज़ आम प्रगतिशील लेखकों के विपरीत शेर-ओ-अदब के मामलात में एक ख़ास ढंग की विद्वत्ता पर ज़्यादा भरोसा करते थे। अदब में फ़ायदेमंदी का तसव्वुर उनके नज़दीक सियासी और आर्थिक मसाइल के बयान का पाबंद नहीं था। इसी तरह फ़ैज़ शायरी में विषय वस्तु और संरचना की दुई के क़ायल नहीं थे। वे प्रगतिशील आंदोलन से जुड़े रहने के बावजूद ग़ज़ल की विधा को बीते हुए वक़्त की बात नहीं समझते थे। इंक़लाबी शायरी का उनका तसव्वुर भी अपने हमख़याल शायरों से अलग था। सब से खास बात यह है कि फ़ैज़ पर प्रगतिशील नज़रिया-ए-अदब से मतभेद रखने वाले और ख़ुद प्रगतिशील समूह से भी बाक़ायदा तौर पर हमले हुए। फ़ैज़, राशिद और मीराजी जैसे शायरों की अहमियत के भी मुन्किर नहीं थे। फ़ैज़ के विचारों में लचक और बहुत विस्तार था। साहित्य के प्रति उनका रवैया एकध्रुवीय नहीं था। अपने पहले की परंपरा के सिलसिले में उनका अंदाज़-ए-नज़र दुश्मनी वाला नहीं था और जैसा कि जोश मलीहाबादी, मजाज़, मीराजी, राशिद के बारे में उनके विचारों से ज़ाहिर होता है, फ़ैज़ उनसे इत्तिफ़ाक़ करते हों या इख़्तेलाफ़, किसी भी मामले में वे अतिवादी नहीं थे। एक सोचा समझा धीमापन उनके रचनात्मक व्यक्तित्व का हिस्सा बन गया था।

ज़ाहिर है कि फ़ैज़ की सुलहपसंदी ने और उसके साथ साथ गिरोही प्राथमिकताओं की सतह से ऊपर उठ कर विरोधी विचार के लोगों को भी क़ुबूल करने की वजह से फ़ैज़ ख़ुद अपने सहयोगियों में भी थोड़ा बहुत शक की नज़र से देखे जाने लगे थे, और उन पर एतबार भी कम हो गया था। फ़ैज़ के शायराना रवैयों में जैसा कि पिछले पृष्ठों पर उनके गद्य लेखों के संदर्भों से अच्छी तरह से स्पष्ट है, उनमें कोई बड़ी पेचीदगी नहीं है। फ़ैज़ की आम छवि की तरह उनके कलात्मक विचार भी एक सीधी सादी तार्किकता रखते हैं। किसी हद तक सुलहपसंदी भी। नून मीम राशिद ने अपने एक इंटरव्यू में कहा था कि फ़ैज की शायरी और ज़ेहन में एक क़िस्म के विचारात्मक आलसीपन ने एक आवश्यक तत्व की शक्ल अख़्तियार कर ली थी।

वे किसी भी समस्या के बारे में गहराई से नहीं सोच सकते। उनकी तबीयत में विश्लेषण की शक्ति लगभग नहीं के बराबर है। हो सकता है सच्चाई यही हो, मगर इस 'खोज' पर ख़ुश होने से पहले यह समझ लेना चाहिए कि सच्चाई की व्याख्या का एक रास्ता एहसास से भी होकर गुज़रता है। बुद्धिमत्ता का स्तर प्रतिक्रिया की शक्ल में भी सामने आता है। फ़ैज़ के मिज़ाज में बेशक गहराई और दूरदर्शिता की तलाश की कमी थी। इसलिए अपने गद्य और पद्य में भी फ़ैज़ किसी ग़ैर मामूली बिंदु की तलाश में फिरते नज़र नहीं आते। वे चीज़ों को देखते हैं। उनसे एक अनुभूति क़बूल करते हैं, उस अनुभूति को अपनी शायराना दृष्टि में समा लेते हैं, और बग़ैर किसी दांवपेंच की शैली और सुबह के उजाले की तरह धीरे धीरे फैलती हुई सुथरी, सुलझी, सोहनी भाषा में उस अनुभूति को बयान कर देते हैं। क्लासिकी शायर सौदा की तार्किक शैली की फ़ैज़ ने ख़ूब तारीफ़ की है। ख़्वाजा हाफ़िज़ शीराज़ी की हैसियत भी फ़ैज़ के लिए अपनी व्यक्तिगत शायराना दृष्टि के एक स्रोत के रूप में थी और उनकी चेतना पर उर्दू की पुरानी क्लासिकी परंपरा और फ़ारसी परंपरा का प्रभाव पूरी उम्र क़ायम रहा। उन्होंने अपनी सामूहिक याददाश्त और सांस्कृतिक धरोहर से अलग होने का दावा कभी नहीं किया। जीलानी कामरान का ख़याल है (*उस्तान्ज़े* की प्रस्तावना में) कि शायरों की 1940 के आसपास आंखें खोलने वाली नस्ल का असल मरहला अपने आक़ा 'शेरुल-अजम' के प्रभाव से महफ़ूज़ रहने का था। उनका ख़याल यह भी है कि फ़ैज़ और राशिद दोनों ने अपनी तारीख़ के उस भूत से मुक़ाबला नहीं किया, बल्कि उसके सामने आत्मसमर्पण कर दिया। दूसरी तरफ़ फ़ैज़ राशिद को तो इस मामले में ख़तावार समझते हैं और ख़ुद को साफ़ बचा ले जाते हैं। एक इंटरव्यू (ताहिर मसूद : *ये सूरतगर कुछ ख़्वाबों के*) के दौरान उन्होंने कहा था:

> *राशिद साहब की तो ज़बान फ़ारसी है और निहायत मुश्किल फ़ारसी। जिन लोगों को दोनों (अंग्रेज़ी और फ़ारसी) ज़बानें नहीं आतीं, वे तो उन्हें समझ भी नहीं सकते। इसकी बड़ी वजह यह है कि राशिद साहब इस मुल्क (पाकिस्तान) में रहे ही नहीं। यहां के लोगों से उनका संपर्क कट गया। उनको यह मालूम करने का मौक़ा ही नहीं मिला कि उनकी बात लोगों तक पहुंची या नहीं?*

(ये सूरतगर कुछ ख़्वाबों के, पेज 30)

प्रगतिशील दौर और आधुनिक दौर की शायरी के आम पढ़ने वाले की मुश्किल यह है कि फ़ैज़ को इनमें से किस मंज़रनामे में स्थापित करें। किसी भी एक दौर के शायर के तौर पर उन्हें स्थापित करना आसान नहीं है। दरअसल फ़ैज़ की शायरी से एक साथ तीन चेहरे झांकते हैं। एक तो नवक्लासिकीयत शायर का चेहरा है जो ख़याल और तजुर्बे की नयी आबो-हवा में सांस लेता है मगर गुज़रे हुए ज़मानों से अपना तआल्लुक़ नहीं तोड़ता। दूसरा समाजी ज़िम्मेदारी और कमिटमेन्ट का एहसास रखने वाले एक ख़ामोश इंक़लाबी शायर का है जो वक़्त की धुरी की तब्दीली के साथ सांस्कृतिक

चेतना की तब्दीली के अमल को समझता तो है लेकिन अपने आप को बेक़ाबू नहीं होने देता और अपने हमख़याल शायरों ने भी उन पर इल्ज़ाम लगाये। (कभी कभी ये इल्ज़ाम गाली की हद तक पहुंच गये) और तीसरा चेहरा अपनी सीमित वफ़ादारियों की क़ैद को तोड़ते हुए अपनी विचारात्मक प्राथमिकताओं और पूर्वाग्रहों को पार करते हुए एक समझौता जो शायर का है, जो बदलते हुए हालात की तह से निकलने वाली संवेदनाओं का प्रवक्ता बनने से नहीं डरता। फ़ैज़ की मृत्यु पर अपनी नज़्म (*और नज़्मों* में शामिल, पेज 81-82) में जीलानी कामरान ने फ़ैज़ को अपने एहसासात में शामिल ख़ुशबू की एक लहर के तौर पर याद किया है:

जा बसी अर्श[14] के क़ुरिये[15] में कहानी उसकी
एक महक दिल में है अब याद सुहानी उसकी

एक दूसरे से अलग और कभी कभी तो विरोधी और आपस में लड़ने वाले समूहों में एक दूसरे से विरोधी ध्रुवों सी दूरी रखने वाले साहित्यकारों, अलग अलग ज़माने के, जगहों के, विचारों के, सांस्कृतिक पृष्ठभूमि रखने वाली पार्टियों के लोगों का, एक सा इरादे के साथ फ़ैज़ को क़बूल करना अजीब बात है। तो क्या इससे यह समझा जाये कि फ़ैज़ की शायरी अपना कोई तयशुदा मिज़ाज नहीं रखती या यह कि उनका अपना अलग रंग नहीं है। यह कैसा लिबास है जो हर जिस्म पर ठीक बैठ जाता है और फ़ैज़ कहीं अजनबी और बेगाने नहीं दिखायी देते। फ़ैज़ के शायराना मिज़ाज को सबसे पहले, उनके अपने क़रीबी समूह से बाहर फ़िराक़ ने पहचाना था और *उर्दू की इश्क़िया शायरी* (पहला संस्करण, जनवरी 1945) में फ़ैज़ की दो नज़्में 'रक़ीब से' और 'तनहाई' का ज़िक्र अतिशयोक्ति के साथ किया था। फ़िराक़ ने लिखा था:

> *प्रोफ़ेसर फ़ैज़ अहमद फ़ैज़ की नज़्म जिसका शीर्षक 'रक़ीब से' है और जो हुमायूं के फ़रवरी 1938 के नंबर में निकल चुकी है, उसका ज़िक्र ज़रूर करूंगा, मैं बहुत कम अशआर, ग़ज़लों या नज़्मों के संबंध में यह एहसास करता हूं कि मेरे दिल ओ दिमाग़ का चोर निकला। लेकिन यह नज़्म ऐसी ही नज़्म थी। उर्दू की इश्क़िया शायरी में अब तक इतनी पवित्र, इतनी चुटीली और इतनी दूरदर्शी और विचारात्मक नज़्म वजूद में नहीं आयी। नज़्म नहीं है बल्कि जन्नत और दोज़ख़ के एकत्व का राग है। शेक्सपियर, गोएटे, कालिदास और सादी भी इससे ज़्यादा रक़ीब से क्या कहते, इश्क़ और इंसानियत के ख़ूबसूरत संबंध को समझना हो तो यह नज़्म देखिए।*
>
> (उर्दू की इश्क़िया शायरी, पेज 64-65)

और अब यह दूसरा कथन भी देखिए :

> *प्रोफ़ेसर फ़ैज़ का संग्रह नक़्शे-फ़रियादी के नाम से निकला और हालांकि बहुत संक्षिप्त था लेकिन इसका बहुत ज़बरदस्त असर हमारी शायरी पर पड़ा। फ़ैज़ ने चिंतन और एहसास की एक नयी तकनीक इसमें दी जो इस दौर*

---

14. आसमान। 15. गांव।

के प्रतिनिधित्व के लिए निहायत मुनासिब है। इसके मिसरों की लय में जो खटक या ज़मज़मा है और उनकी सूक्तियों में जो ताज़गी और रवानी है, वह उनकी शैली में एक रचनात्मक व्यक्तिगत विशेषता पैदा कर देती है। फ़ैज़ ने शायरी का एक नया स्कूल बनाया है। उन्होंने जिस बुद्धिमत्ता बढ़ाने वाली और संवेदनशील, ख़ुलूस और फ़नकाराना चाबुकदस्ती से इश्क़िया शायरी और वारदात को दूसरे अहम समाजी मसाइल से संबंधित करके पेश किया, वह उर्दू की इश्क़िया शायरी में न भूल सकने वाला कारनामा है और यह नज़्म एक ज़िंदा अमर क्लासिक है।

(उर्दू की इश्क़िया शायरी, पेज 64-65)

इस तरह फ़ैज़ साहित्य के आसमान पर एक शर्मीले, कम बोलने वाले और बहुत सुघड़ क़िस्म के नौजवान प्रगतिशील शायर की हैसियत से उभरे थे। लेकिन उनकी पहचान एक रूमानी शायर की हैसियत से हुई। फ़ैज़ के बारे में जो बज़ाहिर तारीफ़ी लेकिन असल में किसी हद तक एतराज़ करने वाले अंदाज़ की रायें सामने आयी हैं, मिसाल के तौर पर यह कि (अज़ीज़ अहमद के मुताबिक़) 'आशिक़ी और इंक़लाब की सीमा रेखा जिसको वे पार करना चाहते हैं, किसी तरह पार नहीं होती', और या यह कि 'उनकी शायरी इश्क़ और इंक़लाब के बीच में लगातार भागते रहने की प्रवृत्ति बन गयी है', या फिर राशिद की यह राय कि '*नक़्शे-फ़रियादी* एक ऐसे शायर की ग़ज़लों और नज़्मों का संग्रह है जो रूमान और हक़ीक़त के संगम पर खड़ा है' (प्रस्तावना : *नक़्शे-फ़रियादी*)। इन रायों में फ़ैज़ की शायराना शख़्सियत पर एक छुपे हुए व्यंग के साथ साथ सच्चाई का एक तत्व भी शामिल है। प्रोफ़ेसर मुज्तबा हुसैन अपनी प्रगतिशीलता के दंभ में यह फ़ैसला सुना बैठे थे कि 'फ़ैज़ की शायरी जहां ख़त्म होती है, वहां से सरदार जाफ़री की शायरी का आग़ाज़ होता है।' और ख़ुद सरदार जाफ़री भी कम से कम प्रगतिशीलता के मामले में फ़ैज़ को अपने तो क्या, साम्यवादी यथार्थवाद के बहुत कमज़ोर और निचले दर्जे के प्रवक्ताओं (मिसाल के तौर पर कैफ़ी आज़मी, मंज़र शाहजहांपुरी) तक के बराबर का स्थान देने को भी तैयार न थे (*तरक़्क़ीपसंद अदब*, प्रकाशन 1952)। बेशक फ़ैज़ की शायरी में दार्शनिक गहराई की कमी महसूस होती है। मगर इस कमी को वे बड़ी हद तक अपने शायराना एहसास, पकड़ में आने वाले अनुभव, गहरे जज़्बाती सरोकार, अपनी मध्यम, मुलायम, मीठे लहजे और नग़्मगी की छलकती हुई शैली और अभिव्यक्ति की मदद से अपने ऊपर हावी नहीं होने देते। ये अनुभूतियां जिन्हें हम फ़ैज़ के रचनात्मक व्यक्तित्व की बुनियादें कह सकते हैं, उनके अक्सर समकालीनों की नज़र में नापसंदीदा और ऐब समझी जाती थीं और इस मामले में मैं और तू का फ़र्क़ नहीं था। फ़ैज़ के समकालीनों में राशिद ने फ़ैज़ की शायरी में सजावटी तत्वों पर जितने वार किये हैं, उससे कम वार सरदार जाफ़री ने नहीं किये और बाद के लिखने वालों में एक मशहूर आलोचक (डॉ. वज़ीर आग़ा: *नज़्मे-जदीद की करवटें*) ने फ़ैज़ की शायरी को 'ठहराव की मिसाल' क़रार दे कर

हमेशा के लिए उस पर बुढ़ापे और मिटने की तरफ़ बढ़ रही शायरी की मुहर लगा दी थी।

राशिद का ख़याल था कि फ़ैज़ की सबसे बड़ी कमज़ोरी उनकी चिंतन की सुस्ती और मेहनत की कमी है। वे बड़े दिमाग़ की ताक़त से या तो महरूम हैं या उसे अच्छी तरह काम में नहीं लाते। इसीलिए राशिद ने ये भविष्यवाणी भी की थी कि वक़्त गुज़रने के साथ साथ फ़ैज़ की शायरी में अनुभव की बाहरी चमक-दमक कमज़ोर पड़ती जायेगी और यह शायरी आख़िरकार अपना आकर्षण खो बैठेगी। मैं राशिद के शेरी समझ के फैलाव और उनकी बिजली गिराने वाली कल्पनाओं की क्षमताओं का बहुत क़ायल हूं और अपनी गिनती राशिद की शायरी के अकादमिक पाठकों में नहीं करता जो राशिद की फ़ारसी भरी ज़बान और उनके रचनात्मक अनुभवों के अस्पष्ट अर्थों पर इतना ज़ोर देते हैं कि राशिद की शायरी उनके हाथ से निकल जाती है। ख़ुद फ़ैज़ भी राशिद की ज़बान पर फ़ारसी के असंतुलित प्रभाव को अच्छी नज़र से नहीं देखते थे और अख़्तरुल ईमान ने भी राशिद की आवाज़ में बुलंदी और जलाल के पहलू को उनका 'बड़बोलापन' समझा था। लेकिन फ़ैज़ की रचनात्मकता या चिंतन के जो एतराज़ प्रगतिशील और ग़ैर प्रगतिशीलों ने लगभग एक साथ किये, उसे फ़ैज़ की प्रतिदिन बढ़ती लोकप्रियता की प्रतिक्रिया और समकालीन प्रतिद्वंदिता के तौर पर भी देखना चाहिए। फ़ैज़ की लोकप्रियता ने उनके ज़माने के बहुत से शायरों को परेशान और ख़ौफ़ज़दा भी किया। प्रगतिशील शायर, हलक़ए-अरबाबे ज़ौक़ (कलावादियों का समूह) के शायर, क्लासिकी मिज़ाज व पसंद के शायर और आलोचक (मिसाल के तौर पर असर लखनवी और रशीद हसन ख़ां), यहां तक कि कुछ ऐसे शायर और आलोचक भी जो मज़हबी रुझान रखते थे, प्रगतिशील लेखकों से जिनकी बिलकुल साफ़ दुश्मनी थी, प्रगतिशील गद्य और पद्य में जिन्हें कोई ख़ूबी नज़र ही नहीं आती थी और फ़ैज़ से जिनका बज़ाहिर विचारात्मक विरोध था (मिसाल के तौर पर सलीम अहमद)। उन सबने फ़ैज़ की विचारात्मक और भाषाई कोताहियों और कमज़ोरियों, सीमाओं को प्रचारित करने की जी तोड़ कोशिशें कीं।

प्रगतिशीलता के परंपरागत चिंतन के लिए हमदर्दी तो बाक़र मेहदी भी नहीं रखते थे, मगर फ़ैज़ पर अपने लेख ('फ़ैज़ एक नयी विवेचना' संदर्भ शे'री आगही 2000) में उन्होंने एक महत्वपूर्ण बात कही है कि 'फ़ैज़ ने (अपनी नज़्म) 'मौज़ू-ए-सुख़न' में अपना जो केंद्र तलाश किया था, उससे बहुत आगे कभी न गये और इस तरह फ़ैज़ ने अपने शायराना व्यक्तित्व को टुकड़े टुकड़े होने से बचाये रखा।' दूसरे लफ़्ज़ों में यह कहा जा सकता है फ़ैज़ के लिए इश्क़ के दोनों केंद्र ज़रूरी थे, दोनों से उन्हें एक सा ज़ेहनी और जज़्बाती लगाव था। ग़मे-इश्क़ और ग़मे-रोज़गार, दोनों उनके व्यक्तित्व की रचनात्मक सरंचना के भाग थे। फ़ैज़ उनमें से एक को भी छोड़ने के लिए तैयार न थे। इसलिए वे अपने इस मिज़ाज से कभी अलग न हुए कि शायर

को अनुभवों के चुनने में अपने आप पर ऊपर से कोई शर्त नहीं लगानी चाहिए। हर अनुभव चाहे वह इश्क़ का हो या सियासत का, ध्यान की किसी रूमानी लहर का हो या समाजी इंसाफ़ से संबंधित मसअलों का, शायर का अनुभव है। अपनी क़ैद के दौरान उन्होंने सज्जाद ज़हीर के नाम लिखा था कि 'हमारा जी चाहेगा तो इश्क़िया शेर ज़रूर कहेंगे।' फ़ैज़ ने बाहरी हुक्म के मुताबिक़ शेर कहने से हमेशा परहेज़ किया। इसलिए इब्तिदाई दौर की नज़्म 'तनहाई' को लेकर डॉ. तासीर की हास्यास्पद प्रतिक्रिया या 'सुबहे-आज़ादी' पर सरदार जाफ़री के निहायत संजीदा एतराज़ से हास्य और तंगनज़री के जो हालात बन गये हैं, उसकी असल वजह यही है कि दोनों, फ़ैज़ की शायराना समझ की ख़ुद मुख़तारी का एहतराम करने के बजाय अपनी प्राथमिकताओं को उन पर लादना चाहते थे। दूसरी तरफ़ फ़ैज के रचनात्मक आत्मविश्वास का यह हाल था कि न तो वे किसी एतराज़ का जवाब देते थे, न एतराज़ करने वालों के बारे में बात करते थे, न ही शायरी के प्रति अपने विचारों की व्याख्या करते थे। फ़ैज़ ने जवाब में अगर कुछ किया तो बस यह कि बहुत सादगी के साथ एतराज़ करने वाले की बात मान ली लेकिन अपने रास्ते से ज़रा भी न डिगे।

नक़्शे-फ़रियादी की नज़्में संग्रह के प्रकाशन (1941) से पहले ही चर्चा का विषय बन चुकी थीं। मगर संग्रह की प्रस्तावना में अपने शायराना मिज़ाज और अपने रवैये के बारे में फ़ैज़ ने कुछ कहा तो सिर्फ़ इतना कि 'इस संग्रह का प्रकाशन एक तरह से अपनी हार को क़बूल करना है, इसमें दो चार नज़्में क़ाबिले-बर्दाश्त हैं।' इन क़ाबिले-बर्दाश्त नज़्मों में वे दो नज़्में 'तनहाई' और 'रक़ीब से' भी शामिल हैं जिन्हें फ़िराक़ साहब विश्व-साहित्य की महान रचनाओं में शामिल करने को तैयार थे। इस संग्रह की दूसरी कई नज़्में (मिसाल के तौर पर 'मौज़ू-ए-सुख़न', 'हमलोग') नयी नज़्म के विकास में आज भी एक नाक़ाबिले-फ़रामोश प्रयोग के तौर पर पर याद की जाती हैं। 'तनहाई' अपनी सरंचना के लिहाज़ से नज़्म के नये काव्यशास्त्र का नमूना कही जा सकती है। और जहां तक इस नज़्म के क़ाबू में आने वाले अनुभव, और इस नज़्म के विचारात्मक गठन की बात है तो बक़ौल राशिद 'मुजर्रिद तासीर' (अमूर्तन प्रभाव) की वजह से और डाक्टर तासीर के शब्दों में अपने सांकेतिक माहौल की वजह से इसे हमेशा नयी नज़्म में संगे-मील की हैसियत हासिल रहेगी। फ़ैज़ न तो उन अर्थों में बड़े शायर कहे जा सकते हैं जिन अर्थों में हमारी संवेदनाएं इक़बाल से संबंध स्थापित करती हैं। न ही फ़ैज़ बड़ी शान ओ शौकत वाले, महान और ख़ौफ़नाक अनुभवों वाले शायर हैं। वे न तो बड़े कैनवस पर ब्रश चलाते हैं, न बेधड़क स्ट्रोक्स और अभिव्यक्ति से काम लेते हैं।

उनकी नाज़ुक तबीयत मीनाकारी बनाने वाले पेंटरों जैसी है जो संवेदनशील नुक़्तों, लकीरों और रेखाचित्रों की मदद से अपने अंदरूनी दृश्यों की रचना करती है और ठहर ठहर कर धीमे सोच विचार के अंदाज़ में अपने समझे जाने का तक़ाज़ा करती है। एक इंटरव्यू के दौरान फ़ैज़ ने यह व्यक्तिगत बयान दिया था कि उनकी नज़र

में अपनी सबसे पसंदीदा नज़्म 'हम जो तारीक राहों में मारे गये' है। *ज़िंदांनामा* (1956) की लोगों की ज़बानों पर चढ़ी इस नज़्म के ये मिसरे देखिए :

जब घुली तेरी राहों में शामे-सितम
हम चले आये, लाये, जहां तक क़दम
लब पे हर्फ़े-ग़ज़ल, दिल में क़ंदीले-ग़म[16]
अपना ग़म था गवाही तेरे हुस्न की
देख क़ायम रहे इस गवाही पे हम
हम जो तारीक[17] *राहों में मारे गये*

यह नज़्म चिंतन के स्तर पर फ़ैज़ के उन शायराना रवैयों का विस्तार कही जा सकती है जिनकी पहचान फ़ैज़ ने 'मौज़ूए-सुख़न' नाम की नज़्म के आख़िरी बंद में इस तरह की थी :

ये भी हैं ऐसे कई और भी मज़मूं[18] *होंगे*
लेकिन उस शोख़ के आहिस्ता से खुलते हुए होंठ
हाय उस जिस्म के कमबख़्त दिल-आवेज़[19] *ख़ुतूत*[20]
आप ही कहिए कहीं ऐसे भी अफ़्सूं[21] *होंगे*
अपना मौज़ू-ए-सुख़न[22] *इनके सिवा और नहीं*
तबए[23] *शायर का वतन इनके सिवा और नहीं*

'नयी नज़्म और पूरा आदमी' में सलीम अहमद ने 'मुझसे पहली सी मुहब्बत मेरी मेहबूब न मांग' के इन दो मिसरों, 'लौट जाती है उधर को भी नज़र क्या कीजे/अब भी दिलकश है तेरा हुस्न मगर क्या कीजे' का बहुत मज़ाक़ उड़ाया है, जो इस बंद के बाद आते हैं कि:

अनगिनत सदियों के तारीक बहीमाना[24] *तिलिस्म*
रेशम-ओ-अतलसो कमख़्वाब[25] *में बुनवाये हुए*
जा बजा बिकते हुए कूचा-ओ-बाज़ार में जिस्म
ख़ाक में लिथड़े हुए ख़ून में नहलाये हुए

और सलीम अहमद की परेशानी का सबब यह है कि 'अब भी दिलकश है तेरा हुस्न मगर क्या कीजे' में एक मोहताजे-तफ़सील और नुक़सान न पहुंचाने वाला लफ़्ज़ 'मगर' शे'री अनुभूति की बेरहमी और संगीनी का संकेत है। यानी यह कि फ़ैज़ के लिए 'जाने के लिए कोई जगह नहीं और पैर थक चुके हैं,' दोनों कोई न कोई मुश्किल खड़ी कर देते हैं। असल में शायरी का अध्ययन करने वाला अपनी शर्तों, आदतों, ज़रूरतों और फ़ायदे के हिसाब से करेगा तो इसी तरह के मसअले पैदा होते रहेंगे। अनुभव की गतिशीलता फ़ैज़ को अगर अपने केंद्र से आगे ले जाये तो ग़लत और अगर वह एक जगह पर ठहर जाये तो अनुभूतियों में ठहराव का इल्ज़ाम सामने

16. ग़म की मोमबत्ती। 17. अंधेरी। 18. विषय। 19. दिल लुभाने वाला। 20. लकीर। 21. जादू। 22. शायरी का विषय। 23. तबीयत। 24. जंगली। 25. मंहगे कपड़ों के नाम।

है। सच्चाई यह है कि फ़ैज़ की शायरी के साथ 'किसी जगह पर ठहरने की कोई जगह नहीं है' वाला मामला है। उनका बेसब्र दिल एक केंद्र पर उन्हें ठहरने नहीं देता। फ़ैज़ एहसासात की आती जाती लहरों के शायर हैं। एक अंदरूनी बेचैनी की मारी हुई भटकती हुई आत्मा, जिसकी सुरक्षा का केंद्र कभी अपनी मोहब्बत बनती है, तो कभी आसपास की दुनिया में बसे हुए जानदारों की मोहब्बत। हालात या रुझान के इस दोरुखेपन से फ़ैज़ को तो कोई परेशानी नहीं थी लेकिन एक केंद्रीयतापसंद एतराज़ करने वालों के लिए डाइलेमा बन गयी। विचारात्मक आलोचना के उसूलों या अपनी व्यक्तिगत पसंद और नापसंद के मुताबिक़ शे'र और साहित्य के अध्ययन में पढ़ने वाले को असली दिलचस्पी रचनात्मक अनुभूति से नहीं बल्कि अपने आप से होती है और वह सिर्फ़ अपनी हिमायत या अपने बिंब की तलाश की तमन्ना रखते हैं।

प्रगतिशील शायरी की परंपरा का जायज़ा लेते हुए जीलानी कामरान ने (*उस्तान्ज़े की प्रस्तावना* : 1957) में लिखा था कि साम्यवादी समाज में दिल की वीरानी का ज़िक्र मुमकिन नहीं और सिर्फ़ ज़मीनी दुख की कहानी एक अधूरी कहानी है। फ़ैज़ की शायरी में ग़म और अफ़सोस के तत्व तसल्ली और ख़ुशी पर भारी पड़ते हैं। ऐसा शायद इसीलिए है कि फ़ैज़ सामूहिक दुख दर्द का वर्णन करने के बावजूद, मूल रूप से रचनात्मक तनहाई की अनुभूतियों से आम तौर पर अलग नहीं होते। उनका प्रतिरोध जिसके लिए वे इनसानों के एक समूह का प्रतिनिधित्व करते हैं और सिर्फ़ अपनी ज़िंदगी के पाबंद नहीं रह जाते, बड़ी हद तक एक दबे हुए बल्कि ख़ामोश प्रतिरोध की हैसियत रखता है। वे ऊंची और खुली आवाज़ में बहुत कम बात करते हैं। जिन नज़्मों में उनकी आवाज़ काफ़ी ऊंची महसूस होती है, मिसाल के तौर पर 'आ जाओ अफ़्रीका' या ज़िंदगी के आख़िरी दौर की नज़्म 'हम देखेंगे, लाज़िम है कि हम भी देखेंगे' तो इस तरह की नज़्मों में भी उदासी की एक लहर जोशीले जज़्बात के साथ चलती हुई महसूस होती है :

आ जाओ, मैंने धूल से माथा उठा लिया
आ जाओ, मैंने छील दी आंखों से ग़म की छाल
आ जाओ, मैंने दर्द से बाज़ू छुड़ा लिया
आ जाओ, मैंने नोच दिया बेकसी का जाल
आ जाओ अफ़्रीक़ा
पंजे में हथकड़ी की कड़ी बन गयी है गुर्ज़
गरदन का तौक़ तोड़ के ढाली है मैंने ढाल
आ जाओ अफ़्रीक़ा
जलते हैं हर कछार में भालों के मृग नैन
दुश्मन लहू से रात की कालिख हुई है लाल
आ जाओ अफ़्रीक़ा

फ़ैज़ के यहां नज़्म चाहे जितनी बुलंद आवाज़ में हो और इंक़लाबी हो, आहिस्तापन और नरमी का असर बरक़रार रहता है। नारा नग़मे में ढल जाता है और नाराज़गी सरगोशी बन जाती है। यह दरअसल फ़ैज़ की अपनी तबीयत का जब्र है; उनका एक मिसरा है : 'इक कड़ा दर्द कि जो गीत में ढलता ही नहीं!' मगर फ़ैज़ की शायरी में नग़मगी के तत्व सख़्त और तल्ख़ अनुभवों और ज्वालामुखी से एहसासात में भी नरमी और धीमापन पैदा कर देते हैं। फ़ैज़ हंगामा बरपा करने वाले मानसिक अनुभवों को भी अक्सर चित्रों में बदल देते हैं। और ये चित्र, जैसा कि हम पहले कह चुके हैं, मध्यम और हलके रंगों से बनते हैं। उनमें तेज़ी, नुकीलापन, बेपर्दगी की कैफ़ियत नहीं मिलती है। 'एक मंज़र', 'यहां से शहर को देखो', 'ज़िंदां की एक सुबह', 'ईरानी तुल्बा के नाम', 'सरे-वादिए सीना' और 'ख़्वाब बसेरा' लफ़्ज़ों और आवाज़ों में ढली हुई तस्वीरें हैं जिनका बहता फैलता हुआ रंग आंखों के रास्ते दिल में उतरने के बाद हमारी चेतना का हिस्सा बनता है। इसीलिए फ़ैज़ की शायरी में लंबी नज़्मों के सिर्फ़ इक्का दुक्का नमूने मिलते हैं, मिसाल के तौर पर 'शीशों का मसीहा कोई नहीं।' मगर इस तरह की नज़्मों में फ़ैज़ रचनात्मक थकान से पैदाशुदा गद्यात्मकता के शिकार नज़र आते हैं। उनका हुनर, जैसा कि पहले कहा जा चुका है, छोटे पैमानों में और छोटे कैनवस पर अपनी बहार दिखाता है, फ़ैज़ की शायरी अपने पाठकों से जो रिश्ता क़ायम करती है, उसका संबंध चिंतन से ज़्यादा एहसास से है। इसीलिए विचारात्मक सतह पर राशिद फ़ैज़ से आगे हैं और राशिद के यहां बहुत स्पष्ट रूप से अपने विचारों का साया गहरा दिखायी देता है। सरोकारों की वह शर्मीली और सुसंस्कृत हालत जो फ़ैज़ की नर्म मिज़ाजी पर निर्भर है, उनके किसी भी दूसरे समकालीन के यहां इस हद तक नहीं उभर सकी है। इसलिए फ़ैज़ के समकालीन शायरी की पृष्ठभूमि पर नज़र डालते समय, मैं, अपने आपको वैसी प्रतिक्रिया से अलग नहीं कर सकता। इस दौर के बाकमाल शायरों में मीराजी, राशिद, अख़्तरुल ईमान, सरदार जाफ़री में तक़रीबन हर एक का रंग मुख़्तलिफ़ है और उनकी आपस में तुलना करना और एक दूसरे के हिसाब से उनके दर्जे तय करना अच्छी बात नहीं है। एक ही समय के परिदृश्य में सांस लेने वाले शायर मुक़ाबले की दौड़ में शामिल खिलाड़ी नहीं होते, ख़ास तौर से उस वक़्त जबकि उनका रचनात्मक व्यवहार अलग अलग हो और उनकी समझ और अभिव्यक्ति की हुनरमंदी एक दूसरे से मिलती-जुलती न हो। फिर अगर फ़ैज़ की शायरी के परिदृश्य का समग्र रेखाचित्र तैयार किया जाये तो उसके दायरे में कई हिंदुस्तानी (पाकिस्तानी?) ज़बानों का साहित्य और दुनिया का वह साहित्य भी आ जायेगा जो विचार के स्तर पर समाजी सरोकारों का एहसास रखने वाले तमाम साहित्यकारों की सामूहिक विरासत है। लोर्का, लुई आरागां, मायकोव्स्की, पाब्लो नेरुदा, नाज़िम हिकमत, युव्तेशेंको, मुक्तिबोध किसी न किसी लिहाज़ से एक ही मंज़िल की तलाश में सरगर्म हैं, और एक दूसरे के हमसफ़र भी कहे जा सकते हैं। फ़ैज़ के ज़माने के उर्दू शायरों में एक विशेषता यह भी है कि नेरुदा की तरह उनकी शायरी

में भी जादुई स्पर्श मात्र से ही जैसे कोई मायावी ताक़त सी पैदा हो जाती है। वह ठहरी हुई और बेजान सी महसूस होने वाली वस्तु या दृश्य या प्रदर्शन और कैफ़ियत को हाथ लगाते हैं तो उसमें जान सी पड़ जाती है।

शख़्सियत का परिदृश्य चाहे बहुत छोटा हो, लेकिन अगर उसमें सच्चाई है तो अपना असर क़ायम करने के लिए वह बाहरी सहारों की मोहताज नहीं होगी। सच्ची शख़्सियत की तरह सच्ची शायरी का भी अपना एक जादू होता है। फ़ैज़ बड़े शायर उन अर्थों में नहीं कहे जा सकते जिस तरह हम कालिदास, फ़िरदौसी, रूमी, ग़ालिब और इक़बाल का जायज़ा लेते हैं, लेकिन उस सतह तक तो हमारे ज़माने का कोई दूसरा शायर भी नहीं पहुंचता। हां यह ज़रूर कहा जा सकता है कि फ़ैज़ की शायरी सच्ची शायरी की एक नुमाइंदा मिसाल है और उसका यह कारनामा क्या कम अहम है कि उसने प्रगतिशील शायरी को नाक़ाबिले-एतबार नहीं होने दिया, और उसे बहुत सी ख़राबियों से बचा लिया। इस तरह, फ़ैज़ की शायरी ने एक अहम ऐतिहासिक कारनामा भी अंजाम दिया जिसकी अहमियत हर ज़माने में क़बूल की जायेगी।

उर्दू से अनुवाद : रिज़वानुल हक़

शायरी की रूह में सियासी नज़रिया

शमीम फ़ैज़ी

मख़दूम मोहिउद्दीन की जन्मशती के समारोह के दौरान अनेक साहित्यकारों ने मख़दूम और फ़ैज़ की शायरी का तुलनात्मक अध्ययन किया जो ग़लत भी नहीं, क्योंकि ये दोनों ही शायर प्रगतिशील साहित्यिक आंदोलन के वे चमकते सितारे हैं जिन्होंने साहित्यिक उपमाओं को नया राजनीतिक अर्थ दिया। इन तुलनात्मक अध्ययनों में आम तौर पर यह कहने की कोशिश भी की गयी कि रूमानी उपमाओं और परंपरागत कविता की भाषा के इस्तेमाल की वजह से फ़ैज़ का राजनीतिक असर फीका पड़ जाता है। कुछ विरोधियों ने फ़ैज़ की राजनीतिक दृष्टि को भी चैलेंज करने की कोशिश की।

जहां तक रूमानी उपमाओं और परंपरागत काव्य-भाषा के प्रयोग का संबंध है तो सच्चाई यह है कि इसमें भी फ़ैज़ ने नयी राह दिखायी है। डॉ. मोहम्मद अली सिद्दीक़ी ने अपने लेख 'फ़ैज़ अहमद फ़ैज़ और रवायती शेरी ज़बान' में बड़े ठोस अंदाज़ में ऐसे आरोपों को रद्द करते हुए बिलकुल सही नतीजा निकाला है कि फ़ैज़ ने रवायती शेरी ज़बान से अपने धीमे मिज़ाज, खूबसूरत तहज़ीबी रचाव और साइंसी सदाक़त (सच्चाई) पर क़ायम साइंसी ईक़ान (आस्था) के लिए जिस इंतिहाई मुन्फ़रिद (अपने ढ़ंग से) अंदाज़ से काम लिया है, वह न सिर्फ़ उनकी फ़नकाराना अज़मत का सबूत है, बल्कि इस हक़ीक़त का मुंह बोलता ऐलान भी है कि उन्होंने रवायती ज़बान पर उठाये जाने वाले जुम्ला एतराज़ात को बेमहल (बेतुका) और ग़ैरवाजिब क़रार दे दिया है।'

संक्षेप में, परंपरागत शेरी भाषा और रोमानी उपमाओं के इस्तेमाल से फ़ैज़ की वह राजनीतिक दृष्टि प्रभावित नहीं होती जिसका ऐलान उन्होंने अपने दूसरे कविता-संग्रह *दस्ते-सबा* की प्रस्तावना में कर दिया था। प्रस्तावना शुरू ही इस ऐलान से होती है कि 'एक ज़माना हुआ ग़ालिब ने लिखा था कि जो आंख क़तरे में दजला (नदी) नहीं देख सकती वो दीद ए बीना (दृष्टि) नहीं बच्चों का खेल है।' आगे इसे और स्पष्ट करते हुए वे लिखते हैं : 'यूं कहिए कि शायर का काम महज़ मुशाहिदा (देखना) नहीं, मुजाहदा (संघर्ष) भी उस पर फ़र्ज़ है, गर्दोपेश के मुज़तरिब (बेचैन) क़तरों में ज़िंदगी के दजला का मुशाहिदा उसकी बीनाई पर है, उसे दूसरों को दिखाना उसकी

फ़न्नी दस्तरस पर, उसके बहाव में दख़ल-अंदाज़ होना उसके शौक़ की सलाबत (स्थिरता) और लहू की हरारत पर, और ये तीनों काम मुसलसल काविश (प्रयास) और जद्दोजहद चाहते हैं।'

यही वह समझ है जो फ़ैज़ की राजनीतिक दृष्टि की बुनियाद बनी और सारी उम्र उन्होंने इसको निभाया। फ़ैज़ ने अपने ज़हनी और वैचारिक क्रमविकास की दास्तान मास्को में छपी अपनी किताब *महो-साले-आशनाई* में काफी विस्तार से बयान की है। प्रगतिशील लेखक संघ का स्थापना सम्मेलन अप्रैल 1936 में लखनऊ में हुआ, पर फ़ैज़ इससे पहले ही इस राह पर चल पड़े थे। इसमें कोई शक नहीं कि उन्हें इस राह पर डालने में डॉ. महमूदुज़्ज़फ़र और डॉ. रशीद जहां की अहम भूमिका है। फ़ैज़ स्वयं लिखते हैं :

> *1934 में हम लोग कालिज से फ़ारिग़ हुए और 1935 में मैंने एम.ए.ओ कालिज, अमृतसर में मुलाज़मत कर ली। यहां से मेरी और बहुत से हमअसर (समकालीन) लिखने वालों की ज़हनी और जज़्बाती ज़िंदगी का नया दौर शुरू हुआ। इस दौरान कालिज में अपने रुफ़क़ा (साथी) महमूदलुज़्ज़फ़र मरहूम और उनकी बेगम रशीद जहां से मुलाक़ात हुई। फिर तरक़्क़ीपसंद तहरीक की दाग़बेल पड़ी, मज़दूर तहरीकों का सिलसिला शुरू हुआ और यूं लगा कि जैसे गुलशन में एक नहीं कई दबिस्तान (बाब) खुल गये। इस दबिस्तान में सबसे पहला सबक़ जो हमने सीखा था कि अपनी ज़ात को बाक़ी दुनिया से अलग करके सोचना अव्वल तो मुमकिन ही नहीं इसलिए कि इसमें बहरहाल गर्दोपेश (आसपास) के सभी तजुर्बात शामिल हैं...और अगर ऐसा मुमकिन हो तो भी इन्तिहाई ग़ैर सूदमंद फ़ेल (फ़जूल काम) है कि एक फ़र्द की ज़ात अपनी सब मोहब्बतों और नफ़रतों, मुसर्रतों और रंजिशों के बावजूद बहुत ही छोटी-सी, बहुत ही महदूद और हक़ीर शै है। इसकी वुसअत और पहनाई का पैमाना तो बाक़ी आलमे-मौजूदात (दुनिया) से उसके ज़हनी और ज़ज्बाती रिश्ते हैं, ख़ासतौर से इंसानी बिरादरी के मुश्तर्का दुख-दर्द के रिश्ते। इस नये अहसास की इब्तिदा नक़्शे फ़रियादी के दूसरे हिस्से की पहली नज़्म से होती है। इस नज़्म का उन्वान है—'मुझसे पहली-सी मोहब्बत मेरी महबूब न मांग' और अगर आप ख़ातून हैं तो 'मेरे महबूब न मांग।'*

दिलचस्प बात यह है कि इस खुले एतराफ़ और ऐलान के बावजूद सारी उम्र फ़ैज़ इन आपत्तियों के तीर झेलते रहे कि रवायती शेरी ज़बान की वजह से उनका राजनीतिक असर फीका पड़ जाता है। और तो और उनकी कविता 'सुबहे आज़ादी' पर भी ऐसी ही आपत्तियां हुईं। फ़ैज़ के सबसे क़रीबी दोस्त सैयद सिब्ते हसन ने लिखा है :

> *इस नज़्म पर दायें जानिब से भी एतराज़ हुए और बायें जानिब से भी। दायें बाज़ू वालों ने इस पर आज़ादी-ए-वतन से सरीहन (सीधे-सीधे) ग़द्दारी का फ़तवा सादिर किया...बायें बाज़ू के बाज़ नक़्क़ादों का कहना था कि यह*

नज़्म बहुत मुब्हम (अस्पष्ट) है। उनकी नज़र में नज़्म की उमूमियत (आम होना) ही इसका सबसे बड़ा नुक़्स है क्योंकि बक़ौल उनके नज़्म का उन्वान अगर हटा दिया जाये तो यह पता नहीं चलेगा कि ये नज़्म आज़ादी की नौइयत (रूप) पर तनक़ीद (आलोचना) है। उनको यह भी शिकायत थी कि रूमानी अलामतों की कसरत से नज़्म का सियासी तास्सुर कमज़ोर हो गया है... ये हज़रात मिर्ज़ा ग़ालिब को तो यह इज़ाजत देते हैं कि वे मुशाहिदाए-हक़ (सच) की गुफ़्तगू 'बादा ओ साग़र' के हवाले से करें लेकिन फ़ैज़ साहब को यह हक़ देने को तैयार नहीं।

इसी कारण से कुछ लोगों ने फ़ैज़ की प्रतिबद्धता तक पर प्रश्न खड़े किये हैं। दिसंबर 1984 में *निगार पाकिस्तान* ने फ़ैज़ पर जो विशेषांक छापा, उसमें भी यह शिकायत मौजूद थी :

फ़ैज़ अहमद फ़ैज़ कमिटमेंट के शायर हैं लेकिन यह कमिटमेंट अशआर की सतह पर तैरता नज़र नहीं आता। अगर किसी को उनके ख़यालात व नज़रियात का पहले से पता न हो तो महज़ उनके कलाम से सुराग़ लगाना मुश्किल है।

सैयद सिब्ते हसन ने अपनी किताब, *सुख़न दर सुख़न*, में विस्तार से इन तमाम आपत्तियों को रद्द किया है। (*सुख़न दर सुख़न* फ़ैज़ और सिब्ते भाई दोनों के निधन के बाद छपी थी)। सिब्ते हसन ने इन आपत्तियों को रद्द करते हुए कहा है :

फ़न की खूबी तो यही है कि फ़नकार की वाबस्तगी सतह-ए-आब (पानी के ऊपर) पर न तैरे वरना वो आर्ट नहीं ख़ालिस प्रोपेगंडा बन जायेगा। उसके बरअक्स (विपरीत) फ़न का कमाल यह है कि फ़नकार की वाबस्तगी की लहरें तहे-आब गहराइयों में आहिस्ता-आहिस्ता बहें। यूं भी फ़ैज़ साहब चीख़ने-चिल्लाने के क़ायल न थे बल्कि ज़ेरे-लब गुफ़्तगू करने के आदी थे और उनको यक़ीन था कि मेरा कारी मेरे इशारों, किनायों (उपमाओं) की तह तक पहुंचने की पूरी सलाहियत रखता है। बात यह है कि फ़ैज़ साहब की नज़्में भी ग़ज़ल के रंग में डूबी होती हैं। वही ग़ज़लों का-सा सोज़, दर्द, वही हुस्नोइश्क की मीठी-मीठी ज़बान, वही रस भरी नग़मगी, वही तरकीबें, बंदिशें और ख़याली तस्वीरें, ग़रज़ कि उनकी नज़्मों की सारी फ़िज़ा ग़ज़ल की है...।

इसके बावजूद उनकी शायद ही कोई नज़्म हो जो उनके मसलक की वाज़ेह तौर पर तर्जुमानी न करती हो। 'मुझसे पहली-सी मोहब्बत', 'मौज़ू-ए-सुख़न', 'लौह-ओ-क़लम', 'तौक़-ओ-दार का मौसम', 'दो इश्क़', 'निसार मैं तेरी गलियों पे', 'जिंदां की एक शाम', 'हम जो तारीक राहों में मारे गये', 'अफ्रीक़ा', 'बुनियाद कुछ तो हो', 'शोरिशे ज़ंजीर', 'आज बाज़ार में पा-ब-जौलां चलो', 'इंतिसाब', 'सर-ए-वादी-ए-सीना', 'दुआ', 'फ़िलस्तीन', 'दिले-मन मुसाफ़िरे-मन' वग़ैरह सब फ़ैज़ साहब के माफ़िउज़्ज़मीर (दृष्टि) की आईनादार हैं। नज़्मों का जिक्र ही क्या, उनकी ग़ज़लें भी उनके ख़यालात व नज़रियात की ग़म्माज़ी करती हैं।

डॉ. मोहम्मद अली सिद्दीक़ी ने भी फ़ैज़ और मजरूह पर अपने तुलनात्मक लेख में इसी बिंदु को उजागर किया है और कहा है कि फ़ैज़ की नज़्मों और ग़ज़लों की भाषा और उपमाओं में कोई भेद नहीं है।

रूमानी उपमाओं और परंपरागत भाषा पर फ़ैज़ के इसरार पर अधिक आपत्तियां *ज़िंदांनामा* और उसके बाद की शायरी पर हुई हैं। उसका कारण यह है कि अपनी क़ैद के दूसरे दौर में, रावलपिंडी साज़िश केस के समापन के बाद फ़ैज़ को जेल की बाक़ी अवधि मंटगोमरी जेल में बिलकुल अलग-थलग गुज़ारनी पड़ी। इस दौरान उन्हें क़ैदे-तन्हाई का दुख भी भोगना पड़ा। जेल के जीवन के पहले दौर की दास्तान उनके साथ के फ़ौजी क़ैदियों—सेवानिवृत्त मेजर मोहम्मद इस्हाक़ और कैप्टन ज़फ़रुल्ला पोशनी ने काफ़ी रोचक ढंग से बयान की है। यह एक तरह से क़ैदियों की पिकनिक की दास्तान है। इन दो दौरों के अंतर को स्पष्ट करते हुए सैयद सिब्ते हसन लिखते हैं :

> *अय्यामे असीरी (क़ैद के दिन) में फ़ैज़ साहब पर दो दौर आये। पहले दौर की नुमाइंदा उनकी हैदराबाद जेल के ज़माने की शायरी है और दूसरे दौर का इज़हार मंटगोमरी जेल के कलाम में मिलता है। हैदराबाद जेल के दो सालों में उनको दोस्तों की मोहब्बत मयस्सर थी और वक़्त बेफ़िक्री से गुज़र रहा था, मुशायरे और क़व्वाली की महफ़िलें जमतीं, तारीख़, तसव्वुफ़, फ़लसफ़ा और सियासत पर बहसें होतीं, दरस-तदरीस की नशिस्तें होतीं और फ़ुरसत के बक़ीया औक़ात खेल-कूद, हंसी-मज़ाक़ और लतीफ़ागोई की नज़र हो जाते। क़ैद का नया-नया तजुर्बा था जो हस्सास ज़हनों के किसी हैरतअंगेज़ इंकिशाफ़ से कम नहीं होता। मुक़दमे की रस्मी कार्रवाई से किसी को कोई दिलचस्पी न थी क्योंकि हर शख़्स मुक़दमे की असल नौइयत और आइंदा होने वाले फ़ैसले से बख़ूबी वाक़िफ़ था।*

फ़ैज़ साहब ने अपने अशआर में इस अदालती ढोंग की तरफ़ जाबजा बड़े तंज़िया इशारे किये हैं : 'बने हैं अहले हवस मुद्दई भी मुंसिफ़ भी, किसे वकील करें किससे मुंसफ़ी चाहें/फिर हश्र के सामां हुए ऐवाने हवस में, बैठे हैं जुईल अदल (न्याय करने वाले), गुनहगार खड़े हैं/हां जुर्मे-वफ़ा देखिए, किस-किस पे हो साबित, वो सारे ख़ताकार सरे-दार खड़े हैं।'

साज़िश के मुल्ज़िम जेल में पिकनिक मनाने के मूड में थे। मगर बाहर लोग मुक़दमे के ज़िक्र से भी कतराते थे और अच्छे-भले हिम्मत वालों पर भी हैबत तारी थी। इन हालात में फ़ैज़ साहब को किसी से चारागरी की तवक़्क़ो तो न थी अलबत्ता इसका ग़म ज़रूर था कि बाज़ ऐसे क़रीबी दोस्तों ने भी आंखें फेर ली थीं जिनके साथ उनका रोज़ का उठना-बैठना था। इसी तल्ख़ तजुर्बे का इज़हार करते हुए उन्होंने लिखा था :

अब किसी लैला को भी इक़रारे-महबूबी नहीं
इन दिनों बदनाम है हर एक दीवाने का नाम

फ़ैज़ साहब ने अपने महबूब शायर सौदा की ज़मीन में जो ग़ज़ल कही है उसमें, ग़ैरमुल्की आक़ाओं के साथ यारे-तरहदार की जानिब भी इशारा किया है :

क़िस्साए साज़िशे अग़ियार कहूं या ना कहूं
शिकवाए यारे तरहदार करूं या ना करूं
जाने क्या बज़आ है अब रस्मे वफ़ा की ऐ दिल
वज़अ-ए-देरीना पे इसरार करूं या ना करूं

फ़ैज़ साहब जानते थे कि साज़िश का जाल किसके इशारे पर बुना जा रहा है। उनको यह भी मालूम था कि अगर अरबाबे-अख़्तियार को अपनी हिमायत का हल्का-सा इंदिया (इशारा) भी दे दिया जाये तो यह मुक़दमा चश्मो ज़दन में (देखते-देखते) दाख़िले दफ़्तर हो जायेगा। शायद साहिबाने-इक़्तिदार की जानिब से इस क़िस्म की कोई पेशकश हुई भी थी कि दफ़ादारी की ज़मानत दे दो तो रिहा कर दिये जाओगे। इसी के जवाब में फ़ैज़ साहब ने कहा था :

फ़ैज़ उनको है तक़ाज़ाए वफ़ा हमसे जिन्हें
आशना के नाम से प्यारा है बेगाने का नाम

हैदराबाद जेल का माहौल तमर्रद (चैलेंज), सरकशी और खुदएत्मादी का था। फ़ैज़ साहब की उस ज़माने की शायरी में मबारज़त (मुक़ाबला) की ललकार है, अरबाबेइख़्तियार के जौरो-सितम के तज़करे हैं, सरमद, मंसूर व क़ैस की तजदीद का अहद है, सरमाया व मेहनत की जंग की जानिब इशारे हैं, शहीदाने वफ़ा की क़ुरबानियों के क़सीदे हैं और ग़मे हिज्र व फ़िराक़ का वो पाकीज़ा जज़्बा है जो दिले बेक़रार को जीने का हौसला बख़्शता है और शायर की बेचैन रूह को सुकून ओ मसर्रत की खुशबुओं से मोअत्तर करता है।

ताक़त का ग़रूर वो ज़हरे हलाहल (मारने वाला) है जिससे हर नमरूद खुदाई का दावा करने लगता है हालांकि उसके इख़्तियार का दायरा बहुत महदूद होता है और उसकी ख़ुदाई के दिन बहुत थोड़े होते हैं। हक़ बिलाख़िर बातिल (झूठ) पर ग़ालिब आ जाता है। कोई ताक़त क़ुदरत के इस क़ानून को बदल नहीं सकती। फ़ैज़ साहब हमको इस तारीख़ी हक़ीक़त की जानिब बार-बार मुतवज्जो करते हैं :

क़फ़स है बस में तुम्हारे, तुम्हारे बस में नहीं
चमन में आतिशे गुल के निखार का मौसम
सबा की मस्त ख़रामी तहे कमंद नहीं
असीरे दाम नहीं है बहार का मौसम
...
दस्ते सय्याद भी आजिज़ है कफ़े-गुलचीं भी
बूए गुल ठहरी न बुलबुल की ज़ुबां ठहरी है
...
चांद को गुल करो तो हम जानें

फ़ैज़ साहब की मशहूर क़व्वाली 'वो आये तो सरे मक़तल तमाशा हम भी देखेंगे' इसी मूड की ग़म्माज़ (इशारा) है। अपने आदर्श पर एतमाद और अपनी बेगुनाही पर यक़ीन हो तो क़ैद की पाबंदियां तख़य्युल के लिए ताज़ियाना होती हैं :

वो जब भी करते हैं इस नुत्क़ो-लब की बख़ियागिरी
फ़िज़ा में और भी नग़मे बिखरने लगते हैं

इस दौर की नज़्मों में 'ईरानी तुल्बा के नाम', 'निसार मैं तेरी गलियों पे', 'शीशों का मसीहा कोई नहीं', 'ज़िंदां की एक शाम', 'ज़िंदां की एक सुब्ह' शामिल हैं।

मंटगोमरी जेल का ज़माना फ़ैज़ साहब के बक़ौल थकन और उकताहट का ज़माना था। मुक़दमे की समाअत (सुनवाई) दो साल बाद जुलाई 1953 में ख़त्म हुई और अदालत ने फ़ैज़ साहब को चार साल सख़्त क़ैद की सजा दी। लेकिन इससे बड़ी सज़ा दोस्तों की महफ़िल का दरहम-बरहम होना था। सज्जाद ज़हीर, जो फ़ैज़ साहब के सबसे अज़ीज़ दोस्त थे, मच्छ (बलोचिस्तान) भेज दिये गये। फ़ैज़ साहब को मेजर इस्हाक़ समेत मंटगोमरी जेल मुंतक़िल कर दिया गया। यह क़ैदख़ाना आदी मुजरिमों के लिए मख़सूस है। क़ैदियों पर सख़्ती और तशद्दुद वहां रोज़मर्रा का मामूल है और वहां वही अफ़सर तैनात किये जाते हैं, बेरहमी और संगदिली जिनकी फ़ितरत बन चुकी होती है। जेल में दाख़िल हो तो आसमान से बातें करती दीवारों का दोरोया सिलसिला देखकर दम घुटने लगता है। 'शाही वार्ड' जिसमें सियासी क़ैदी रखे जाते हैं कई चहारदीवारियों के हिसार (घेरे) में वाक़े है, वहां परिंदा भी पर नहीं मार सकता और हर वक़्त हूं (सन्नाटे) का आलम रहता है। अब कहां वो हैदराबाद जेल की चहल-पहल और कहां मंटगोमरी जेल का दहशतनाक सन्नाटा। इस तब्दीली से फ़ैज़ साहब को बड़ी रूहानी अज़ीयत (आत्मा पर दुख) पहुंची।

फ़ैज़ साहब मंटगोमरी जेल में सितंबर 1953 से रिहाई के वक़्त तक क़ैद रहे। अलबत्ता दांतों के इलाज की ग़रज़ से थोड़े अर्से के लिए लाहौर भी गये जहां उन्होंने अपनी मशहूर नज़्म 'रौशनियों के शहर' मुकम्मल की। फ़ैज़ साहब का कहना है कि उकताहट और थकन की जो कैफ़ियत मुझ पर मंटगोमरी जेल में गुज़री उसकी नुमायंदा यही नज़्म है :

सब्ज़ा-सब्ज़ा सूख रही है फीकी ज़र्द दोपहर
दीवारों को चाट रहा है तनहाई का ज़हर
दूर उफ़क़ तक घटती बढ़ती उठती गिरती रहती है
कोहर की सूरत बैरोनक़ दर्दों की गदली लहर

मगर 'रौशनियों के शहर' ही पर क्या, मुनहसिर है उस दौर के सारे कलाम पर बेज़ारी, तलख़ी, तिलमिलाहट और झुंझलाहट का ग़लबा है—'मुलाक़ात', 'वासोख़्त', 'हम जो तारीक राहों मे मारे गये', 'दरीचा', 'दर्द आयेगा दबे पांव', 'अफ़्रीक़ा', 'ये फ़सल उम्मीदों की हमदम', 'बुनियाद कुछ तो हो'—ग़रज़ कि कोई ऐसी नज़्म या ग़ज़ल नहीं है जिससे उनकी ज़हनी कैफ़ियत, उनके सोचने और महसूस करने का अंदाज़ न ज़ाहिर होता हो।

उनके दिल में रह-रहकर जो बात उठती थी, उसका माजरा बयान करने के लिए उन्होंने जो तरकीबें वज़ा कीं और जिन अलामतों से काम लिया वे भी उनकी ज़ख़्मी रूह की आवाज़ हैं। आहों की आंच, ग़म के शरारे, दर्द का शजर, दर्द की रात, दर्द का हंगाम, दर्द की गदली लहर, दर्द के फ़ासले और दर्द का दामन, सियाह शाख़ की कमान, खूने गुल, ख़ाके आशियां, तनहाई का ज़हर, दार की खुश्क टहनी, दरीचे की सलीबें, अंधेरे की फ़सीलें, हिज्र की शहर पनाह, वहशी साये, जोशो-ग़ज़ब का अंगार, तैश की आतिशे जर्रार, शोलों का रिजज़, लहू की ताल, भालों के मृग नयन, बिस्मिल पौदे, लहू की खाद और कूए सितम की ख़ामुशी और इसी क़िस्म की दूसरी बंदिशों से अंदाज़ा होता है कि मंटगोमरी जेल में फ़ैज़ साहब किस शदीद कर्ब में मुबतला रहे।

फ़ैज़ की राजनीतिक प्रतिबद्धता पर बांग्लादेश के स्वतंत्रता आंदोलन के दौरान सबसे ज़्यादा सवाल उठाये गये। कहा गया कि दक्षिणपंथी प्रतिक्रियावादियों के दबाव में फ़ैज़ ने बांग्लादेश के स्वतंत्रता आंदोलन की अनदेखी की। मगर यह सच नहीं है। इस मुद्दत में पूर्वी बंगाल में खून के खेल से प्रभावित होकर 9-10 ग़ज़लें और नज़्में कहीं। इस दौर की प्रख्यात नज़्मों 'शरहे बेदर्दी ए हालात न होने पायी' और 'हज़र करो मेरे तन से' का सीधा संबंध बांग्लादेश की घटनाओं से है। जब बांग्लादेश में खून की बारिश हो रही थी तब फ़ैज़ ने वह नज़्म कही जो पूरी तरह से लहू रंग है :

खुर्शीद (सूरज) का कुंदन लहू
महताब (चांद) की चांदी लहू
सुबहों का हंसना भी लहू, रातों का रोना भी लहू
हर शजर मीनारे-खूं,
हर फूल खूनी दीदा है, हर नज़र एक तारे खूं हर अक्स खूं मालीदा है
मौजे-खूं जब तक रवां रहती है उसका सुर्ख़ रंग
जज़्बाए शौक़े शहादत, दर्द, ग़ैज़ोग़म का रंग
और थम जाये तो कजलाकर, फ़क़त नफ़रत, शब का, मौत का
हरेक रंग के मातम का रंग, चारागर ऐसा न होने दे
कहीं से ला कोई सैलाबे अश्क (आंसू), आबे वज़ू (वज़ू का पानी)
जिसमें धुल जायें तो शायद धुल सके
मेरी आंखों, मेरी गर्द आलूदा आंखों का लहू

बांग्लादेश से संबंधित उनकी नज़्में 'शामे शहरे यारां', और 'चलो फिर से मुस्करायें' फ़ैज़ की आशावादिता की द्योतक हैं। मगर इस संबंध में उनकी नज़्म 'ढाका से वापसी' ज़्यादा प्रभावशाली है। भुट्टो जब ढाका गये तो फ़ैज़ साहब को भी लेते गये। ढाका में वे एक तरह से होटल के कमरे में क़ैद रहे। न किसी दोस्त से कोई मुलाक़ात हुई और न ही कोई बातचीत। ढाका से वापसी पर इसी बेदर्दी और महरूमी का शिकवा है :

हम कि ठहरे अजनबी इतनी मदारातों के बाद
फिर बनेंगे आशना कितनी मुलाक़ातों के बाद

कब नज़र में आयेगी बेदाग़ सब्ज़े की बहार
खून के धब्बे धुलेंगे कितनी बरसातों के बाद
थे बहुत बेदर्द लमहे ख़त्मे-दर्दे-इश्क़ के
थीं बहुत बेमहर सुबहें मेहरबां रातों के बाद
दिल तो चाहा पर शिकस्ते दिल ने मोहलत ही न दी
कुछ गिले-शिकवे भी कर लेते मनाजातों के बाद
उनसे जो कहने गये थे फ़ैज़ जां सदक़ा किये
अनकही ही रह गयी वो बात, सब बातों के बाद

नवस्वतंत्र देशों के बारे में फ़ैज़ की यह सोच नयी नहीं है। फ़ैज़ शुरू से ही इस उपमहाद्वीप की जनता में दोस्ती और भाईचारे के अलमबरदार रहे हैं। 1962 में उन्हें लेनिन अमन इनाम दिया गया। मास्को में इनाम क़बूल करते हुए उन्होंने जो भाषण दिया उसमें अपने वैचारिक दृष्टिकोण को दोहराते हुए उन्होंने कहा—'सामराजी और ग़ैरसामराजी क़ूवतों की लाज़िमी कशमकश के अलावा बदक़िस्मती से बाज़ ऐसे मुमालिक में शदीद इख़्तलाफ़ात मौजूद हैं जिन्हें हाल ही में आज़ादी मिली, ऐसे इख़्तलाफ़ात हमारे मुल्क पाकिस्तान और हमारे सबसे क़रीबी हमसाया हिंदुस्तान में मौजूद हैं। बाज़ अरब हमसाया मुमालिक में और बाज़ अफ़्रीकी हुकूमतों में मौजूद हैं। ज़ाहिर है इन इख़्तलाफ़ात से वही ताक़तें फ़ायदा उठा सकती हैं जो अमनेआलम और इंसानी बिरादरी की दोस्ती और यगानगत को पसंद नहीं करतीं। इसलिए सुलहपसंद और अमन दोस्त सफ़ों में इन इख़्तलाफ़ात के मुन्सिफ़ाना हल पर ग़ौर ओ फ़िक्र और इसके हल में इमदाद देना लाज़िम है।'

देशों के बीच भाईचारा, साम्राज्यवाद के विरुद्ध लगातार संघर्ष, विश्व शांति और नवस्वतंत्र देशों की उन्नति वे बड़े आदर्श हैं, जो ज़िंदगी के आख़िरी दिनों में फ़ैज़ को सबसे ज़्यादा प्यारे रहे। भुट्टो हुकूमत के साथ पांच बरस काम करने और 'शुभेच्छुकों' की जोड़-तोड़ से तंग आकर फ़ैज़ 1977 में अफ़्रो-एशियाई लेखक संघ के मुखपत्र *लोटस* के संपादक की हैसियत से बेरूत चले गये। *लोटस* के संपादक की हैसियत से उन्होंने अफ़्रो-एशियाई लेखकों के आंदोलन को नयी ज़िंदगी दी। इसे सिर्फ़ एशिया और अफ़्रीका तक सीमित रखने के बजाय फ़ैज़ ने अपने पाब्लो नेरुदा जैसे दोस्तों की मदद से इसे तीसरी दुनिया की आज़ादी और विकास का मंच बना दिया।

जब फ़ैज़ बेरूत गये उस समय अरब दुनिया में ज़बर्दस्त उथल-पुथल और संघर्ष जारी था। बेरूत युद्ध का मैदान बना हुआ था। यह सच है कि उस दौर की फ़ैज़ की शायरी का केंद्रबिंदु फ़िलिस्तीन है। मगर उन्होंने इसे अरबों पर अत्याचार व विलाप तक सीमित नहीं रखा। *लोटस* के संपादकीय के द्वारा उन्होंने विश्व मानवता को ललकारा, साम्राज्य विरोधी स्वतंत्रता आंदोलन को नया आयाम दिया। आज लैटिन अमरीका में फेरबदल और बदलाव का जो तूफ़ान हम देख रहे हैं उसे रंग-रूप देने में *लोटस* के संपादक की हैसियत से फ़ैज़ का बहुत बड़ा योगदान है। *लोटस*

में उन्होंने संघर्षशील अरब, लैटिन अमरीकी और अफ़्रीक़ी कवियों, लेखकों और बुद्धिजीवियों को उभरते हुए साम्राज्यवाद-विरोधी संघर्ष से जोड़ने में बड़ी अहम भूमिका निभायी। जंग का मैदान बने बेरूत का निवास (1978-1981) फ़ैज़ के लिए दोहरे दुख का कारण था। एक तरफ़ अपनी मातृभूमि की याद थी, दूसरी तरफ बेरूत का खूबसूरत शहर युद्धस्थल बना हुआ था। फ़ैज़ की नज़्म 'दुआ' उनके इस दोहरे दुख को बयान करती है :

जिनका दीं पैरवीए कज्बो-रिया है उनको
हिम्मते कुफ़्र मिले, जुरअते तहक़ीक़ मिले
जिनके सर मुंतज़िर तेग़े जफ़ा हैं, उनको
दस्ते क़ातिल को झटक देने की तौफ़ीक़ मिले

'एक नग़मा कर्बला-ए-बेरूत के लिए' पर और बेरूत पर उनकी दूसरी नज़्में, मर्सियाख़्वानी नहीं बल्कि जेहाद के लिए उकसाती हैं :

बेरूत निगारे-बज़्मे-जहां[1]
बेरूत बदीले-बाग़े-जिनां[2]
बच्चों की हंसती आंखों के
जो आईने चकनाचूर हुए
अब उनके सितारों की लौ से
इस शहर की रातें रौशन हैं
जो चेहरे लहू के ग़ाज़े[3] *की*
ज़ीनत से सिवा पुरनूर हुए
अब उनकी दमक के परतौ से
इस शहर की गलियां रौशन हैं
अब जगमग है अर्ज़े-लबनां[4]
बेरूत निगारे-बज़्मे-जहां
बेरूत बदीले-बाग़े-जिनां
हर वीरां घर हर एक खंडर
हम-पाया-ए-क़स्रे-दारा[5] *है*
हर ग़ाज़ी रश्के-इस्कंदर[6]
हर दुख़्तर क़ामते-लैला[7] *है*
ये शहर अज़ल[8] *से क़ायम है*
बेरूत दिले-अर्ज़े-लबनां
बेरूत निगारे-बज़्मे-जहां
बेरूत बदीले-बाग़े-जिनां

---

1. दुनिया की महफ़िल की रौनक। 2. नंदन वन। 3. लाली। 4. लेबनान की धरती। 5. दारा के महल के समान। 6. सिकंदर से बढ़कर। 7. लैला जैसी। 8. आरंभ।

दो नज़्में फ़िलिस्तीन के लिए, 'फ़िलिस्तीनी बच्चे के लिए लोरी', 'फ़िलिस्तीनी शुहदा जो परदेस में काम आये' और इस विषय पर उनकी दूसरी कविताएं असल में *लोटस* के संपादकीय का आईना हैं। फ़ैज़ की सारी काव्यपूंजी *नुस्ख़ा हाए वफ़ा* के नाम से छपी है। मगर फ़ैज़ को पूरी तरह समझने के लिए *पाकिस्तान टाइम्स* और *लैलो नहार* के साथ *लोटस* के संपादकीयों को भी सामने रखना ज़रूरी है।

संदर्भ

1. *नुस्ख़ा हाए वफ़ा* : मकतबा कारवां, कचहरी रोड, लाहौर।
2. *सुख़न दर सुख़न* : सैयद सिब्ते हसन, मकतबा दानियाल, कराची।
3. *मज़ामीन* : लेखक मोहम्मद अली सिद्दीक़ी, कराची।
4. *रौशनाई* : सैयद सज्जाद ज़हीर (कराची संस्करण)।
5. *इर्तका* : कराची मख़्दूम नंबर।
6. *लोटस* : (अंग्रेज़ी के तीन अंक)।

शायरी है कि पैग़ाम है

ज़हूर सिद्दीक़ी

फ़ैज़ की शायरी ने अपनी पहचान इसलिए बनायी क्योंकि उनमें दूर-दूर तक बनावट नहीं थी; जो दिल पर गुज़री उसको 'रक़म कर' दिया[1]। हां यह भी ठीक है कि उनकी अक़्ल ने उन्हें शायद कभी 'तन्हा' नहीं छोड़ा और इसी कारण उनकी शायरी सोच और भावनाओं की एक दिलनवाज़[2] लय बन जाती है।

लोग कहते हैं कि उन्होंने कम लिखा; हम कहते हैं जितना उन्होंने लिखा उसको पहले समझ तो लो और अगर समझ में आ जाये तो फिर अपने क़दमों को आगे बढ़ाओ, कुछ कर बैठो। जहां तक हमारी बात है जब भी उनके कलाम पर हमने नज़र डाली तो ऐसा लगा कि इस शेर को या उस शेर को अपने दिल में हम वह जगह नहीं दे पाये जिसका वह मुस्तहक़ था।[3] कभी-कभी हम सोचते हैं कि कोई शायर फ़ैज़ जैसा या उससे ऊंचा बन भी पायेगा? सवाल मुश्किल है।

हमारा विचार है कि यदि फ़ैज़ कुछ नहीं लिखते, केवल 'हम जो तारीक राहों में मारे गये' की तख़लीक़[4] कर जाते तो उन्हें साहित्य की दुनिया में ज़िंदा रखने के लिए काफ़ी था। हमें यह नज़्म बहुत पसंद है और बाद में मालूम हुआ कि फ़ैज़ भी इसको अपनी सबसे प्रिय रचना मानते थे।

क्या किसी को गुमान होगा कि जो नज़्म 'होठों के फूलों की चाहत' से शुरू हो; जहां 'होठों की लाली लपकती' हो और ज़ुल्फ़ों से 'मस्ती बरस' रही हो लाखों दिलों को हिलाने वाली आवाज़ बन जायेगी। एक नज़र पीछे की तरफ़ घुमाकर फिर सामने देखें तो ऐसा लगता है कि हुस्न कालिदास की शकुंतला बनकर सदियों का सफ़र तै करके उनके शेरों में नुमायां[5] हो गया है और क्या होठों की लाली को देखकर बिंबा (कुंदरू) का सुर्ख़ फल याद नहीं आ जाता है? लेकिन इतनी सहज सुंदर उपमा का एक दर्दनाक लेकिन ज़रूरी पहलू भी नज़र आता है, जब फ़ैज़ इस पंक्ति पर पहुंचते हैं :

देख क़ायम रहे इस गवाही पे हम।

---

1. व्यक्त कर दिया। 2. मार्मिक। 3. अधिकारी। 4. रचना। 5. प्रदर्शित।

इस जांबाज़ जोड़े (ईथल व ज्युलियस रोज़नबर्ग) ने कैसी दृढ़ता दिखायी? बेशक भावनाएं उमड़ी हैं, दिल को थामना पड़ जाता है और फिर जब हम इन शेरों को याद करते हैं :

नारसाई अगर अपनी तक़दीर थी
तेरी उल्फ़त तो अपनी ही तदबीर थी
किसको शिकवा है गर शौक़ के सिलसिले
हिज्र की क़त्लगाहों से सब जा मिले

यह रोज़नबर्ग जोड़ा अपनी 'उल्फ़त' पर मोहित है, 'शर्मसार नहीं'। भले ही इस राह ने उन्हें क़त्लगाह तक पहुंचा दिया। पर ईथल व ज्युलियस रोज़नबर्ग ने महिमा तथा मर्यादा की जियाली मिसाल क़ायम की।

'दिल में क़ंदीले ग़म' होना स्वभाविक है। क्योंकि दिल फिर दिल है। 'संग-ओ-ख़िश्त'[7] नहीं लेकिन फ़ैज़ की शायरी की सबसे बड़ी विशेषता यह है कि उनके क़दम आगे बढ़ने से डगमगाते नहीं और गिरे हुए परचमों को लेकर जियाले आशिक़ों के काफ़िले निकल पड़ते हैं।

यह दर्दनाक हादसा सीमित बनकर नहीं रह जाता बल्कि इसकी गूंज दूर दूर तक जाती है। दर्द के फ़ासले कम होते चले जाते हैं। दरअसल 'हम जो तारीक राहों में मारे गये' फ़ैज़ का कम्युनिस्ट घोषणापत्र बन गया है।

फ़ैज़ ने अनेक ऐसी रचनाएं पेश की हैं जो अपनी गहराई, गंभीरता तथा गहनता के कारण संसार के हर लोकप्रिय शायर को उनके सामने अपना सर झुकाने पर मजबूर कर देती हैं और आलोचक कितना भी संगदिल हो जब वह उनके शेरों को संजीदगी से पढ़ता है तो वह भी फ़ैज़ की सन्नाई[8] का क़ायल हो जाता है।

वास्तव में फ़ैज़ का दौर कुछ ऐसा था जहां एक तरफ़ ज़ुल्म का लावा फूट रहा था तो दूसरी ओर सुर्ख़ किरनें उभर आयी थीं ; एक तरफ़ दर्द की पीड़ा थी तो दूसरी ओर उसका मदावा भी था। फ़ैज़ ने दर्द को भी चूम लिया और उसके इलाज को भी।

बाज़ी है बहुत सख़्त मियाने[9]-हक़ो[10]-बातिल[11]
वह ज़ुल्म में कामिल[12] हैं तो हम सब्र में कामिल
बाज़ी हुई अंजाम, मुबारक हो अज़ीज़ो[13]
बातिल हुआ नाकाम, मुबारक हो अज़ीज़ो

फ़ैज़ इस मर्सिया में रुलाते नहीं बल्कि जगाते हैं और उनकी शायरी में मुशाहिदा[14] तो है ही साथ-साथ एक अनोखा अंदाज़ भी है : 'गुलों में रंग' भरते हुए 'सूएदार'[15] तक पहुंच जाते हैं, रूमानियत को कभी लक्ष्य पर हावी नहीं होने देते।

अगस्त के महीने में उनकी लिखी हुई 'यौमे[16] आज़ादी' के संदर्भ में लिखी गयी नज़्मों का जायज़ा भी लीजिए : आज़ादी का वह दिन उनके लिए मायूसकुन था :

---

6. प्याला। 7. पत्थर व ईंट। 8. बनाने की कला। 9. बीच में। 10. सच्चाई। 11. झूठ। 12. पक्के, दक्ष। 13. प्यारो। 14. परख। 15. फांसी की ओर। 16. दिन।

यह दाग़ दाग़ उजाला यह शबगज़ीदा[17] सहर[18]
वो इंतिज़ार था जिसका यह वह सहर तो नहीं

अगस्त 1952 में हालात कुछ बेहतर लगे तो फ़ैज़ कह बैठे :

अब भी ख़िज़ां का राज है लेकिन कहीं कहीं
गोशे रहे-चमन में ग़ज़ल ख़्वां हुए तो हैं
इनमें लहू जला हो 'हमारा' कि जानो-दिल
महफ़िल में कुछ चिराग़ फ़रोज़ां[19] हुए तो हैं

लेकिन फिर अगस्त 1955 के दौर में उन्हें यह कहने में देर नहीं लगी :

चांद देखा तेरी आंखों में, न होंठों पे शफ़क़[20]
मिलती जुलती है शबे ग़म से तेरी दीद अब के

आज़ादी के उस दिन पर लिखी हुई फ़ैज़ की 14 अगस्त 1967 की नज़्म जिसका शीर्षक 'दुआ' है, अपने सुबक अंदाज़ लेकिन पुरमायने पैग़ाम के लिए उनकी सर्वश्रेष्ठ रचनाओं में गिनी जाती है। चंद पंक्तियां :

आइए हाथ उठायें हम भी
हम जिन्हें रस्मे दुआ याद नहीं
हम जिन्हें सोज़े मोहब्बत के सिवा
कोई बुत, कोई ख़ुदा याद नहीं
... ...
जिनकी आंखों को रुख़े सुबह का यारा भी नहीं
उनकी रातों में कोई शम्आ मुनव्वर कर दे
... ...
जिनका दीं पैरवी-ए क़ज़्बो रिया है उनको
हिम्मते कुफ़्र मिले, जुरअते तहक़ीक़ मिले

(जिनका धर्म/ईमान झूठ (कज़्ब) और पाखंड (रिया) है, उनको कुफ़्र की हिम्मत मिले यानी ऐसे दीन को उखाड़ फेंकने की हिम्मत मिले और उनमें नये रास्ते की खोज की हिम्मत हो।)

फ़ैज़ को अपने वतन से बेपनाह मोहब्बत थी और इसीलिए 'रुख़े सहर की लगन' उनके क़दमों को आगे बढ़ने के लिए प्रेरित करती रही : 'चले चलो कि वो मंज़िल अभी नहीं आयी।' लेकिन फ़ैज़ दूसरे मुल्क के लोगों को नीचा दिखाने को वतनपरस्ती नहीं समझते थे। चाहे कुर्सी पर बैठे हुए लोग कुछ भी तमाशे दिखाते रहें लेकिन उनका हिंदुस्तान आना नहीं रुका और जब भी वे आये लोग सैकड़ों व हज़ारों की तादाद में उनसे मिलने, उन्हें सुनने पहुंच जाते थे। 1959-60 के दौरान उनका जब दिल्ली आना हुआ तो वे डॉ. के. एम. अशरफ़ से मिलने करोड़ीमल कॉलेज आये।

---

17. विष-भरी, दंशित। 18. सुबह। 19. रौशन। 20. लाल रौशनी जो सूरज निकलने से पहले और डूबने के बाद नमूदार होती है।

उनको यह पता नहीं था कि कॉलेज वालों ने उनको सुनने के लिए हाल में मीटिंग का प्रबंध कर लिया था; वक़्त से पहले ही हाल खचाखच भर गया था लेकिन जब वक़्त ज़्यादा हो गया तो डॉ. अशरफ़ हाल से बाहर आकर खड़े हो गये; उनके पीछे उनके शगिर्द अर्जुन देव और हरबंस मुखिया भी चले आये और इस इंतिज़ार की घड़ी में हमने भी उनका साथ दिया।

ख़ुदा-ख़ुदा करके फ़ैज़ की शक्ल नज़र आयी और वे आते ही डॉ. अशरफ़ के जुमले का शिकार हुए : 'हमने तो अपने माशूक़ का भी कभी इतना इंतिज़ार नहीं किया।' फ़ैज़ कुछ झेंप से गये और डॉ. अशरफ़ से बग़लगीर होते हुए बोले : 'बन्ने भाई (सज्जाद ज़हीर) उठने ही नहीं देते थे, बड़ी मुश्किल से आया हूं।' फिर हम सब हाल के अंदर दाख़िल हुए। हम तो समझते थे कि हाल आधा ख़ाली हो चुका होगा लेकिन कोई बंदा खिसका ही नहीं और जैसे ही वह मंच पर पहुंचे आवाज़ें लगने लगीं :

मुझ से पहली सी मोहब्बत मेरी महबूब न मांग

इसके बाद अनेक बार उनका दिल्ली आना हुआ। और जे.एन.यू. में जो मीटिंग सीताराम येचुरी ने करवायी, उसमें हज़ारों की तादाद में उनके प्रेमी पहुंचे। फ़ैज़ ने अपने चाहने वालों से इंतिज़ार तो ज़रूर करवाया, लेकिन उनके कलाम ने उन्हें कभी मायूस नहीं किया। कितने भी जटिल हालात हों उनके शेरों की 'चांदी दमकती' रही।

अगर पाकिस्तान फ़ैज़ की पत्नी थी तो हिंदुस्तान उनकी महबूबा। उनके दिल में हर उस इनसान की इज़्ज़त थी जो इंसानियत का परचम लिए नेक राह पर चल रहा हो; और जब ऐसे इनसानों पर ज़ुल्म होता तो उन पर अजीब कैफ़ियत[21] तारी हो जाती और वह अपने दर्द के रिश्ते के इसरार पर क़लम चलाना शुरू कर देते।

फ़ैज़ का विश्वबोध कोई थोपा हुआ लोहे का ख़ोल नहीं था; वह उनकी बेलौस समझ का अंग था; ज़ुल्म से हर जगह टकराने के लिए तैयार।

उनकी 'दो नज़्में फ़िलिस्तीन के लिए' का जायज़ा लीजिए; ज़रा भी तो इनमें दोहरापन प्रतीत नहीं होता; उनकी नज़्म 'फ़िलिस्तीनी बच्चे के लिए लोरी' एक दिलफ़िगार शाहकार है। कौन सा दिल है जो इन पंक्तियों को पढ़कर तड़प न उठे :

मत रो बच्चे
अम्मी, अब्बा, बाजी, भाई
चांद और सूरज
तू गर रोयेगा तो ये सब
और भी तुझको रुलवायेंगे
तू मुस्कायेगा तो शायद
सारे इक दिन भेस बदल कर
तुझ से खेलने लौट आयेंगे

---

21. भावदशा।

'ईरानी तुल्बा के नाम' उनकी उन नज़्मों में से है जो क्रांतिकारी साहित्य में अपनी जगह रखती है; जब इन जियालों पर गोली चली और उनमें से अनेक मारे गये तो इस दर्द को जेल की सलाख़ों के पीछे इस क़ैदी ने अपने दिल की गहराई में महसूस किया :

यह कौन सख़ी हैं
जिनके लहू की
अशरफ़ियां, छन छन, छन छन,
धरती के पैहम प्यासे
कशकोल में ढलती जाती हैं
कशकोल को भरती जाती हैं

इस वक्तव्य के अंत में यह कहना उचित होगा :

दिल से पेहम[24] *ख़याल कहता है*
इतनी शीरीं[25] *है ज़िंदगी इस पल*
ज़ुल्म का ज़हर घोलने वाले
कामरां[26] *हो सकेंगे आज न कल*
जलवागाहे विसाल[27] *की शम्एं*
वो बुझा भी चुके अगर तो क्या
चांद को गुल करें तो हम जानें

हमारा चांद कभी गुल न होगा; हम कल चले जायेंगे मगर फ़ैज़ की क्रांतिकारी शायरी आनेवाली पीढ़ियों को पैग़ाम देती रहेगी–हक़ का, संघर्ष का और इनसानदोस्ती का।

---

24. लगातार। 25. मीठी। 26. कामयाब। 27. मिलन।

रूमान की काया में सचाई के घाव

अशोक वाजपेयी

फ़ैज़ अहमद फ़ैज़ की जन्मशती के अवसर पर सबसे पहली बात जो साफ़ है वह यह है कि वे उन कवियों में से हैं जिन्हें उनकी भाषा से अलहदा नहीं किया जा सकता। वे अपनी भाषा में ही वैसे कवि हैं जैसे कि वे हैं। जो वे कहते हैं, उसे वे कैसे कहते हैं, इससे अलग नहीं किया जा सकता। नहीं करना चाहिए। लेकिन उतना ही सच यह भी है कि उनकी व्याप्ति उनकी अपनी भाषा से कहीं बाहर है। वे उन थोड़े से उर्दू कवियों में से हैं, जिनमें उनसे पहले ग़ालिब और इक़बाल के नाम और याद आते हैं, जिनका कई भारतीय भाषाओं की कविता और कवियों पर प्रभाव पड़ा है।

गहरी रूमानियत और उतनी ही गहरी राजनैतिक चेतना से संपन्न फ़ैज़ की कविता से हम आज कई सबक सीख सकते हैं। यह कि प्रेम और राजनीति में परस्पर कोई अनिवार्य विरोध नहीं है, कि निजता और सामाजिकता में सहज सामंजस्य संभव है, कि कविता अपने समय को निजी तौर पर दर्ज करती है पर समय से बाहर या आगे भी जाती है, कि अगर दुर्भाग्य से ऐसी हालत बने कि कविता अपने सरोकारों, मूल्यदृष्टि आदि के कारण संकट में पड़े तो कवि को अपनी कविता के साथ खड़ा हो सकना और आनेवाले सारे जोखिमों का सामना कर सकना चाहिए, कि अगर कवि पर वैसा ख़तरा और बंदिशें मंडराती हैं तो साफ़ है कि वे उस समाज और भाषा पर भी व्यापक रूप से मंडरा रही हैं जिस समाज में वह रहता और जिस भाषा में वह लिखता है।

फ़ैज़ बीसवीं शताब्दी के उत्तरार्द्ध के कवियों की उस विश्व-बिरादरी के सदस्य रहे हैं जिन्हें राजनैतिक व्यवस्थाओं ने ख़तरनाक मानकर दंडित किया और जिसमें नाज़िम हिकमत, चेष्वाव मीवोष, जोसेफ़ ब्रॉडस्की, पाब्लो नेरूदा, महूमद दरवेश आदि शामिल थे। सवाल यह उठता है कि राजनैतिक सक्रियता, प्रतिबद्धता, किसी विचारधारा में आसक्ति, क्या कविता का कुछ नुकसान करती है या उसे अनिवार्यतः संकीर्ण बनाती है; इसका एक उत्तर तो यह है कि कमतर और अल्पप्राण कवियों का नुक़सान होता है और वे वैचारिक वफ़ादारी के आधार पर अपनी कविता के लिए रियायत मांगते-चाहते और कई बार मान्यता भी पा जाते हैं। बड़े कवि के यहां उसकी वैचारिक आसिक्त, उसकी मानवीय सघनता, मानवीय संलग्नता को पुष्ट-सशक्त करती है—विचारधारा उसे बांधती नहीं मुक्त करती है। जब ज़रूरी लगे बड़ा कवि विचार के बाड़े को तोड़ सकता

है। वह यह दुस्साहस स्वयं अपनी दृष्टि और प्रतिबद्धता को लेकर उठाता है और इसीलिए बड़ा हो पाता है। यह साहस उसकी बड़ाई में इज़ाफ़ा करता है। बड़े कवि की दृष्टि को किसी विचारधारात्मक ढांचे में फ़िट नहीं किया जा सकता। अगर उसकी कविता स्वयं अपनी दृष्टि विन्यस्त नहीं कर पाती तो वह बड़ी कविता होने से रह जा सकती है। फ़ैज़ की ही तरह हिंदी में मुक्तिबोध और शमेशर ऐसे ही उजले दुस्साहस के उदाहरण हैं। अंतर्विरोध विचारधारा में असंगत और आपत्तिजनक होते हैं: बड़ी कविता में वे लगभग अनिवार्य और स्वाभाविक। हमारे समय में एकतान कविता बड़ी नहीं हो सकती क्योंकि तब वह इस समय के प्रति असावधान कविता होकर रह जायेगी। इस प्रसंग में यह भी याद रखना चाहिए कि भले हर विचारधारा की सीमाएं और वर्जनाएं होती हों, सब विचारधाराएं एक जैसी नहीं होतीं। कुछ बहुलता का अवकाश देती हैं और साहित्य में वही उर्वर होती हैं। यह भी विचारधारा से अपसरण विचार से अपसरण नहीं है। बड़ी कविता होगी तो जैसा कि बहुत पहले स्टीफ़ेन स्पेंडर ने कहा था, उसके पीछे विचार भी बड़ा होगा लेकिन बड़े विचार से, बड़ी कविता पैदा हो यह ज़रूरी नहीं है।

भारत की अनेक भाषाओं में, शायद पश्चिमी चलन के सतही प्रभाव में, परंपरा और परितर्वन को परस्पर विरोधी मानकर चला जाता रहा है। फ़ैज़ जैसे कवि का महत्व इसलिए भी है कि उन्होंने परंपरा को छोड़ा नहीं, अपने समय के अनुरूप बदला और उसे परिवर्तनमुखी बनाया। यह पुनराविष्कार ही उनकी कविता को एक साथ अपने समय की और सब समय की कविता बनाता है। उनकी कविता की भारतीय उपमहाद्वीप में अपार और लंबे समय तक बरक़रार लोकप्रियता की एक वजह यह भी है कि वे उर्दू कविता के पारंपरिक लबोलहजे को खूबसूरती और सक्षमता से बरतते हुए बदलते हैं और सहज संप्रेषण कर पाते हैं।

फ़ैज़ का भारतव्यापी प्रभाव और लोकप्रियता इस बात का भी सुबूत है कि देश का विभाजन उस उपमहाद्वीप की संस्कृति का बंटवारा सौभाग्य से नहीं कर पाया। हमारी भाषाएं नहीं बंटीं। हम अपनी भौगोलिक और राजनैतिक सरहदों का कम से कम फ़ैज़ की जैसी कविता से अतिक्रमण कर पाते है। हमें उन्हें पाकिस्तान का कवि कहने में हिचक शायद इसलिए होती है कि वे जितने पाकिस्तानी हैं, उतने ही भारतीय। वे जितने उनके हैं, उतने ही हमारे अपने। भारत या पाकिस्तान के किसी और आधुनिक कवि को यह नियाज़ हासिल नहीं है।

2

फ़ैज़ ने अपने आरंभिक दौर में एक शेर यों कहा था :

'फ़ैज़' होता रहे जो होना है
शेर लिखते रहा करो बैठे

अपनी इस स्पष्ट और आरंभिक आकांक्षा के बावजूद फ़ैज़ ने अपनी ज़िंदगी 'होता रहे जो होना है' को देखते हुए भर नहीं गुज़ारी। उनकी कविता अपने समय और

समाज को देखती-दर्ज करती है और लगातार वैकल्पिक समय और समाज खोजती-रचती कविता है। इस कविता ने, जो कुछ है और जो कुछ होता है, उसके बरक्स जो नहीं है और जो कुछ हो सकता है, उसे साधने और उसका दबाव बनाने की कोशिश की।

हमारे यहां कविता उत्सव मनाती रही है लेकिन उसमें संदेह भी ज़ाहिर होते रहे है। उसमें एक और भावातिरेक है तो दूसरी ओर बौद्धिक सख़्ती भी। कविता के लिए सचाई हमेशा मटमैली होती है जिसे वह स्याह-सफ़ेद के ख़ानों में बांटने-देखने से इंकार करती है। यह मटमैलापन कविता की चादर को दाग़दार बनाता है। उजाले की आकांक्षा में हम अपने इर्द-गिर्द घिरे-बढ़ते अंधेरों को दरकिनार या नज़रंदाज नहीं कर सकते। फ़ैज़ ने यह बहुत पहले पहचान लिया था। उन्होंने तो 1947 की आज़ादी के वक़्त यह कहने की हिम्मत की थी :

ये दाग़-दाग़ उजाला, ये शबगज़ीदा सहर
वो इंतिज़ार था जिसका, ये वो सहर तो नहीं।

इतना ही नहीं उन्होंने तो यह तक कहा था :

नजाते-दीदः - ओ - दिल की घड़ी नहीं आयी
चले चलो कि वह मंज़िल अभी नहीं आयी

बीसवीं शताब्दी की एक बड़ी और टिकाऊ विशेषता यह रही है कि उसने हमारे समय में कविता का एक अनिवार्य काम स्वतंत्रता, समता और न्याय की चौकसी करना कर दिया। वह इस अभागे समय में अंतःकरण के आयतन को संक्षिप्त होने से हमें आगाह करती और हो सके तो उसे बचाने की कोशिश करती रही है। फ़ैज़ की कविता अंतःकरण की आवाज़ उठानेवाली कविता है। उसकी राजनीति दरअसल यह आवाज़ है जिसके लिए कोई विचारधारा का चौखटा या वफ़ादारी ज़रूरी नहीं है और न थी। कविता कुछ बदल सकती है और कविता के बदले कुछ नहीं बदलता। इन ध्रुवांतों के बीच की ऊहापोह और उलझनें पुरानी हैं और हमारे समय तक आते-जाते वे और तीख़े ढंग से उभरती हैं। लेकिन इससे इनकार नहीं किया जा सकता है फ़ैज़ की कविता ने राजनैतिक बदलाव के लिए माहौल तैयार किया। शायद कविता परिवर्तन नहीं कर सकती पर वह परिवर्तन की इच्छा को तीव्र ज़रूर कर सकती है और उसकी संभावना को उजागर कर सकती है। दी गयी दुनिया से बेहतर और दूसरी दुनिया मुमकिन है और उसे ला-बना सकना हमारे बस में है, इसकी उम्मीद जगा सकती है। उनकी कविता 'तराना-2' की शुरू की पंक्तियों में ही यह विश्वास साफ़ झलकता है :

हम देखेंगे
लाज़िम है कि हम भी देखेंगे
वो दिन कि जिसका वादा है

यही नहीं यह कहने के बाद कि 'सब ताज उछाले जायेंगे, सब तख़्त गिराये जायेंगे' कविता का समापन इन पंक्तियों से होता है :

उठ्ठेगा 'अनहलक़' का नारा
जो मैं भी हूं और तुम भी हो
और राज करेगी ख़ल्के-ख़ुदा
जो मैं भी हूं और तुम भी हो

यह आकस्मिक नहीं है कि इन पंक्तियों का इस्तेमाल शायरों ने पाकिस्तान के फ़ौजी शासन के खिलाफ़ अपना प्रतिरोध जताने के लिए एक उद्‌बोधन गीत या आवाहन गीत की तरह बहुत कारगर ढंग से किया था। इस बात को भूला नहीं जा सकता कि फ़ैज़ की कविता पाकिस्तान की लोकतंत्र के विरत राजनीति में एक तरह का प्रतिपक्ष बन कर उभरी थी। कविता तो भारत में भी पिछले पचासेक बरसों में एक तरह का प्रतिपक्ष रही है, पर उसे वैसी सामाजिक और सांस्कृतिक मान्यता, ऐसा होने की, नहीं मिल सकी जैसी कि फ़ैज़ की कविता को पाकिस्तानी समाज और व्यवस्था में मिली।

'हम जो तारीक राहों में मारे गये' कहनेवाले फ़ैज़ फिर भी, उम्मीद का स्थापत्य रचते हैं। एक ऐसे समय में जब सपने और विकल्प सब इतिहास के घूरे पर पड़े लगते हैं तो फ़ैज़ किसी और दुनिया में उनकी जगह नहीं खोजते। वे इसरार करते हैं :

जहां पे हम तुम खड़े हैं दोनों
सहर का रौशन-उफ़क़ यहीं है

बड़ा कवि हमें रौशनी के लिए किसी और दुनिया में नहीं ले जाता बल्कि हमारी इसी मटमैली और अंधेरी दुनिया में रौशनी की जगह तलाशता दिखता है। किसी-किसी समाज में ऐसा समय आता है जब कविता या कि साहित्य समूचे समाज का अंतःकरण बन जाता है। कई तानाशाही व्यवस्थाओं में, जिनमें सोवियत और नाज़ी व्यवस्थाएं शामिल हैं, ऐसा हुआ है। उदाहरण के लिए पोलैंड में, जो ऐसी दो-दो तानाशाहियों की बीच पिसता रहा है, चेष्वाव मीवोष और ज़्बीग्न्येव हेर्बेर्त ऐसे ही कवि थे। फ़ैज़ पाकिस्तान के लिए ऐसे ही अंतःकरण थे।

कविता का एक काम शब्द की, भाषा की और उनमें विन्यस्त हमारी मानवीयता और उसकी अपार बहुलता की चौकसी करना भी है। वह इस विन्यास को सजीव-सक्रिय रखती है और इसमें की जा रही कतर-ब्योंत और कटौती का बड़ा प्रतिरोध करती है। फ़ैज़ ने भी यह बखूबी किया। उन्होंने उर्दू की परंपरा को उसकी सघनता में जीवित रखा और उसे नयी चुनौतियों को पहचान सकने और उनसे जूझने का माध्यम बनाया। इसे एक तरह से, परंपरा का, उसके रैडिकलाइज़ेशन द्वारा, संवर्द्धन भी कहा जा सकता है। वे सहज भाव से गहरी बात कहते हैं :

करे न जग में अलाव तो शे'र किस मक़सद
करे न शहर में जल-थल तो चश्मे-नम क्या है

यह रैडिकलाइज़ेशन समाज की सांस्कृतिक स्वतंत्रता में इज़ाफ़ा करता है। कई बार उनके अपने समाज में जो ठोस स्वतंत्रता नहीं थी, उसकी एक तरह की भरपाई फ़ैज़ की कविता ने इस इज़ाफ़े से की और अपने रसिकों को सुलभ करायी। फ़ैज़ की कविता

के शैदाई भले राजनैतिक बंदिशों में थे, पर इस कविता ने उन्हें एक क़िस्म की आध्यात्मिक स्वतंत्रता दी थी। ऐसे अंधेरे वक़्त आते हैं जब कविता हमारी स्वतंत्रता का एकमात्र संभव परिसर बनती है। भारत में ऐसा परिसर हमारे स्वतंत्रता-संग्राम के दौरान कविता ही बनी थी। फ़ैज़ की कविता ने वही भूमिका स्वतंत्रता के बाद भी असली स्वतंत्रता न होने पर अपने समाज में भी अख़्तियार की।

3

फ़ैज़ की रूमानियत उनकी कविता का बहुत महत्वपूर्ण पक्ष है। यह कहना ग़लत न होगा कि उनकी रूमानियत से ही उनकी राजनीति उपजी है बजाय उनकी राजनीति से उनकी रूमानियत। उन्हें यह कहने में संकोच नहीं हुआ कि :

सहल यूं राहे-ज़िंदगी की है
हर क़दम हमने आशिक़ी की है

या कि

जब सताने लगे बेरंगी-ए-दीवारे-जहां
नक़्श करने कोई तस्वीरे-हसीनां चलिए

आम तौर पर नोस्टेल्जिया को हमारी सदी में अच्छा नहीं माना जाता क्योंकि वह हमें किसी क़दर अतीतजीवी सा बनाता है। पर फ़ैज़ के यहां न सिर्फ़ भरी-पूरी निस्संकोच रूमानियत है, उनकी कविता नोस्टेल्जिया को एक प्यारी और सुहानी मनःस्थिति बनाती रहती है :

कुछ पहले इन आंखों आगे क्या-क्या न नज़ारा गुज़रे था
क्या रौशन हो जाती थी गली जब यार हमारा गुज़रे था

...

अब तो हाथ सुझाइ न देवे लेकिन अब से पहले तो
आंख उठते ही एक नज़र में आलम सारा गुज़रे था

फ़ैज़ के यहां रूमानियत निरी स्वप्नशीलता नहीं है। उसमें सचाई का ताना-बाना भी साफ़ गुंथा हुआ है। रूमान अपनी काया पर सचाई के घाव बराबर महसूस करता और दिखाता चलता है। 'कू-ए-यार' से निकले तो 'सू-ए-दार' चले में एक कड़वी सचाई का एहतराम भर नहीं है। जेल में रहकर भी फ़ैज़ कह सकते हैं : 'लंबी है ग़म की शाम मगर शाम ही तो है'। सारी बंदिशों के बावजूद उनकी उम्मीद कम नहीं होती :

हमने जो तर्ज़े-फ़ुगां की है क़फ़स में ईजाद
फ़ैज़ गुलशन में वही तर्ज़े-बयां ठहरी है

वे बार-बार जैसे उस उम्मीद से ही अपने को दिलासा देते हैं :

सबा ने फिर दरे-ज़िंदां पे आ के दी दस्तक
सहर क़रीब है, दिल से कहो न घबराये

'तुझसे भी दिलफ़रेब हैं ग़म रोज़गार के' की उक्ति में दूसरी सचाई के प्रलोभन का स्वीकार ज़रूर है, पर यह कहना निराधार होगा कि एक कवि या व्यक्ति के रूप में

उन्होंने सपने को सचाई से अतिक्रमित होने दिया। उनके यहां सपना सचाई से बिंधा रहा पर उससे हारा नहीं। अब जब तरह-तरह की आधुनिकताओं को अपने-अपने देश-काल के हिसाब से स्वीकार किया जाने लगा है, फ़ैज़ को इस उपमहाद्वीप की उस आधुनिकता के एक स्थपति के रूप में याद किया जा सकता है जिसमें परंपरा का पुनराविष्कार शामिल था और जिसने रूमानियत को, भावप्रणवता को बौद्धिकता के आतंक में हाशिये पर करने से इनकार किया। फ़ैज़ के यहां तो एक तरह से रूमान ही असली या कम से कम सबसे ज़रूरी शास्त्रीयता है। फ़ैज़ को सिर्फ़ उनकी वैचारिक निष्ठा की समानता के कारण ही पाब्लो नेरूदा और नाज़िम हिकमत से नहीं जोड़ा जाना चाहिए। वह समानता अपनी जगह है। पर इन तीनों ने, जैसे कि कुछ औरों ने, पश्चिम की उस आधुनिकता से अपने को अलग किया जो रूमान को ख़ारिज करती थी और रूमान को ही आधुनिकता का वाहक बनाया। इस रूमान में जितने सपने थे, उतनी ही सचाई को समेटने की क्षमता भी क्योंकि वह समावेशी था और उसमें स्थानीय परंपराओं को साथ लेकर चलने की संभावना और कौशल दोनों ही थे। यह अकारण नहीं है कि फ़ैज़ इस उपमहाद्वीप में ही हो सकते थे जैसे कि नाज़िम हिकमत तुर्की में और नेरूदा लातीनी अमरीका में ही।

4

फ़ैज़ से मिलने और उन्हें कुछ जानने का मौक़ा दो बार मिला। ज़ाहिर है कि यह काफ़ी नहीं था। उनसे पहला परिचय तब हुआ जब वे भोपाल आये। उनके आतिथेय थे हमारे कविमित्र फ़ज़ल ताबिश जो उन दिनों वहां उर्दू अकादेमी के सचिव थे और उन्होंने फ़ैज़ को भोपाल आने की दावत दी थी। अस्सी के दशक की बात है। तब तक वे उस समय के उर्दू के लगभग सबसे बड़े शायर की तरह मक़बूल हो चुके थे। उनके कवितापाठ को सुनने हज़ारों की भीड़ जमा हुई। लेकिन फ़ैज़ अपनी सारी लोकप्रियता के बावजूद अपनी कविता से थोड़ा उदासीन से रहते थे। उनके कविता पढ़ने में, मुझे लगा, कविता के प्रति कुछ बेरुख़ी सी थी जैसे कि वह अपना नहीं किसी और का कलाम पढ़ रहे हों। आम उर्दू शायरों की तरह उन पर श्रोताओं की वाहवाही का कोई ख़ास असर पड़ा हो ऐसा भी नहीं लगा था। भोपाल के नवाबी परिवार ने उन्हें डिनर दिया था। वे काफ़ी पीकर वहां गये और ज़्यादातर वक़्त रशीद जहां वग़ैरह के क़िस्से सुनाने में मशगूल रहे।

1982 में जापान में यूनेस्को के एशियन राइटर्स फ़ोरम में उनसे फिर मिलने का इत्तफ़ाक हुआ। हम लगभग सप्ताह भर साथ थे। वे बेरूत से सीधे तोक्यो आये थे। उनकी बातचीत से यह ज़ाहिर नहीं हुआ कि उन्हें मुझसे भोपाल में मिलने की ख़ास याद थी। भोपाल में ज़्यादातर उन्हें चुपचाप सुनता भर रहा था, कुछ खास बोला भी नहीं था। लेकिन एक अपेक्षाकृत युवतर भारतीय कवि के प्रति उनकी स्वाभाविक

गरमाहट नज़र आयी। हम लोग ज़्यादातर हिंदी-उर्दू में ही बात करते थे। फ़ोरम के पहले सत्र में ही उन्होंने अचानक यह प्रस्ताव किया कि मुझे इस फ़ोरम का यानी उसके सभी सत्रों का स्थायी अध्यक्ष बना दिया जाये। मैं उसमें शामिल लेखकों से सबसे कम उम्र था। मैंने जब संकोच दिखाया तो फ़ैज़ बोले मान जाओ क्योंकि तुम्हारी अंग्रेज़ी ठीक है और तुम हम बूढ़ों को ज़्यादा बहकने से रोक सकोगे। बहरहाल, उनकी बात मान ली गयी। चीनी महाकवि आई छिंग उस सम्मेलन में अपने दुभाषिये के साथ शामिल थे। सारी कार्रवाई अंग्रेज़ी में होती थी जिसे वे चुपचाप सुनते रहते थे। जब एक फिलिप्पीनी लेखक ने पिकासो का ज़िक्र किया तो उन्होंने बोलने के लिए हाथ उठाया। फिर पेरिस में पिकासो से अपनी मुलाक़ात का लंबा संस्मरण चीनी में सुनाना शुरू किया। उसका हमारे विचारार्थ विषय से कोई संबंध नहीं था। मैंने अध्यक्ष के नाते हस्तक्षेप कर उन्हें रोकने की कोशिश की तो फ़ैज़ ने सलाह दी कि अरे बूढ़ा पहली बार तो बोल रहा है—उसे बोलने दो।

दिन भर परिसंवाद चलता था और शाम को हम अपने होटल थके-मांदे लौटते थे। फ़ैज़ का फ़ोन आ जाता था। हम बहुत देर तक बार में बैठे रहते थे और तब मुझे उनकी रुचियों के बड़े भूगोल का पता चला। वे अपना मज़ाक भी खूब बनाते थे। वे उस सम्मेलन में पाकिस्तान के अधिकृत प्रतिनिधि नहीं थे क्योंकि वे बेरूत से आये थे, यूनेस्को के विशेष निमंत्रण पर। पाकिस्तान से एक मनोवैज्ञानिक आये थें जो हमारी मजलिस में साथ होते थे। उनका फ़ैज़ के प्रति गहरा आदर बार-बार ज़ाहिर होता रहा। फ़ैज़ ने कई बार सार्वजनिक रूप से ऐसी बातें कहीं जिन्हें पाकिस्तान की अधिकृत स्थिति से अलग या उसके विरुद्ध तक माना जा सकता था। पर अधिकृत लेखक ने कभी उनका प्रतिवाद करने की हिम्मत नहीं की।

यूनेस्को के हर ऐसे सम्मेलन में एक संयुक्त वक्तव्य जारी करने की प्रथा है सो इसमें भी वह जारी होना था। फ़ैज़ के सुझाव पर यह तय हुआ कि उसका मसौदा मैं तैयार करूं। एक अंग्रेज़ी टाइपराइटर जापानी आतिथेय रात दस बजे मेरे कमरे में लाने वाले थे। वे आये तो कमरा बंद था और वे खोजते हुए बार में आये जहां हम फ़ैज़ की महफ़िल में रसंरजित हो रहे थे। फ़ैज़ ने उनसे कहा कि इनके कमरे में टाइपराइटर छोड़ जाइए। हम उस महफ़िल से, मैं लड़खड़ाता हुआ और फ़ैज़ पूरी तरह से संयत, सुबह 2 बजे के क़रीब निकले। मैं घबराहट में सोया नहीं और सुबह जल्दी उठकर वक्तव्य टाइप करता रहा जिसे बाद में सबने स्वीकार कर लिया। फ़ैज़ के जापानी प्रवास में यह बार-बार ज़ाहिर हुआ कि वे सतर्क रहते हैं और दूसरों की राय ध्यान से सुनते हैं।

5

हालांकि फ़ैज़ मुख्यतः उर्दू की अरबी-फ़ारसी परंपरा से ही अनुप्राणित थे पर उनके यहां व्यापक भारतीय परंपरा की अनुगूंजें भी हैं : 'इस तरह है कि हर पेड़ कोई मंदिर

है', 'दे कोई शंख दुहाई, कोई पायल बोले/कोई बुत जागे, कोई सांवली घूंघट खोले', 'तोरे मंदिर में जो नहिं आया', 'आज हर सुर से हर इक राग का नाता टूटा', 'कब से आस लगी दर्शन की', 'इक कूज को सखियां गयीं आकाश की नीली राहों में', 'घाट लगी हर नाव/रात गयी सुख जागा', 'तेरी दया से दीप बला है इस पापन के द्वारे', 'हठ न करो, मन जाओ', 'मनवा कोई दीप जलाओ' आदि।

फ़ैज़ की एक नज़्म का हिस्सा है :

वो इश्क़ की हो या ज़ंग की हो
गर हिम्मत है तो बिस्मिल्लाह
वरना अपने आपे में रहो
लाज़िम तो नहीं है हर कोई
मंसूर बने फ़रहाद बने
अलबत्ता इतना लाज़िम है
सच जान के जो भी राह चुने
बस एक उसी का हो के रहे।

कविता की जो राह स्वयं फ़ैज़ ने चुनी वे उसी के होकर रहे इसमें शक नहीं। उनकी कविता की दुनिया बराबर फैलती रही। उसके भूगोल में बहुत कुछ आया, उसकी गहरी रूमानियत के बावजूद। पर वे हमेशा एक दर्दमंद और सजग कवि बने रहे। उनका यह दावा सही था :

दुख भरी ख़ल्क़ का दुख भरा दिल हैं हम
तबअ-ए-शाइर है जंगाहे-अद्लो-सितम
मुन्सिफ़े-ख़ैरो-शर हक़्क़ो-बातिल हैं हम

उनकी कविता की आवाज़ हम आज भी गौर से सुनते हैं और वह आज भी हमारे समय में मानवीय स्थिति की कई आसक्तियों और विडंबनाओं को हमारे गहरे अहसास का हिस्सा बनाती है।

फ़ैज़ की श्रेष्ठ कविताएं अपने समवर्ती समय को सीधे संबोधित नहीं करतीं ठीक वैसे ही जैसे ग़ालिब की कविता। फ़ैज़ की कविता अपने समय से उत्प्रेरित है, उसके घाव और खरोचें उनकी कविता की काया में हैं। पर उनका असली महत्व इसमें है कि वह आज भी हमारे बेहद बदल गये और रहे समय में हमसे बोलती है और हमें कुछ ऐसा दिखाती-सुनाती हैं जिससे ज़ाहिर होता है कि सभी समय में सपनों और रूमान के, तकलीफ़ और तनावों के अंधेरे अनुभव हैं जिनमें हमारे उजाले भी छिपे हुए हैं। फ़ैज़ की कविता हमारे हर हालत में मनुष्य बने रहने, रह सकने का भरोसा दिलानेवाली कविता है। इसीलिए वह आज की भी है।

निर्वासन के दर्द का एहसास

चंचल चौहान

मशहूर उत्तरउपनिवेशवादी चिंतक एडवर्ड सईद ने कई अन्य पाश्चात्य चिंतकों की तरह निर्वासन के शिकार या विस्थापित लेखकों और अपने मुल्क से दूर कर दिये गये नागरिक समूहों के बारे में विस्तार से लिखा है। अपने इसी सैद्धांतिक चिंतन के बीच उन्होंने महमूद दरवेश और फ़ैज़ अहमद फ़ैज़ का भी ज़िक्र किया है। वे फ़ैज़ से बैरूत में उन दिनों मिले थे जब पाकिस्तान में ज़ियाउल हक़ की फ़ौजी तानाशाही फ़ैज़ जैसे जम्हूरियतपसंद अदीबों और दानिशवरों पर किसी भी तरह का कहर बरपा कर सकती थी। फ़ैज़ से अपनी मुलाक़ात का ज़िक्र करते हुए एडवर्ड सईद ने अपने एक लेख, 'निर्वासन पर कुछ चिंतन' में लिखा :

> *कई बरस पहले मैंने अपने ज़माने के उर्दू के अज़ीमतर शायर फ़ैज़ अहमद फ़ैज़ के साथ कुछ वक़्त बिताया था। वे अपने वतन पाकिस्तान में ज़िया के फ़ौजी शासन के चलते निर्वासित हो कर बैरूत आ गये थे जहां उनका एक तरह से स्वागत हुआ। फ़िलिस्तीनी उनके स्वाभाविक तौर से जिगरी दोस्त थे। मैंने महसूस किया कि उन में आपस में बड़ी गहरी आत्मीयता थी जब कि उनकी न तो ज़बान या शेरी रवायत या ज़िंदगी की तारीख़ ही उनसे मिलती जुलती थी। सिर्फ़ एक बार मैंने फ़ैज़ को अपने निर्वासन के दर्द से उबरते हुए देखा था जब उनके एक पाकिस्तानी दोस्त, इक़बाल अहमद बैरूत आये थे जो ख़ुद भी निर्वासित थे। हम तीनों एक गंदे से रेस्त्रां में देर रात तक जमे रहे, फ़ैज़ अपनी नज़्में सुनाते रहे। कुछ देर बाद इक़बाल और उन्होंने हमारे लिए नज़्मों का तर्जुमा करना बंद कर दिया। जैसे रात गुज़रती गयी, इससे कोई दुश्वारी पेश नहीं हुई। जो मैं देख रहा था, उसके लिए किसी तर्जुमे की दरकार नहीं थी। यह नज़ारा एक तरह से प्रतिरोध के स्वर से भरी घरवापसी जैसा था, मानो वे कह रहे हों, 'ऐ ज़िया, ले हम आ गये, लाज़िम है, हम भी देखेंगे।' ज़िया तो असलियत में अपने मुल्क में ही था, वह उनके प्रतिरोध की आवाज़ नहीं सुन रहा था।*

एडवर्ड सईद ने फ़ैज़ के साथ अपना वक़्त गुज़ारने की इतनी भर दास्तान लिखी लेकिन इतने से ही निर्वासन के उस दर्द का अहसास हमें ज़रूर करा दिया जिसे फ़ैज़ साहब ने अपनी ज़िंदगी के कई बरसों तक या तो जेलों में रह कर झेला था या फिर दूसरे मुल्कों में रह कर। उनके इस दर्द को उस हक़ीक़त में भी देखा जा सकता था जो फ़ैज़ साहब के नज़्म सुनाने के अंदाज़ में छिपी हुई रहती थी और जिससे सुनने वालों को शिकायत रहती थी। मुझे भी उन्हें सुनने का मौक़ा मिला था। नयी दिल्ली के फ़िक्की आडीटोरियम में उनका जलसा था जिसमें उन्होंने नज़्में और ग़ज़लें सुनायीं, उसी ग़ैरनाटकीय तरीक़े से जिसका ज़िक्र अक्सर लोग करते थे, उमा शर्मा ने उनकी ग़ज़लों पर एक नृत्यनाटिका तैयार की थी जिससे जलसे में एक नया ही रंग आ गया था, फिर भी वह गायकी सुनने को नहीं मिली जो इक़बाल बानो की 'लाज़िम है कि हम भी देखेंगे' की चुनौतीभरी आवाज़ में उन दिनों सुहैल हाशमी के पास के एक कैसेट में सुनी थी और उसकी प्रतिलिपि अपने पास भी मैंने रखी थी। अब तो इसे इंटरनेट पर आसानी से इक़बाल बानो की वीडियो रिकार्डिंग में सुना जा सकता है।

फ़ैज़ की शायरी में 'दर्द' और 'तनहाई' शब्द बार बार आये हैं, लेकिन ये शब्द हमारे अदब के बहुत से आधुनिकतावादियों की तरह ओढ़े हुए 'अकेलेपन' या 'दुख सबको मांजता है'(अज्ञेय) के सूत्रबद्ध 'दुख' का आख्यान नहीं हैं, ये तो एक अलग तरह की अनुभूति से उपजे शब्द हैं। सज्जाद ज़हीर ने आधुनिकतावादियों के अकेलेपन को फ़ैशन के तौर पर अपनाया हुआ अकेलापन बताया था। उन्होंने लिखा था :

> *तनहाई की भावनाओं का वर्णन करना हर कवि अपना पैदाइशी हक़ समझता है और आजकल कतिपय कवियों और चिंतकों ने तो इसको बाक़ायदा दर्शन का रूप दे दिया है; और वे अपने तथाकथित एकाकीपन को इतनी अहमियत देते हैं जितना ज़ोर एक ईश्वर को माननेवाले मुसलमान अल्लाह-त'आला के एकाकी और अद्वितीय होने को देते हैं। लेकिन आप ज़रा फ़ैज़ की इस दर्दनाक लेकिन हसीन तनहाई की कल्पना कीजिए जिसमें दस्ते-सबा की नर्मी और ठंडक प्रेयसी के हाथों की याद दिलाती है, और चांद की वक्रता को देखकर प्रिया की अनुपस्थिति में, उसके गले में बांहें डाल देने को जी चाहता है।*

हिंदी में अज्ञेय ने इसी तरह के 'अकेलापन' का दर्शन ओढ़ा हुआ था। उन्होंने अपनी एक कविता, 'सवेरे उठा तो' में लिखा था :

> *उस अनदेखे अरूप ने कहा : हां,*
> *क्योंकि ये ही सब चीज़ें तो प्यार हैं*
> *यह अकेलापन, यह अकुलाहट, यह असमंजस, अचकचाहट,*
> *आर्त, अननुभव, यह खोज, यह द्वैत, यह असहाय विरह व्यथा,*
> *यह अंधकार में जाग कर सहसा पहचानना कि*
> *जो मेरा है वही ममेतर है*

यहां जिस 'अनदेखे अरूप' का ज़िक्र है उसे 'अल्लाह-त'आला' ही समझना चाहिए जो हिंदी के आधुनिकतावादियों को वैराग्य का पाठ पढ़ा रहा था और 'जो मेरा है' वही 'ममेतर' लग रहा था, शुद्ध अकेलापन भोगता हुआ काव्यनायक पचास के दशक में हिंदी की आधुनिकतावादी कविता में ख़ूब फल फूल रहा था, वह 'नदी का द्वीप' था या 'एक बूंद' या 'कनु'। इस सबके विपरीत फ़ैज़ अहमद फ़ैज़ का काव्यनायक माडर्निज़्म का लबादा ओढ़े शौक़िया तनहाई का शिकार नहीं था, उसे तो क़ैदे तनहाई में या मुल्क बदर हो कर निर्वासन का दर्द झेलना पड़ रहा था।

यह तो एक आम कहावत है कि 'जाके पैर न फटी बिवाई/सो का जाने पीर पराई'। एडवर्ड सईद ने निर्वासन के दर्द का फ़लसफ़ाई जायज़ा लेते हुए इस सत्य को रेखांकित किया है। उन्होंने लिखा है कि 'बीसवीं सदी के पैमाने पर, निर्वासन की घटनाओं को न तो सौंदर्यशास्त्रीय तरीक़े से और न ही मानवतावादी नज़रिये से ठीक से समझा जा सकता है, निर्वासन के बारे में रचा गया साहित्य तो सिर्फ़ उस दर्द और नियति को एक वस्तु में बदल भर देता है जिस दर्द से हो कर ज़्यादातर लोग ख़ुद नहीं गुज़रे हैं।' यह सच्चाई है कि निर्वासन ख़ुद जिसने झेला है, वह जिस गहरी अनुभूति के साथ उसका बयान कर सकता है, वह दूसरा कोई नहीं कर सकता। फ़ैज़ पहले अपने ही वतन में ही 1951-1955 और फिर 1958 में जेल में बंद कर दिये गये, उसके बाद जब जब जम्हूरियत को रौंद कर फ़ौजी हकूमत क़ायम हुई, फ़ैज़ ख़ुद ही बर्तोल्त ब्रेख़्त की तरह मुल्कबदर हो गये, ऐहतियातन उनके लिए यह ज़रूरी था। एडवर्ड सईद ने अपनी जिस मुलाक़ात का ज़िक्र किया है, उस वक़्त वे बैरूत में आत्मनिर्वासित थे। उनके आत्मनिर्वासन के दर्द को उनकी अनेक रचनाओं में देखा जा सकता है। जेल के अंदर का निर्वासन किस तरह नज़्म की शक़्ल अख़्तियार करता रहा, उस पर तो उनके हमदम, उनके दोस्त सज्जाद ज़हीर और मेजर मुहम्मद इस्हाक़ ने अपने लेखों में विस्तार से रौशनी डाली है। *दस्ते सबा और ज़िंदानामा* की नज़्में तो हैं ही उसी दौर की, लेकिन तनहाई और निर्वासन का दर्द उनकी बाद की रचनाओं में एक थीम की तरह उभरता है :

कहीं तो कारवाने दर्द की मंज़िल ठहर जाये
किनारे आ लगे उम्र-ए-रवां या दिल ठहर जाये
अमां कैसी कि मौज-ए-ख़ूं अभी सर से नहीं गुज़री
गुज़र जाये तो शायद बाज़ू-ए-क़ातिल ठहर जाये

(नुस्ख़ा हाए वफ़ा, पृ. 465)

1971 में लिखी यह ग़ज़ल ज़िंदगी भर सहे निर्वासन के दर्द का अहसास कराती है, 'बाज़ू-ए-क़ातिल' का साया उन पर मंडराता रहा, पाकिस्तान में जम्हूरियत फ़ौजी बूटों के तले रौंदी जाती रही, और कोई न कोई तानाशाही निज़ाम क़ायम होता रहा, और इसीलिए यह समाजी दर्द उनकी आख़िरी शायरी तक रचना की शक्ल में हमारे सामने आता रहा।

फ़ैज़ की शायरी के वाचक मुक्ति का इंतज़ार करते हैं, यह मुक्तिकामना उनकी अपनी किसी जेल से रिहाई या अपने वतन से दूर रहने के दर्द से निजी मुक्ति से जुड़ी हुई नहीं है, इसीलिए वह निजी या लिरिकल लगती हुई भी एक नाटकीय या वस्तुपरक आख्यान बन जाती है, क्योंकि उसमें तो उस सामाजिक व्यवस्था से मुक्ति का इंतज़ार है जो अभी हासिल नहीं हुई, मुक्ति की उस सुबह का इंतज़ार है जिसमें आदमी द्वारा आदमी का शोषण नहीं होगा, जिसमें कोई सरमायादारों का ज़रख़रीद ग़ुलाम तानाशाह अवाम के जम्हूरी हक़ नहीं छीन रहा होगा या सामराजी मुल्क तीसरी दुनिया के मुल्कों पर अपना कब्ज़ा बनाये रखने में कामयाब न हो पायेंगे और सामराजी ताक़तें पूरी दुनिया को किसी आलमी जंग में न झोंक पायेंगी। समाजवाद का सपना देखने वाले तमाम राजनीतिक और विचारधारात्मक संगठनों और रचनाकारों, कलाकारों को उसी मुक्ति की सुबह का इंतज़ार आज भी है। भारत जब आज़ाद हुआ तो उस आज़ादी की सुबह ने कवियों और कलाकारों के जागरूक हिस्सों को उस तरह की ख़ुशी नहीं दी जो आज़ादी उनके सपनों में बसी मुक्ति हासिल होने पर होती। उन्हें इसका गहरा अहसास था कि राजनीतिक सत्ता विदेशी शोषकों के हाथ से देशी शोषक तबक़ों के हाथ आयी है, इसलिए नयी व्यवस्था में भी शोषण की तेग़ ग़रीबों पर चलती रहेगी। हिंदी-उर्दू के कई शायरों ने अपने इस अहसास को वाणी दी, फ़ैज़ ने भी बेख़ौफ़ तरीक़े से अपनी मशहूर नज़्म, 'सुबहे आज़ादी' में इस अहसास को कहा : 'ये दाग़ दाग़ उजाला, ये शबगज़ीदा सहर/वो इंतज़ार था जिसका, ये वो सहर तो नहीं।'

पाकिस्तान के शासकवर्गों ने बार बार वहां के अवाम को सैनिक तानाशाहों के माध्यम से ज़ुल्म और शोषण का शिकार बनाया तो वहां के वामपंथी और जम्हूरियतपसंद शायरों और अदीबों ने बहुत तकलीफ़ें झेलीं, फ़ैज़ और हबीब जालिब जैसे शायरों को जेलों में बंद रहना पड़ा, फ़हमीदा रियाज़ को भागकर भारत में शरण लेनी पड़ी। इन हालात पर नज़र डालने पर यह समझ में आता है कि फ़ैज़ की कविता में 'दर्द', 'दुख', 'ग़म','तनहाई' जैसे बार बार आने वाले शब्दों का क्या सामाजिक संदर्भ है। इसी तरह के एक संदर्भ का हवाला एडवर्ड सईद ने थ्योडोर एडोर्नो की निर्वासन के दौरान लिखी उनकी आत्मकथा, *क्षत-विक्षत ज़िंदगी पर विचार, (Reflections from a Mutilated Life)* के बारे में दिये हैं। 'निर्वासन में रह रहा बुद्धिजीवी ख़ुद को एक वस्तु में तब्दील होने से इनकार करता है।' फ़ैज़ के साथ भी यही होता है कि वे ख़ुद को एक कमोडिटी में तब्दील नहीं होने देते, तानाशाहों को उनसे यही तो शिकायत थी, ऐसी ही स्थिति तो हमारे यहां एमर्जैंसी के दौर में थी जब बहुत से बुद्धिजीवियों ने खुद को वस्तु या मिट्टी का माधो बनने से इनकार कर दिया था और निर्वासन की यातना झेली थी।

फ़ैज़ ने अपने निर्वासन का दर्द जिस तरह सहा, वह भी एक मिसाल ही है, क्योंकि उसे उन्होंने दुनियाभर के दुखी, ग़रीब, मज़लूमों के ग़म के साथ घुलामिला दिया, ऐसा ही मशविरा उन्हें रशीद जहां से उन दिनों ही मिला था जब इस उपमहाद्वीप

में प्रगतिशील लेखक संघ की इकाइयां जगह जगह बन रही थीं जिसका हवाला फ़ैज़ ने अपनी आपबीती में और बी बी सी को दिये अपने एक इंटरव्यू में भी दिया था कि अपने ग़मों के बजाय दुनिया भर के ग़रीबों और वंचितों के ग़मों को महसूस करो और उन दुखों को वाणी दो। फ़ैज़ ने फिर वही किया। अपनी महबूबा से भी कह डाला कि पहले जैसी मुहब्बत की मांग पूरी करना मुमकिन नहीं, यहां फ़ैज़ ने अपने 'स्व' के विस्तार की बात कही है जिसे मुक्ति-बोध ने अपनी कई कविताओं में बयान किया था। अपने निज के दर्द से ऊपर उठने की प्रक्रिया आसान नहीं होती, मगर महान कविता के लिए वह ज़रूरी तो होती ही है। यह प्रक्रिया *नक़्शे फ़रियादी* के दूसरे हिस्से से ही शुरू हो गयी थी, और फिर बाद के संग्रहों में तो दर्द के इस समाजीकरण को बहुत ही कलात्मक तरीक़े से फ़ैज़ ने अपनी शायरी का मौज़ू बनाया। ग़म की इस बदलती रंगत ने उनकी शायरी में एक नया ही रंग ला दिया। फ़ैज़ ने दुनिया के शोषितों को वे गीत और तराने दिये जो उनकी ज़बान पर नारे बन कर सभी जगह गूंजने लगे। उन्हें अपनी संगठित शक्ति का अहसास कराया, ज़ालिमों के अंत की आशा दी, अपनी अभिव्यक्ति की आज़ादी बनाये रखने का हौसला दिया, उन्होंने ही हमें सिखाया, 'बोल कि लब आज़ाद हैं तेरे'। उन्होंने अपने निर्वासन में अभिव्यक्ति की जो शैली ईजाद की वही सारी जनवादी कविता की शैली बन गयी, 'हमने जो तर्ज़े फ़ुग़ां की है क़फ़स में ईजाद/फ़ैज़ गुलशन में वही तर्ज़े बयां ठहरी है'।

निर्वासन के दर्द को सहने और उसे रचनात्मकता का रूप देने की प्रक्रिया ने फ़ैज़ में क्रांतिकारी आशावाद ज़िंदा रखा। अगर निर्वासन से टूट जाते तो सर्वहारावर्ग के दुश्मनों की ही जीत होती। *मेरे दिल मेरे मुसाफ़िर* में संकलित 'शायर लोग' नज़्म बताती है कि शायर को अपने दर्द को विस्तार देने के लिए क्या करना होता है :

जिन पे आंसू बहाने को कोई न था
अपनी आंख उनके ग़म में बरसती रही
सबसे ओझल हुए हुक्मे हाकिम पे हम
क़ैदख़ाने सहे ताज़याने सहे
लोग सुनते रहे साज़े-दिल की सदा
अपने नग़्में सलाख़ों से छनते रहे

(नुस्ख़ा हाए वफ़ा, पृ. 628)

फ़ैज़ की कविताओं में निर्वासन या क़ैद के जो बिंब और प्रतीक आये हैं, या जो नग़्में सलाख़ों से छनते रहे, उन्हें हम ख़ासतौर से उनके उन संकलनों में पूरी कलात्मकता के साथ देख सकते हैं जो *दस्ते सबा, ज़िंदांनामा, दस्ते तहे संग, सर-ए-वादी-ए-सीना* से शुरू हो कर *शाम-ए-शहरे यारां, मेरे दिल मेरे मुसाफ़िर, ग़ुबारे अय्याम* आदि शीर्षकों से पाठकों के सामने आये। रचनात्मकता की एक लंबी यात्रा उन्होंने तय की, पूरी दुनिया के साहित्य और विचारों की जानकारी उन्हें मिली हुई थी। सारी दुनिया में उन दिनों चल रहे मुक्ति आंदोलनों में जूझ रहे अवाम के साथ उन्होंने ख़ुद को जोड़ा,

उन से प्रेरणा ली और अपना हौसला बुलंद रखा। निर्वासन के दर्द का अहसास *मेरे दिल मेरे मुसाफ़िर* जो यासर अरफ़ात को समर्पित संकलन था की पहली नज़्म में एक कलात्मक श्रेष्ठता के साथ देखा जा सकता है:

मेरे दिल मेरे मुसाफ़िर
हुआ फिर से हुक्म सादिर
कि वतन बदर हों हम तुम
दें गली गली सदाएं
करें रुख़ नगर नगर का
कि सुराग़ कोई पायें
किसी यार-ए-नामाबर का
हर इक अजनबी से पूछें
जो पता था अपने घर का

(नुस्ख़ा हाए वफ़ा, पृ. 613)

इसी संकलन की 'तीन आवाज़ें' कविता में तीन नज़्में आवाज़ की शक्ल में हैं, एक आवाज़, 'ज़ालिम' की है जिसमें व्यंग्य और विडंबना का अद्भुत प्रयोग है, दूसरी आवाज़ 'मज़लूम' की है जिसमें दुनिया भर के मज़लूमों का दर्द छलकता है, तीसरी आवाज़ आसमान से आने वाली आवाज़, 'निदा-ए-ग़ैब' है जो धार्मिक रूपक की तरह दिखने पर भी एक क्रांतिकारी की आवाज़ बन कर दुनिया भर के शोषितों और वंचितों को हौसला देती है : 'उठेगा जब जम्म-ए-सरफ़रोशां/पड़ेंगे दार-ओ-रसन के लाले/कोई न होगा कि जो बचा ले/जज़ा सज़ा सब यहीं पे होगी/यहीं अजाब-ओ-सवाब होगा/यहीं से उट्ठेगा शोर-ए-महशर/यहीं पे रोज़-ए-हिसाब होगा' (*नुस्ख़-हाए-वफ़ा*, पृ.639, समरकंद:1979)।

बैरूत प्रवास के दौरान उन्होंने फ़िलिस्तीनी मुक्ति-संग्राम के साथ अपनी एकजुटता क़ायम की और उसे अपनी शायरी का मौज़ू भी बनाया। बैरूत में 1980 में लिखी 'फ़िलिस्तीनी शुहदा जो परदेस में काम आये' और 'फ़िलिस्तीनी बच्चे के लिए लोरी' उनकी दो मशहूर नज़्में हैं जिनमें उनके निर्वासन के दर्द का अहसास पूरी भावभीनी करुणा के साथ उभरता है। मुक्तिबोध की एक पंक्ति याद आती है, 'भोले भाव की करुणा क्रांतिकारी सिद्ध होती है।' फ़ैज़ उक्त दो नज़्मों में से पहली नज़्म में कहते हैं :

दूर परदेस की बे-महर गुज़रगाहों में
अजनबी शहर की बेनामोनिशां राहों में
जिस ज़मीं पर भी खुला मेरे लहू का परचम
लहलहाता है वहां अर्ज़-ए-फ़िलिस्तीं का अलम

(नुस्ख़ा हाए वफ़ा, पृ. 657)

और दूसरी नज़्म जो लोरी की विधा में लिखी गयी है निर्वासन का दर्द झेलते बच्चे को सुलाने के लिए नहीं, उसे मुस्कराते रहने के लिए कहती है, बच्चे के सारे अपने

परिवारजन उससे दूर कहीं चले गये हैं, यदि वह रोयेगा तो उसे ज़ालिम और रुलायेंगे और मुस्करायेगा तो उसके अपने लोग भेस बदल कर वापस आयेंगे, यहां शायर ने ईसा मसीह की वापसी या 'रिज़ैरेक्शन' जैसा रूपक बहुत ही सरल शब्दों में बांधा है :

तू गर रोयेगा तो ये सब
और भी तुझको रुलवायेंगे
तू मुस्कायेगा तो शायद
सारे एक दिन भेस बदल कर
तुझ से खेलने लौट आयेंगे

(नुस्ख़ा हाए वफ़ा, पृ. 660)

मुस्कराते हुए दर्द को झेलना उनकी शायरी की टेकनीक ही नहीं, अवाम के दुश्मनों को चुनौती भी रही, अपने एक गीत में उन्होंने कहा था, 'अपने दर्दों का मुकुट पहन कर/बेदर्दों के सामने जायें/जब रोना आवे मुस्कायें/जब दिल टूटे दीप जलायें।' (*नुस्ख़ा हाए वफ़ा*, पृ. 676-77)

यह विडंबना ही कही जायेगी कि जिस शायर ने अपने वतन से बेइंतिहा मुहब्बत की हो, उसे ग़द्दार कह कर लांछित किया जाये, उसके लिए वतन का मतलब सिर्फ़ नक़्शे पर खिंची हुई लकीरें नहीं था, वे सारे अवाम थे जिनसे मिल कर कोई वतन बनता है। अगर उन अवाम के जम्हूरी हक़ूक़ छीन लिये जायें, ज़ुल्मोसितम के ख़िलाफ़ लब खोलने की आज़ादी छीन ली जाये, और साम्राज्यवाद की शह पर तानाशाही थोप दी जाये तो कोई भी सच्चा संवेदनशील कवि और अदीब बेचैन हुए बग़ैर कैसे रह सकता है? फ़ैज़ ने अपने वतन से मुहब्बत का इज़हार अपनी शायरी में बार बार किया है, 1980 में बैरूत में निर्वासन में रहते हुए भी 'ख़याल सू-ए-वतन रवां है/समंदरों की अयाल थामे/हज़ार वहम-ओ-गुमां संभाले/कई तरह के सवाल थामे।' (*नुस्ख़ा हाए वफ़ा*, पृ. 664) वे फ़िलिस्तीनी शूरवीरों को अपने वतन पर जान न्योछावर करते देख रहे थे और उन से प्रेरणा लेते हुए अपने निर्वासन के दर्द को भूल जाते थे, 'शोपेन का नग़मा बजता है' नज़्म में वे कहते हैं :

कुछ आज़ादी के मतवाले जां कफ़ पे लिये मैदां में गये
हर सू दुश्मन का नर्ग़ा था, कुछ बच निकले, कुछ खेत रहे
आलम में उनका शोहरा है
शोपेन का नग़मा बजता है

(नुस्ख़-हाए-वफ़ा, पृ. 630)

कुछ आलोचकों ने फ़ैज़ की शायरी को रूपवादी संरचनावादी नज़रिये से देखने की कोशिश करते हुए उनके अर्थों और उनके अंतर्निहित रुझान को विकृत भी किया है। ऐसी ही एक कोशिश जनाब गोपीचंद नारंग की भी मुझे दिखायी पड़ी जिन्होंने फ़ैज़ की एक मशहूर नज़्म, 'दस्ते तहे संग आम्दा' (जिस पर फ़ैज़ ने अपने एक संकलन का नाम भी रखा) की संरचनावादी व्याख्या करके यह बताया कि यह

क़ैदख़ाना विचारधारा का भी हो सकता है जिससे मुक्ति की कोशिश शायर कर रहा था, ऐसा अर्थ निकालते हुए उन्होंने प्रगतिशील आंदोलन पर भी लगे हाथ चोट कर दी, और फ़ैज़ को अली सरदार जाफ़री के मुक़ाबले विचारधारा की जकड़बंदी से मुक्त तथा इंडोपर्शियन सौंदर्यशास्त्र का पालन करने वाला शायर बताया और यह भी कहा कि मार्क्सवादी इस सौंदर्यशास्त्र को 'बूर्जुआ' कहते हैं। वे मानते हैं कि फ़ैज़ की कविता में 'मौन' और 'अंतराल' ही उन्हें विचारधारा को अतिक्रमित करने में मदद पहुंचाते हैं। गोपीचंद नारंग को यह नहीं मालूम कि विचारधारा को परोक्ष रखने की सलाह रचनाकारों को सबसे पहले एंगेल्स ने ही दी थी जो मार्क्सवाद के प्रणेता थे। अपनी काव्य परंपरा ही नहीं, पूरे अतीत की संस्कृति का वाहक सर्वहारावर्ग को ही होना है और यह संदेश लेनिन ने और माओ ने भी प्रगतिशील रचनाकारों और संस्कृतिकर्मियों को अपने अपने समय में दिया था जो आज भी प्रासंगिक है। इसलिए अगर फ़ैज़ अपनी कविताओं के लिए इंडोपर्शियन सौंदर्यशास्त्र से काम ले रहे थे या समूचे विश्व के बेहतरीन अदब और कला की रवायत को आगे बढ़ा रहे थे, तो यह उनकी विचारधारा का कोई विचलन नहीं था और न किसी मार्क्सवादी ने इस सौंदर्यशास्त्र को 'बूर्जुआ' या 'सामंती' कहा। यह तो नारंग साहब की अपनी ही ख़ामख़याली है, बक़ौल फ़ैज़, 'वो बात, सारे फ़साने में जिसका ज़िक्र न था/वो बात उन को बहुत नागवार गुज़री है।' फ़ैज़ के *ज़िंदांनामा* में कविताओं से पहले सज्जाद ज़हीर की एक छोटी टिप्पणी उस संकलन में शामिल है, जिसमें इस शायर और अपने हमदम, अपने दोस्त और क़ैद के संगी साथी की कविताओं में परंपरा से लिये गये सौंदर्यबोध की तारीफ़ की है, उन्होंने तो इस बोध को 'बूर्जुआ' या 'सामंती' नहीं कहा जबकि वे तो प्रगतिशील लेखक संघ की बुनियाद रखने वाले अदीब थे। उन्होंने लिखाः

> *जहां तक उन इक़दार (मूल्यों) का तआलुक़ है जिनको शायर ने उन में पेश किया है वो तो वही हैं जो उस ज़माने में तमाम तरक़्क़ीपसंद इंसानियत की इक़दार हैं, लेकिन फ़ैज़ ने उन को इ,तनी ख़ूबी से अपनाया है कि वो न तो हमारी तहज़ीबो तमद्दन की बेहतरीन रवायत से अलग नज़र आती हैं और न शायर की इनफ़रादियत, उसका नर्म, शीरीं और मतरन्नुम अंदाज़-ए-कलाम कहीं भी उनसे जुदा हुआ है।*
>
> *(नुस्ख़ा हाए वफ़ा, पृ. 198)*

नारंग जैसे बहुत से आलोचक पश्चिम से उधार ली गयी या चोरी की हुई आलोचना पद्धतियों का इस्तेमाल अक्सर प्रगतिशील जनवादी विचार परंपरा पर हमला बोलने के लिए करते हैं और ज़्यादा मग़ज़पच्ची संरचनावाद पर करते हुए वे पाठकों को यह सीख देते हैं कि 'फ़ैज़ को किस तरह नहीं पढ़ना चाहिए' (उनके लेख का यही शीर्षक है) और कैसे पढ़ना चाहिए इसके लिए उन्होंने उनकी एक नज़्म 'दस्ते तहे संग आम्दा' (चट्टान के नीचे दबा हाथ) की संरचनावादी व्याख्या की है। यह बिंब कवि ने ग़ालिब

से लिया है। ग़ालिब के वक़्त उपनिवेशवादी ईस्ट इंडिया कंपनी की चट्टान के नीचे कलाकार का हाथ दबा था, 1857 के उस वक़्त के वहशी दमन और उत्पीड़न को ग़ालिब ने अपनी आंखों देखा था, फ़ैज़ ने मार्शल लॉ की चट्टान के नीचे दबे हुए तख़्लीक़ी हाथ को देखा था, उन्होंने रचनाकारों की अभिव्यक्ति की आज़ादी पर लगी पाबंदी ही नहीं, दुनिया के कई देशों पर सामराजी दमन के वहशीपन को भी देखा और तमाम वंचितों, वतन बदर किये अवाम और निर्वासन में जी रहे इंसानों का दर्द भी तल्ख़ी से महसूस किया था। लुडमिला वासीलेवा की फ़ैज़ पर लिखी किताब का रिव्यू करते हुए अदीब ख़ालिद ने इस बात को रेखांकित किया है। उन्होंने लिखा है कि फ़ैज़ साहब ने 1982 के एक वक्तव्य में ख़ुद यह कहा था :

> *एक मुसन्निफ़ की हैसियत से हालांकि मैं किसी मुल्क का कामकाज नहीं संभालता हूं और न ही मेरे पास कोई प्रशासनिक ताक़त है, मुझे यह अहसास करने का हक़ ज़रूर है कि मैं अपने भाई बंधुओं का अभिभावक हूं और मेरे भाई बंधु पूरी दुनिया के अवाम हैं। मेरे तईं अमन, आज़ादी, युद्धबंदी, और एटमी होड़ की मुख़ालिफ़त ही प्रासंगिक हैं। इस विशाल भाईचारे में से मेरे और मेरे दिल के सबसे नज़दीक वे अवाम हैं जो अपमानित, निष्कासित और वंचित हैं, जो ग़रीब, भूखे और परेशान हैं। इसी वजह से मेरा लगाव फ़िलिस्तीन, दक्षिण अफ़्रीका, नामीबिया, चिले के अवाम और अपने मुल्क के अवाम और मुझ जैसे लोगों से है।*

जिस तरह वे खुद निर्वासन का दर्द झेल रहे थे उसी तरह वतन बदर हुए अनेक फ़िलिस्तीनी अवाम और दुनिया के कई मुल्कों में दमन और उत्पीड़न के शिकार भोले भाले लोग उनके स्वाभाविक तौर पर हमराही थे, उनका दर्द भी वे अपनी शायरी में व्यक्त कर रहे थे, कहीं वह दर्द सीधे सीधे कहा गया है तो कहीं वह प्रतीकों और बिंबों के माध्यम से आया है। लेकिन सबसे बड़ी बात यह है कि वे पस्तहिम्मती नहीं दिखाते, एक उम्मीद हर जगह जताते हैं, ज़ुल्मोसितम के अंधेरे छंटेंगे और बेहतर भविष्य की सुबह आयेगी। *दस्ते तहे संग* की नज़्में वतन बदर होने से पहले की हैं मगर उनमें भी उनकी क़ैद की जिंदगी में मिले दर्द की कलात्मक अभिव्यक्ति देखी जा सकती है। भाषायी पैराडाक्स का बेहतरीन इस्तेमाल भी जनाब नारंग को नज़र नहीं आया, विचारधारा का बंधन दिखायी दे गया। नज़्म की पहली दो पंक्तियां उस दर्द का इज़हार करती हैं मगर, उनके बाद दो पंक्तियां उस मायूसी को पैराडाक्स की शक्ल दे देती हैं :

बेज़ार फ़ज़ा, दरपये आज़ार सबा है
यूं है कि हर इक हमदम-ए-देरीना ख़फ़ा है
हां बादाकशो, आया है अब रंग पे मौसम
अब सैर के क़ाबिल रविशे आबोहवा है

(नुस्ख़ा हाए वफ़ा, पृ. 316)

गोपीचंद नारंग इस पूरी नज़्म का एक संरचनावादी पाठ पेश करने का दम भरते हैं और यह घोषणा करते हैं कि यह कविता 'न तो प्रेम कविता है और न राजनीतिक कविता'। मगर जब इस नज़्म के मेटाफ़र व्याख्यायित करने लगते हैं तो उनके सामाजिक-राजनीतिक पक्ष ही उजागर करने पर मजबूर होते हैं। इस पूरी कविता में 'इल्ज़ाम की बरसात', 'ज़हर हलाहल', 'ज़ुल्म', 'जेल', 'ज़ंजीर', 'सज़ा', 'हथकड़ियां' और अंत में ग़ालिब से लिये हुए बिंब, 'गिरफ़्तारी', 'चट्टान के नीचे दबा हाथ' क्या उस राजनीतिक चेतना के बग़ैर व्याख्यायित किये जा सकते हैं जिसकी वजह से शायर आख़िरी दिनों तक अपने निर्वासन में भी 'अर्ज़-ए-वतन' से कहता रहा कि

हम तो मजबूर-ए-वफ़ा हैं, मगर ऐ जान-ए-जहां
अपने उश्शाक़ से ऐसे भी कोई करता है
तेरी महफ़िल को ख़ुदा रक्खे अबद तक क़ायम
हम तो मेहमां हैं घड़ी भर के हमारा क्या है

(नुस्ख़ा हाए वफ़ा, पृ. 645)

एक ऐसे शायर की शायरी की संरचनावादी व्याख्या करके उसके अर्थ को विकृत करना उसकी विचारधारा के विरोधियों का एक शगल रहा है जो अपने वतन और दुनिया की उस जनशक्ति को अपनी महबूबा की तरह देखता है जिसकी मुक्ति के लिए वह तड़पता है, और जीवन के अंत तक अपनी विचारधारा से विचलित नहीं होता। संरचनावाद का जप करने से या अल्थ्यूसर और रोलां बार्थ का नाम स्मरण कर लेने से संरचनावादी व्याख्या भी नहीं होती और की जायेगी तो निहायत विकृत और फ़ूहड़ क़िस्म की ही होगी।

कुछ लोगों ने फ़ैज़ के बारे में यह भी कहा कि वे अपनी मार्क्सवादी विचारधारा के प्रति शंकालु हो रहे थे और उनका कमिटमेंट कमज़ोर पड़ रहा था, सोवियत व्यवस्था से उनका मोहभंग हो रहा था। उनका देहांत 1984 में हुआ था, सोवियत संघ का विघटन बाद में हुआ था। ये आरोप मनगढ़ंत ही हैं, इस तरह के आरोप हिंदी में मुक्तिबोध पर भी लगाये गये थे, रचनाओं में इस तरह की दूर की कौड़ी लाना और शायर को लांछित करना प्रतिक्रियावाद की शरारत ही कही जायेगी। ऐसे लोगों से ही वे अपने अंतिम दिनों की एक सुंदर प्रेरणादायक नज़्म, 'इधर न देखो' में कहते हैं :

उधर भी देखो
जो हर्फ़-ए-हक़ की सलीब पर अपना तन सजा कर
जहां से रुख़्सत हुए
और अहले जहां में इस वक़्त तक नबी हैं

(नुस्ख़ा हाए वफ़ा, पृ. 717)

फ़ैज़ साहब की शायरी की यही तो ख़ूबी है कि वे इश्क़, वतन से मुहब्बत, अपनी इन्क़लाबी विचारधारा, और दुनिया के मेहनतकशों और वंचितों व मज़लूमों के साथ

हमदर्दी और अपने निर्वासन के दर्द को इस तरह अपनी शायरी में घुलामिला देते हैं कि उसमें यथार्थ की बहुत सारी परतें कलात्मकता की नयी झलक देती हैं। उनकी एक ग़ज़ल के इस शेर को देखें :

ऐसे नादां भी न थे जां से गुज़रने वाले
नासेहो, पंदगरो राहगुज़र तो देखो

(*नुस्ख़ा हाए वफ़ा*, पृ. 280, मंटगोमरी जेल, 4 मार्च 1956)

उनकी विचारधारा के विरोधी भी उनकी कलात्मक संश्लिष्टता पर मोहित हैं और उन्हें अपनी घटिया आलोचना का शिकार नहीं बना पाते। हम लोगों का प्यारा यह शायर उर्दू में ही नहीं, पूरी दुनिया के अदब में हमेशा हमेशा एक चमकता सितारा रहेगा।

हमारे वजूद का एक हिस्सा

असग़र वजाहत

मेरी उर्दू भाषा और साहित्य की पढ़ाई किसी तमीज़ और सलीक़े से नहीं हुई। पैदा तो आज़ादी मिलने से पहले हो गया था लेकिन स्कूल जाना शुरू किया आज़ादी के बाद। यह वह ज़माना था जब उर्दू को देश निकाला दिया जा रहा था और स्कूलों में, ख़ास तौर पर सरकारी स्कूलों में उर्दू की पढ़ाई बंद हो गयी थी। शायद यह मान लिया गया था कि सभीं मुसलमान पाकिस्तान चले गये हैं और वहां उर्दू पढ़ रहे होंगे। लेकिन ऐसा नहीं था। हमारा परिवार तो एक छोटे शहर की परिधि पर पिछले सौ साल से जहां बसा हुआ था, वहां से टस का मस न हुआ था। लेकिन उर्दू खिसक कर पाकिस्तान जा चुकी थी। हां, घर का माहौल उर्दू-फ़ारसी वाला माहौल था। हमारे दादा अपने समय की सामान्य सांस्कृतिक आवश्यकता के अनुसार शायर थे और 'जोश' तख़ल्लुस करते थे। कोई पाठक 'जोश' से मतलब जोश मलीहाबादी न निकाले। उस ज़माने में और अब भी कई शायरों का एक तख़ल्लुस हो सकता है। हमारी अम्मां उर्दू के क्लासिकल साहित्य 'फ़सान-ए-आज़ाद', 'तिलिस्मे होशरूबा' आदि की रसिया थीं। शेरो-शायरी में भी उन्हें वाजबी वाजबी दिलचस्पी थी। घर में फूफियां (बुआएं) उर्दू की पत्रिका 'ख़ातूने मश्रिक़' और 'बीसवीं सदी', 'शमा' और बाद में 'जासूसी दुनिया' और 'रूमानी दुनिया' मंगाती थीं। मुझे बचपन में 'जासूसी दुनिया' सुनने का शौक था। उर्दू नहीं आती थी लेकिन 'अलिफ़', 'बे' वग़ैरह पहचान लेता था क्योंकि 'क़ुरान शरीफ़' पढ़वाने के सिलसिले में यह पढ़ाया गया था। बहरहाल होता यह था कि अगर कभी किसी के पास मुझे 'जासूसी दुनिया' सुनाने का समय नहीं होता था तो मैं खुद टटोल-टटोल कर पढ़ने की कोशिश करता था और इसमें थोड़ी-थोड़ी कामयाबी भी मिल जाती थी। यह पूरी दास्तान इसलिए सुना रहा हूं कि इसी पृष्ठभूमि में मैंने पहली बार फ़ैज़ को पढ़ा था।

पता नहीं क्या चक्कर था कि हमारे शहर के सरकारी स्कूल में जहां से मैं और मेरा भाई हाई स्कूल कर रहे थे, वहां नवें दरजे तक उर्दू नहीं पढ़ायी जाती थी। लेकिन बोर्ड की परीक्षा यानी दसवीं क्लास में उर्दू पढ़ाई जाती थी। हमलोग यानी मैं, मेरा भाई और क्लास के एक दो और मुसलमान लड़के जब दसवीं में आये तो हमसे मिलने

उर्दू के बुजुर्ग टीचर आये। अब उनका नाम तो याद नहीं पर बड़ा नूरानी चेहरा था। रंग अच्छा ख़ासा गहरा था। चेहरे पर सफ़ेद घनेरी दाढ़ी थी। नाकनक़्श खड़ा था। दोहरे बदन के आदमी थे। बुजुर्ग उर्दू टीचर ने कहा कि तुम लोगों (यानी मुसलमान लड़कों) ने हाई स्कूल में उर्दू न ली तो मेरी नौकरी चली जायेगी। हमने मौलाना को अपनी मजबूरी बतायी कि हमने तो उर्दू पढ़ी ही नहीं है, तो वे बोले मैं तुम लोगों को 'अलिफ़', 'बे' से पढ़ा दूंगा। कोई फ़ेल नहीं होगा। अच्छे नंबर आयेंगे। और हुआ भी यही। बहरहाल उर्दू आ गयी।

अलीगढ़ मुस्लिम विश्वविद्यालय में साइंस के विषय लेकर दाख़िला दिलाया गया तो उर्दू फिर ग़ायब हो गयी। पर अलीगढ़ में उन दिनों शेरो-अदब का माहौल था। फ़ैज़ अहमद फ़ैज़ का नाम सुना और कुछ मीर तक़ी 'मीर' जैसा ध्वनित हुआ। लगा यार ये फ़ैज़ अहमद फ़ैज़, मीर तक़ी 'मीर' के ज़माने के शायर मालूम होते हैं। कई महीनों तक मैं यही समझता रहा। किसी से पूछा भी नहीं क्योंकि डरता था कि शायद लोग हंसेंगे। बहरहाल इसी दौरान मुझे फ़ैज़ का संग्रह *दस्ते-सबा* की एक कापी मिल गयी। उस ज़माने में, रात के उन घंटों को छोड़ जब सोता था, बाक़ी वक़्त मित्र मुज़फ़्फ़र अली (जो अब विख्यात फ़िल्मकार हैं) के साथ गुज़रता था। हम दोनों ने *दस्ते-सबा* की रचनाएं साथ-साथ पढ़नी शुरू कीं और हमारे ऊपर उनका जादू जैसा असर हुआ। हास्टल के कमरे में, क्लास रूम में, चांदनी रातों को पार्कों में टहलते हुए हम फ़ैज़ के शेर पढ़ा करते थे। उनके क़त्अे, उनकी नज़्में गुनगुनाया करते थे। फ़ैज़ हमारे वजूद का एक हिस्सा बन गये थे और हमें लगता था, हमारा नया जन्म हो रहा है। फ़ैज़ की शायरी के मूल्य और स्थापनाएं हमें बहुत अच्छी और अपनी लगती थीं और हम उन्हें स्वीकार कर चुके थे। उसी ज़माने में उर्दू के लोगों से फ़ैज़ के व्यक्तित्व के बारे में पता चला। यह भी बड़ा रोमांचक और हीरोइक प्रतीत हुआ। फ़ैज़ सेना में कैप्टेन थे, फ़ैज़ लाहौर षड्यंत्र केस में फांसी पर चढ़ाये जाने वाले थे। फ़ैज़ की पत्नी अंग्रेज़ हैं। फ़ैज़ अंग्रेज़ी के प्रोफ़ेसर रह चुके हैं। फ़ैज़ को पाकिस्तान से जिलावतन कर दिया गया है। फ़ैज़ लंदन/मास्को/बेरूत वग़ैरह में रहते हैं।

फ़ैज़ के ज़रिये मैं प्रगतिशील आंदोलन के पास आया और मुज़फ़्फ़र अली ने तो फ़ैज़ पर बहुत काम किया। फ़ैज़ से उनकी मित्रता भी हो गयी थी। फ़ैज़ ने उन्हें अपनी शायरी फ़िल्मों में इस्तेमाल करने के अधिकार भी दिये थे। लेकिन मेरा फ़ैज़ से कोई निजी और व्यक्तिगत रिश्ता नहीं बन पाया या मैंने बनाना नहीं चाहा। इसके भी कई कारण थे।

दिल्ली में आकर जामिया की नौकरी कर ली। इस दौरान *दिनमान* के लिए लगातार लिखता था और रघुवीर सहाय से बराबर मुलाक़ात रहती थी। उन्हीं दिनों फ़ैज़ के नये संग्रह *दस्ते-तहे-संग* को दिल्ली के किसी प्रकाशक ने वैसे ही छाप दिया था। यह 'कॉपी राइट पायरेसी' का मामला था। मैंने सहाय जी को बताया तो उन्होंने कहा इस बहाने फ़ैज़ पर कुछ लिख दीजिए। मैंने 'पायरेसी' से 'राइट अप' शुरू किया

और फ़ैज़ की कविता के सरोकार तथा उपलब्धियों की चर्चा की। इस 'राइटअप' का शीषक फ़ैज़ की एक कविता की पंक्ति से लिया था : 'मेरा सरमाया यही हाथ तो है।' यह *दिनमान* में छपा था। इसकी प्रति मेरे पास नहीं है।

प्रगतिशील आंदोलन के प्रवर्तक सज्जाद ज़हीर की सन् 1973 में हार्ट फेल होने से मृत्यु हो गयी थी। वे उन दिनों किसी मीटिंग में अल्माआता गये हुए थे, जहां फ़ैज़ भी थे। ख़बर यह मिली कि सज्जाद ज़हीर की 'डेड बॉडी' के साथ फ़ैज़ दिल्ली आ रहे हैं। भारत सरकार ने विशेष रूप से फ़ैज़ को भारत आने का वीज़ा दे दिया है। सज्जाद ज़हीर को जामिया के क़ब्रिस्तान में दफ़न किया गया। यहां मैंने फ़ैज़ को पहली बार देखा। उन्हें देखना एक रोमांचक अनुभव था। जिस शायर के साथ आपने इतना वक़्त गुज़ारा हो उसे साक्षात देखना एक बड़ी कल्पना और आकांक्षा के पूरा होने जैसा है। फ़ैज़ के चेहरे पर जो भाव थे, उनका जो अंदाज़ था, उनकी जो सादगी थी, मैं सब देखता रहा लेकिन उनसे मिला नहीं। अगर मैं अजमल अजमली या अमीर आरफ़ी या प्रो. मुहम्मद हसन से कहता तो वे मुझे फ़ैज़ से मिलवा सकते थे। पर मैंने किसी से नहीं कहा। क्यों! पहली बात तो यह कि जीवन भर मैं मशहूर, बड़े, विख्यात, नामी लोगों से मिलने में हिचकिचाता रहा हूं बल्कि नहीं मिलना चाहता। क्यों? कह नहीं सकता! शायद डर...भय...लेकिन क्यों? किसका डर? या नये आदमी, वह भी विख्यात आदमी का दबाव और फिर मिल पाने के बाद की निरर्थकता। मतलब ज़ाहिर है अगर फ़ैज़ से कोई मुझे मिलवाता तो क्या होता? फ़ैज़ हाथ मिला लेते। मुस्कुरा देते। हद से हद यह कि मुझे गले लगा लेते। तब? क्या उससे कुछ होता? वैसे बड़े लोगों से संबंध बनाना और उन्हें किसी पक्ष में मोड़ देना मेरे लिए अब भी बहुत मुश्किल है। फ़ैज़ को दस मिनट देखता रहा था। फ़ैज़ की पूरी शायरी उनके चेहरे पर खुदी हुई दिखायी पड़ी। मैं इससे बहुत खुश था कि फ़ैज़ को देख लिया है।

फ़ैज़ ऐसे कम शायरों में हैं जिनका 'ग्राफ़' ऊपर ही जाता है। *दस्ते-सबा* से लेकर *सरे-वादिए-सीना* तक फ़ैज़ में ज़बरदस्त जज़्बा है। यह फ़ैज़ की ईमानदारी और बड़ी ईमानदारी है कि उन्होंने समाजवादी सत्ता के बिखरते, टूटते दुःख को भी अपनी कविता का विषय बनाया है।

मूलतः पंजाबीभाषी फ़ैज़ अरबी और फ़ारसी भाषा के अच्छे जानकार थे। वे अपनी उर्दू कविता को ऊंची काव्यात्मकता देने के लिए फ़ारसी और अरबी से शक्ति ग्रहण करते थे। बहरहाल चाहे जो हो, फ़ैज़ पूर्वी देशों के महान कवियों की उस परंपरा में आते हैं जो शताब्दियों तक इनसान के दिलों और दिमागों को गरमाते रहते हैं।

लय में सामूहिकता का एहसास

राजेश जोशी

(1)

फ़ैज़ की कविता में तनहाई और इंतज़ार, ये दो शब्द बार-बार आते हैं। जब नहीं आते हैं तब भी लगता है जैसे उनका अनुरणन उनकी कविता में सुनायी दे रहा है। यों ये ऐसे शब्द हैं जो उर्दू कविता में पहले भी हज़ारों बार प्रयुक्त हुए हैं, लेकिन फ़ैज़ की कविता में आते ही ये इतने अलग से क्यों लगते हैं? ग़ालिब की तनहाई और फ़ैज़ की तनहाई क्या एक ही है... एक ही पद का अर्थ जीवनानुभव के अंतर के साथ कैसे बदल जाता है, फ़ैज़ को पढ़ते हुए इसे महसूस किया जा सकता है। उनके पहले संग्रह का नाम *नक़्शे-फ़रियादी* है जो *दीवान-ए-ग़ालिब* की पहली ग़ज़ल के पहले शेर का पहला शब्द है। लेकिन ग़ालिब और फ़ैज़ का समय अलग है और सामाजिक राजनीतिक स्थितियां भी अलग हैं, इसलिए ग़ालिब का *नक़्शे-फ़रियादी* और फ़ैज़ का *नक़्शे-फ़रियादी* अलग ही नहीं है, काग़ज़ी पैरहन के अभिप्राय भी बदल गये हैं। इसी तरह तनहाई और इंतज़ार जिस तरह और जिन अभिप्रायों के साथ फ़ैज़ की कविता में प्रयुक्त होते हैं, वे उर्दू की सामान्य रूमानी शायरी से न केवल फ़ैज़ की कविता को अलग करते हैं बल्कि वे उर्दू की रूमानी और पारंपरिक कविता में बार-बार इस्तेमाल होने वाले शब्दों, प्रतीकों और लगभग रूढ़ हो गये बिंबों का अर्थ एकबारगी बदल देते हैं। संभवतः पूरे भारतीय उपमहाद्वीप में फ़ैज़ सबसे अधिक समय और सबसे अधिक बार राजनीतिक रूप से बंदी बनाये गये और जेल में रखे गये। जेल की यातनाओं ने उन्हें इस उपमहाद्वीप में प्रतिरोध का मिथक बना दिया है। उनकी कविता में प्रेम और प्रतिरोध एक दूसरे से एकमेक हो गये हैं। भारतीय उपमहाद्वीप में किसी भी अन्य भाषा के कवि को वह हैसियत बीसवीं सदी में प्राप्त नहीं हुई जो फ़ैज़ को मिली है। उनकी कविता का बहुत बड़ा हिस्सा ऐसा है जिस पर जेल के सींखचों की छायाओं को कभी प्रत्यक्ष और कभी परोक्ष रूप से देखा और महसूस किया जा सकता है। उसमें एक क़ैदी के सपने, उम्मीदें, इच्छाएं, ग़ुस्सा और संकल्प हैं। उनकी कविता में क़फ़स, क़ैद, सलाखें, ज़ंजीरें, दार, रसन, मक़तल...जेल से जुड़े और

भी कई पदों की पुनरावृत्ति होती है। और यह आवर्तन पुनरावर्तन उनकी कविताओं के प्रभामंडल को और अधिक विस्तृत करता जाता है। ये पद प्रतिबंध का रूपक नहीं, विकट जीवनानुभव, एक महादेश की औपनिवेशिक दासताओं की तारीख़ और एक आज़ाद हुए देश में फ़ौजी तानाशाही की सच्चाइयों का विराट बिंब, बल्कि शायद यह कहना ज़्यादा सही होगा कि एक महाकाव्यात्मक दृश्यविधान खड़ा कर देते हैं। इन कड़वी सच्चाइयों की टीस को उसमें सुना जा सकता है। अतीक़ुल्लाह ने अपने लेख 'फ़ैज़ अहमद फ़ैज़ : एक ज़िंदा आवाज़' में लिखा है कि 'क़ैदो बंद और दरबदरी और मुल्कबदरी से उन्हें गूंनगूं तजुर्बात हासिल हुए! उन तजुर्बात ने फ़ैज़ के नज़रियात को ताक़त बख़्शी! उनके फ़न को भी जिला (रौशनी) मिली।' (*वसुधा* : 86) एक हद तक यह सही है कि फ़ौजी तानाशाहों द्वारा बार-बार फ़ैज़ की गिरफ़्तारी और निर्वासन ने उनके इरादों को ताक़त दी और रौशनी भी, लेकिन जो दृष्टिकोण फ़ैज़ को मिला वह मात्र जेलों और निर्वासन की देन नहीं था। फ़ैज़ से एक छोटी सी बातचीत में रब्बी ने पूछा था कि 'मुझ से पहली सी मुहब्बत मेरी महबूब न मांग'...इस नज़्म के पीछे क्या प्रेरणा थी? क्या कोई घटना या स्मृति विशेष इसके पीछे है? इस प्रश्न के उत्तर में फ़ैज़ ने कहा :

> *कोई घटना नहीं, इस नज़्म के पीछे का हादसा सिर्फ़ कार्ल मार्क्स का कम्युनिस्ट मैनिफ़ेस्टो पढ़ना था। सिर्फ़ मैनिफेस्टो पढ़ने से लगा कि हम कहां पड़े हैं। तब वह नज़्म लिखी थी। यह रचना कम्युनिस्ट मैनीफेस्टो का प्रत्यक्ष परिणाम है। व्यक्तिगत घटनाएं होती रहती हैं। इससे पहले भी होती थीं, पर समझ तभी आयीं।*
>
> (उत्तरगाथा, 18. 1984)

जीवनानुभव और मार्क्सवाद जैसे जीवनदर्शन के मिलन ने उनके विज़न को तो व्यापक बनाया ही, साथ ही उन्हें जनविरोधी शक्तियों को समझने की ताक़त दी और दुनिया के अलग-अलग हिस्सों में चल रहे मुक्ति आंदालनों से कभी सीधे तौर पर और कभी भावनात्मक स्तर पर जोड़ दिया।

(2)

स्वतंत्रता के ज़्यादा सार्थक अर्थ को वही समझ सकता है जिसकी आज़ादी छीन ली गयी हो। जेल में रहते हुए फ़ैज़ ने एशिया में चल रहे स्वाधीनता संग्राम पर कविताएं लिखीं। अफ़्रीका और फ़िलिस्तीन पर कविताएं लिखीं। पहली गिरफ़्तारी से बहुत पहले ही फ़ैज़ ने वह दृष्टि, वह नज़रिया हासिल कर लिया था जिसके लिए फ़ैज़ जाने गये। उनकी शायरी इस बात का भी साक्ष्य है कि सामाजिक राजनीतिक स्तर पर एक्टिविज़्म एक कवि की रचना को किस तरह की ताक़त और रौशनी देता है। *दस्ते-तहे-संग* की भूमिका, 'फ़ैज़-अज़-फ़ैज़' में उन्होंने लिखा था :

सन् 1935 में मैंने एम.ए.ओ. कॉलेज अमृतसर में मुलाज़मत कर ली। यहां से मेरी और मेरे बहुत से हम-अस्र लिखनेवालों की ज़हनी और जज़्बाती ज़िंदगी का नया दौर शुरू होता है। इस दौरान कॉलेज में अपने रूफ़क़ा साहबज़ादा महमूदुज़्ज़फ़र मरहूम और उनकी बेगम रशीद ज़हां से मुलाक़ात हुई। फिर तरक़्क़ीपसंद तहरीक की दाग़बेल पड़ी, मज़दूर तहरीकों का सिलसिला शुरू हुआ और यूं लगा कि जैसे गुलशन में एक नहीं कई दबिस्तां खुल गये हैं।

फ़ैज़ ने इन्हीं पाठशालाओं में अपने शुरुआती सबक़ पढ़े थे। *ज़िंदांनामा* की भूमिका, फ़ैज़ के साथ लगभग चार बरस जेल में रहे उनके दोस्त मेजर मुहम्मद इसहाक़ ने लिखी थी। उन्होंने जेल में फ़ैज़ के मूड के कई रंग देखे थे और उनका विस्तार से वर्णन किया है। उन्होंने लिखा है कि

मेरे ज़ेहन में फ़ैज़ साहब की शायरी के चार रंग हैं (या मूड कह लीजिए) : पहला रंग सरगोधा और लायलपुर की जेलों में उनकी तीन माह की क़ैदे-तनहाई का है। वे बहुत मुश्किल दिन थे। काग़ज़-क़लम, दवात, किताबें अख़बार, ख़ुतूत, सबकी मनाही थी। उन्होंने इस तरफ़ इशारा भी किया है :

मता-ए-लौह-ओ-क़लम छिन गयी तो क्या ग़म है
कि ख़ूने-दिल में डुबो ली हैं उंगलियां मैंने
ज़बां पे मुहर लगी है तो क्या कि रख दी है
हरेक हलक़ए-ज़ंजीर में ज़बां मैंने

इस क़ैदे तनहाई का उन पर इतना असर हुआ कि हैदराबाद पहुंचने पर वे अकेला रहने से बहुत वहशत खाते। इस दौर की अधिकांश कविताएं ज़िंदांनामा में हैं और जो कुछ बच गयीं वे दस्ते-सबा में शामिल की गयी हैं। उनकी शायरी का दूसरा रंग हैदराबाद का है। यहां हमें हर तरह का जिस्मानी आराम, जो जेल में मुमकिन है, मयस्सर था। 'गोशे में क़फ़स के मुझे आराम बहुत है' की सी हालत थी कि ज़ाहिरा आराम चैन के पर्दे में हज़ारों हसरतों का ख़ून और लाखों तमन्नाओं का कब्रिस्तान था। हमारे ख़िलाफ़ कई ताज़ीरी दफ़ाएं ऐसी लगी थीं कि जिनकी सज़ा मौत थी। इसके अलावा, सफ़ाई पेश करने की सहूलियतें बहुत हद तक हमें मयस्सर नहीं थीं...।

तीसरा रंग कराची का है जहां फ़ैज़ साहब दो माह के लिए मुक़ीम रहे। मुहम्मद इसहाक़ ने लिखा है कि कराची अस्पताल में जेल की अपेक्षा ज़्यादा आज़ादी थी इसलिए फ़ैज़ को वहां आज़ादी की नेमतों का तीखा एहसास हुआ। इस तीखे एहसास के बाद जब वे मंटगोमरी आये तो क़ैद का एहसास भी तीखा हो गया और उनकी शायरी में ज़ाहिर हुआ। इस एहसास के कारण ही उन्होंने अपने संग्रह का नाम *ज़िंदांनामा* रखा था।

चौथा रंग मंटगोमरी की जेल का है।

हम अहले क़फ़स तनहा भी नहीं, हर रोज़ नसीमे-सुबहे-वतन
यादों से मुअत्तर आती है, अश्कों से मुनव्वर जाती है।

(3)

मुझे लगता है कि जेल के प्रत्यक्ष अनुभव के कारण ही फ़ैज़ की कविता में जेल की यातनाओं से जुड़े बिंब नहीं आये हैं, 1941 में प्रकाशित हो चुके *नक़्शे-फ़रियादी* में भी इस तरह के बिंब मौजूद हैं। यह एहसास कहीं न कहीं औपनिवेशिक दासता के एहसास से जुड़ा है। *नक़्शे-फ़रियादी* एक ऐसा संग्रह है जिसमें फ़ैज़ की कविता में तेज़ी से आ रहे परिवर्तनों को पढ़ा जा सकता है। यहां 'तनहाई' जैसी नज़्म है जहां गहरी उदासी है, निराशा है, हालांकि इसके बारे में फ़िराक़ गोरखपुरी ने लिखा है कि यह 'एक जीवंत आधुनिक क्लासिक है।' उनका मानना है कि यह कविता नहीं बल्कि 'जन्नत और दोज़ख का एकीकृत राग है'। यह चौथे दशक की कविता है। फ़ैज़ की कविता के अनुवादक और समालोचक केरनिन ने लिखा है कि यह उन नाकामियों का नौहा (मातम) है जिनसे उपमहाद्वीप का स्वतंत्रता संग्राम ग्रस्त था ('फ़ैज़ का सौंदर्यबोध और अर्थ विन्यास', गोपीचंद नारंग से उद्धृत)। भारतीय समाज में बीसवीं सदी का चौथा दशक भयानक मंदी और गहरी निराशा का दशक रहा है। इसी अवधि में *गोदान* और *कामायनी* लिखी गयी थी। गहरी निराशा के बुनियादी कारण गांधी-इरविन समझौते में मौजूद थे। जवाहरलाल नेहरू ने अपनी आत्मकथा में इस अवधि का ज़िक्र गहरी निराशा के साथ किया था और अंत में एलियट की पंक्तियां उद्धृत की थीं : 'इस तरह होता है दुनिया का अंत/धमाके से नहीं रिरियाहट के साथ'। केरनिन का कथन इसीलिए विचारणीय लगता है। ऊपरी तौर पर पूरी कविता निराशा में डूबी एक प्रेम कविता लगती है लेकिन अगर चौथे दशक की निराशाओं के संदर्भ में इसे पढ़ा जाये तो यह गहरी राजनीतिक कविता लगती है। 'अजनबी ख़ाक ने धुंधला दिये क़दमों के सुराग़...' इस पद को जवाहरलाल नेहरू के गांधी-इरविन समझौते के दूसरे दिन 5 मार्च 1931 को आत्मकथा में गहरी निराशा के साथ लिखे वाक्यों के संदर्भ में देखें तो इसके कई दूसरे अर्थ सामने आते हैं :

> *अब हमारी स्वाधीनता का, अर्थात हमारे उद्देश्य का महत्वपूर्ण प्रश्न बाक़ी रहा और समझौते की धारा दो से मुझे यह मालूम पड़ा कि यह भी ख़तरे में जा पड़ा है। क्या इसीलिए हमारे लोगों ने एक साल तक अपनी बहादुरी दिखायी? क्या हमारी बड़ी-बड़ी ज़ोरदार बातों और कामों का ख़ात्मा इसी तरह होना था? क्या कांग्रेस का स्वाधीनता प्रस्ताव और 26 जनवरी की प्रतिज्ञा इसीलिए की गयी थी?*

जिस शून्यता के एहसास की बात नेहरू करते हैं फ़ैज़ की अंतिम दो पंक्तियां भी इसी एहसास के क़रीब लगती हैं :

> *अपने बेख़्वाब किवाड़ों को मुक़फ़्फ़ल कर लो*
> *अब यहां कोई नहीं, कोई नहीं आयेगा*

इस नज़्म के बाद ही 'चंद रोज़ और मेरी जान' जैसी नज़्म है। जेल से जुड़े पद यहां भी हैं। यह जेल जाने से पहले के दौर की नज़्म है। इस बात का अध्ययन किया

जा सकता है कि *नक़्शे-फ़रियादी* में आये जेल के बिंब और *ज़िंदांनामा* या बाद के संग्रहों में आये जेल के बिंबों में क्या फ़र्क़ है। जेल जाने के बाद की नज़्मों में जेल का एहसास ज़्यादा तीखा हुआ है और उसी के अनुपात में आज़ादी की नेमतों का एहसास भी ज़्यादा तीखा होता गया है। *नक़्शे-फ़रियादी* में यह शब्दावली कुछ हद तक प्रतीकात्मक ज़्यादा है :

जिस्म पर क़ैद है, जज़्बात पे ज़ंजीरें हैं
फ़िक्र महबूस है, गुफ़्तार पे ताज़ीरें हैं

(4)

फ़ैज़ को पढ़ते हुए अक्सर यह महसूस होता है कि उनका स्वभाव ग़ज़ल के बनिस्बत नज़्म के ज़्यादा क़रीब है। शायद यह इसलिए भी हो कि उनकी ग़ज़ल में कैफ़ियत की एक यूनिटी मुसल्सल क़ायम रहती है। फ़ैज़ ख़ुद भी इस बात में यक़ीन करते हैं कि जिस ग़ज़ल में भावभूमि की यूनिटी नहीं होती वह महज़ क़ाफ़ियाबंदी है और अच्छा और संजीदा ग़ज़लिया कलाम ऐसा नहीं होता। ग़ालिब की ग़ज़ल पर अपने भाषण में उन्होंने कहा है कि अच्छी ग़ज़ल में 'विषयवस्तु या भावनाओं की इकाई नहीं होती बल्कि उस चीज़ की इकाई होती है जिसको आप मूड कह लें या एक कैफ़ियत (भावधारा) कह लें।' फ़ैज़ की ग़ज़ल में मूड की यह यूनिटी बनी रहती है, शायद इसीलिए वह नज़्म के कुछ क़रीब महसूस होती है। रशीद अहमद सिद्दीक़ी मानते हैं कि फ़ैज़ की नज़्में ऐसी हैं जो उर्दू की सर्वोत्तम नज़्मों के हम-पहलू रखी जा सकती हैं। यही कारण है कि जब वह ग़ज़ल की ओर प्रवृत्त होते हैं तो उनकी नज़्म की विशेषताएं और अधिक निखर और संवरकर उनकी ग़ज़लों में ढल जाती हैं (*फ़ैज़* : शमशेरबहादुर सिंह, मुग़ीसुद्दीन फ़रीदी)। एक कारण और यह भी हो सकता है कि ग़ज़ल में हम जिस तरह की मुलायमियत की उम्मीद करते हैं वह फ़ैज़ के यहां नहीं मिलती। सज्जाद ज़हीर ने अपने एक संस्मरण में जेल के एक दिलचस्प वाक़ये का हवाला दिया है। उसमें फ़ैज़ ने कहा कि 'भई, तुम लखनऊ वालों को ख़ुश करना मेरे लिए मुश्किल है। आख़िर मैं सियालकोट का पंजाबी हूं...।' अपने कई समकालीनों की तरह फ़ैज़ में किसी क़िस्म का बोहेमियनिज़्म नहीं है। न उनके व्यक्तित्व में, न उनकी शायरी में। वे मजाज़ से एकदम दूसरे छोर पर खड़े नज़र आते हैं। शायद इसीलिए उनका रोमेंटिसिज़्म भी, रोमेंटिसिज़्म की परिचित सीमाओं से मेल नहीं खाता। उनकी सलीक़ामंदी और गहरी उदासी उनके आशावाद को किसी हवाई आशावाद में नहीं बदलने देती। आवारगी और क्रांतिकारी अतिवाद के लिए उसमें जगह नहीं। निदा फ़ाज़ली ने अपने लेख, 'जितने सुख़न तुम्हारे थे' में बताया है कि फ़ैज़ ने अपने बचपन के बारे में एक जगह लिखा है, 'हमारे घर में औरतों की भीड़ थी। हमारे भाई खेलकूद में व्यस्त थे। हम अकेले इन औरतों के साथ रहे,

इसका कुछ नुक़सान भी हुआ और कुछ फ़ायदा भी। फ़ायदा तो यह हुआ कि इस संगत ने हमको इंतहाई शरीफ़ाना ज़िंदगी बसर करने पर मजबूर किया जिसकी वजह से कोई ग़ैरतहज़ीबी या बाज़ारू क़िस्म की बात उस ज़माने में हमारे मुंह से नहीं निकलती थी। अब भी नहीं निकलती।' इसी में आगे निदा ने लिखा कि फ़ैज़ की बचपन की बात पढ़कर मुझे ग़ज़ल विधा की कई परिभाषाओं में से एक परिभाषा याद आने लगी, ग़ज़ल को स्त्री से बातचीत के रूप में परिभाषित किया जाता है। इस परिभाषा में ग़ज़ल की डिक्शन की सलीक़ामंदी की तरफ़ छुपा हुआ इशारा भी है। ग़ज़ल की भाषा बेनक़ाब नहीं, पर्दादार होती है। यही सलीक़ामंदी या तहज़ीब फ़ैज़ की शायरी की ख़ूबसूरती है।

(5)

फ़ैज़ की कविता में कठिन या कहें कि फ़ारसी-अरबी के तत्सम शब्दों की बहुतायत है। कई बार उनकी कविता अपनी बनक में बहुत जटिल होती है। लेकिन कठिन ज़बान और कठिन शिल्प के बावजूद आम पाठक उसके प्रति आकर्षित होता है। वे इस महाद्वीप में ही नहीं, दुनिया के कई मुल्कों में बहुत ज़्यादा पढ़े जाने वाले लोकप्रिय कवि हैं।...ऐसा क्यों है? मुझे लगता है, इसका रहस्य उनकी कविता के अर्थ से ज़्यादा उसकी लय में है। उन्होंने 'मैं' शब्द का इस्तेमाल तक़रीबन नहीं किया। वह 'हम' की कविता है। उनकी लय में सामूहिकता का एहसास होता है। इसलिए वह शब्द और अर्थ का अतिक्रमण करके पाठक से अपना रिश्ता जोड़ लेती है। इस लय में उनका अपना समय धड़कता हुआ सुनायी देता है और यही लय अपने समय का अतिक्रमण करके उनकी कविता को कालजयी बना देती है।

ख़्वाब का शायर

मंगलेश डबराल

सन् 1972 में फ़ैज़ को नयी दिल्ली में एफ़्रो-एशियाई लेखक सम्मेलन में पहली बार देखा था, लेकिन ठीक से नहीं देखा था क्योंकि तब हम लोग इस सम्मेलन का विरोध और बहिष्कार कर रहे थे। एफ़्रो-एशियाई लेखक सम्मेलन का रिश्ता भारतीय कम्युनिस्ट पार्टी और उसके प्रगतिशील लेखक संघ से था और हमारी निगाह में ये तीनों संशोधनवादी संगठन थे। इस सम्मेलन में शमशेर बहादुर सिंह भी मौजूद थे और कुछ समय बाद उन्होंने हम कुछ दोस्तों से कहा था, 'मुझे आप लोगों का क़दम बहुत अच्छा लगा था लेकिन उसके बाद मैं इंतज़ार करता रहा कि किसी पत्रिका में आपमें से कोई कवि लिखकर बतायेगा कि वास्तविक एफ़्रो-एशियाई लेखन क्या है। लेकिन इतने दिन बाद भी मुझे ऐसा कोई लेख दिखायी नहीं दिया।' इस सम्मेलन के बारे में इतना याद है कि फ़ैज़ अपने बहुत सकुचाते हुए और 'लो-प्रोफाइल' अंदाज़ के बावजूद सबसे अहम भूमिका में थे। उनके व्यक्तित्व में कोई शायराना तत्व नज़र नहीं आता था। वे बेरूत में रहते थे और एफ़्रो-एशियाई लेखकों की नायाब पत्रिका 'लोटस' का संपादन करते थे जिसमें छपना हिंदी-उर्दू के प्रगतिशील लेखकों का प्रिय सपना हुआ करता था।

फ़ैज़ को दूसरी और आख़िरी बार इलाहाबाद में देखा और शायरी पढ़ते हुए सुना। इलाहाबाद में कई वर्षों बाद फ़ैज़ और फ़िराक़ गोरखपुरी की ऐतिहासिक मुलाक़ात देखने को मिली। मुलाक़ात के दौरान फ़िराक़ अपनी बड़ी-बड़ी आंखों को घुमाते हुए खूब चहक रहे थे, लेकिन फ़ैज़ को देखकर लगता था कि वे ख़ासे अंतर्मुखी हैं और अपने बारे में ज़्यादा कुछ नहीं बोल रहे हैं। कुछ तरक़्क़ीपसंद लेखकों की पहल पर उनके कुछ कविता पाठ भी हुए। एक जगह फ़ैज़ ने अपनी एक मशहूर ग़ज़ल सुनायी थी : 'हम परवरिशे-लौहो-क़लम करते रहेंगे/जो दिल पे गुज़रती है रक़म करते रहेंगे।' फ़ैज़ के पढ़ने का तरीक़ा क़तई आकर्षक नहीं था, वे जैसे किसी रस्म-अदायगी की तरह और ख़ासे निरासक्त तरीक़े से शायरी पढ़ते थे। लेकिन यह शेर इतना पुरअसर था कि वह मुझे तुरंत याद हो गया और अब भी मैं उसे अक्सर अपने अंदर दोहरा लेता हूं। फ़ैज़ के पढ़ने में यह भावहीनता शायद इसलिए थी कि उनकी शायरी इतनी

सहज-सरल और अर्थगर्भित थी कि अपने आप श्रोता तक पहुंच जाती थी, उसे ले जाने के लिए आवाज़ का अभिनय ज़रूरी नहीं था।

हमारी पीढ़ी जिस तहज़ीबी साज़ो-सामां के साथ बड़ी हुई उसमें बहुत-सी दूसरी चीज़ों के अलावा फ़ैज़ की शायरी भी थी। तब तक फ़ैज़ भारतीय उपमहाद्वीप ही नहीं, बल्कि पूरे एशिया के शायर, उसकी काव्यात्मक आवाज़ बन चुके थे। फ़ैज़ के साथ-साथ फ़िलिस्तीनी कवि महमूद दरवीश की शायरी भी एशिया में एक परिवर्तनकारी प्रतिध्वनि के रूप में सुनायी दे रही थी। लेकिन दरवीश अपेक्षाकृत नये थे जबकि फ़ैज़ तब तक कुछ कम्युनिस्ट होने के नाते और कुछ पाकिस्तान के फ़ौजी तानाशाहों की मेहरबानी से बहुत कुछ भुगत चुके थे। शायरी और ज़िंदगी दोनों स्तरों पर वे तुर्की के महाकवि नाज़िम हिकमत के समकालीन थे—उन्हीं की तरह क़ैद, दरबदर, पलायन और जिलावतनी भुगते हुए और उन्हीं की तरह आगे आने वाले वक़्त और लोगों की तरफ़ उम्मीद से भरपूर। एक और भी बात थी : नाज़िम और फ़ैज़ दोनों की शायरी में उदासी का एक तार, एक धीमा-सा संगीत बजता हुआ सुनायी देता था—एकरस और मुसलसल। वह शायरी की पृष्ठभूमि में रहता था और उसके आशावान कथ्य को दबाता या उस पर हावी नहीं होता था, बल्कि उसे एक और आयाम दे देता था।

दिल्ली में कथाकार असग़र वजाहत से पहली बार फ़ैज़ की शायरी सुनने को मिली। उन्हें फ़ैज़ की लगभग सारी कविता याद थी और फ़ैज़ की नज़्में, खासकर 'रक़ीब से' और 'तेरे होठों की चाहत में' उन्हें बहुत प्रिय थीं, जिन्हें वे चलते-चलते भी अनायास बुदबुदाने लगते जैसे ख़ुद को सुना रहे हों : 'तेरे होठों के फूलों की चाहत में हम/दार की ख़ुश्क टहनी पे वारे गये/तेरे हाथों की शम्ओं की हसरत में हम/नीम तारीक राहों में मारे गये/सूलियों पर हमारे लबों से परे/तेरे होठों की लाली लपकती रही/तेरी ज़ुल्फ़ों की मस्ती बरसती रही/तेरे हाथों की चांदी दमकती रही/जब घुली तेरी राहों में शामे-सितम/हम चले आये, लाये जहां तक क़दम/लब पे हर्फ़े-ग़ज़ल/दिल में कंदीले-ग़म/अपना ग़म था गवाही तेरे हुस्न की/देख क़ायम रहे उस गवाही पे हम/हम जो तारीक राहों में मारे गये।'

इस नज़्म में कोई जादुई चीज़ थी। वह सीधे दिल जैसी जगह पर असर करती थी लेकिन वह वहीं नहीं रह जाती थी, बल्कि दिमाग़ में चली जाती थी। शायद इसलिए कि यह किसी एक चीज़ को नहीं, बल्कि एक साथ बहुत सी चीज़ों को, ज़िंदगी के कई आयामों को संबोधित थी। वह प्रेम कविता लगती थी लेकिन उसी समय अपने वतन के लिए भी लिखी हुई लगती थी और अपने वक़्त के लिए भी, किसी स्वप्न के लिए भी और आनेवाली पीढ़ियों के लिए भी। फूलों की चाहत में काठ की सूली पर चढ़ने तक का एक लंबा सफ़र जैसे इस नज़्म में 'कंडेंस्ड' करके रख दिया गया हो, जैसे मनुष्य के प्रेम से लेकर उसके भविष्य तक के सारे आयाम संगुंफित कर दिये गये हों।

इसी तरह 'रक़ीब से' शीर्षक नज़्म भी थी। यह एक विलक्षण कविता है और शायद ऐसी कविताएं दुनिया की तमाम ज़बानों में उंगलियों पर गिनी जाने लायक़ ही होंगी। इसकी अंर्तवस्तु का प्रारूप ही अजब है। वह ऊपरी तौर पर एक भूतपूर्व प्रेमी का आत्मकथन है जो किसी वर्तमान प्रेमी को संबोधित है—उदासी और मोहभंग की धुंध में लिपटे हुए एक इनसान का बयान, जिसमें वह मौजूदा प्रेमी को अपना हाल बताने के लिए आमंत्रित करता है : 'आ कि वाबस्ता हैं उस हुस्न की यादें तुझसे/जिसने इस दिल को परीख़ाना बना रक्खा था/जिसकी उल्फ़त में भुला रक्खी थी दुनिया हमने/दहर को दहर का अफसाना बना रक्खा था। तूने देखी है वो पेशानी, वो रुख़सार, वो होंठ। ज़िंदगी जिनके तसव्वुर में लुटा दी हमने/तुझपे उट्ठी हैं वो खोयी हुई साहिर आंखें/तुझको मालूम है क्यूं उम्र गंवा दी हमने।'

यह नज़्म एक बेहद नाज़ुक, उदास, शमशेर के शब्दों में 'खफ़ीफ़ दर्द' को हमारे सामने रखती है, बल्कि अपनी अद्भुत चित्रमयता के साथ उसे दिखाती है, उसकी एकालाप की लय चिंतनपरक मनःस्थिति को और भी शिद्दत दे देती है और अपनी एक गहरी गूंज हमारे भीतर छोड़ जाती है। आश्चर्य नहीं कि यह लय और मनोदशा शमशेर की ही एक मशहूर कविता 'टूटी हुई—बिखरी हुई' के संगीत से कुछ मिलती-जुलती है : 'हां, मुझसे प्रेम करो जैसे मछलियां लहरों से करती हैं/जिनमें वे फंसने नहीं आतीं/जिनको वे गहराई तक दबा नहीं पातीं/तुम मुझसे प्रेम करो जैसे मैं तुमसे करता हूं।' नज़्म के आख़िरी हिस्सों में फ़ैज़ प्रेम के उस अनुभव का कायांतरण कर देते हैं और उस खोये हुए और टूटे हुए अनुभव के हासिल को बयान करते हैः 'आजिज़ी सीखी ग़रीबों की हिमायत सीखी/यास-ओ-हिरमान के, दुख-दर्द के मानी सीखे/ज़ेरदस्तों के मसाइब को समझना सीखा/सर्द आहों के, रुख़े ज़र्द के मानी सीखे'। इस तरह प्रेम का यह हासिल किसी निजी दुख में न बदलकर एक विस्तार पा लेता है और व्यापक मनुष्यता के दुख को समझने के विवेक में बदल जाता है। यह फ़ैज़ की सबसे बड़ी खूबी है कि वे व्यक्तिगत को समाजिक अनुभव तक पहुंचा देते हैं और उर्दू शायरी के अति परिचित और लगभग तैयारशुदा इश्क़ को एक उदात्तता तक ले जाते हैं।

और यह रक़ीब कौन है जिसे कवि इतनी कशिश के साथ अपनी दास्तान सुना रहा है? वह उससे नफ़रत नहीं करता, रश्क नहीं करता, बल्कि प्रेम ही करता है। क्या रक़ीब की इस कल्पना में एक नयी पीढ़ी की व्यंजना है जिसे फ़ैज़ संबोधित करते हुए एक स्वप्न का बेहद सुंदर वर्णन कर रहे हैं? क्या फ़ैज़ उस नयी पीढ़ी से सरगोशी कर रहे हैं और कह रहे हैं कि हम जिस स्वप्न को अंजाम तक नहीं ले जा सके, वह अब तुम्हारे हवाले है। इससे मिलता-जुलता एक अनुभव जर्मनी के महान कवि और नाटककार बर्तोल्त ब्रेश्ट की कविता 'अगली पीढ़ी से' में मिलता हैः 'तुम जो कि इस बाढ़ से उबरोगे/जिसमें हम डूब गये/जब हमारी कमजोरियों की बात करो/तो उस अंधेरे के बारे में भी सोचना/जिससे तुम बचे रहे/जूतों से ज़्यादा देश

बदलते हुए/हम बेचैनी के साथ वर्ग संघर्षों से गुज़रते रहे/जब सिर्फ़ अन्याय था और प्रतिरोध कहीं नहीं था।'

उर्दू शायरी अपनी ज़बान से जानी जाती है। यानी कही गयी बात से अहम बात यह है कि उसे किस तरह कहा गया है। बड़े शायर अपनी ज़बान की ऊंचाई के लिए भी जाने जाते हैं। मीर, सौदा, ग़ालिब, मोमिन और इक़बाल का अंदाज़े-बयां बहुत अलग-अलग है और ये सभी ज़बान के लिहाज़ से भी महान हैं। ज़बान की अहमियत इस क़दर है कि बहुत से शायर ज़बान की उस्तादाना हिकमत के कारण भी बड़े मान लिये गये और कई बड़े शायर ऐसे भी थे जो ज़बान की तराश के लिए उन उस्तादों से सलाह लेते थे जो शायर के तौर पर अहम नहीं थे। फ़ैज़ ने कोई नयी ज़बान ईजाद नहीं की, बल्कि वे उपलब्ध भाषा और बिंबों से, यहां तक कि शायरी के घिसे-पिटे सिक्कों से काम चलाते रहे। शामे-ग़म, ग़मे-उल्फ़त, शामे-सितम, शमा और परवाने, रक़्से-मय, रुख़सार, पेशानी, हिज्र और वस्ल, मैख़ाना, कारवां, क़फ़स और परवाज़ जैसे अल्फ़ाज उनकी शायरी में बहुतायत से हैं, लेकिन फ़ैज़ का कारनामा यह है कि उन्होंने इन पुराने शब्दों, बिंबों और प्रतीकों को एकदम नयी व्यंजनाओं से भर दिया और उनमें अर्थों के कई स्तर और विस्तार पैदा कर दिये। इससे ज़बान में बौद्धिकता भले न पैदा हुई हो, लेकिन एक बेजोड़ पारदर्शिता तामीर हुई जिसमें कोई धुंध नहीं थी, कोई ग़ुबार नहीं था। उर्दू की व्यक्तिपरक उस्तादी के बरक्स यह शायरी की ज़बान को लोकतांत्रिक बनाने का काम था। शायद इसी से फ़ैज़ की शायरी में एक अद्‌भुत दृश्यात्मकता और चित्रमयता आयी। मसलन 'जब तुझे याद कर लिया, सुबह महक-महक उठी/जब तेरा ग़म जगा लिया, रात मचल-मचल गयी' या 'दर्द का चांद बुझ गया, हिज्र की रात ढल गयी' जैसी इन पंक्तियों में हम दर्द के चांद को बुझते हुए और वियोग की रात को ढलते हुए 'देख' सकते हैं। लेकिन यह सिर्फ़ दृश्यात्मकता नहीं है, सिर्फ़ बिंब नहीं है, बल्कि ये पंक्तियां सहसा फ्रांस के उत्तर-संरचनावादी दार्शनिक जाक देरिदा की एक उक्ति की याद दिलाती हैं कि 'शब्द सिर्फ़ अर्थ नहीं होते, बल्कि वे वही वस्तु होते हैं जिसे वे अभिव्यक्त करते हैं।' उर्दू में शायद अकेले फ़ैज़ ही हैं जो शायरी की शम्आ को तैयारशुदा मैख़ानों और महफ़िलों से बाहर एक बड़े समाज के बीच ले गये और उसे उन्होंने एक नयी रौशनी से भर दिया। फ़ैज़ का मैखाना भी मज़लूमों, महरूमों और ख़ाकनशीनों का समाज है : 'रक़्से-मय तेज़ करो, साज़ की लय तेज़ करो/सूए-मैख़ाना सफ़ीराने हरम आते हैं।'

इसमें कोई शक नहीं कि फ़ैज़ एक बहुत लंबे समय तक एशिया महाद्वीप की सबसे लोकप्रिय शायराना शख़्सियत बने रहे। पाकिस्तान के फ़ौजी तानाशाहों को अपने अदीबों और उनकी आवाज़ से बहुत डर लगता रहा है और वहां के अदीबों ने भी अपनी प्रतिबद्धता पर, अवाम के प्रति अपनी ज़िम्मेदारी पर क़ायम रहते हुए ऐसे जोख़िम उठाये हैं और ऐसी तकलीफ़ें सही हैं जो हिंदी के लेखकों- कवियों को नहीं सहनी पड़ी। पाकिस्तान के अदीब और शायर अपने प्रतिरोध और आज़ादख़याली

के लिए भी दुनिया में जाने गये। फ़ैज़ के इर्द-गिर्द भी ऐसी ही कई घटनाएं हैं जिनमें एक यह है कि किस तरह जब मशहूर गायिका इक़बाल बानो ने हज़ारों श्रोताओं के सामने करीब दो घंटे तक फ़ैज़ को गाया तो एक बड़ी हलचल और थरथराहट फैल गयी। उनके कैसेट को सुननेवाले जानते हैं कि जब इक़बाल बानो ने फ़ैज़ की वह मशहूर नज़्म 'लाज़िम है कि हम भी देखेंगे' को गाना शुरू किया तो श्रोता भी पूरे आवेग के साथ गाने लगे और इसके बाद फ़ौजी शासक ज़ियाउल-हक़ ने फ़ैज़ और इक़बाल बानो, दोनों पर पाबंदी लगा दी। भारत और पाकिस्तान में ऐसा कोई ग़ज़ल गायक नहीं है जिसने फ़ैज़ की रचनाएं न गायी हों और नैयारा नूर जैसी गायिका ने तो फ़ैज़ को इस तरह धीमे गायन के साथ पढ़ा है कि वह एक यादगार अदायगी बन गयी है।

फ़ैज़ हिंदुस्तान और पाकिस्तान के अवाम के सबसे ज़्यादा काम आने वाले शायरों में से रहे हैं। उनकी शायरी बहुत अधिक इस्तेमाल में आयी है। बर्तोल्त ब्रेश्ट ने अपनी एक कविता में कहा था कि 'मैं अपनी क़ब्र पर कोई समाधि लेख नहीं चाहता हूं लेकिन अगर कुछ लिखना ही हो तो यह लिखा जाये कि उसने सुझाव दिये और हमने उनका इस्तेमाल किया।' फ़ैज़ पर यही बात लागू होती है। कवि की इस भूमिका के बारे में ख़ुद फ़ैज़ ने ही लिखा था : 'हमने जो तर्ज़े-फ़ुग़ां की थी क़फ़स में ईजाद, फ़ैज़ गुलशन में वही तर्ज़े-बयां ठहरी है।' फ़ैज़ ने दुख की जो भाषा ईजाद की, वह एक बड़े समाज की अभिव्यक्ति में बदल गयी। यही एक बड़े कवि का काम होता है कि वह अपने दर्द और अपने ख़्वाब को सबका दर्द और ख़्वाब बना देता है। कभी-कभी लगता है कि अगर लोगों में अब भी 'एक नयी सहर' का इन्सानी जज़्बा बचा हुआ है तो यह बहुत कुछ इस वजह से भी है कि फ़ैज़ को बहुत पढ़ा गया है, बहुत गाया गया है और बहुत इस्तेमाल किया गया है।

घर से जहां तलक

अली हुसैन मीर व रज़ा मीर

1955 में फ़ैज़ ने, जो 1951 से ही मंटगोमरी जेल में राजद्रोह की गतिविधियों के आरोप में क़ैद थे, नज़्म 'आ जाओ अफ़्रीका' लिखी थी। यह नज़्म उस जुमले पर आधारित थी जो उन्होंने अफ़्रीका के उपनिवेशविरोधी बाग़ियों से उन के उत्साहवर्धक नारे के तौर पर सुना थाः

आ जाओ मैंने सुन ली तेरे ढोल की तरंग
आ जाओ मस्त हो गयी मेरे लहू की ताल
'आ जाओ अफ़्रीका'
आ जाओ मैंने धूल से माथा उठा लिया
आ जाओ मैने छील दी आंखों से ग़म की छाल
आ जाओ मैंने दर्द से बाज़ू छुड़ा लिया
आ जाओ मैंने नोंच दिया बेबसी का जाल
'आ जाओ अफ़्रीका'

...
धरती धड़क रही है मेरे साथ अफ़्रीका
दरिया थिरक रहा है तो वन दे रहा है ताल
मैं अफ़्रीका हूं धार लिया मैंने तेरा रूप
मैं तू हूं, मेरी चाल है तेरे बबर की चाल
'आ जाओ अफ़्रीका'
आओ बबर की चाल
'आ जाओ अफ़्रीका'

इस कविता ने हमेशा हमें जितना आकर्षित किया है उतना ही परेशान भी। जहां एक ओर तो इन पंक्तियों में अफ़्रीका के प्रति फ़ैज़ की सॉलीडैरिटी ज़ाहिर है, वहीं अफ़्रीका महाद्वीप का बिंब आदिम, जंगली, वनों और हिंस्र जानवरों का उपयोग करने वाला है। नये ज़माने की हमारी समझ के लिए अंतर्राष्ट्रीय मानवतावाद के प्रति फ़ैज़ की ज़ाहिर प्रतिबद्धता और अफ़्रीकी लोगों की आदिम जनों के रूप में उनके मन में

रही स्पष्ट प्रतिमा के बीच सामंजस्य बिठाना मुश्किल था। यह तो हमें बहुत बाद में पता चला कि नस्लीकृत स्टीरियोटाइप के उपयोग से बहुत परे फ़ैज़ का बिंबविधान नीग्रो आंदोलन के लेखकों और बुद्धिजीवियों के काव्यात्मक सौंदर्यशास्त्र से प्रेरित था। अश्वेत जनों के बीच अंतर्राष्ट्रीय एकजुटता हेतु कालेपन के रूपकों का उपयोग करना यह नीग्रो आंदोलन की कोशिश हुआ करती थी। मार्तिनी देश के एमे शेज़ेयर जैसे अफ़्रीकी कवियों के साथ फ़ैज़ की दोस्ती ने उन्हें इन रूपकों का इस्तेमाल करने की ओर प्रवृत्त किया होगा, जिसे फिर वे उपमहाद्वीप में ले आये। आख़िर अली सरदार जाफ़री जैसे उर्दू शायरों ने भी अपनी शायरी में ऐसे बिंबविधान का प्रयोग विश्वभर के काले क्रांतिकारियों का एहतराम करने के लिए किया था।

'आ जाओ अफ़्रीका' की दास्तां उर्दू शायरी के तरक़्क़ीपसंद सौंदर्यशास्त्र के अंतर्राष्ट्रीय मिजाज़ अख़्तियार करवाने में फ़ैज़ की भूमिका कई तरीक़ों से स्थापित करती है। पचास और साठ के दशकों में दुनिया भर में उनकी यात्रएं उन्हें ऐसी ऐसी जगहों पर ले गयीं जो विलायत के द्वीप में लगने वाले उनके समवर्तियों के स्टैंडर्ड डेरों की बनिस्वत कहीं अधिक दिलचस्प थे। अपने-अपने मुल्कों के मज़लूमों के बारे में लिखने वाले बहुतेरे समवर्तियों से उनका रिश्ता बना : चीले के पाब्लो नेरुदा, हार्लम रेनेसास के लैंग्स्टन ह्यूज, तुर्की के नाज़िम हिकमत (जिनकी कविताओं का फिर उन्होंने उर्दू में तर्जुमा भी किया)। इसके साथ-साथ, उपमहाद्वीप के वामपंथी लेखक जहां मायकोवस्की जैसे सोवियत लेखकों से भली-भांति परिचित थे पर यूरोपीय शैली में लिखने वाले रूसियों का प्रभाव उन पर कम ही था। फ़ैज़ की बदौलत हमारे पास कज़ाकिस्तान के ओल्ज़ूहास सुलेमनोव और दागिस्तान के रसूल हम्ज़तोव जैसे कमतर सोवियत लेखकों के उर्दू अनुवाद हैं।

राज्य के विरुद्ध

फ़ैज़ कुछ तो अपनी तबीअत से अंतर्राष्ट्रीयतावादी थे और कुछ परिस्थितियों ने उन्हें ऐसा बना दिया था। 15 अगस्त 1947 को देश के विभाजन के साथ ही राष्ट्र-राज्य के साथ उनका रिश्ता बर्बाद हो गया था। जिस आज़ादी का वादा किया गया था वह आयी, पर उसकी रक्तिम छटा उस समाजवादी लाल सुबह की सी नहीं थी जिसका इंतज़ार था, बल्कि वह विभाजन की हिंसा में मारे गये लोगों के खून से आयी थी। फ़ैज़ की नज़्म, 'सुबहे-आज़ादी' उपनिवेश के ख़त्म होते वक़्त प्रगतिशील राजनीति की हार का तराना है। 'ये दाग़ दाग़ उजाला ये शब-गज़ीदा सहर' में विभाजन की त्रासदी की बाबत सारे प्रगतिशीलों की आवाज़ शामिल है। एक अपूर्ण यात्रा को जारी रखने के आवाहन के साथ यह नज़्म ख़त्म होती है :

अभी गिरानी-ए-शब में कमी नहीं आयी
नजात-ए-दीदा-ओ-दिल की घड़ी नहीं आयी
चले चलो कि वो मंज़िल अभी नहीं आयी

राष्ट्र-राज्य के साथ फ़ैज़ का संबंध और भी डगमग हो गया जब अयूब ख़ान की सरकार ने 1951 में उन्हें रावलपिंडी षड्यंत्र मामले में गिरफ़्तार कर लिया। सरकार का तख़्ता पलटने की कार्रवाई के आरोपों ने लंबा कारावास दिलाया, और इत्तेफ़ाक़ से 1954 में पाकिस्तान की कम्युनिस्ट पार्टी और उस के विभिन्न मोर्चों पर प्रतिबंध लगाये जाने क़ी शुरुआत भी हुई। उन दिनों की फ़ैज़ की कविताएं, जो *ज़िंदांनामा* में संकलित हैं, शायद सबसे अच्छी हैं :

निसार मैं तेरी गलियों के ऐ वतन कि जहां
चली है रस्म कि कोई न सर उठा के चले

यहीं उन के विशिष्ट काव्य रूपों का विकास हुआ, जिनमें एक क़ैदी क़फ़स में बंद है, जिसे अपने वतन की ख़बरें सबा से हासिल होती हैं। नीचे दिये हुए दो अशआर दर्शाते हैं कि फ़ैज़ की शायरी क्लासिक प्रेम कविता की शिद्दत और इंक़लाबी मुहावरे को यकसां करती हुई एक विचारमग्न अवस्था में प्रवेश करती प्रतीत होती है, और यही बात उन्हें प्रगतिशीलों के बीच विशिष्ट बनाती है :

चमन पे ग़ारत-ए-गुलचीं से जाने क्या गुज़री
क़फ़स से आज सबा बेक़रार गुज़री है

या

क़फ़स है बस में तुम्हारे, तुम्हारे बस में नहीं
चमन में आतिश-ए-गुल के निखार का मौसम
...
बला से हम ने न देखा तो और देखेंगे
फ़रोग़-ए-गुलशन-ओ-सौत-ए-हज़ार का मौसम

वैश्विक नागरिक

जहां फ़ैज़ की कविता तरक़्क़ीपसंद उर्दू शायरी के अंतर्राष्ट्रीयतावादी मिज़ाज की जीवंत मिसाल है, वहीं अंतर्राष्ट्रीयतावाद अपने आप में कोई अपवाद नहीं। प्रगतिशील आंदोलन की अंतर्राष्ट्रीयतावादी प्रतिबद्धता शुरू से ही स्पष्ट थी। यूरोपीय साहित्यिक हस्तियों के फ़ासीवाद-विरोधी संघर्ष ने प्रगतिशीलों को उत्साहित किया था, और सज्जाद ज़हीर और मुल्कराज आनंद को 1935 में लंदन में 'इंटरनेशनल राइटर्स फ़ार दि डिफ़ेंस ऑफ़ कल्चर' की कांफ्रेंस में अपने प्रतिनिधियों के तौर पर भेजने का काम नवगठित प्रोग्रेसिव राइटर्स असोसिएशन (पीडब्ल्यूए) के शुरुआती कामों में एक था।

मुहम्मद इक़बाल जैसे शायर कुछ समय से ही दुनिया के साथ उर्दू साहित्य के संबंध की सीमाओं का विस्तार कर रहे थे, लेकिन फ़ैज़ और अन्य पीडब्ल्यूए के शायर अंतर्राष्ट्रीयतावाद को नयी ऊंचाइयों पर ले गये। यह संगठन उस समय अस्तित्व

में आया जब स्वाधीनता आंदोलन अपने उरूज पर था और उसके सदस्यों का शुरूआती लेखन ब्रिटिश क़ब्ज़े के विरुद्ध संघर्ष पर केंद्रित था। अंतर्राष्ट्रीयतावाद की ओर पेशक़दमी ने दो रूप धारण किये: उपनिवेशवाद और उससे जुड़े मुद्दों (मसलन द्वितीय विश्वयुद्ध) की तहक़ीक़ात और प्रत्यालोचना, और सोवियत क्रान्ति की प्रशंसा की अभिव्यक्ति जिसमें यह उम्मीद शामिल थी कि हिंदुस्तान की आज़ादी की परिणति वैसे ही समाजवादी समाज में होगी।

बांडुंग, इंडोनेशिया में 1955 (जिस साल 'आ जाओ अफ़्रीका' लिखी गयी थी) में गुटनिरपेक्ष आंदोलन के उद्‌भव ने तीसरी दुनिया की एकजुटता के विचार को मूर्त रूप दिया और तरक़्क़ीपसंद शायरी को अभिव्यक्ति का एक और क्षेत्र प्रदान किया। लेनिन की तारीफ़ में साहिर ने कई नज़्में लिखीं, मख़्दूम ने पैट्रिस लुमुम्बा और मार्टिन लूथर किंग के लिए मार्मिक गीत लिखे, पॉल रॉब्सन के लिए अली सरदार ज़ाफरी ने गज़लें लिखीं और कैफ़ी आज़मी ने वियतनाम में अमरीकी दखलंदाज़ी की आलोचना में कविताएं लिखीं। गुटनिरपेक्ष आंदोलन और एफ़्रो-एशियाई आंदोलन की हौसला-अफज़ाई से जो सांस्कृतिक विनिमय शुरू हुआ उसमें फ़ैज़ की कई गज़लों/नज़्मों का स्वाहिली, चीनी और वियतनामी भाषाओं में अनुवाद हुआ, उसी समय दुनिया भर के प्रगतिशील कवियों का उर्दू में अनुवाद हुआ।

तीसरी दुनिया की एकजुटता के इस दौर में तरक़्क़ीपसंद शायरों ने 1959 में ईरानी छात्रों के संघर्षों, अमेरिका में असहमति के दमन के मैकार्थी युग, साठ के दशक में यूरोपीय छात्र विद्रोहों, अल्जीरियाई स्वाधीनता संग्राम, फ़िलिस्तीनी संघर्ष और दक्षिण अफ़्रीका के रंगभेद-विरोधी आंदोलन जैसे मुद्दों पर कविताएं लिखीं। उस दौर की कई सारी वैश्विक बहसों पर फ़ैज़ ने विचार किया, पर ऐसे तरन्नुम के साथ जिसका कोई सानी नहीं था। जब 1953 में सोवियत गुप्तचर होने के आरोप में अमेरिका ने जूलियस और एथल रोज़नबर्ग को मृत्युदंड दिया तब फ़ैज़ ने एक नज़्म लिखी। पर उसे अन्याय की मुख़ालफ़त वाले अंदाज़ में लिखने की बजाय उन्होंने उसे रोज़नबर्ग दंपति की मुहब्बत के प्रति काव्यात्मक श्रद्धांजलि के तौर पर गढ़ा कि प्रलोभनों, धमकियों, कारावासों और अंततः मृत्युदंड के बावजूद दोनों एक दूसरे का दामन थामे रहने पर अड़े रहे। इस श्रद्धांजलि का उन्वान, 'हम जो तारीक राहों में मारे गये' बड़ा हृदयविदारक है। यहां प्रस्तुत है उस नज़्म का एक अंश :

तेरे होठों के फूलों की चाहत में हम
दार की ख़ुश्क टहनी पे वारे गये
तेरे हाथों की शम्मों की हसरत में हम
नीम-तारीक राहों में मारे गये
जब घुली तेरी राहों में शाम-ए-सितम
हम चले आये लाये जहां तक क़दम
लब पे हर्फ़-ए-गज़ल, दिल में कंदील-ए-ग़म

अपना ग़म था गवाही तेरे हुस्न की
देख क़ायम रहे इस गवाही पे हम
हम जो तारीक राहों में मारे गये

फ़ैज़ की यात्राएं फिर शुरू हुईं जब ज़िया-उल-हक़ की तानाशाही के दौरान वे आत्मनिर्वासन में लेबनान चले गये। बेरूत में उन्होंने मध्य एशिया के संघर्ष पर कई नज़्में लिखीं, खुद बेरूत पर एक टुकड़ा (इश्क़ अपने मुजरिमों को पाबजौलां ले चला), फ़िलिस्तीन के स्वतंत्रता-सेनानियों के लिए एक तराना (एक तराना फ़िलिस्तीनी मुजाहिदीनों के नाम), फ़िलिस्तीनी मृतकों के लिए एक शोक-गीत (फ़िलिस्तीनी शोहदा जो परदेस में काम आये) और शायद जो सबसे मशहूर है वह फ़िलिस्तीनी यतीम के लिए एक लोरी (मत रो बच्चे)। फ़ैज़ ने अपनी पुस्तक, *मेरे दिल,मेरे मुसाफ़िर* फ़िलिस्तीनी नेता यासर अरफ़ात को समर्पित की थी। मगर फ़ैज़ की संवेदनशीलता की ख़ासियत फ़िलिस्तीनी परिस्थितियों को दक्षिण एशिया से जोड़कर देखने में है, जिसमें उहोंने इस्रायल की जीत के रूप को भारत और पाकिस्तान में पूंजीवादी उच्चवर्ग की जीत, जिसमें अक्सर धार्मिक उच्च वर्ग की मिलीभगत शामिल होती, के लिए इस्तेमाल किया। 1967 की लड़ाई में अरब ताक़तों की हार के बाद लिखी गयी उनकी नज़्म, 'सर-ए-वादी-ए-सीना' में दीगर बातों के साथ ही उच्चतावादी इस्लामवादियों की बड़े तीखे ढंग से आलोचना की गयी है। यह नज़्म लोगों से धर्माधारित राज्य की ज़ंजीरें उखाड़ फेंकने का आवाहन करती है :

फिर बर्क फरोज़ां है सर-ए-वादी-ए-सीना
ऐ दीदा-ए-बीना
फिर दिल को मुसफ्फा करो इस लौह पे, शायद
माबैन-ए-मन-ओ-तू नया पैमां कोई उतरे
अब रस्म-ए-सितम हि मत-ए-खासाने-ज़मीं है
ताईद-ए-सितम मसलहत-ए-मुफ़्ती-ए-दीं है
अब सदियों इक़रारे-इताअत को बदलने
लाज़िम है कि इनकार का फ़रमां कोई उतरे

फ़ैज़ के कुछ समकालीन अपनी कहन में और भी ज़्यादा स्पष्ट थे। वैसा ही रूप कहीं अधिक व्यंगात्मक ढंग से इस्तेमाल करके हबीब जालिब ने एक ग़ज़ल में ज़िया-उल-हक़ पर ताना कस कर उस हकूमत की आलोचना का समां बॉध दिया जिसने घरेलू ताबेदारी बनाये रखने के लिए इस्लाम को औज़ार बनाया पर जो हकूमत अमेरिका नाराज़ न हो जाये इस डर से इस्रायली साम्राज्यवाद से टक्कर लेने में कुंद और मंद थी :

जहां ख़तरे में है इस्लाम, उस मैदान में जाओ
हमारी जान के दरपे हो क्यों, लेबनान में जाओ
इजाज़त मांगते हैं हम भी जब बेरूत जाने की
तो अहले-हुक्म ये कहते हैं तुम ज़िंदान में जाओ

अंततः फ़ैज़ की अंतर्राष्ट्रीयतावादी दृष्टि और वास्तव में फ़ैज़, मजाज़, मख़दूम, कैफ़ी और दीगर प्रगतिशील शायरों की अंतर्राष्ट्रीयतावादी दृष्टि सीधे तौर पर उस वक़्त की राजनीति और सामान्य चेतना की उपज थी। एक वैश्विक संदर्भ और अन्य उपनिवेशीकृत और/या उत्पीड़ित जनों के साथ साझा राजनीति संघर्ष का आधार ये दो बातें, उपनिवेशवाद और फिर नवउपनिवेशवाद/नवसाम्राज्यवाद की असलियतों की ज़रूरत और उपज दोनों थीं। हालांकि उस दौर का अंतर्राष्ट्रीयतावाद यकसां नहीं था, मसलन फ़ैज़ और प्रगतिशील शायरों का अंतर्राष्ट्रीयतावाद इक़बाल और उनके अनुयायियों के अखिल-इस्लामवाद से बेहद अलग था। दुनिया भर के मुसलमानों की साझा विरासत खोजने की ज़रूरत जहां इक़बाल की प्रेरणा थी, वहीं फ़ैज़ की समझ उत्पीड़न और संघर्ष की साझा भौतिक परिस्थितियों के ज्ञान से प्रभावित थी और अंतर्राष्ट्रीय सर्वहारा आंदोलनों और दुनिया भर के उपनिवेशीकृत अवाम के संघर्षों से प्रेरित थी। उन के लिए अंतर्राष्ट्रीयतावाद का मतलब था साम्राज्यवाद के ख़िलाफ़ और नयी विश्व व्यवस्था की ख़ातिर साझा लड़ाई।

अनुवाद : भारतभूषण तिवारी

(अली हुसैन मीर और रज़ा मीर हैदराबाद में तरक़्क़ीपसंद उर्दू शायरी की खुराक़ पर पले-बढ़े। यह आलेख हिमाला साउथ एशियन पत्रिका के फ़ैज़ विशेषांक (जनवरी 2011) में मूल अंग्रेज़ी में प्रकाशित हुआ था। किंचित अलग रूप में यह आलेख तरक़्क़ीपसंद उर्दू शायरी पर आधारित उनकी पुस्तक, एंथम्स ऑफ़ रेज़िस्टन्स : अ सेलेब्रेशन ऑफ़ प्रोग्रसिव उर्दू पोएट्री (रोली बुक्स, 2006) में संकलित है। संप्रति दोनों ही एक अमेरिकी विश्वविद्यालय में पढ़ाते हैं)

हिंदुस्तान का प्रगीतात्मक इतिहास

आमिर आर. मुफ़्ती

'म्यूज़' (बाउंडरी 2, वॉल्यूम 31, नंबर 2, समर 2004) में छपे 30 पृष्ठों के इस आलेख को हम यहां अविकल रूप में प्रस्तुत नहीं कर पा रहे हैं। लेख से कुछ हिस्सों को चुन कर उनका अनुवाद इस ख़याल से दिया जा रहा है कि इस तरह की विश्लेषण-पद्धति का एक ज़ायका हमारे पाठकों को मिल पाये। —सं.

अलग किये हुए अर्द्धांशों को जोड़ कर संपूर्ण को एक साथ नहीं रखा जा सकता, लेकिन दोनों में, चाहे जितने भी दूरस्थ रूप में सही, उस संपूर्ण के बदलाव प्रकट होते हैं जो अंतर्विरोधों में ही गतिशील होता है। —थ्योडोर अडोर्नो[1]

अपने सर्वोत्तम रूप में, फ़ैज़ अहमद फ़ैज़ (1911-1984) की प्रगीतात्मक कविता पाठक को एक विक्षोभकारी भावातिरेक तक पहुंचा सकती है, आत्म के विचाराधीन बनाये जाने पर हासिल उल्लास की अनुभूति, जो पूरी तरह से सेक्यूलर पाठक को भी ऐसे भावात्मक कल्पनालोक का आस्वाद देती है जिसे धार्मिक एहसास से एकदम अलहदा दिखा पाना मुश्किल है। उनकी कविता, जिसमें संस्कृति और भाषा के लौकिकीकरण (सेक्यूलराइज़ेशन) के प्रति दिलचस्पी साफ़ दिखलायी पड़ती है, के स्पष्टतः मार्क्सवादी और मुल्लाविरोधी जुड़ावों के मद्‌देनज़र यह अनुभूतियों की एक विरोधाभासी संरचना है। फ़ैज़ उत्तर-औपनिवेशिक दौर के सबसे महत्वपूर्ण उर्दू शायर के रूप में व्यापक तौर पर मान्य हैं। उनकी कविता ब्रिटिश शासन से आज़ादी मिलने के समय भारत के बंटवारे के नतीजे के तौर पर आने वाले उर्दू लेखन की कुछ केंद्रीय दुविधाओं को उदाहृत करती है। वह साहित्यिक उत्पादन को दोनों उत्तर-औपनिवेशिक राज्यों की सांस्कृतिक परियोजनाओं से वियुक्त करने के एक गंभीर प्रयास को सामने लाती है; वियुक्त करने का प्रयास ऐसे दृश्यमान आशयों को रचने की गरज से, जो अभी भी राष्ट्र-राज्य व्यवस्था के सांस्कृतिक तर्क के भीतर पूरी तरह से अंतर्भुक्त नहीं हो पाये हैं। पाकिस्तान के वजूद के शुरुआती अनेक दशकों तक वहां शायरी के बेताज बादशाह वाली उनकी हैसियत के बावजूद, उनके कृतित्व का विराट् पाठक वर्ग उस पूरे इलाक़े के आरपार मिलता है जो एक समय का उत्तर भारत था—उसके पाठक-ग्राहक-संसार

का नक़्शा उन राष्ट्रीय सीमाओं को मिटाता प्रतीत होता है जो बंटवारे की विरासत हैं। फ़ैज़ के लेखनसंसार से संबंधित बहुतेरी आलोचनाओं से अलग मैं यह स्थापित करना चाहता हूं कि उनकी शायरी की सर्वप्रमुख अंतर्वस्तु बंटवारे के अभिप्राय और बंटवारे की विरासत से परिभाषित होती है।

फ़ैज़ की कविता का प्रगीतात्मक तत्व–प्यार और ऐंद्रिकता के बारे में इसका गहन व्यक्तिगत चिंतन–व्याख्या की एक कुख्यात समस्या को सामने लाता है: वे स्वघोषित रूप से एक राजनीतिक कवि हैं–सोवियत संघ में सम्मानित होने वाले और प्रतिक्रियावादी उत्तर-औपनिवेशिक सत्ताओं द्वारा बार-बार देशनिकाला पाने वाले–पर वे एक ऐसे राजनीतिक कवि हैं जिसकी सबसे गहन काव्यात्मक सिद्धिगां वे हैं जिन्हें हम आत्मविवेचन की संज्ञा दे सकते हैं। इसका प्रचलित समाधान, जिस पर मुख़्तलिफ़ राजनीतिक रुझानों वाले कई आलोचक एकमत हैं, यह है कि फ़ैज़ 'पारंपरिक' काव्यात्मक शब्दावली को परिवर्तनकारी राजनीतिक लक्ष्यों की ओर मोड़ भर देते हैं, कि हमें, मिसाल के तौर पर, दूरस्थ प्रेमिका के रूप को उम्मीदों में बसी क्रांति के रूपायन की तरह पढ़ना चाहिए।[2] मैं यहां थोड़ी अलग राह सुझाऊंगा और यह स्थापना देना चाहूंगा कि, अव्वल, फ़ैज़ की कृतियों के *राजनीतिक* तत्व को *सामाजिक* की मध्यस्थता के बग़ैर नहीं पढ़ा जा सकता। प्रेमिका के साथ वियोग और संयोग के भावों का फ़ैज़ द्वारा किया गया अन्वेषण उर्दू लेखन के आत्म, 'मैं', की जांच-पड़ताल को संभव बनाता है। यह मान लेना ग़लत होगा कि फ़ैज़ की 'प्रगतिशीलता'–उस साहित्यिक संस्कृति के साथ उनका जुड़ाव जिसे अखिल भारतीय प्रगतिशील लेखक संघ (प्रलेस) का अनुमोदन प्राप्त था–का मतलब है कि वे अस्मिता के सवाल को ख़ारिज करते हैं। भाषा, संस्कृति, राष्ट्र और समुदाय के तनाव, बंटवारे पर एक सामूहिक स्वत्व/आत्मत्व (सेल्फ़हुड) की द्वंद्वात्मकता, उनकी शायरी का केंद्रीय ड्रामा है। समाज के साथ प्रगीतात्मक कविता के रिश्ते के बारे में अपनी सुविदित स्थापना में थ्योडोर अडोर्नो ने सुझाया है कि यह सामाजिक निर्धारणों (विधिनिषेधों–अनु.) से प्रगीत की प्रकट दूरी ही है जो उसका सामाजिक आशय संघटित करती है। अडोर्नो इस विरोधाभासी संभावना को मानता है कि सामाजिक से प्रगीत कविता की दूरी ने ही, दरअसल, इसे सामाजिक आशयों के आलेखन का एक उदाहरणीय स्थल बना दिया है। जितना ही प्रगीत अपने आपको 'मैं' की विशुद्ध आत्मनिष्ठता में सीमित करेगा, उतना ही उसके कथ्य में सामाजिक की आमद मुकम्मिल होगी। जितना ही यह अपने आपको उस चीज़ में डुबोता है जो वैयक्तिक रूप ग्रहण करती है, उतना ही वह सार्वभौमिकता के स्तर तक उठता जाता है, पर ऐसी सार्वभौमिकता जो अपनी 'प्रकृति में सामाजिक' है।[3] इस लेख में मैं फ़ैज़ के कृतित्व में प्रगीत के स्थान और उस सामाजिक क्षितिज के साथ उसके रिश्ते पर विचार करूंगा जो बंटवारे की वजह से संकटग्रस्त हुई है। इन सामाजिक आशयों की उनके पूरे विस्तार में झलक हम निश्चित रूप से उन कविताओं में पा सकते हैं जो 'विशुद्ध' प्रगीत होने के सबसे क़रीब हैं,

यानी जिनमें अंतर्मुखता सबसे पूर्ण रूप में है, बजाय 'सुब्ह-ए-आज़ादी' जैसी मुखर 'विभाजन' कविताओं के।

मैं इस संभावना को खंगालना चाहूंगा कि फ़ैज़ के प्रेमगीत जिस चीज़ को अभिव्यक्त करते हैं वह विभाजन से गुज़रता आत्म है, कि वे जिस चीज़ को दिखलाते हैं वह आत्म और अन्य की ऐसी द्वंद्वात्मकता है जिसमें हसरत का विषय (ऑब्जेक्ट) और विषयी (सब्जेक्ट) उतना एकमेक नहीं होते जितना कि वे एक ही समय में निकट आते और दूर जाते हैं, स्थानों की अदला-बदली करते हैं, संदिग्ध बना दिये गये हैं। *विसाल,* या एकता, की हसरत ख़ुद यही द्वंद्वात्मक रूप ग्रहण करती है। भारत विभाजन के बाद के सालों में, राष्ट्रीय बिखराव की समस्याग्रस्तता फ़ैज़ की शायरी के प्रगीतात्मक संसार को गहरे और सुस्पष्ट तरीक़े से अनुप्राणित करती है। लेकिन एक विभाजित आत्म की व्यापकतर समस्याग्रस्तता उनकी विभाजन-पूर्व की कविताओं में पहले से मौजूद है, कम-से-कम एक संभावना के रूप में, जिसकी ओर ये कविताएं इशारा करती हैं या जिन्हें पूर्वाशित करती हैं। फ़ैज़ की प्रगीतात्मक कविताओं में प्रकट होने वाला सामाजिक सत्य यह है कि (आधुनिक) आत्म का उदय उसका आत्म-विभाजन भी है। आत्म का सत्य है, उसकी अंतर्विरोधी और तनावपूर्ण वास्तविकता। फ़ैज़ उन पदों में विभाजनोत्तर दक्षिण एशिया में अस्मिता के बारे में विचार करना संभव बनाते हैं जो उत्तर-औपनिवेशिक राज्यों के साझा शब्दभंडार के भीतर सामान्यीकृत हो चुके पदों से भिन्न हैं। (उनके यहां) विभाजन से निकले कथित स्वायत्त राष्ट्रीय आत्म की असलियत को उजागर कर दिखाया गया है कि वे क्या हैं—भारतीय आधुनिकता की द्वंद्वात्मकता के भीतर के क्षण। और विभाजन अपनी सामान्य अर्थवत्ता से बहुत भिन्न अर्थ ग्रहण कर लेता है। अब वह सिर्फ़ 1947 (या यहां तक कि 1946-48) की घटनाओं का ही हवाला नहीं देता, बल्कि भारतीय आधुनिक आत्म के इतिहास के साथ-साथ विस्तृत, सामाजिक ('सांप्रदायिक') पहचानों के इतिहास का हवाला देता है। हिंदी-उर्दू इलाक़ों में फ़ैज़ की कविता की ज़बर्दस्त लोकप्रियता एक ऐसे आत्म के अनुभव को, जो समावेशी अर्थ में—सांप्रदायिक और राष्ट्र-राज्य के विभाजनों की सीमाओं के आरपार—भारतीय है, उपलब्ध कराने में इसकी सफलता का अस्पष्ट किंतु नतीजाख़ेज़ पैमाना है। लेकिन यह आत्मत्व का ऐसा मंचन है जो बंटवारे को महज़ दूसरे दर्जे की परिघटना मानने से इंकार करता हुआ उसे संजीदगी से लेता है, जैसा कि विविधता-में-एकता के भारतीय फ़ॉर्मूले में है। असल में, यह सुझाता है कि बंटवारा, अपने प्रेमपात्र से अनिश्चित काल के लिए अलगाव, वह ख़ास आधार संघटित करता है जिस पर मिलन के बारे में विचार किया जा सकता है। फ़ैज़ की आलोचना में उनकी शायरी की सारभूत विशेषता के रूप में देश या राष्ट्र के प्रति प्यार की चर्चा करना आम है।[4] फ़ैज़ ख़ुद कई मौक़ों पर इसे स्पष्ट कहते हैं, जैसे अपनी शुरुआती नज़्म 'दो इश्क़' में : 'चाहा है उसी रंग में लैला-ए-वतन को / तड़पा है उसी तौर से दिल उसकी लगन में'। लेकिन यह संयोग नहीं कि न तो आलोचना और न ही

ख़ुद ये नज़्म इस बारे में साफ़ है कि वतन शब्द यहां क्या संकेतित कर रहा है। यहां तक कहा जा सकता है कि फ़ैज़ के प्रसंग में वतन और क़ौम की बात करना उन चीज़ों के बारे में बहुत मानीख़ेज़ तरीक़े से चुप्पी साधे रखना है जिनकी ओर वे इशारा कर रहे हैं। वे हैं: क्या फ़ैज़ की शायरी की हब्ब-उल-वतनी (देशभक्ति) दक्षिण एशिया के किसी भी एक उत्तर-औपनिवेशिक राज्य से ख़ुद को जोड़ती है? क्या यह इन राज्यों के विलयन की उम्मीद को सामने लाती है? क्या इसमें कोई सभ्यतामूलक संदर्भ निहित है? अगर है, तो कौन-सी है वह सभ्यता—हिंदुस्तानी, हिंद-फ़ारसी, या इस्लामी? दूसरे शब्दों में, शायर का घर ठीक-ठीक कहां पर है?

फ़ैज़ की शायरी का प्रतीकात्मक शब्दभंडार क्लासिकी उर्दू ग़ज़ल को हासिल पारंपरिक फ़ारसी-अरबी बिंबों के ख़ज़ाने से काफ़ी कुछ लेता है—बरबत ओ नय, लौह ओ क़लम, तौक़ ओ सलासिल, काकुल ओ लब, दश्त ओ गुलज़ार—और उस 'सुबोध' भाषा को परे रखता है जो उनके कुछ समकालीनों में काफ़ी चलन में आ चुकी थी और शायरों की उस पीढ़ी में तो और ज़्यादा जो उनके बाद आयी है। फ़ैज़ की शायरी उस तटस्थ 'हिंदुस्तानी' ज़बान के आदर्श की, जिसमें से अरबी-फ़ारसी और संस्कृत के प्रभावों को निकाल बाहर किया गया हो, एक जीती-जागती भर्त्सना है। ध्यान रहे कि दक्षिण एशिया में धर्मनिरपेक्षतावादी, 'सांप्रदायिकताविरोधी' कल्पना बार-बार इस आदर्श की ओर खिंचती रही है। फ़ैज़ के अनुवादक और ताउम्र के साथी विक्टर किएर्नन ने लिखा है कि वे 'सम्मिलित 'हिंदुस्तानी' भाषा, एक साधारण भाषा जो न हिंदी हो न उर्दू, को लेकर गांधी की उम्मीदों से ख़ासे चिढ़े हुए थे।'[5] उनका काव्यसंसार फ़ारसी, अरबी, और 'इस्लामी' स्रोतों के हवालों से भरा-पड़ा है, यद्यपि, जैसा कि किएर्नन ने लिखा है, 'हिंदू चीज़ों, यहां तक कि उनकी ठेठ धार्मिक चीज़ों, के उल्लेख के प्रति उनका लगाव छूटा नहीं है'।[6] यह एक ऐसा सवाल है जिसकी ओर मैं बाद में वापस आऊंगा। यहां मुझे कहना यह है कि सामूहिक स्वत्व/आत्मत्व—'राष्ट्र', 'जनता', 'संस्कृति', 'समुदाय' के मायने—का सवाल फ़ैज़ की कविता के केंद्र में है और सिर्फ़ इस अर्थ में नहीं कि उनमें 'जनता' के प्रति राजनीतिक समर्पण भाव तथा नवसामंतवाद और औपनिवेशिक व उत्तर-औपनिवेशिक पूंजी के द्वारा उनके शोषण के प्रति घृणा है। फ़ैज़ अस्मिता और आत्मनिष्ठता तथा उनके ऐतिहासिक निर्धारण के बारे में बुनियादी सवाल उठाते हुए राष्ट्र या जनता की अवधारणा को समस्याग्रस्त करते हैं। और ठीक तरीक़े से रखें तो, फ़ैज़ की शायरी में औपनिवेशिक और उत्तर-औपनिवेशिक आधुनिकता में मानवीय जीवन की दुर्दशा—शोषण—और एक सामूहिक आत्मत्व का अपने-आप में समरस बने रहने से वंचित किया जाना—जिसे मैं विभाजन कह रहा हूं—प्रगीतात्मक विषयी (लिरिक सब्जेक्ट) की वेदना में समान अभिव्यक्ति पाते हैं।

❑ ❑ ❑

अपनी कुछ शुरुआती कविताओं में, जिनमें से एक या दो को उनके रचना-संसार में कार्यक्रमनुमा हैसियत मिली हुई है, फ़ैज़ आधुनिक कवि की सौंदर्यात्मक दुविधाओं

को सामने रखते हैं। इनमें फ़ैज़ आधुनिक जीवन में प्रगीत कविता के स्वभाव और अर्थ की पड़ताल करने की ओर बढ़ते हैं। 1930 के दशक के आख़िरी सालों में आने वाली 'मौज़ू-ए-सुख़न' और 'मेरे हमदम, मेरे दोस्त' में, लेकिन सबसे ऊपर 'मुझ से पहली सी महब्बत मेरी महबूब न मांग' में, हम काव्यपुरुष को एक ओर एकतरफ़ा प्यार की गहन मांग और दूसरी ओर व्यापक संसार तथा उसके अत्याचारों के बीच बंटा हुआ पाते हैं। फ़ैज़ ने ख़ुद इन कविताओं को अपने सौंदर्यात्मक विकास के मोड़ के रूप में बतलाया है जो उस समय के प्रभावशाली, 'रूमानी' अदबी चलन के प्रति बढ़ते हुए असंतोष को चिह्नित करते हैं।[7] सो, बाद वाली कविता में जो मूड हावी है वह अपनी माशूक़ा से कहे गये वक्ता के इस कथन से निर्धारित हुआ है कि वह पहले जैसी मोहब्बत की मांग न करे। 'पहली सी मोहब्बत' यानी वह प्यार जो माशूक़ा की खूबसूरती और क्रूरताओं के सिवा कुछ नहीं देखता। वक्ता इस मोहब्बत के उन प्रभावों की गिनती कराता है जिनमें वह पहले यक़ीन करता था और पहले हिस्से को इस स्वीकारोक्ति के साथ ख़त्म करता है: 'यूं न था, मैंने फ़क़त चाहा था यूं हो जाये'। बाहरी संसार की क्रूरताओं—उसकी नाइंसाफ़ी, ग़ैरबराबरी, और अलगाव—का उल्लेख करने के बाद कविता उसी बात पर ख़त्म होती है जिससे शुरू हुई थी। 'मौज़ू-ए-सुख़न' में वक्ता के मन को खींचती इन वैकल्पिक मांगों का वही तनाव दिखलायी पड़ता है। लेकिन इस तनाव तक एक दूसरी दिशा से पहुंचा गया है। माशूक़ के रहस्यों और वृहत्तर संसार के रहस्यों के बीच बारी-बारी से पहलू बदलते हुए नज़्म इस बात के साथ ख़त्म होती है कि शायर अपनी सच्ची विषयवस्तु के तौर पर पहले वाले से पार पाने की उम्मीद नहीं कर सकता :

ये भी हैं ऐसे कई और भी मज़मूं होंगे
लेकिन उस शोख़ के आहिस्ता से खुलते हुए होंठ
हाय उस जिस्म के कमबख़्त दिलआवेज़ ख़ुतूत
आप ही कहिए कहीं ऐसे भी अफ़्सूं होंगे
अपना मौज़ूए'-सुख़न इनके सिवा और नहीं
तबूए'-शायर का वतन इनके सिवा और नहीं।[8]

ये शुरुआती नज़्में प्रायः एक युवा शायर के राजनीतिक तौर पर जागरूक होने की निशानी के तौर पर पढ़ी गयी हैं, एक ऐसा राजनैतिकीकरण जो साहित्यिक भाषा की ईमानदारी के प्रति सरोकार को तिलांजलि देने की ओर नहीं ले जाता। ख़ुद फ़ैज़ ने इस तरह के पठन के प्रामाणिक बनने में योगदान दिया है।[9] मैं हालांकि इसे एक ग़लत व्याख्या नहीं मानता, पर इस नज़्म के प्रकट द्वैध—आंतरिकता और भाव बनाम बाहरी संसार, प्रगीत कविता बनाम समाज—को कुछ अलग तरीक़े से पढ़ता हूं, एक ऐसे द्वैध के रूप में जो एक ओर प्रगीतात्मक आत्म और दूसरी ओर राष्ट्र व समुदाय के आशय के ऊपर अंतर्विरोध एवं संघर्ष की 'व्यापकतर' दुनिया के बीच के रिश्ते में उर्दू शायरी की दिलचस्पी को प्रदर्शित करता है। मैं कहना चाहूंगा कि ये नज़्में,

एक साहित्यिक-ऐतिहासिक खाते में, भारतीय आधुनिकता में एक 'मुस्लिम' आत्मत्व की दुविधाओं और जटिलताओं को पेश करती हैं। 'पहली सी महब्बत'—ये वाक्यांश क्लासिकी उर्दू प्रगीतों वाले प्यार की समस्यात्मकता की ओर इशारा करता है, और नज़्म क्लासिकी रवायत के साथ (औपनिवेशिक दौर के आख़िरी दिनों के) भारत के राष्ट्रीय-सांस्कृतिक स्पेस में स्थित आधुनिक शायर के रिश्ते पर टिप्पणी करती है। पाकिस्तान में मुल्क की ज़िंदगी के शुरुआती चालीस सालों के दौरान फ़ैज़ 'राष्ट्रकवि' के रूप में जाने जाते रहे हैं। मेरा मत है कि इस बात का वह अर्थ है नहीं जो सामान्यतः निकाला जाता है, कि अंशतः उनके कार्य की सिद्धि, उसकी भव्यता और महत्वाकांक्षा, यही है कि वह इस बारे में गंभीर संदेह व्यक्त करता है कि आधुनिक दक्षिण एशिया में राष्ट्र-राज्य वाला फ़ॉर्म संस्कृति और अस्मिता की जटिलताओं की कोई व्याख्या कर सकता है।

❑ ❑ ❑

मैं अब फ़ैज़ की प्रेमकविता में वियोग और संयोग की थीम पर आता हूं। उनकी सबसे प्रसिद्ध प्रगीत कविता 'याद' पर विचार करते हुए इस थीम को समझें। यह उनके संकलन *दस्त-ए-सबा* में है और गायिका इक़बाल बानो के द्वारा 'दश्त-ए-तनहाई' के रूप में इसने ज़बर्दस्त लोकप्रियता पायी है:

1. दश्ते-तनहाई में, ऐ जाने-जहां, लरज़ां हैं
2. तेरी आवाज़ के साये, तेरे होंठों के सराब
3. दश्ते-तनहाई में, दूरी के ख़सो-ख़ाक तले
4. खिल रहे हैं तेरे पहलू के समन और गुलाब
5. उठ रही है कहीं क़ुरबत से तेरी सांस की आंच
6. अपनी ख़ुशबू में सुलगती हुई मद्धम-मद्धम
7. दूर—उफ़क़ पार, चमकती हुई, क़तरा-क़तरा
8. गिर रही है तेरी दिलदार नज़र की शबनम
9. इस क़दर प्यार से, ऐ जाने-जहां, रक्खा है
10. दिल के रुख़सार पे इस वक़्त तेरी याद ने हाथ
11. यूं गुमां होता है, गरचे है अभी सुब्हे-फ़िराक़,
12. ढल गया हिज्र का दिन, आ भी गयी वस्ल की रात[10]

पहले अनुच्छेद में उजाड़ या रेगिस्तान के विस्तार के रूप में तनहाई का बिंब हावी है जो कि पहली और तीसरी पंक्तियों की शुरुआत में 'दश्त-ए-तनहाई' के दुहराव में व्यक्त हुआ है। यह रूपक दूसरे अनुच्छेद को भी संचालित करता है, क्योंकि पांचवीं पंक्ति—'उठ रही है कहीं क़ुरबत से तेरी सांस की आंच'—की स्थानसूचक भाषा सातवीं पंक्ति—'दूर उफ़क़ पार'—में एक भूगोलीय खाता (रजिस्टर) हासिल कर लेती है। प्रेमपात्र के ट्रीटमेंट में, कम-से-कम पहले अनुच्छेद में, इस रेगिस्तान वाले रूपक के प्रभुत्व का निर्वाह हुआ है। वहां एकांतवासी विषयी का सामना अपनी कामना की वस्तु की

'मृगमरीचिका'-नुमा उपस्थिति से होता है–'तेरी आवाज़ के साये, तेरे होंठों के सराब'। विषयी के लिए साये और सराब, दोनों माशूक़ के संकेत हैं। लेकिन जहां सराब/मरीचिका एक अनुपस्थित, भ्रमजनित वस्तु की ओर इशारा करती है, वहीं किसी वस्तु का साया अपने-आप में अभौतिक होते हुए भी वस्तु की भौतिक उपस्थिति का संकेत है। लेकिन, एक दूसरे के साथ रखे जाकर 'साये' और 'सराब' एक दूसरे में नये अर्थ भर देते हैं। मरीचिका एक भ्रम नहीं रहती, उससे आगे बढ़ कर कुछ और हो जाती है, किसी तीव्र अनुभूत इच्छा का महज़ बहिर्मुखी प्रक्षेपण, बिलकुल सूखी हुई ज़मीन पर पानी के एक नज़ारे की तरह; और साया भौतिक उपस्थिति का संकेत नहीं रह जाता, उससे कुछ कमतर हो जाता है। भूगोलीय रूपक यहां एक दृश्य रूपक के साथ घुलमिल गया है, और मिल कर वे प्रेमपात्र के उपस्थित होते जाने के तरीक़े को संकेतित करते हैं। यह तरीक़ा ठीक-ठीक क्या है, यह अगली दो पंक्तियों (3-4) में ज़्यादा स्पष्ट हो जाता है, क्योंकि यहां 'तिरे पहलू के समन और गुलाब' (तुम्हारी उपस्थिति के फूलों) को 'दूरी के ख़सो-ख़ाक तले' (दूरी की झाड़ियों और गर्द के बीच) खिलता हुआ बताया गया है। दूसरे शब्दों में, माशूक़ा की निकटता या उपस्थिति इसकी दूरी को ख़ारिज नहीं करती। और इससे उलट भी सच हैः माशूक़ा की दूरी उसके निकट आने की पद्धति भी है। यह थीम दूसरे अनुच्छेद में आगे बढ़ायी गयी है। पंक्ति 5-6 में माशूक़ा की सांसों की आंच वक्ता विषयी (स्पीकिंग सब्जेक्ट) के कहीं नज़दीक से उठती हुई बतायी गयी है–'कहीं क़ुरबत से'–इसके बावजूद, साथ-के-साथ, माशूक़ा की 'दिलदार नज़र' को वक्ता ने 'दूर–उफ़क़ पार' पाया है।

तीसरे और आख़िरी अनुच्छेद में भूगोलीय रूपक को त्याग दिया गया है, और हम एक आंतरिक, विशुद्ध रूप से आत्मनिष्ठ स्पेस के भीतर हैं। यह अंतरंग स्पेस यहां 'दिल' के द्वारा, और अधिक ठीक तरीक़े से उसके 'रुख़सार' के द्वारा संकेतित हुआ है जो कि पारंपरिक तौर पर माशूक़ा की खूबसूरती और उसके साथ (आशिक़ की) अंतरंगता का संकेत है, लेकिन यहां यह आशिक़ के अपने दिल की कोमलता को अभिव्यक्त करने के लिए आया है (पंक्ति 10)। किसी के हाथों का धड़कते हुए दिल को बहुत प्यार से स्पर्श करना, जैसे किसी आशिक़ के गालों को माशूक़ स्पर्श करे–इस बिंब की अनिवर्चनीय सुंदरता यातना को ख़त्म कर देने की कामना का, विषयी और विषय के मिलाप की कामना का निर्वचन है। यह मिलाप की वैसी कामना की अभिव्यक्ति है जिसे अडोर्नो ने 'शांति' कहा है : 'शांति प्रभुत्व के बिना विशिष्ट होने की स्थिति है, जिसमें सभी विशिष्ट एक दूसरे में भागीदारी करते हैं।'[11] माशूक़ की उपस्थिति इस अनुच्छेद में उसकी दूरी बन जाने तक भी जारी रहती है। कारण कि माशूक़ा इस अंतरंग प्रदेश में एक छवि या याद के रूप में ही प्रवेश करती है। आख़िरी दो पंक्तियों (11-12) में कविता याद के इस प्रेमपूर्ण स्पर्श की तीव्रता की ओर, विषयी पर उसके *प्रभाव* की ओर मुड़ती हैः यह गुमान कि 'ढल गया हिज्र का दिन, आ भी गयी वस्ल की रात'।

इसीलिए, पहले दो अनुच्छेदों की तरह तीसरा अनुच्छेद भी वियोग और संयोग की द्वंद्वात्मकता को संपादित करता है, जिसमें वियोग अनिश्चित काल के लिए विस्तारित हो गया है, और संयोग, जो कि प्रबल रूप से इच्छित और अनुभूत है, कामना के विषयी और विषय के बीच की दूरी को ख़त्म नहीं करता। यह दोनों के बीच के फ़र्क़ को अस्थिर/अनिश्चित बना देता है, पर इसके लिए नहीं कि विषय के जीवन को विषयी के हित में हथिया लिया जाये। विषय का विषयी होना भी, और (कामनायुक्त) विषयी का (किसी और की) कामना का विषय होना भी उद्घाटित होता है। एक ही समय में माशूक़ दूर, और इसीलिए अन्य, है तथा स्वयं के रूप में आत्म के सामने उपस्थित भी है। दूसरे शब्दों में, 'याद' की प्रक्रिया में जो आत्म उभरता है वह विभाजित है, अपने-आप के साथ सुकून से नहीं है, मिलाप और संपूर्णता की कामना करता है और इसके बावजूद यह जानता है कि अपने-आप से उसकी दूरी ही उसकी गति और ज़िंदगी का स्रोत है। नज़दीकी और दूरी की यह अलौकिक अंतरक्रीड़ा *सरे-वादिए-सीना* (1971) में संकलित चार पंक्तियों की कविता 'मर्सिया' में बहुत ठीक तरीक़े से निरूपित हुई है :

दूर जाकर क़रीब हो जितने
हम से कब तुम क़रीब थे इतने
अब न आओगे तुम न जाओगे
वस्ल ओ हिज्रां बहम हुए कितने।[12]

इस प्रगीतात्मक आत्म के सामाजिक आशय को रेखांकित करने की शुरुआत हम 'याद' के आख़िरी अनुच्छेद में आये शब्द 'हिज्र' (और 'मर्सिया' में उसी से व्युत्पन्न 'हिज्रां') की अनुगूंज पर ग़ौर फ़रमाते हुए कर सकते हैं। अरबी के 'हज्र' का यह बदला हुआ रूप क्लासिकी उर्दू शायरी में 'वियोग' के लिए सबसे अधिक इस्तेमाल होने वाला लफ़्ज़ है। यह सुविदित है कि इस शब्द और इसके विलोम, 'विसाल', के अर्थ उर्दू काव्यशास्त्र की केंद्रीय और सबसे सुपरिचित समस्याओं में से एक की जड़ में हैं। ये अर्थ न सिर्फ़ एक कवि से दूसरे कवि और एक दौर से दूसरे दौर में जाकर बदल जाते हैं, बल्कि एक ही कवि के यहां एक काव्यविधा से दूसरी में जाकर भी बदल जाते हैं और कई बार तो एक ही कविता के भीतर भी ऐसा होता है। इस तरह, मिसाल के लिए, काव्य के संदर्भ के अनुसार, ये शब्द रूमानी या शृंगारिक प्रेम की गतिकी को संकेतित कर सकते हैं, या फिर धार्मिक समर्पण को। ख़ास तौर से, उर्दू (और फ़ारसी) शायरी की सूफ़ी परंपरा में 'विसाल' लोकोत्तर सत्ता के साथ रहस्यमूलक संयोग का, 'इश्क़-ए-हक़ीक़ी' में फ़ना हो जाने की आत्म की इच्छा का एक संकेत/प्रतीक है। इश्क़-ए-हक़ीक़ी अल्ला के प्रति 'सच्चा' प्रेम है, और इससे भिन्न इश्क़-ए-मजाज़ी एक बंदे का बंदे के प्रति प्रेम है, अप्रामाणिक या 'रूपकात्मक' प्यार। यह बड़ी आम बात है कि किसी छंद को एक ही समय में कई अलग-अलग स्तरों पर, कई मुख़्तलिफ़ रजिस्टरों/खातों में व्याख्यायित किया जा सकता है।[13] इस तरह 'प्रेम' की समस्या

पारलौकिक और इहलौकिक संकेतों के बीच की दुविधा या उत्पादक तनाव के इर्द-गिर्द रची गयी है। बाद के दौर में, यह काव्यभाषा निस्संदेह सूफ़ीवाद के किसी ठोस व्यवहार से काफ़ी दूर है। यह विरोधाभास है कि फ़ैज़ के यहां नये सिरे से लौकिकीकृत (सेक्यूलराइज़) होने के क्रम में यह मज़हबी तत्व दुबारा उभारा गया है।

फ़ैज़ की शायरी में 'हिज्र' का लौकिकीकरण, उनके और उनके समकालीनों के द्वारा किये जा रहे काव्यभाषा और काव्यप्रयोजन के लौकिकीकरण का हिस्सा है। इस लौकिकीकरण का एक पहलू यह रहा है कि पारंपरिक काव्यविधाओं, और ख़ास तौर से ग़ज़ल, की शब्दावली की सूफ़ीनुमा शृंगारिकता ने राजनीतिक आशय ग्रहण कर लिये हैं। यह हबीब जालिब जैसे मिलिटेंट शायरों में, जो परिवर्तनकामी छात्र-राजनीति की दुनिया से जुड़े रहे हैं, सबसे मुखर रूप में हुआ है, लेकिन अधिक गंभीर शायरों में भी हुआ है, जैसे कि ख़ुद फ़ैज़ में। इस तरह, मिसाल के लिए, 'वफ़ा' और 'जुनून' क्रमशः प्रतिबद्धता के विवेकवान और विवेक-इतर घटकों, राजनीतिक दृढ़ता और निःस्वार्थ त्याग का अर्थ देने लगते हैं। फ़ैज़ की कविता की इस लौकिकीकरण की प्रेरणा को सबसे स्पष्ट रूप में साठ के दशक की एक कविता, 'दुआ' में उद्घोषित किया गया है :

आइए, हाथ उठायें हम भी
हम जिन्हें रस्मे-दुआ याद नहीं
हम जिन्हें सोज़े-मोहब्बत के सिवा
कोई बुत कोई ख़ुदा याद नहीं।[14]

प्रगीतात्मक विषयी के लिए दुआ एक 'विस्मृत' रस्म हो सकती है, लेकिन इस तथ्य का उसका ज्ञान ही इसके साथ एक जीवंत संबंध की याद झुठलाता है। सेक्यूलर विषयी अपने अंदर 'बुत' और 'ख़ुदा' के द्वारा संकेतित जीवन-जगत की निशानियों को धारण करता है। फ़ैज़ की अनेक कविताओं में लौकिकीकरण धार्मिक अनुभव की महज़ नामंज़ूरी नहीं, बल्कि उसके साथ प्रतिद्वंद्विता है। यह ऐसे प्रत्यक्षवादी निरीश्वरवाद की अभिव्यक्ति नहीं है जो सीधे संघर्ष और कार्रवाई—राजनीतिक प्रतिबद्धता के अर्थ में 'प्रेम'—की तर्कसंगत संस्कृति में धार्मिक प्रेरणा को उन्मूलित करना चाहता है। इससे उलट, फ़ैज़ की शायरी में जो प्रदर्शित किया गया है, वह आधुनिक विषयी के लिए धार्मिक विचार और अनुभव की अकूत ताक़त की स्वीकृति है। रहस्यवादी सूफ़ी परंपरा में जो ग़ैररूढ़िवादी और उल्लंघनकारी शक्तियां सदैव कम-से-कम निहित रूप में मौजूद हैं, उन्हें फ़ैज़ के छंदों में धार्मिक रूढ़िवाद तथा उत्पीड़क लौकिक सत्ता के साथ उस रूढ़िवाद के गंठजोड़ के ख़िलाफ़ मोड़ दिया गया है। मार्क्सवादी और अंतरराष्ट्रीयतावादी शायर होते हुए भी फ़ैज़ रहस्यवादी भारतीय इस्लाम की धार्मिक भाषा में मुब्तला हैं, उर्दू की काव्यपरंपरा में इसके उच्च सांस्कृतिक विस्तार में भी और उत्तर भारत में सांस्कृतिक संपर्क भाषा के तौर पर भी। फ़ैज़ की शायरी इस संस्कृति के प्रति एक गहरे आदर और *प्यार* को तथा इसके साथ शायर के बहुत जटिल संबंधों

की स्वीकृति को सामने लाती है। यह एक विशिष्ट धार्मिक परंपरा—सूफ़ी अभिव्यक्ति का उर्दू काव्य-विस्तार—का विवादात्मक अंगीकार है, इसमें से आधुनिकता के लिए संसाधन निकाल लाने की ग़रज़ से; इसीलिए साथ-के-साथ यह स्वयं धार्मिक अनुभव के दुनियावी आधार की ओर भी इशारा करती है। लेकिन कभी भी यह समन्वयात्मक धार्मिक जीवन समझी जाने वाली चीज़ का महज़ अतीतव्यामोही अंगीकार नहीं है, और (काव्यात्मक) आधुनिकता धार्मिक तथा सेक्यूलर या लौकिक के एक प्रकार के द्वंद्व की तरह सामने आती है।

❑ ❑ ❑

फ़ैज़ के लिए विभाजन का विराट विरोधाभास यह है कि इसे उसी आत्म के पुनर्लेखन की ज़रूरत है जिसके संरक्षण के नाम पर इस (विभाजन) की मांग की गयी थी। यह विरोधाभास ऐसा है जिसे वे कभी-कभी आत्म की अलग-अलग, आंतरिक और बाह्य भाषा की टक्कर के रूप में आकार देते हैं, जैसे 1953 की एक ग़ज़ल के इस मिसरे में :

दिल से तो हर मुआ'मला करके चले थे साफ़ हम
कहने में उनके सामने बात बदल-बदल गयी[15]

मेरी सलाह है कि इस मिसरे की वेदना को, जो आप बताना चाहते हैं उसे कह पाने की अक्षमता के बोध को, आत्मत्व और अस्मिता की 'जन' भाषा के प्रति एक प्रतिक्रिया की तरह पढ़ना चाहिए। फ़ैज़ यहां जिस चीज़ की ओर इशारा करते हैं, वह है वह अधिशेष जो राष्ट्र-राज्य की उस सुनिर्धारित संरचना के भीतर धारण नहीं किया जा सकता, जिसके भीतर 'मुसलमान' एक घातक दुविधा की नोक पर टिका है: या तो यह 'एक अलग राष्ट्र' को संकेतित करता है या फिर 'एक भारतीय अल्पसंख्यक' को। फ़ैज़ का पूरा प्रगीतात्मक काव्यसंसार अस्मिता को यों तय कर देने की शर्तों को मानने से एक इंकार है और आत्म को गतिशील रखने की एक कोशिश। पापस्वीकृति की मंशा के साथ किसी दूसरे से रू-ब-रू होने के लिए आत्म का आगे बढ़ना लेकिन अपने ही शब्दों को पराया होते हुए पाना, जो चाहा था उससे अलग अर्थ पैदा करते हुए देखना—मिसरे के इस आख्यान तत्व को, एक सामूहिक और ऐतिहासिक खाते में, राष्ट्र तथा सांप्रदायिक अस्मिता के अर्थ को लेकर चलने वाले संघर्ष को इतिहास की एक व्याख्या के तौर पर पढ़ा जाना चाहिए, और ख़ास तौर से मुस्लिम सांस्कृतिक अलगाववाद को इतिहास की एक व्याख्या के तौर पर। फ़ैज़ निस्संदेह नयी रौशनी के उन लेखकों और बौद्धिकों की वंशपरंपरा में हैं जिन्होंने एक सदी पहले भारतीय आधुनिकता में एक 'मुस्लिम' अनुभव की विशिष्टता को माना था। लेकिन ऐतिहासिक सिंहावलोकन के साथ वे ख़ुद उस मान्यता को कारुणिकता की मंद रौशनी में नहला देते हैं, और उस समय से हमारे अपने समय तक के दौर को चिह्नित करने वाले घुमावों और मोड़ों, मार्ग-परिवर्तनों और असफलताओं की ओर इशारा करते हैं। 1953 में कही गयी यह ग़ज़ल भारत विभाजन पर उस ख़ूनी हादसे के इस तरफ़ से की

गयी टिप्पणी है। भारतीय मुस्लिम 'राष्ट्रत्व' के, राज्यत्व और 'संप्रभुता' की ठंडी रौशनी में, अंततः जो मायने निकल कर आते हैं, उसे लेकर असीम उदासी से भरी हुई है यह टिप्पणी। फ़ैज़ इस ऐतिहासिक कारुणिकता का निचोड़ या सार ग़ज़ल की आत्मनिष्ठ/विषयीनिष्ठ भाषा में रूपांतरित कर देते हैं। वे उस कारुणिकता को आशिक़ की उदासी का रूप दे देते हैं, वह उदासी जो माशूक़ के रू-ब-रू अपनी अभिप्रेत बात कह पाने की अक्षमता को लेकर है।

फ़ैज़ की शायरी में बारंबार आने वाला उस सदैव-दुष्प्राप्य संपूर्णता का बिंब, जो कि अपनी दुष्प्राप्यता के चलते कम वास्तविक नहीं हो जाती, अडोर्नो की उस अंतर्विरोधी संपूर्ण की अवधारणा से किसी हद तक मेल खाता है जिसकी 'गतिशीलता' सिर्फ़ खंडों के 'बदलावों' में ही दिखलायी पड़ती है।[16] द्वंद्वात्मकता की यह संकल्पना उस परवर्ती (लेट) आधुनिकता के दौर में संपूर्णता को समझने का एक प्रयास है जब, अडोर्नो के अनुसार, 'दुनिया को बदलने की कोशिशें' नाकाम हो चुकी हैं।[17] इस तरह अडोर्नो के लिए समकालीन दुनिया की परवर्तिता (लेटनेस) इस तथ्य में निहित है कि यह एक हताशा का परिणाम है, एक तरह का अंतिम परिणाम जो आधुनिक यूरोपीय इतिहास द्वारा प्रदत्त यूटोपियन उम्मीदों की अनर्थकारी पराजय से निकला है। इसी से उपजी है समकालीन संस्कृति पर अडोर्नो द्वारा उठाये गये सवालों की वह शृंखला : क्या आउश्वित्ज़ (कुख्यात नाज़ी यातनागृहों का झुंड) के बाद कविता लिखना संभव है? क्या एक बार जब दर्शन ने इन्सानी वजूद को बदल डालने में कृतकार्य होने का मौक़ा गंवा दिया है तब दर्शन संभव है? क्या जब विषयी मास कल्चर और मास डेस्ट्रक्शन (जनसंहार) की ताक़तों से चतुर्दिक घिरा है, ऐसे युग में उस विषयी का बचाव करना संभव, या काम्य भी, है? उत्तर-औपनिवेशिक संस्कृति अपने आप में यूरोपीय उन्नीसवीं सदी की सांस्कृतिक मानवनिर्मितियों के परिणाम के रूप में संघटित है और उनका देर से किया गया अर्जन इसकी विशेषता है। वे सांस्कृतिक मानवनिर्मितियां हैं : राष्ट्रीय संप्रभुता, जनता की इच्छा, लोकतंत्र की मांग। उत्तर-औपनिवेशिक दक्षिण एशिया में यह वह क्षण भी है जो उत्तर भारतीय समाज के विभाजन के तुरंत बाद आया है। फ्रांज़ फ़ेनन ने काफ़ी समय पहले यह स्थापना दी थी कि औपनिवेशिक परिस्थितियों में आरोपित करने के लिए 'मार्क्सवादी विश्लेषण की हमेशा थोड़ी खींच-तान करनी पड़ेगी'।[18] उत्तर-औपनिवेशिक संस्कृति की 'परवर्तिता' ख़ुद परवर्ती आधुनिकता की अवधारणा की खींचतान की, आर्थिक अतिविकास और अतिउपभोग के आख्यान से इसके अलग किये जाने की और इसके बजाय विऔपनिवेशीकरण के परिणामों के बोध के लिए इसके तैयार होने की मांग करती है। फ़ैज़ निस्संदेह उस अर्थ में 'अडोर्नियन' शायर नहीं हैं जिस अर्थ में सेलान, बैकेट, और यहां तक कि मान को अडोर्नियन लेखक कहा जा सकता है।[19] लेकिन इस चीज़ पर पुनर्विचार करना मेरा मक़सद रहा है कि सईद एवं अन्य ने अडोर्नो के विचार-पुंज में 'परवर्तिता' के जिस परिदृश्य की पहचान की है, उस में और उस पर लिखने के क्या मायने हैं।[20] फ़ैज़ परवर्ती

उत्तर-औपनिवेशिक आधुनिकता के कवि हैं, एक कवि जो नकारात्मक सोच की अपनी ऊर्जाओं को ठोस आकार लेते उन सांस्कृतिक एवं सामाजिक रूपों की ओर मोड़ देता है जो उत्तर-औपनिवेशिक वर्तमान को संघटित करते हैं। अडोर्नो के लिए, प्रगीत काव्य की अवधारणा का एक ऐसा अर्थ है जो 'पूरी तरह आधुनिक' है और 'पहले के दौरों में विशेष रूप प्रगीतात्मक मिज़ाज की वे अभिव्यक्तियां जो हमारे लिए सुपरिचित हैं, महज़ अलग-थलग पड़ी हुई झलकें हैं।'[21] लेकिन फ़ैज़ परंपरागत उर्दू प्रगीत की ओर ही मुड़ते हैं और दुनिया से आत्म के, संपूर्णता से व्यक्ति के संबंध की व्याख्या के लिए शब्दावली वहीं से निकालते हैं। वे ऐसे आधुनिक भारतीय आत्मत्व के अनुभव को विस्तार देते हैं जो विभाजन के समय आरंभ हुई राष्ट्र-राज्य व्यवस्था के सांस्कृतिक तर्क से किनारा कर लेने का प्रयास करता है। सूफ़ी विचार और व्यवहार के साथ अपने गहरे संबंधों वाली, तथा उपमहाद्वीप पर आये संस्कृति और अस्मिता के संकट में अपनी लंबी सहभागिता वाली हिंद-इस्लामी काव्य-परंपरा में गहरे डूब कर वे इस काम को और आगे बढ़ाते हैं। यही फ़ैज़ होने का मतलब है, एक ऐसे उर्दू शायर के रूप में, जिसे विभाजन द्वारा थोपी गयी राजनीतिक और सांस्कृतिक सरहदों के आरपार एक विराट पाठक-श्रोता समाज मिला हुआ है।

अनुवाद : संजीव कुमार

संदर्भ और टिप्पणियां

1. थ्योडोर डब्ल्यू. अडोर्नो, 'द फ़ेटिश कैरेक्टर इन म्यूज़िक ऐंड द रिग्रेशन ऑफ़ लिसनिंग', *फ्रैंकफ़र्ट स्कूल रीडर,* सं. एंड्रिउ अरातो एवं एइक गेबहार्ड्ट (न्यूयॉर्क, कॉन्टीन्यूअम, 1982), 275.
2. देखें, आग़ा शाहिद अली, 'इंट्रोडक्शन : ट्रांसलेटिंग फ़ैज़ अहमद फ़ैज़', *द रिबेल्स सिलुए'ट : सेलेक्टेड पोएम्स,* अनु. आग़ा शाहिद अली (एम्हर्स्ट, यूनिवर्सिटी ऑफ़ मैसाचुसेट्स प्रेस, 1995), एवं वी.जी. किएर्नन, *पोएम्स बाइ फ़ैज़* की भूमिका, फ़ैज़ अहमद फ़ैज़, अनु. वी.जी. किएर्नन (लाहौर, वैनगार्ड बुक्स, 1971), 40.
3. थ्योडोर डब्ल्यू. अडोर्नो, 'ऑन लिरिक पोएट्री एंड सोसायटी', *नोट्स टू लिटरेचर : वॉल्यूम वन,* सं. रॉल्फ़ टिएडमैन, अनु. शिएरी वेबर निकॉल्सन (न्यूयॉर्क, कोलंबिया यूनिवर्सिटी प्रेस, 1991), 42, 38.
4. मिसाल के लिए देखें, सैयद सिब्ते हसन, 'फ़ैज़ का आदर्श', *फ़ैज़ अहमद फ़ैज़ : तनक़ीदी जायज़ा,* सं. ख़लीक़ अंजुम (नयी दिल्ली, अंजुमन-ए तरक़्क़ी-ए उर्दू, 1985), 119, 121.
5. देखें, किएर्नन, *पोएम्स बाइ फ़ैज़* की भूमिका, 38. भाषा के सवाल पर गांधी के नज़रिये के एक समकालीन संकलन के लिए देखें, मोहनदास करमचंद गांधी, *अवर लैंग्वेज प्रॉब्लम,* सं. आनंद टी. हिंगोरानी (कराची, आनंद टी. हिंगोरानी, 1942).
6. किएर्नन, *पोएम्स बाइ फ़ैज़* की भूमिका, 38.

7. देखें, 'फ़ैज़-अज़ फ़ैज़', फ़ैज़ अहमद फ़ैज़, *नुस्ख़ाहा-ए वफ़ा* (लाहौर, मकतबा-ए कारवां, 1986), 308-11.
8. देखें, फ़ैज़ अहमद फ़ैज़, *सारे सुख़न हमारे*, सं. अब्दुल बिस्मिल्लाह (दिल्ली, राजकमल प्रकाशन, 2009), 158.
9. देखें, फ़ैज़, *नुस्ख़ाहा-ए वफ़ा*, 308-11.
10. फ़ैज़, *सारे सुख़न हमारे*, 190 .
11. थ्योडोर अडोर्नो, 'सब्जेक्ट ऐंड ऑब्जेक्ट', *द एस्सेंशियल फ्रैंकफ़र्ट स्कूल रीडर*, सं. एंड्रिउ अरातो एवं एइक गेबहाईट (न्यूयॉर्क, कॉन्टीन्यूअम, 1988), 500.
12. देखें, फ़ैज़, *नुस्ख़ाहा-ए वफ़ा*, 438.
13. क्लासिकी उर्दू ग़ज़ल और उसके प्रतीकात्मक एवं विषयगत संसार के लिए देखें, रॉल्फ़ रसेल, *द पर्सुट ऑफ़ उर्दू लिटरेचर : ए सेलेक्ट हिस्ट्री* (दिल्ली, ऑक्सफ़र्ड यूनिवर्सिटी प्रेस, 1992), अध्याय 2; तथा ऐनीमेरी श्कीमेल, *ए टू-कलर्ड ब्रॉकेड, द इमेजरी ऑफ़ पर्शियन पोएट्री* (चैपल हिल, एन.सी., यूनिवर्सिटी ऑफ़ नॉर्थ कैरोलिना प्रेस, 1992).
14. फ़ैज़, *सारे सुख़न हमारे*, 240.
15. फ़ैज़, *सारे सुख़न हमारे*, 60.
16. मिसाल के लिए देखें, अडोर्नो, 'द फ़ेटिश कैरेक्टर इन म्यूज़िक ऐंड द रिग्रेशन ऑफ़ लिसनिंग', 'अलग किये हुए अर्द्धांशों को जोड़ कर संपूर्ण को एक साथ नहीं रखा जा सकता, लेकिन दोनों में, चाहे जितने भी दूरस्थ रूप में सही, उस संपूर्ण के बदलाव प्रकट होते हैं जो अंतर्विरोधों में ही गतिशील होता है।' (275)
17. थ्योडोर डब्ल्यू. अडोर्नो, *नेगेटिव डाइलेक्टिक्स*, अनु. ई. बी. ऐस्टन (न्यूयॉर्क, सीबरी प्रेस, 1973). अडोर्नो और परवर्तिता के लिए देखें, फ्रेडरिक जेमसन, *लेट मार्क्सिज़्म : अडोर्नो, ऑर द पर्सिस्टेंस ऑफ़ द डाइलेक्टिक* (लंदन, वर्सो, 1990); और एडवर्ड डब्ल्यू. सईद, 'अडोर्नो ऐज़ लेटनेस इटसेल्फ़', *ऐपोकलिप्स थियरी ऐंड द एंड्स ऑफ़ द वर्ल्ड*, सं. मैलकॉम बुल (ऑक्सफ़र्ड, ब्लैकवेल, 1995), 264-81.
18. देखें, फ्रांज़ फ़ेनन, *द रेचेड ऑफ़ द अर्थ*, अनु. कॉन्सटैंस फ़ैरिंगटन (न्यूयॉर्क, ग्रोव प्रेस, 1963), 40.
19. इस सफ़ाई की ज़रूरत को बताने के लिए मैं स्टेथिस गोरगुरिस और एडुआर्डो कैडावा का शुक्रगुज़ार हूं.
20. मिसाल के लिए देखें, सईद, 'अडोर्नो ऐज़ लेटनेस इटसेल्फ़', 264-81; और जेमसन, *लेट मार्क्सिज़्म.*
21. अडोर्नो, 'ऑन लिरिक पोएट्री एंड सोसायटी', 40.

रूमानियत का एक ख़ास अंदाज़

अरुण कमल

कुछ दिन पहले बातचीत के दौरान एक मित्र ने कहा था कि फ़ैज़ की कविता में रूमानियत है, जो उन्हें यथार्थ के तल तक पहुंचने से रोकती है। उसने यह भी कहा था कि हमारी अभी की हिंदी कविता फ़ैज़ की शायरी के मुक़ाबले बहुत आगे जा चुकी है, यानी अभी की हिंदी कविता जिस बेबाकी से ज़िंदगी के विभिन्न हिस्सों का चित्रण करती है, वह बेबाकी फ़ैज़ में नहीं है।

एक रूमानियत होती है जो चीज़ों की पहचान को धुंधला कर देती है; उनके तीखे किनारों को भी बहुत मुलायम और चिकना कर देती है। यह रूमानियत तब पैदा होती है जब वस्तु से जितना लगाव हमारा होता है उससे ज़्यादा दिखलाने की हम कोशिश करते हैं। इस स्थिति में उस वस्तुस्थिति या चरित्र की गहराई तक न पहुंचकर हम उस कमी को रूमानियत द्वारा पूरा करते हैं। लेकिन एक रूमानियत ऐसी भी होती है जो चीज़ों के प्रति गहरे लगाव से पैदा होती है और पाठकों के मन में भी वैसा ही गहरा लगाव पैदा कर देती है। फ़ैज़ की रूमानियत ऐसी ही है, जिसमें हल्की 'आवारगी' भी है, दोस्तों की-सी नज़दीकी भी है, और उर्दू शायरी का वह ख़ास मिज़ाज भी है, जिसके चलते बहुत ही संगीन मौक़ों पर भी वे साक़ी, मय, मयकदे और इश्क़ की मार्फ़त ही बात करते हैं। 'लाओ तो क़त्लनामा मेरा' में इश्क़, साक़ी, मय और मयकदे सब मौजूद हैं, लेकिन ये सब अपने वास्तविक अर्थों को छोड़कर अपना तात्कालिक अर्थ व्यक्त करते हैं। अजीब बीजगणित है फ़ैज़ की शायरी का :

तोहमत तुम्हारे इश्क़ की हम पर लगी हुई
रिंदों के दम से आतश-ए-मय के बग़ैर भी
है मयकदे में आग बराबर लगी हुई
... ...
लाओ तो क़त्लनामा मेरा, मैं भी देख लूं
किस किसकी मुहर है सर-ए-महज़र लगी हुई

क़त्लनामे की वजह अभी भी इश्क़ ही है। फ़ैज़ उर्दू के चले-चलाये सुपरिचित सांचे से नयी मूर्ति गढ़ते हैं और जब वे घोषणा करते हैं कि 'लाओ तो क़त्लनामा मेरा मैं

भी देख लूं। किस किसकी मुहर है सर-ए-महज़र लगी हुई', तो सारे पुराने सांचे टूट जाते हैं, शब्दों के पुराने अर्थ समाप्त हो जाते हैं मानो पुराने बीजों से नये पौधे उगे हों। इस तरह उनकी शायरी शक्ल अख़्तियार करती है। 'इश्क़ के तोहमत' के रूमानी वादे से शुरू करके फ़ैज़ उसे 'क़त्लनामे' तक ले जाते हैं और यह अपने वक़्त की क्रांतिकारी कविता साबित होती है। लेकिन यह सब कुछ होता है एक रूमानियत के अंतर्गत ही।

रूमानियत तो यहां भी है–*मेरे दिल मेरे मुसाफ़िर* यानी पुस्तक के नाम में ही। दिल को मुसाफ़िर कहना और उससे इस तरह मुख़ातिब होना घनघोर इश्क़िया शायरी का एक ख़ास अंदाज़ है। लेकिन दूसरी ही पंक्ति जैसे रोओं के दस्ताने को उलट देती है और बहुत ही कड़ा चर्म-आवरण हमें मिलता है :

हुआ फिर से हुक्म सादिर
कि वतन-बदर हों हम तुम

और अपने घर के पते की तलाश करता आदमी हमें मिलता है। यहां फिर **मुसाफ़िर** शब्द जो पहली ही पंक्ति में मिला था, धीरे-धीरे नये अर्थ ग्रहण करता जाता है और गोकि पहली पंक्ति फिर दुहरायी नहीं गयी, **मुसाफ़िर** शब्द शुरू से आख़िर तक मौजूद रहता है बे-वतन, बेघर आदमी के पूरे दर्द को व्यक्त करता हुआ। एक दूसरी कविता में फ़ैज़ कहते हैं :

हम मुसाफ़िर यूं ही मसरूफ़े-ए-सफ़र जायेंगे
बेनिशां हो गये जब शहर तो घर जायेंगे

यहां फ़ैज़ की व्यक्तिगत ज़िंदगी का दर्द तो है ही, उन सब लोगों का दर्द भी है, जो पूरी ज़िंदगी मुसाफ़िर बने रहेंगे और शायद आख़िर तक अपने घर, अपने मुक़ाम को न पहुंच पायेंगे। इन सब लोगों में फ़िलिस्तीनी भी हो सकते हैं, हम और आप भी। 'नेमत-ए-ज़ीस्त' (जीवन का वरदान) से क़र्ज़ जिस किसी को चुकाना है, उसे तो 'रह-ए-इश्क़' के 'हर सख़्त मुक़ाम' से गुज़रना ही होगा :

आनेवालों से कहो हम तो गुज़र जायेंगे

सारी कठिनाइयों, दुःखों और यातनाओं के बाद भी फ़ैज़ की शायरी ज़िंदगी में हमारे विश्वास को मज़बूत करती जाती है। 'नेमत-ए-ज़ीस्त' जिस किसी को मिली है उसे तो क़र्ज़ भी चुकाना ही होगा। 'वाक़िफ़ थे हर एक रंग की झंकार से हम'। इसी 'नेमत-ए-ज़ीस्त' के लिए तो सारा संघर्ष, सारी मुसीबतें और जंग है–'तुझको कितनों का लहू चाहिए ए अर्ज़-ए-वतन/जो तेरे आरिज़-ए-बेरंग को गुलनार करें'। फ़ैज़ की कविता एक तरफ़ तो ज़िंदगी में हमारे विश्वास को पुख़्ता करती है और दूसरी तरफ़ अपने उसूलों के लिए, आदमी की पूरी इज़्ज़त के लिए हमें जान को हथेली पर ले चलने की नेक सलाह भी देती है–'जान देते रहे ज़िंदगी के लिए'। फ़ैज़ की शायरी बहुत ही ऊंचे भावों और आदर्शों की प्रतिष्ठा करती है। आदमी का जो चरित्र हमारे सामने उभरता है, वह है हर ज़ुल्म के विरुद्ध लड़ता हुआ, जान देता हुआ आदमी;

आदमियत की ख़ातिर मरता हुआ आदमी। फ़ैज़ मनुष्य के संघर्षशील, कभी न झुकनेवाले रूप के कवि हैं। यही उनकी समूची कविता की धुरी है।

रसन-दर-गुलू, पा-ब-जौलां हमें
इसी क़ाफ़िले में कशां ले चला

यह क़ाफ़िला है ज़िंदगी से इश्क़ करनेवालों का। फ़ैज़ ने फ़ारसी का एक टुकड़ा अपनी कविता 'नज़्रे-हाफ़िज' में उद्धृत किया है, जिसका अर्थ है—मेरे नसीहत करनेवाले ने यह कहा कि इश्क़ में सिवा दुःख के और क्या रखा है। ऐ अक़्लमंद, ज़रा यह बताओ कि भला इससे बड़ी अच्छाई और क्या है?

फ़ैज़ की कविता जहां एक ओर समूची दुनिया के ग़मों-दुखों के बारे में बतलाती है, वहीं राजनीतिक मामलों से पैदा हुआ आदमी का जो नितांत व्यक्तिगत, निजी दुख-दर्द है, वह भी व्यक्त करती है। सभी राजनीतिक या सामाजिक घटनाओं की अंतिम परिणति अंततः आदमी के व्यक्तिगत जीवन में ही होती है। राजनीति और व्यक्ति के निजी जीवन का इतना गहरा ताल्लुक़ आज हो गया है कि एक राजनीतिक निर्णय फ़ैज़ को 'वतन-बदर' करता है और उन तमाम मुश्किलों, दुखों को पैदा करता है जो आख़िरकार एक आदमी को ही सहने पड़ते हैं। शायद यही कारण है कि फ़ैज़ की शायरी राजनीतिक होते हुए भी व्यक्तिगत है और व्यक्तिगत होते हुए भी राजनीतिक है। फ़ैज़ राजनीतिक घटनाओं के मानवीय अर्थों को व्यक्त करते हैं। फ़ैज़ के शेर हम बहुत ही एकांत के क्षणों में भी गा सकते हैं और ऐसे मौक़ों पर भी, जब पूरा हुजूम संसद की ओर कूच कर रहा हो। यह शायरी का काफ़ी आगे बढ़ा हुआ रूप है। अभी की कविता, ख़ासकर हिंदी की, न तो हमारी व्यक्तिगत, निजी ज़रूरतों को दूर तक पूरा कर पाती है, न ही इस लायक होती है कि पूरा का पूरा जुलूस उसे तराने के तौर पर गाते हुए 'दरबारे-वतन' तक जाय।

फ़ैज़ की शायरी हमारी कुछ ऐसी ज़रूरतों को पूरा करती है, जो अभी हमारी अपनी कविता से पूरा नहीं हो पाती या कम हो पाती है। एक ख़ास ज़रूरत होती है। जब फ़ैज़ कहते हैं :

जो न आया उसे कोई ज़ंजीर-ए-दर
हर सदा पर बुलाती रही रात भर

तो एक नामालूम आदमी के लिए अनजाने ही हमारे दिल में बहुत प्यार और सहानुभूति पैदा हो जाती है। वह कौन था, जो नहीं आया या नहीं आ सका? और वह कौन है, जो इंतज़ार करता रहा? फ़ैज़ की मशहूर नज़्म 'तनहाई' ('अपने-बे-ख्वाब किवाड़ों को मुक़फ़्फ़ल कर लो/अब यहां कोई नहीं, कोई नहीं आयेगा') जिस भाव को व्यक्त करती है, उसी की ज़्यादा गहन, लेकिन बहुत ही शांत अभिव्यक्ति इस शेर में हुई है। इंतज़ार के उस क्षण की पूरी बेचैनी और भावी आगंतुक के न आने से उत्पन्न भय और आशंका को पूरा-पूरा यहां रख दिया गया है। यहां कर्त्ता है दरवाज़े की ज़ंजीर। लेकिन हम इतना कुछ समझते नहीं, फूल देखने के पहले ही उसकी ख़ुशबू हम तक

आती है और एक गहरे दुख का एहसास हमें होता है। कविता की यह जो शक्ति होती है हमें अपने इशारे पर नचाने की, वह फ़ैज़ की ख़ासियत है। इसी तरह :

कुछ पहले इन आंखों आगे क्या-क्या न नज़ारा गुज़रे था
क्या रौशन हो जाती थी गली जब यार हमारा गुज़रे था

में कुछ ऐसा है जिसकी व्याख्या शायद संभव नहीं। यह पूरी ग़ज़ल अपने भाव और वस्तु में अवसाद से भरी है और एक तरह की नॉस्टेल्जिया से भी, लेकिन इसकी लय में एक मस्ती है, और कहीं न कहीं सुख की अनुभूति भी। इसी की आख़िरी पंक्ति है—'आंख उठते ही एक नज़र में आलम सारा गुज़रे था'। इस ग़ज़ल की लय में अजब जादू है, जो फ़ैज़ में हर जगह है—शब्दों का जादू, लय का जादू, जो अभी भी कविता मात्र की एक ख़ास ख़ूबी है।

फ़ैज़ की दुनिया में क़दम रखते ही लगता है, 'कितने हाथों से हम-आग़ोश मेरा हाथ रहा'। फ़ैज की शायरी को पढ़ते हुए हमेशा यह इच्छा होती है कि कुछ दोस्त भी साथ होते। फ़ैज़ की शायरी लोगों से मिलने की इच्छा पैदा कर देती है।

मेरे दिल मेरे मुसाफ़िर की इन कविताओं में ज़्यादा संयम है और इसीलिए ज़्यादा तल्ख़ी है। 'लाओ तो क़त्लनामा मेरा मैं भी देख लूं, किस किसकी मुहर है सर-ए-महज़र लगी हुई' की जड़ शायद यहां भी हो—'कौन क़ातिल बचा है शहर में फ़ैज़/जिससे यारों ने रस्मो-राह न की' (*शीशों का मसीहा*)। लेकिन अब तल्ख़ी ज़्यादा है, वज़न भी ज़्यादा है और अर्थ भी काफ़ी विस्तृत हो चुका है। फ़ैज़ इन कविताओं में बहुत कम शब्द बोलते हैं। सारे फालतू शब्द छांट दिये जाते हैं और उतना ही बाक़ी रह जाता है जितना बेहद ज़रूरी था। कभी-कभी तो फ़ैज़ अपने अनुभवों को पूर्ववर्ती कवियों के अनुभवों से जोड़कर उन्हीं के अल्फ़ाज़ से अपना काम चला लेते हैं :

हमें क्या बुरा था मरना
अगर एक बार होता

और शायद यह भी उसी काव्य-कौशल की देन है जिससे पुराने प्रतीक नये अर्थ व्यंजित करते हैं। इसी तरह मख़्दूम साहब की एक ग़ज़ल की दो पंक्तियों की ताना-भरनी पर फ़ैज़ पूरी ग़ज़ल बुन लेते हैं, जो मख़्दूम की ग़ज़ल से जुड़ी होने के बावजूद उससे भिन्न अर्थ भी व्यंजित करती है—'आपकी याद आती रही रात भर/चांदनी दिल दुखाती रही रात भर', या फिर दूसरी कविता में—'उसी अंदाज़ से चल बाद-ए-सबा आख़िर-ए-शब'।

फ़ैज़ के इस संग्रह में अनेक रूपों, शिल्पों की कविताएं हैं। ग़ज़ल तो है ही, एक दखनी ग़ज़ल भी है—'सब पूछे थे अहवाल जो कोई दर्द का मारा गुज़रे था'; क़व्वाली भी है—'फ़ज़ा में बिजलियां लहरायीं फिर से ताज़यानों की/क़लम होने लगी गर्दन क़लम के पासबानों की'। इसी तरह गीत भी हैं और गद्य-कविताएं भी। फ़ैज़ ने, जो पाकिस्तान के नागरिक थे, इनमें से कई कविताएं बेरूत, पेरिस और मास्को में लिखी हैं, जो वहां की ज़िंदगी से संबंधित हैं, लेकिन वस्तुतः जो समूचे इनसान की ज़िंदगी

के बारे में हैं। यह भी फ़ैज़ की शायरी का एक दिलचस्प पहलू है। विश्ववादी शायरी के मुक़ाबले यह है अंतर्राष्ट्रीय शायरी। इस संग्रह में दो कविताएं पंजाबी में भी हैं। फ़ैज़ कठिन शब्दों– अरबी-फ़ारसी के शब्दों और लंबे शब्द-समुदायों– के लिए मशहूर हैं, लेकिन इस संग्रह में यह चीज़ कम होती गयी है। यहां फ़ैज़ ज़्यादा सहल हैं। कविता को वे ज़्यादा से ज़्यादा सुगम बनाते गये हैं। इसी से वे पंजाबी किसानों को संबोधित करते हैं :

उठ उत्तां नू जट्टा

फ़ैज़ की शायरी में आदमी पूरी गरिमा और शान के साथ मौजूद है। मक़तल की ओर जाते हुए भी उसका माथा नहीं झुकता। आदमी की खुद्दारी की इतनी ज़बर्दस्त अभिव्यक्ति आधुनिक कविता में बहुत कम हुई है। यहां 'लघुमानवों' की बेचारगी नहीं है। 'मालवाले हिक़ारत से तकते रहे/तान करते रहे, हाथ मलते रहे।'

ज़हर से धो लिये हैं होंठ अपने
लुत्फ़-ए-साक़ी ने जब कमी की है
तेरे कूचे में बादशाही की
जब से निकले गदागरी की है

यह उस वक़्त की शायरी है, जब :

अब के बरस दस्तूर-ए-सितम में क्या क्या बाब ईज़ाद हुए
जो क़ातिल थे मक़तूल हुए, जो सैद थे अब सय्याद हुए

फ़ैज़ ने अपने वक़्त की इस ख़ासियत को व्यक्त किया है। इस पूरी किताब को पढ़ने के बाद यही लगता है :

जो गुज़रते थे दाग़ पर सदमे
अब वही कैफ़ियत सभी की है।

इज़हारे-अक़ीदत और वक़्त की कैफ़ियत

असद ज़ैदी

1941 में प्रकाशित अपने पहले संकलन का नाम फ़ैज़ ने *नक़्शे-फ़रियादी* रखा। ये *दीवाने ग़ालिब* के पहले दो शब्द हैं। क़रीब एक चौथाई सदी बाद सन 1965 में अपने चौथे संकलन का नाम फिर उन्होंने ग़ालिब ही से लिया—*दस्ते-तहे-संग* (चट्टान के नीचे दबा हाथ)। यह कोई संयोग नहीं था। पुरानी रिवायत है कि दीवान की शुरुआत हम्द (ईश-वंदना) से हो : 'नक़्शे-फ़रियादी है किस की शोख़ी-ए तहरीर का/काग़ज़ी है पैराहन हर पैकरे-तस्वीर का।' ग़ालिब पहले ही शेर में ऐसी कैफ़ियत सामने रख देते हैं कि पता नहीं चलता वे शरारत भरे अंदाज़ में आत्म-स्तुति कर रहे हैं, या अल्लाह की तारीफ़। अब ज़रा दस्ते-तहे-संग को देखें : 'मजबूरी ओ दावाए गिरफ़्तारी-ए-उल्फ़त/दस्ते-तहे-संग आमदः पैमाने वफ़ा है।' हाथ एक भारी पत्थर के नीचे दबा हुआ है, और हम कह रहे हैं कि जन्म-जन्मांतर तक तुम्हारे प्यार के क़ैदी रहने की क़सम खाये हुए हैं।

❑

फ़ैज़ ने अपनी सारी ज़िंदगी ग़ालिब के साये में गुज़ारी। वे जब भी अपने से थक जाते हैं तो ग़ालिब की ज़मीन पर लौट आते हैं। उनकी तबीअत और मिज़ाज ग़ालिब से अलग हैं : ग़ालिब की ज़राफ़त, विडंबना-बोध, कड़वाहट, खुद पर हंसने की आदत और अनासक्ति फ़ैज़ के यहां कम ही नज़र आती है। पर ग़ालिब के बिना उनको अपनी अस्मिता ख़तरे में लगती है। बिना ग़ालिब को याद किये वे ग़ज़ल तो लिख ही नहीं सकते। अपनी अंतिम ग़ज़ल में भी फ़ैज़ बिलकुल उस्ताद के पहलू में बैठे दिखायी देते हैं : 'हम एक उम्र से वाक़िफ़ हैं अब न समझाओ/कि लुत्फ़ क्या है, मेरे मेहरबां सितम क्या है/करे न जग में अलाव तो शेर किस मक़सद/करे न शहर में जल थल तो चश्मे नम क्या है/अजल के हाथ कोई आ रहा है परवाना/न जाने आज की फ़ेहरिस्त में रक़म क्या है।'

मौलाना अल्ताफ़ हुसैन 'हाली' के बाद ग़ालिब की केंद्रीयता को पहचानने और फिर उसे कविता में लाज़िम करने की ज़िम्मेदारी जिन लोगों ने उठायी उनमें फ़ैज़

अहमद फ़ैज़ सर्वोपरि हैं। हालांकि जितना ध्यान इस बात पर दिया जाना चाहिए दिया नहीं गया है।

❑

इक़बाल के निधन के वक़्त फ़ैज़ 27 साल के थे और इक़बाल का असर पंजाब और उत्तर-पश्चिमी भारत में वैसा ही सघन था जैसा बंगाल में रवींद्रनाथ का। इक़बाल की तरह फ़ैज़ की पैदाइश भी सियालकोट ही की है। फ़ैज़ इक़बाल के दबदबे और मार से कैसे बचे रह सके, यह भी एक ग़ौरतलब चीज़ है। फ़ैज़ ने खुद इक़बाल के महत्त्व से इनकार नहीं किया, और उनको अक़ीदत पेश करते हुए दो नज़्में भी लिखीं, लेकिन 'इक़बालियत' के काले बादल से खुद दूर रहे। फ़ैज़ की भावी महानता और उर्दू शायरी के विकास में उनकी ऐतिहासिक भूमिका की चाबी शायद यहीं पर है। फ़ैज़ ने उर्दू शायरी के रिवायती साज़ो-सामान और तरीक़े-कार को फिर से सम्हाला, इक़बाल-युग में जो ढांचागत टूट-फूट हुई उसकी मरम्मत की और बड़े इत्मीनान से उसी पुरानी बुनियाद पर फिर से वही दरो-दीवार खड़े किये। उन्होंने नये से पुराने का काम लेने के बजाय पुराने से नये का काम लिया। उन्होंने उर्दू शायरी को इक़बाल के परवर्ती अतिमानववादी फ़लसफ़े और नये अस्मितावाद से बचाया। उन्होंने इक़बालियत को सीधी चुनौती देने के बजाय उर्दू की परंपरागत प्रगतिशीलता, नॉन-कन्फ़र्मिज़्म और ग़ालिबियन आधुनिकता की राह पकड़ी। फ़ैज़ ने अपने उदाहरण से साबित किया कि शायरी में ग़ालिब की परंपरा ही में आगे का रास्ता है, परवर्ती इक़बाल का रास्ता एक अंधी गली है। अल्लामा इक़बाल को सफ़ाई और आत्मविश्वास के साथ बाईपास करना फ़ैज़ के बड़े कारनामों में शुमार किया जाना चाहिए।

❑

राष्ट्रवाद आधुनिक इतिहास की एक केंद्रीय संचालनकारी शक्ति रही है, ख़ासकर उन देशों में जो पश्चिम के उपनिवेश रहे। हिंदुस्तान जैसे मुल्कों में राष्ट्रवाद ने अनिवार्य साम्राज्यवाद-विरोधी जागरण का रोल अदा किया। लेकिन क़ौमी जागरण हर क़ौमी बीमारी का इलाज नहीं है, इस बात को फ़ैज़ से पहले प्रेमचंद और इक़बाल ने, और इनसे पहले रवींद्रनाथ ने देख लिया था। राष्ट्रवाद कई रंगों में और कई नामों से आता है और इसके अनेक प्रकार ऐसे हैं जो सुधार के नाम पर और पुराने समाजों में चली आ रही और दो-ढाई हज़ार सालों में विकसित मानववादी परंपराओं और एकताओं को नष्ट भ्रष्ट भी कर सकता है। फ़ैज़ ने बहुत जल्दी राष्ट्रवाद की इन विनाशकारी संभावनाओं को पहचाना और अपनी कविता में सार्वभौमिक मानववादी परंपराओं और प्रतिरोध की अवामी रिवायतों को बुनियादी आधार बनाया। उन्होंने जनजीवन में रची बसी रूमानी-मुक्तिकामी परंपराओं (सूफ़ी और ग़ैर-सूफ़ी) के साथ हमदर्द का रिश्ता बनाया और उनके सहारे यथास्थिति के विरोध और न्यायपूर्ण समाज के निर्माण को अपने यूटोपिया का हिस्सा बनाया। फ़ैज़ हमेशा यूटोपिया पर बल देते हैं। व्यवस्थाएं

बनती बिगड़ती रहती हैं, लेकिन यूटोपिया कभी नष्ट नहीं होते, बुनियादी क़द्रों के लिए इनसान की लड़ाई जारी रहती है। उनके काव्य में वतन से प्यार झलकता है लेकिन कहीं भी 'परबत वो सबसे ऊंचा' जैसा घमंड या उग्र राष्ट्रवाद नहीं है। दूसरी तरफ़ वे राष्ट्रीय दुखांतों के प्रतिनिधि कवि हैं : 'निसार मैं तेरी गलियों पे ए वतन कि जहां/चली है रस्म कि कोई न सर उठा के चले' या कि 'ये दाग़ दाग़ उजाला ये शब-गज़ीदा सहर'।

❑

दुनिया में बंदी-जीवन और निर्वासन या वतन-बदरी के फ़ैज़ जैसे शायर कम ही हुए हैं। इस तरह के दो शायरों, नाज़िम हिकमत और महमूद दरवीश, से अक्सर उनकी तुलना की जाती है। फ़ैज़ से इन दोनों की दोस्ती भी थी और नाज़िम हिकमत का तो उन्होंने अनुवाद भी किया था। क़ैद और निर्वासन पर इन सभी का काम लगता है एक बहुत लंबी, बहुभाषीय आलमी कविता का हिस्सा है।

❑

'निसार मैं तेरी गलियों पे ए वतन...' में फ़ैज़ अपने प्रतिनिधि रूप में मौजूद हैं : 'बहुत हैं ज़ुल्म के दस्ते-बहाना-जू के लिए/जो चंद अहले-जुनूं तेरे नामलेवा हैं/बने हैं अहले-हवस मुद्दई भी मुंसिफ़ भी/किसे वकील करें किससे मुंसिफ़ी चाहें/मगर गुज़ारने वालों के दिन गुज़रते हैं/तेरे फ़िराक़ में यूं सुबहो-शाम करते हैं... ग़रज़ तसव्वुरे-शामो-शहर में जीते हैं/गिरफ़्ते-साया-ए-दीवारो-दर में जीते हैं... यूं ही हमेशा उलझती रही है ज़ुल्म से ख़ल्क़/न उनकी रस्म नयी है न अपनी रीत नयी/यूं ही हमेशा खिलाये हैं हमने आग में फूल/न उनकी हार नयी है न अपनी जीत नयी... जो तुझसे अहदे-वफ़ा उस्तवार रखते हैं/इलाजे-गर्दिशे-लैलो-निहार रखते हैं।'

यहां शायर की अपने वतन के लागों से मुहब्बत और देशभक्ति के नाम पर वतन पर क़ाबिज़ ज़ालिमाना जमातों से नफ़रत एक साथ मौजूद है। उसका यह अंदाज़ उसे बीसवीं सदी की कविता की मशहूर बाग़ी आवाज़ों की उस सफ़ में खड़ा कर देता है जिसमें ब्लोक, लोर्का, नाज़िम हिकमत, नेरूदा, ब्रेख़्त, पासोलिनी, महमूद दरवीश, मीगेल एर्नान्देज़ और अर्नेस्तो कार्देनाल मौजूद हैं। इन आवाज़ों में उदासी और उम्मीद और विषमताओं के निरंतर, स्थायी प्रतिरोध की प्रतिज्ञा है।

फ़ैज़ पराजय के बाद की पस्ती और चुप्पी को भी इंतिज़ार के एक वक़्फ़े, प्रतिरोध की एक मुद्रा, और शाश्वत इंतिज़ार की निरंतरता में देखते हैं। यह बात उर्दू नज़्म के लिबास में और विरह-मिलन, क़फ़स और सैयाद, शामो-शहर, बहारो-खिज़ां की ज़बान में आती है तो सुनने वाले को इससे ऐसी तसल्ली और ताक़त मिलती है जो इक़बाल की ओजपूर्ण, ग़ैरत को ललकारती आवाज़ से नहीं मिलती। फ़ैज़ कहते नज़र आते हैं : लड़ाई बुरी नहीं थी, और शिकस्त भी बुरी नहीं है। वे हताशा की गोद से उम्मीद उठा लाते हैं। जैसा ग़ालिब कहते हैं : 'वफ़ादारी बशर्ते-उस्तवारी अस्ले-ईमां है'।

वह वर्तमान को धिक्कारते नहीं, उसे गुलशन के कारोबार का हिस्सा मानते हैं। यह कौन सा कारोबार है, और यह किसका इंतिज़ार है? बीसवीं सदी के मध्य तक आते-आते फ़ैज़ उर्दू ग़ज़ल और नज़्म के बाह्य रूप, बुनियादी उपकरणों, केंद्रीय रूपकों और तरकीबों को छेड़े बग़ैर एक अंदरूनी इंक़िलाब ला देते हैं। वे उर्दू शायरी के पुराने श्रोता वर्ग को खोये बग़ैर प्रेम और विरह के कवि नहीं रहते, उनका माशूक़ कोई मानवीय या आध्यात्मिक शै नहीं रहता, उनका गुलशन कोई गुलशन नहीं रहता—वे अपनी शायरी को सामाजिक क्रांति, इंसाफ़ और आज़ादी की मुस्तकिल तशवीश और उम्मीद की शायरी बना देते हैं, और छिछली इश्क़िया शायरी का रास्ता लगभग बंद कर देते हैं। उनका आशिक़ हस्बे-मामूल कू-ए यार से निकलकर सू-ए दार की तरफ़ जाता है, लेकिन इस आमदो-रफ़्त के मानी स्थायी तौर पर बदल चुके हैं। वह सूफ़ियाना मज़मून के धागों से समाजी और सियासी इंक़िलाब का नया मिथक बुन देते हैं, और यह मिथक उर्दू में जदीदियत और उत्तर-आधुनिकतावाद के शोर, धूल और धुएं के बीच अपनी जगह या चमक नहीं खोता। वाम-विरोधी समूह भी फ़ैज़ से अदब से ही मुख़ातिब होते हैं, लेकिन फ़रियादियों वाला 'काग़ज़ी पैराहन' पहनकर।

इस तरह फ़ैज़ बीसवीं सदी में ग़ज़ल को फिर से (और उसके साथ युवतर विधा नज़्म को) प्रासंगिक बनाते हैं। ग़ज़ल अट्ठारहवीं और उन्नीसवीं सदी की प्रधान विधा रही। उन्नीसवीं सदी ग़ालिब की सदी थी। पर इसे बीसवीं सदी में जिलाये रखने में भी ग़ालिब के लोगों ही का योगदान सबसे ज़्यादा है—उन लोगों में फ़ैज़ सबसे आगे हैं। फ़ैज़ की शायरी में ग़ालिब से इज़हारे-अक़ीदत और जिरह भरी हुई है। दोनों को एक दूसरे से काम पड़ता है।

❑

फ़ैज़ अपने उस्ताद के साथ शतरंज खेलना नहीं भूलते। बल्कि यह भी उनका प्रिय व्यसन है। ग़ालिब कहते हैं : 'बुलबुल के कारोबार पे है खंदा-हाए गुल/कहते हैं जिसे इश्क़ ख़लल है दिमाग़ का'। फ़ैज़ की बाज़ी कुछ और है : 'गुलों में रंग भरे बादे-नौबहार चले/चले भी आओ कि गुलशन का कारोबार चले।' ऐसी मिसालें बेशुमार हैं।

फ़ैज़ ग़ालिब के मज़मून पर इस तरह काम करते हैं और उसमें से ऐसी सूरतें निकालते रहते हैं जैसी कि सूरत मिक्लोश यांचो ने एलेक्त्रा के यूनानी मिथक पर काम करते हुए अपनी अमर फ़िल्म 'एलेक्त्रा माई लव' में निकाली थी।

❑

उर्दू में यह बात रही है कि ग़ज़ल के श्रोता और पाठक हमेशा दौरेहाज़िर के शायरों पर ही तवज्जो देते रहे हैं, पुरानों की तरफ़ उनका ख़याल ज़्यादा नहीं रहता। इसकी वजह शायद यह होगी कि ग़ज़ल परफ़ोर्मिंग ट्रेडीशन की तरह ज़्यादा लोकप्रिय रही। मसलन ज़ौक़, ग़ालिब और मोमिन के दौर में उनकी धूम थी। लखनऊ में अनीसो-दबीर

का शोहरा था, फिर दाग़ की धूम हुई, एक दौर इक़बाल का आया, जिगर और हसरत और फ़िराक़ का ज़माना आया। एक मीर ही थे जिन्हें हर दौर में याद किया गया। ग़रज़ यह कि तरक़्क़ीपसंद तहरीक (प्रगतिशील आंदोलन) के ज़माने में ही यह संभव हो पाया कि ग़ालिब या मीर या नज़ीर को पुरानों की तरह देखने के बजाय प्रासंगिक समकालीनों की तरह देखा जाये और उनसे सीधा संवाद स्थापित किया जाये।

फ़ैज़ को अपने आरंभिक दौर में ग़ालिब की कड़ी ज़रूरत पड़ी और यह रिश्ता जीवन-पर्यंत चला। फ़ैज़ के यहां मीर तक़रीबन ग़ायब हैं। सिर्फ़ 1954 में जब फ़ैज़ मंटगोमरी जेल में क़ैद थे उन्हें कुछ मीर की याद आयी। दो ही ग़ज़लें ऐसी हैं जहां मीर की सोहबत झलकती है ('कब याद में तेरा साथ नहीं कब हाथ में तेरा हाथ नहीं' , और 'कुछ मुहतसिबों की खिल्वत में कुछ वाइज़ के घर जाती है')। मीर की तरफ़ इक़बाल ने भी कम ही देखा था, और ग़ौर करें तो 1947 से पहले पंजाब सूबे में मीर की ज़्यादा पूछ नहीं रही। उपमहाद्वीप के बंटवारे के बाद सबको मीर याद आये और बुरी तरह छा गये। नासिर काज़मी और इब्ने इंशा जैसे दो अलग-अलग मिज़ाज के शायर मीर की ही मजलिस में रहे।

उर्दू जैसी भी बदक़िस्मत ज़बान हो उसे जिलाये रखने में पुराने बड़े मददगार रहते हैं। वे अपनी समकालीनता खोते नहीं दीखते। आज फ़ैज़ भी उन्हीं पुरानों में शामिल हैं।

❑

उर्दू शायरी में निस्वानी आवाज़ (स्त्री स्वर) के लिए जगह बनाने और उसे स्थापित करने में प्रगतिशीलों का, उनमें भी सबसे ज़्यादा फ़ैज़ का रोल है, इसमें मुझे कोई शक नहीं है। इसके लिए फ़ैज़ ने अलहदा से कुछ नहीं किया, उनकी उपस्थिति मात्र से ही यह राह खुल गयी। फ़ैज़ ने परंपरा का जो ख़ामोश लेकिन मूलगामी आधुनिकीकरण किया, उसी में स्वरों के एक वास्तविक और लोकतांत्रिक विस्तार और सह-अस्तित्व की ज़मीन मौजूद थी। ग़ज़ल और नज़्म में कवयित्रियां पता नहीं कब से लगभग मर्दाने लिबास में मर्दानी बोली बोलते हुए पेश होती रही हैं! जैसे पुराने नाटकों में, जहां औरतों की भूमिकाएं पुरुष ही निभाया करते थे, शायरी में भी 'स्त्री-स्वर' पर शायर का ही एकाधिकार था, शायरा के लिए वह वर्जित ही था। हिंद-फ़ारसी काव्य परंपरा की यह एक पुरानी समस्या है और तसव्वुफ़ की कुछ 'ख़ूबियों' में एक यह खूबी ग़ौर करने लायक़ है। कथा साहित्य में भले ही रशीद जहां, इस्मत, कुर्रतुल ऐन हैदर के लिए (या दूसरी तरह के लेखन में सफ़िया अख़्तर और अनीस किदवई जैसे रचनाकारों के लिए) यह समस्या नहीं रही हो, पर शायरी का रास्ता पकड़ने वाली औरत की बड़ी मुश्किल रही है। कुछ-कुछ हाली के दौर से, पर ख़ास तौर पर फ़ैज़ की आमद के बाद से यह संभव हो सका कि उर्दू शायरी में स्त्री स्त्री की तरह पेश होने लगी और कवयित्रियां प्रथम पुरुष स्त्रीलिंग

का बेधड़क इस्तेमाल करने लगीं। यही वजह होगी कि सारा शिगुफ़्ता, परवीन शाकिर, फ़हमीदा रियाज़ और किश्वर नाहीद जैसी कवयित्रियों को पढ़ते हुए फ़ैज़ और मजाज़ तो याद आते हैं, नून मीम राशिद, मीराजी, अहमद नदीम क़ासिमी, नासिर काज़मी और अख़्तरुल ईमान याद नहीं आते, जोश-ओ-फ़िराक़ की तो बात ही छोड़िए।

❑

फ़ैज़ जैसा प्रतिबद्ध और नैचुरल अंतर्राष्ट्रीयतावाद आज उर्दू कविता में दुर्लभ है। हिंदी में मुक्तिबोध और शमशेर को छोड़ दें तो वह कम-कम ही था—और ये भी उसी पीढ़ी के नुमाइंदे हैं। आज के शायर/कवि की आफ़ाक़ियत निस्बतन अप्रतिबद्ध, अमूर्त और हल्की मालूम होती है—वह अक्सर प्रगतिशील अंतर्राष्ट्रीय और वर्तमान दौर के प्रतिक्रियावादी भूमंडलीकरण के बीच तमीज़ करना भूल जाता है। यह आफ़ाक़ियत कम, आफ़ाक़ियत का दावा ज़्यादा है—असल में यह अपने यहां की हक़ीक़त से फ़रार का ही एक रूप है।

यहीं यह ख़याल भी आता है कि दुश्चक्रों में फंसे, अपेक्षाकृत छोटे देशों का आदमी ही सबसे ज़्यादा अंतर्राष्ट्रीयतावादी हो सकता हैं। उसे वैश्विक परिदृश्य, उसमें अपने समाज की लोकेशन और सामाजिक-राजनीतिक दुर्दशा से इन चीज़ों के ताल्लुक़ का तीव्र एहसास होता है। उसके लिए देश का बदल विदेश नहीं हो सकता—जो बैरूनी है वही अंदरूनी को निर्धारित या प्रभावित करता है। हिंदुस्तान जैसे बड़े देश में सच्चा अंतर्राष्ट्रीयतावादी होना इसीलिए मुश्किल और चुनौती भरा है कि देश ही पूरी दुनिया नज़र आता है। अंदरूनी का इतना विस्तार है कि बैरून बहुत दूर की चीज़ लगती है। भारत से बाहर जो है विदेश है। पाकिस्तान या क्यूबा या अफ़ग़ानिस्तान के बाहर जो भी है न सिर्फ़ बहुत पास है बल्कि बुरी तरह ग़ालिब है। एक अच्छा पाकिस्तानी बुद्धिजीवी सिर्फ़ पाकिस्तान या पाकिस्तानी नियति के बारे में सोचता नहीं रह सकता। उरुग्वे, चीले, आर्जेंतीना, पेरू या निकारागुआ के लेखक अपने-अपने देशों से कहीं ज़्यादा पूरे लातीनी अमरीकी लोगों का प्रतिनिधित्व करते हैं। यही बात वहां के क्रांतिकारियों पर लागू होती है। लगभग यही बात अरब दुनिया के बारे में सही है।

यही वजह है कि पाकिस्तान ने पिछले पचास साल में इक़बाल अहमद, हमज़ा अलवी, तारिक़ अली और फ़ैज़ जैसी आलमी शख़्सियतें पैदा कीं (भले ही पाकिस्तानी सत्ता प्रतिष्ठान में उनकी कोई क़द्र न हो) पर हमारे पास बताने के लिए बमुश्किल अमर्त्य सेन जैसा ग़ैर-रैडिकल नाम है जो अंतर्राष्ट्रीयतावादी कम, उदारवादी मानवतावाद के प्रवक्ता ज़्यादा लगते हैं।

❑

फ़ैज़ के बाद : फ़ैज़ के बाद गुलशन का कारोबार कितना बदल गया है। बाद का दौर दक्षिण एशिया में युद्ध, गृहयुद्ध, सांप्रदायिक हिंसा, धर्मांधता, साम्राज्यवादी लूट,

समाज और अर्थव्यवस्थाओं पर नव-उदारवादी हमलों और लोकतंत्र के पीछे हटने का दौर है। राज्य द्वारा हर तरह के प्रतिरोध का दमन, जनक्षेत्र पर निजी पूंजी का नियंत्रण हमारे दौर की सचाइयां हैं। पाकिस्तान का हाल हिंदुस्तान से भी ख़राब हुआ है। वहां जल्दी सुधार की कोई सूरत नज़र नहीं आती। फ़ैज़ के बाद के पाकिस्तान के बुद्धिजीवी और लेखक आज हद से हद हिंदुस्तान जैसी 'डेमोक्रेसी' और हिंदुस्तान जैसी 'आज़ादी' चाहते हैं–फ़ैज़ के वंशजों के सपने अब बहुत छोटे सपने हैं। फ़ैज़ की धरोहर अब बस भारत-पाक सुलह, सिविलियन सरकार और नारी-अधिकार के अभियान में काम आती है। पाकिस्तान में समानतावादी समाज की परियोजना का कोई ज़िक्र नहीं जिससे फ़ैज़ की कविता इतनी प्रेरित थी, जिसकी वजह से फ़ैज़ ने कोई सात-आठ साल जेल में और कई साल निर्वासन में गुज़ारे।

❑

फ़ैज़ के यहां इस्लाम के आरंभिक इतिहास और क़ुरानी आयतों की अनुगूंजें मिलती हैं। वे इन 'इस्लामी' संदर्भों का हमेशा बा-मक़सद, सेकुलर और पारदर्शी इस्तेमाल करते हैं। उनकी आवाज़ थियोलोजी में रंगी, धार्मिकता में भीगी हुई कंपित आवाज़ नहीं है। वे किसी मज़हबी चाशनी में डूबे हुए कवि नहीं हैं। वे न हिंदी के उन प्रोग्रेसिवों की तरह हैं जिनकी दो या तीन पीढ़ियां ऐसी तुलसी-मय रहती आयी हैं कि कोई और रंग उनपर चढ़ता ही नहीं, न वे उर्दू के उन जदीदियों (आधुनिकतावादियों) की तरह हैं जो जवानी में अराजकतावाद की हदों से गुज़रकर अब तसबीह हाथ में लिये रहते हैं। उनकी मशहूर नज़्म 'हम देखेंगे' लगभग पूरी की पूरी क़ुरान, तसव्वुफ़, और इस्लाम के कुछ ऐतिहासिक प्रसंगों पर टिकी हुई है, लेकिन उसका किसी भी तरह का धार्मिक दुरुपयोग नहीं किया जा सकता। पहले वह जनरल ज़ियाउल हक़ के फ़ौजी शासन के ख़िलाफ़ पाकिस्तान में अवामी बग़ावत का मुख्य प्रतीक बनती है। फिर इक़बाल बानो की आवाज़ में एक इंक़िलाबी तराने का रूप ले लेती है–एक ऐसे वक़्त में जब सभी धार्मिक रूढ़िवादी तत्व ज़िया शासन का खुला समर्थन करते थे।

क़ुरान में ईश्वरीय प्रकोप की चेतावनी और देवी गर्जना यहां सामाजिक क्रांति का महान यूटोपियन आह्वान बन जाती है–'वो दिन कि जिसका वादा है/जो लौहे-अज़ल में लिक्खा है।' 'फ़ैसले का दिन' इंक़िलाबी सत्तापलट का दिन हो जाता है, जब ज़ुल्मो-सितम के भारी पहाड़ 'रूई की तरह' उड़ जायेंगे, जब 'तख़्तो-ताज़' उछाले जायेंगे, जब शासितों के 'पांव-तले यह धरती धड़-धड़ धड़केगी, जब 'अनल हक़' का नारा बुलंद होगा, जब 'खल्क़े-ख़ुदा' राज करेगी, 'जो तुम भी हो और मैं भी हूं।' मैं अक्सर सोचता हूं कि कौन सा इस्लामी प्रतिष्ठान इन नज़्म को अपने साहित्य में दाख़िल करेगा, कौन वाइज़ इसे अपने वाज़ का हिस्सा बनायेगा! क्या यह कभी जुमे के रोज़ किसी मस्जिद के मेंबर से पढ़ी जायेगी? अभी तक तो ऐसा हुआ नहीं है, और मुझे नहीं लगता कि ऐसा कभी होगा।

इस पर कभी ग़ौर नहीं किया गया कि फ़ैज़ तसव्वुफ़ (सूफ़ी दर्शन) को इस्लामी परंपरा के नैरंतर्य में देखते हैं, उसके विरोध या प्रतिरोध में नहीं। जो बात इस्लाम के संदर्भ से नहीं कही जा सकती है, वह तसव्वुफ़ के संदर्भ से बहुत सफलता से कही जा सकती है, ऐसा फ़ैज़ नहीं समझते। उनके लिए सूफ़ीमत इस्लाम का विकल्प नहीं है। अव्वल तो फ़ैज़ के यहां तसव्वुफ़ भी कोई विकल्प नहीं है। वह उनके लिए विचारधारा या जीवन दर्शन का रूप नहीं ले सकता। तसव्वुफ़ उनके लिए एक उपलब्ध मुहावरा और ज़बान है, जैसे वह ग़ालिब के लिए भी था। फ़ैज़ उतने ही 'आध्यात्मिक' हैं जितने महमूद दरवीश या एडवर्ड सईद।

ग़ुरूरे इश्क़ का बांकपन

मनमोहन

फ़ैज़ अहमद फ़ैज़ और उनकी शायरी की जगह और उसका मूल्य ठीक-ठीक वही बता सकते हैं जो उर्दू ज़बान और अदब के अच्छे जानकार और अधिकारी विद्वान हैं। मेरी समाई तो सिर्फ़ इतनी है कि अपने कुछ 'इंप्रेशन्स' (या इस कवि के साथ अपने लगाव की कुछ तफ़सीलें) रख दूं, सो यहां मैं इन्हीं को रखने की कोशिश करता हूं।

7वीं दहाई के जनवादी उभार के वर्षों में ख़ास तौर पर, और उसके बाद लगातार, हमारी पीढ़ी की हिंदी रचनाशीलता को हमारे जिन बुज़ुर्ग उस्तादों का ख़ामोश लेकिन मज़बूत साथ और सहारा मिला, उनमें जर्मनी के बर्तोल्त ब्रेख़्त, तुर्की के नाज़िम हिकमत और हमारी उर्दू ज़बान के फ़ैज़ अहमद फ़ैज़ शायद सबसे अहम थे। शायद इस पूरे दौर में नयी रचनाशीलता को ब्रेख़्त की कठोर आलोचनाशीलता और द्वंद्वात्मकता ने देखना सिखाया है और फ़ैज़ या नाज़िम हिकमत की खरी क्रांतिकारी रूमानियत ने मौजूदा रणक्षेत्र में अपने पक्ष के साथ खड़े रहने का हौसला दिया है और पराजय और अलगाव के कठिन क्षणों में अपनी स्वप्नशीलता और स्वाभिमान की हिफ़ाज़त करना सिखाया है।

यह बात भी ग़ौर करने लायक़ है कि पुराने प्रगतिशील आंदोलन की अत्यंत संपन्न विरासत में भी क्यों फ़ैज़ की उपस्थिति हमें सबसे जीवित और दमदार लगती रही है। वे आज भी लगभग हर तरह से हमारे समकालीन हैं। बल्कि मैं सोचता हूं, 1990 के बाद नव-साम्राज्यवादी बर्बरता के नये आलम में फ़ैज़ की शायरी में हमारे दिलों की धड़कन और ज़्यादा साफ़ सुनायी देने लगी है।

मुझे याद है कि इमरजेंसी के ख़ौफ़नाक दिनों में जब सव्यसाची द्वारा संपादित उत्तरार्द्ध का पहला अंक (वैसे अंक-11) छपा और पत्रिका की पीठ पर फ़ैज़ की नज़्म 'लहू का सुराग़' ('कहीं नहीं है, कहीं भी नहीं लहू का सुराग़') छपी तो कितना बुरा-भला सुनना पड़ा। एकाध क्रांतिकारी दोस्तों ने यहां तक कहा कि फ़ैज़ 'भुट्टो के एंबेसडर' के सिवा क्या हैं। इनकी कविता आपने क्यूं छापी और 'दस्तो-नाखुने-क़ातिल' या 'ख़ूंबहा' जैसे लफ़्ज़ों को कितने लोग समझते हैं? लेकिन मेरा ख़याल है कि यह नज़्म और इसके अलावा उन दिनों इसी पत्रिका में छपीं 'बोल के लब आज़ाद हैं तेरे' और

'निसार मैं तेरी गलियों पे' नज़्में न सिर्फ़ समझी गयीं, बल्कि इन्होंने उस कठिन समय में अजीब सी ताक़त दी और हमारे नैतिक-भावनात्मक विक्षोभ को स्वर दिया।

यह मेरी ख़ुशनसीबी है कि मुझे फ़ैज़ साहब को सुनने का और उनसे छोटी सी मुलाक़ात का मौक़ा मिला। शायद यह 1978-79 के बीच की बात है। एक दिन सुनायी दिया कि फ़ैज़ हिंदुस्तान ही में हैं और (शायद 'विज़िटिंग प्रोफ़ेसर' हो कर?) कुछ दिन के लिए जवाहरलाल नेहरू यूनिवर्सिटी में ही चले आये हैं। हम लोग बड़े खुश थे। फिर एक दिन उनका काव्य-पाठ हुआ। शायद उस वक़्त के 'डाउन कैंपस' की क्लब बिल्डिंग के पास की खुली ज़गह में कुछ क़नातें खड़ी की गयीं थीं और मंच भी बांधा गया था। उस धूप वाले दिन का खुला नीला आसमान अभी भी याद है। फ़ैज़ साहब ने जम कर अपनी ढेर सारी नज़्में, ग़ज़लें कही थीं। जब वे खड़े हुए और उन्हें पहली बार देखा तो थोड़ा अजीब सा लगा। सिर्फ़ उन्हें देख कर एक बार उस छवि को कुछ धक्का सा लगता था जो उनको पढ़ते-सुनते हुए मन ही मन बन गयी थी। सफ़ारी सूट पहने (शायद एकाध अंगूठी भी), कुछ भारी-भारी सा डील-डौल लिये यह गंजे से सर वाला लंबा-चौड़ा शख़्स देखने में स्टेट बैंक या जीवन बीमा निगम का कोई 'टिपीकल' अफ़सर या मैनेजर लगता था। लेकिन जब फ़ैज़ साहब ने सुनाना शुरू किया तो उनकी आवाज़ ने दिल को छू लिया, बल्कि सीधे पकड़ लिया।

हालांकि हमने मुशायरे की परंपरागत धज में तरन्नुम के साथ 'जलद-मंद्र-स्वर' में किया हुआ मजरूह सुल्तानपुरी का प्रभावशाली पाठ सुना है; धारावाहिक वक्तृता की शैली में कैफ़ी आज़मी या सरदार जाफ़री का नज़्में पढ़ना देखा है; बाबा नागार्जुन की बांध लेने वाली 'थियेटरीकल' प्रस्तुतियां देखी हैं; आलोकधन्वा का अविस्मरणीय काव्य-पाठ सुना है; और तो और जे.एन.यू. के 'स्पेनिश सेंटर' की मेहरबानी से 'रिकॉर्डेड' आवाज़ में नेरूदा के स्पेनिश पाठ की एक बानगी देखने और आरोह-अवरोह के साथ उनकी नाद-गुण संपन्न गहन-गंभीर वाग्मिता की स्पंदित स्वर लिपि को सुनने का सौभाग्य भी मिला है। लेकिन फ़ैज़ का अंदाज़ इन सबसे अलग था। यह किसी भी तरह की 'परफ़ोरमेंस' से कोसों दूर था। फिर भी उनकी आवाज़ में एक जादुई छुअन थी, जिसमें अपने कमाये हुए गहरे दर्द के एहसास के साथ एक ठहरी थकान और अनमनेपन में लिपटी विलक्षण कोमलता और आत्मीयता का मेल था। यह एक दुख उठाये हुए, अनुभव संपन्न, उम्रज़दा शख़्स की दिलासा और भरोसा दिलाती हुई आवाज़ थी। ऐसी आवाज़ शायद अब कुछ पुरानी बूढ़ी, घरेलू स्त्रियों के पास ही बची मिलेगी। फ़ैज़ इतने बेबनाव और सादे तरीक़े से कविताएं कहते थे कि कोई भी काव्य-रसिक उसे ख़राब तरीक़े का काव्य-पाठ भी कह सकता था, लेकिन यह शायद ज़्यादा अच्छा तरीक़ा था। उनके अलावा यह चीज़ रघुवीर सहाय के काव्य-पाठ में भी मिलती थी, बल्कि वे तो इसका उपयोग एक सचेत युक्ति की तरह करते थे। शमशेर का कहने का अंदाज़ भी गुफ़्तगू ही का अंदाज़ था जो उनकी कविताओं के मिज़ाज में ढला हुआ था और ग़ज़ल तो अपनी परिभाषा में ही दिल से दिल की गुफ़्तगू है।

ख़ैर, फ़ैज़ साहब ने जम कर सुनाया। वह नज़्म भी–'कुछ इश्क़ किया, कुछ काम किया'। फ़रमाइशें भी खूब हुईं। जब किसी ने कहा 'फ़ैज़ साहब, 'गुलों में रंग भरे' भी सुनाइए', तो फ़ैज़ साहब ने हंस कर कहा 'कौन सी सुनाऊं, नूरजहां वाली सुनाऊं कि मेहदी हसन वाली सुनाऊं' और सब हंस पड़े।

इस बात का कम महत्त्व नहीं है कि फ़ैज़ की शायरी को नूरजहां, बेगम अख़्तर, अमानत अली ख़ान, मलिका पुखराज, इक़बाल बानो, अली बख़्श ज़हूर, फ़रीदा ख़ानम, फ़िरदौसी बेगम, नय्यारा नूर, बरकत अली ख़ान, शांति हीरानंद और मेहदी हसन जैसी अद्‌भुत आवाज़ें नसीब हुईं। ग़ालिब की शायरी के बाद इतनी तादाद में अव्वल दर्जे के गायकों ने, किसी और शायर की चीज़ें शायद ही गायी हों। यक़ीनन इससे फ़ैज़ की शायरी का दायरा विस्तृत हुआ है। उनकी शायरी के गूढ़ार्थ और अनेक अर्थछटाएं उद्‌घाटित हुई हैं। फ़ैज़ को पढ़कर हमने जितना जाना है, हिंदुस्तान और पाकिस्तान के महान गायकों से सुनकर कम नहीं जाना। गायक भी आख़िरकार अपने गाने से 'टैक्स्ट' की अपनी व्याख्या पेश करता है और एक प्रकार से कृति की पुनर्रचना करता है लेकिन शायद इसकी गुंजाइशें 'टैक्स्ट' में पहले से छिपी होती हैं।

एक दिन रूसी भाषा केंद्र के ऑडीटोरियम में फ़ैज़ ने अल्लामा इक़बाल पर अपना पर्चा पढ़ा, शायद अंग्रेज़ी में। यह विद्वत्तापूर्ण और जानकारी से भरा हुआ पर्चा उनकी शायरी के मिज़ाज से मेल नहीं खाता था। वैसे अंग्रेज़ी में उपलब्ध उनके ज़्यादातर गद्य में कई बार नवशास्त्रीय क़िस्म की अकादमिकता हावी दिखायी देती है। इक़बाल की शख़्सियत और उनकी शायरी में फ़ैज़ साहब की कुछ ख़ास और बुनियादी क़िस्म की दिलचस्पी लगती थी। कुछ-कुछ वैसा ही रिश्ता था जैसा रवींद्रनाथ और निराला का या प्रसाद और मुक्तिबोध का। बाद में यह भी पता चला कि इक़बाल भी सियालकोट के ही थे और इक़बाल के प्रभाव की सघन छाया में ही एक नवोदित कवि के रूप में फ़ैज़ का विकास हुआ था।

1978 में मैं रोहतक आ गया था। लेकिन इसके बाद भी लगभग दो साल तक मेरा रिश्ता जे.एन.यू. के भारतीय भाषा केंद्र से बना रहा। रोहतक में डॉ. ओमप्रकाश ग्रेवाल अंग्रेज़ी विभाग में प्रोफ़ेसर थे। उन्होंने और डॉ. भीम सिंह दहिया (जो उस वक्त विश्वविद्यालय के रजिस्ट्रार भी थे) ने मुझ से कहा कि मैं किसी तरह फ़ैज़ साहब को रोहतक लाऊं। मैंने डॉ. मुहम्मद हसन (जो एम.ए. में मेरे शिक्षक भी रहे थे) से कहा कि फ़ैज़ साहब को मुझे रोहतक ले जाना है। उन्होंने कहा कि मैं अगले दिन 11 बजे सेंटर में उनके कमरे में आ कर फ़ैज़ साहब से ख़ुद ही बात कर लूं।

शुरू में मुहम्मद हसन साहब से मेरा रिश्ता क़तई औपचारिक और नपा-तुला था, लेकिन गहरा था। यों वे बात करने में सख़्त, कंजूस और बेहद चौकन्ने शख़्स लगते थे लेकिन उनके अंदर बंटवारे का सच्चा दर्द और एक तरह का सात्विक विक्षोभ था। नामवर जी और मुहम्मद हसन के जे.एन.यू. में आने के बाद हिंदी-उर्दू के पाठ्यक्रमों को लेकर, खास तौर से हिंदी विद्यार्थियों को उर्दू का क्रेडिट कोर्स करने या पाठ्यक्रम

के एक हिस्से को दोनों भाषाओं के लिए समावेशी ढंग से तैयार करने को लेकर पहली स्टूडेंट फ़ैकल्टी कमेटी में जो बहस हुई उसमें हसन साहब और हमारा एक ही पक्ष था। 'प्रगतिशील लेखक महासंघ' (जो उन्हीं दिनों नयी शक़्ल में खड़ा किया गया संगठन था) के आपातकाल के समर्थन में निकले प्रपत्र पर छपे अपने नाम को लेकर उनके मन में घोर ग्लानि थी। उन्हीं दिनों आपातकाल को लेकर उन्होंने अपना बेहद अच्छा नाटक 'ज़ेहाक़' हमें सुनाया था।

ख़ैर, अगले दिन जब मैं 11 बजे मुहम्मद हसन साहब के कमरे में दाख़िल हुआ तो फ़ैज़ साहब उनकी 'अध्यक्षीय' कुर्सी के सामने की कुर्सी पर बैठे थे। हसन साहब ने मुझे देखते ही उनसे कहा, 'जनाब यही हैं, जिनका ज़िक्र मैं कल आपसे कर रहा था। मनमोहन साब हमारे शागिर्द हैं। इन दिनों रोहतक यूनीवर्सिटी में हैं और आपको रोहतक ले जाना चाहते हैं।' फ़ैज़ साहब ने, जो अब तक खड़े हो गये थे, तपाक से हाथ मिलाया जैसे गले मिल रहे हों। उनकी आंखें झिलमिला रही थीं, बोले, 'रोहतक! अरे भाई रोहतक तो हमारा वतन है, ज़रूर चलेंगे। वैसे मैं अभी कुछ दिन पहले ही चंडीगढ़ (या शायद कुरुक्षेत्र?) हो कर आया हूं, लेकिन रोहतक ज़रूर चलना है। अभी तो बाहर (विदेश, फ्रांस या शायद सोवियत यूनियन?) जाना है, लौट कर प्रोग्राम बनाते हैं।' मैं सोचता रह गया रोहतक और इनका वतन! कुछ दिनों बाद समझ में आया कि उनके दिमाग़ में संयुक्त पंजाब का पुराना नक़्शा था, जिसका एक अहम शहरी केंद्र शायद रोहतक भी रहा होगा। ज़िया-उल-हक़ के पतन से पहले दसियों हज़ार लोगों की रैली में बुलंद आवाज़ में फ़ैज़ का वो अविस्मरणीय तराना 'हम देखेंगे, लाज़िम है कि हम भी देखेंगे' की अद्भुत प्रस्तुति करने वाली प्रख़्यात पाकिस्तानी गायिका इक़बाल बानो मूलतः रोहतक की ही रहने वाली थीं। ख़ैर हम लोग कुछ देर उनके साथ बैठे और उन्हें बाहर टैक्सी तक छोड़ा। बाहर जो विदेशी मूल की महिला उनका इंतज़ार कर रही थीं शायद उनकी बीवी एलिस ही रही होंगी। अफ़सोस है कि फ़ैज़ साहब से फिर कभी मुलाक़ात नहीं हो पायी और उन्हें रोहतक लाने का हमारा ख़्वाब जिसमें शायद उनका भी कोई ख़्वाब छिपा था, अधूरा ही रह गया।

इस बात पर जब ग़ौर करते हैं कि क्यों हमारे वक़्त में फ़ैज़ की उपस्थिति दिनोंदिन इतनी प्रबल, इतनी वास्तविक और इतनी अनिवार्य होती चली गयी है तो सबसे पहले यही ख़याल आता है कि उनकी शायरी हमारे इस बैचेनी भरे ऐतिहासिक दौर में न्याय के कठिन संघर्ष में उलझी ताक़तों के भावनात्मक और नैतिक उद्वेगों को; उनकी व्याकुलता और आंतरिक विक्षोभ को; अपमान और पराजय के बीच भी उनकी उद्दीप्त आत्मगरिमा, अकूत धैर्य, साहस और सुंदरता को बेमिसाल ढंग से उद्घाटित करती है, सचाई और पूरेपन के साथ। यही एक चीज़ है जो फ़ैज़ को फ़ैज़ बनाती है और उन्हें हमारी 'आत्मा का मित्र' बना देती है।

मीर और ग़ालिब के बाद उर्दू ज़ुबान में शायद फ़ैज़ हमारी स्मृति में सबसे गहरे उतरने वाले शायरों में हैं। पिछली तीन शताब्दी में दूसरी भारतीय भाषाओं की कविता

में भी इन तीनों जितनी पुख़्तगी कितने कवियों में मिलेगी, कहना कठिन है। इसकी वजह जो समझ में आती है वह यह कि ये तीनों कवि गहरे अर्थों में अपने-अपने वक़्तों की भीषण उथल-पुथल की उपज हैं। यह उथल-पुथल कोरा 'ऐतिहासिक संदर्भ' ही नहीं है, यह इनके भीतर से, इनके निजी जीवन और दिल-दिमाग़ के बीचों-बीच से इन्हें चल-विचल करते हुए कुछ इस तरह से गुज़री है कि इनके व्यक्तित्वों की अंदरूनी बनावट में रच-बस गयी है। इससे भी ज़्यादा अहम यह है कि तीनों अपने-अपने ढंग से घोर अवमूल्यनकारी, अपमानजनक और हृदयहीन परिस्थितियों में मनुष्य की गरिमा की प्रतिष्ठा करते हैं; भीषण आंतरिक यातना और विक्षोभ से गुज़र कर इसकी पूरी क़ीमत चुकाते हैं लेकिन इसका पूरा दावा रखते हैं। इस तरह तीनों ही मनुष्य को तुच्छ बनाने वाली और कुचलने वाली परिस्थिति को मानने से इंकार करते हैं। यही इनका प्रतिरोध है। यह प्रतिरोध फ़क़त इनके अपने सचेत चुनाव या पक्षधरता की वजह से पैदा हुआ हो, ऐसा भी नहीं है। यह इनके लिए लगभग एक 'बुलफ़ाइट' में उलझे, घिरे और आत्मरक्षा की कोशिश में लगे हुए शख़्स की मजबूरी की तरह निर्विकल्प और अनिवार्य था।

दिलचस्प तथ्य यह है कि तीनों ग़ज़ल के शायर हैं। ग़ज़ल एक किस्म का 'लिरिक' ही मान लिया गया है (हालांकि यह धारणा पूरी तरह सही नहीं है)। लेकिन इन्होंने ग़ज़ल के आत्मपरक ढांचे में एक 'क्लासिकी' अंदाज़ पैदा किया। यह क्लासिकी क़िस्म की महाकाव्यात्मकता 'फिनोमिनल' कोण पैदा करने वाली उस विद्युत्धर्मिता और बुनियादी नज़र की मांग करती है जो महान त्रासदियों में हमें अक्सर दिखायी देती है (मिर्ज़ा ग़ालिब के यहां शायद यह चीज़ सबसे ज़्यादा है)। इस ख़ूबी के बाद ग़ज़ल सिर्फ़ एक आत्मपरक उच्छ्वास या कोरा 'लिरिक' नहीं रह जाती। वह चाहे एहसास के पर्दे पर ही सही अपने युग के महानाटक की अंदरूनी कशमकश के जहां-तहां कौंधने वाले अक्स फेंकती चलती है।

ख़ुद फ़ैज़ ने ग़ज़ल के काव्यरूप की इस विलक्षणता और चमत्कारिक लचीलेपन के बारे में कहीं लिखा है कि प्रतीक-व्यवस्था के सीमित प्रारूपों और एक रिवायत में बंधी-बंधायी पदावली और भंगिमाओं के दायरों के अंदर ग़ज़ल कैसे नये-नये अर्थ और एक साथ अनेक स्तरीय अर्थछटाएं पैदा करती और खोलती है और नये अवकाश रच लेती है। कैसे इसमें अर्थ की नयी अनुगूंजें पैदा होती हैं और सुनायी देती हैं। फ़ैज़ ने यह भी बताया है कि शायद इसीलिए यह नाज़ुक काव्यरूप उठाईगीरी, फ़रेब और तरह-तरह के दुरुपयोग के लिए भी ज़्यादा खुला हुआ है। एक जैसी लगने वाली भंगिमाओं और पदावली की वजह से अच्छी ग़ज़ल और ख़राब ग़ज़ल के बीच फ़र्क़ की तमीज़ पैदा करना थोड़ा मुश्किल हो सकता है।

कुल मिलाकर यह कि मीर, ग़ालिब और फ़ैज़ इसलिए महत्वपूर्ण हैं कि वे अपनी शायरी के ज़रिये न सिर्फ़ अपने निजी एहसास की बल्कि अपने-अपने बदलते वक़्तों की तर्जुमानी करते हैं और उनकी नुमाइंदगी करने वाली प्रामाणिक आवाज़ बन जाते

हैं। मानव स्थितियों की इसी बुनियादी और अस्तित्वमूलक पकड़ की वजह से उनकी अनुगूंजें उनके वक़्तों के बाहर भी जब-तब सुनायी देती हैं।

मीर का ज़माना एक बस्ती के उजड़ने का ज़माना है ('कैसी-कैसी सोहबतें उखड़ गयीं!')। अंतःस्फोटों के बीच अपने ही मलबे में धंसते ह्रासग्रस्त सामंतवाद के उन दिनों में तमाम लूटपाट, अफ़रा-तफ़री और बदहवास आपाधापी के बीच शाही अभिजात वर्ग के एक नुमाइंदे के तौर पर मीर (किसी हद तक अपने उदार सूफ़ियाना मिज़ाज की वजह से भी) अपने युग की जहालत और क्रूरता के तीखे एहसास से गुज़रते हैं। उनकी शोकमग्न आत्मा इस हानि का बोझ उठाती है और इसे बताती है। यह भी एक प्रत्याख्यान ही है। अगली सदी में, औपनिवेशिक विजय के युग में, इसी पिटेपिटाये शाही आभिजात्य के आख़िरी अवशेष की तरह मिर्ज़ा ग़ालिब एक ज़्यादा विडंबनामय ज़मीन पर खड़े हुए इसी तरह की आत्मपीड़ा, लांछना, नैतिकत्रास और sense of loss से गुज़रते हैं और तुच्छताओं में घिर कर घिसटते अपने अस्तित्व के साथ मनुष्य की उद्दीप्त आत्मगरिमा की लौ को बचाते और प्रतिभासित करते चलते हैं।

फ़ैज़ का वक़्त और फ़ैज़ का जीवन क़तई अलग था। उनका रंगमंच और उस रंगमंच के किरदार अलग थे। कुल मिलाकर फ़ैज़ का युग इतिहास की ऊर्ध्वगति और भविष्यवादी प्रेरणाओं की क्रियाशीलता का युग है। फिर भी फ़ैज़ का आयुष्यक्रम कभी-कभी ग़ालिब के विरोधाभासी जीवन की याद दिलाता है।

पैतृक रूप से एक भूमिहीन परिवार में जन्मे फ़ैज़ के पिता ने भी अपनी ज़िंदगी की शुरुआत चरवाहे और कुली की तरह की थी, लेकिन किसी संयोग से उनके दिन फिरे और वे नाटकीय ढंग से अफ़ग़ानिस्तान के बादशाह के यहां ऊंचे नौकरशाह बन गये। फ़ैज़ के ही लफ़्ज़ों में उन्होंने काफ़ी 'रंगीन' जीवन बिताया। फिर एक दिन सांप-सीढ़ी के इस खेल में वापिस अपनी जगह पहुंच गये। मामूली देहाती मां के बेटे फ़ैज़ के हिस्से में ज़्यादा से ज़्यादा पिता के रुतबे की 'जली हुई रस्सी' के कुछ बल ही आये होंगे।

प्रथम महायुद्ध के बाद साम्राज्यवाद विरोध की उत्ताल तरंगों से आंदोलित दुनिया में फ़ैज़ ने होश संभाला। उनका बचपन और किशोरावस्था काल सोवियत क्रांति की विजय और असहयोग और ख़िलाफ़त आंदोलनों की हलचलों के साक्षी बने और राष्ट्रीय मुक्ति संग्राम के लोकव्यापीकरण के गहरे प्रभावों और ऊर्जाओं को जज़्ब करते हुए गुज़रे। 1930 के 'ग्रेट डिप्रेशन' का अपने संदर्भ में फ़ैज़ ने ख़ास तौर पर ज़िक्र किया है। वे तब 20-21 साल के नौजवान थे। इस सर्वग्रासी मंदी ने जहां एक तरफ़ उनके अपने परिवार को भुखमरी के कगार पर पहुंचा दिया और उनके सामने जीवनयापन का प्रश्न उपस्थित किया, वहीं दुनिया में इसने फ़ासीवाद के उभार के लिए ईंधन का काम किया। देश में आज़ादी की दिनों-दिन तेज़ होती जंग और योरप में युद्ध के ख़िलाफ़ और अमन के हक़ में उठी प्रबल हिलोर के गहरे असर में फ़ैज़ इन्हीं दिनों आये। इसी बीच कम्युनिस्ट आंदोलन और मार्क्सवाद से भी उनका रिश्ता जुड़ा। यह

फ़ैज़ के आत्मनिरूपण (Self-formulation) के महत्वपूर्ण वर्ष थे। भारत में प्रगतिशील साहित्यिक-सांस्कृतिक आंदोलन और प्रगतिशील लेखक संघ की प्रतिष्ठा करने वाली अग्रणी शख़्सियतों में से एक फ़ैज़ भी थे। इस शुरुआती दौर की प्रेरणा, लक्ष्य और स्वप्न ही फ़ैज़ के अंतर्व्यक्तित्व की धुरी बन गये। फ़ैज़ की शायरी इस बात की गवाही देती है कि ये चीज़ें उनसे कभी दूर नहीं हुईं और उनके लिए कभी झूठी नहीं पड़ीं। इनके स्रोत उनके यहां कभी सूखे नहीं, कठिन से कठिन वक़्त में भी नहीं।

1941 में जब फ़ैज़ का पहला संकलन *नक़्शे-फ़रियादी* प्रकाशित हुआ तो उसमें उनके अंतर्जगत के मानचित्र की शुरुआती निशानदेही हो गयी। इस संग्रह में उनकी 1928 के बाद की प्रारंभिक रचनाओं से लेकर, प्रगतिशील आंदोलन की प्रेरणाओं से उनके रिश्ता बनाने तक की विकास यात्रा संचित है। सद्यःजात उच्छ्वसित रूमानी संवेगों की शुरुआती बेकली और तीव्रता इनमें से पहले दौर की अनेक रचनाओं की संचालिका शक्ति है जो ज़्यादातर निजी क़िस्म की है और तेज़ी से चढ़ती और गिरती है। इनमें लगता है कि कवि की एक उम्र है और 'बाहर' अभी ज़्यादातर बाहर ही है, 'अंदर' नहीं आया है। निजी अभी तक निजी ही बना हुआ है। हालांकि अपने दौर की मुख्य दिशा के मुताबिक़ कवि ने बाहर की दुनिया की कठोर हक़ीक़त और नैतिक तक़ाज़ों से अपने भाव-संसार का मेल करना शुरू कर दिया है। लेकिन इस प्रक्रिया में कवि को खुद को बार-बार समझाना बुझाना पड़ता है, 'मेरा दिल ग़मगीं है तो क्या, ग़मगीं ये दुनिया है सारी' और 'ये दुख तेरा है ना मेरा हम सबकी जागीर है प्यारी' इसलिए 'क्यूं न जहां का ग़म अपना लें, बाद में सब तदबीरें सोचें'। एक तरफ़ 'अपनाने' की यह जद्दोजहद चलती है तो दूसरी तरफ़ एक और ही निजी उधेड़बुन चलती रहती है जो कभी भी कह उठती है, 'हो चुका ख़त्म अहदे-हिज्रो-विसाल ज़िंदगी में मज़ा नहीं बाक़ी' या 'अपने बेख़्वाब किवाड़ों को मुक़फ़्फ़ल कर लो, अब यहां कोई नहीं, कोई नहीं आयेगा'।

नक़्शे-फ़रियादी में ही फ़ैज़ की बेहद लोकप्रिय नज़्म 'मुझसे पहली सी मुहब्बत मेरी महबूब न मांग' संकलित है। यह नज़्म प्रगतिशील आंदोलन की तत्कालीन मुख्यधारा की उन ढेर सारी रचनाओं के नमूने में ही ढली हुई है जिनमें कई बार भावनात्मक अनुरोध अपनी जांच किये बग़ैर वे अति नाटक की मदद से और नैतिकीकरण की युक्ति का सहारा लेकर सहानुभूति का नया ढांचा खड़ा करना चाहते हैं और 'न्याय-चेतना' के अनुरूप स्थित होना चाहते हैं। *नक़्शे-फ़रियादी* में ही फ़ैज़ ने एक नये कवि की इस स्वाभाविक लड़खड़ाहट को पार कर लिया था। 'बोल कि लब आज़ाद हैं तेरे' जैसे तराने या 'दोनों जहान तेरी मुहब्बत में हार के' जैसी मर्मस्पर्शी ग़ज़लें इसी संकलन में शामिल थीं।

नक़्शे-फ़रियादी की एक ग़ज़ल में फ़ैज़ का यह शेर है :

फ़ैज़ तक़मीले ग़म भी हो न सकी
इश्क़ को आज़मा के देख लिया

लेकिन हम जानते हैं कि इश्क़ की मुश्किल आज़माइश अभी शुरू ही हुई थी और ताज़िंदगी जारी रही। इसे अभी कई बीहड़ रास्तों से गुज़रना था। तकमीले ग़म भी ख़ूब हुई लेकिन फिर भी कम ही ठहरी।

आज़ादी के बाद राष्ट्रीय आंदोलन के बिखराव के वर्षों में, ख़ासकर 50 के दशक में प्रगतिशील आंदोलन की स्वतः स्फूर्त ऊर्जा ख़त्म होने लगी और धीरे-धीरे कम से कम एक बार पूरा आंदोलन ही बिखर कर विसर्जित हो गया। 'आख़िरे शब के हमसफ़र' अपना-अपना सफ़र ख़त्म करके सुस्ताने के अपने ठिकाने ढूंढ़ रहे थे। कोई किसी किनारे लगा, कोई किसी और किनारे। धीरे-धीरे अच्छी ख़ासी तादाद में लोग प्रलोभनों या पराये वैचारिक दबावों और प्रभावों में आये और ख़ामोशी से कहीं और चले गये। उर्दू-हिंदी के कितने ही तरक़्क़ीपसंद, 'इप्टा' और 'पृथ्वी थियेटर्स' की कितनी ही प्रतिभाएं जो कभी इस तहरीक का परचम उठाये गांवों-क़स्बों की ख़ाक छानती फिरती थीं, एक दूसरी ही दुनिया में जा बसीं। न जाने कितने कलाकार संस्कृति के व्यावसायिक ढांचों में जज़्ब हो गये या फिर फ़िल्म उद्योग के विशाल उदर में ठीक-ठीक समा गये। क्रांति का ख़याल अब कोई ख़ास ख़लल पैदा न करता था। इन प्रतिभाओं ने इन नयी जगहों को भी कुछ वक़्त के लिए अपनी जल्वागरी से रौशन ज़रूर किया, लेकिन एक आंदोलन जिसकी जड़ें मामूली लोगों की ठोस ज़िंदगी में, उनके दुखदर्द में, उनके सपनों और दैनिक संघर्षों में थीं, एकबारगी ख़त्म हो गया।

लेकिन फ़ैज़ साहब का मामला कुछ अलग था। उनका दर्दभरा लंबा और मुश्किल सफ़र अभी बचा हुआ था जिसे उन्हें लगभग अकेले ही तय करना था। अलग पाकिस्तान के ख़याल को फ़ैज़ ने क़बूल कर लिया था और जनवरी '47 में ही *पाकिस्तान टाइम्स* का संपादन करने लाहौर आ चुके थे। हालांकि अगस्त 1947 में फ़ैज़ लिख रहे थे, 'ये दाग़-दाग़ उजाला, ये शबगज़ीदा सहर, वो इंतिज़ार था जिसका ये वो सहर तो नहीं'। लेकिन शायद तब उन्हें भी इस बात का इल्म न रहा होगा कि आने वाले दिन इस क़दर काले होंगे। फ़ैज़ की ज़िंदगी का एक बहुत ही अहम और पेचीदा पहलू यह है कि बंटवारे के बाद वे पाकिस्तान ही में रहे। लिहाज़ा आज़ादी की वे ख़ुशफ़हमियां और झूठी तसल्लियां उनके हिस्से में नहीं आयी थीं जो प्रगतिशील आंदोलन से निकले उनके किसी ज़माने के संगी-साथियों को हिंदुस्तान में आसानी से नसीब थीं। ज़्यादातर वक़्त उन्होंने पाकिस्तान में जनवाद को कुचल कर रखने वाले अमरीकापरस्त ज़ालिम भूस्वामी-सैनिक गठजोड़ की दमघोंट सुरंगों में घोर आत्मविच्छिन्नता से गुज़रते हुए या एक निर्वासित की ज़िंदगी जीते हुए बिताया। आज़ादी उनके लिए अभी भी एक सपना थी। सेना में शामिल होकर फ़ासीवाद के ख़िलाफ़ लड़ने वाले फ़ैज़ के लिए फासिज़्म लगभग तमाम उम्र एक ज़िंदा हक़ीक़त रहा, लेकिन बड़ी बात यह थी कि घोर अलगाव और अकेलेपन की इन मुश्किल परिस्थितियों में फ़ैज़ ने अपने निरूपण काल की लौ की हिफ़ाज़त अपनी आबरू की तरह की, उसे न सिर्फ़ जिलाये रक्खा बल्कि इस पूरे दौर में उनके अंतःकरण में उसकी दीप्ति और भी ज़्यादा स्वच्छ, उदग्र

और प्राणवंत हो गयी। 'ग़ुरूरे इश्क़ का बांकपन' कम न हुआ, उल्टा बढ़ता गया। यह नहीं भूलना चाहिए कि न्याय के लिए लड़ने वाले लोग वर्गारोहण और बूर्ज्वा सुखभ्रांतियों की भूलभुलैयों में ही गुम नहीं होते, दमनकारी परिस्थितियों में नृशंसीकरण और हताशा के सामने भी अलग-थलग और लाचार होकर टूट जाते हैं और समर्पण कर देते हैं, ख़ासकर तब जबकि परिदृश्य में संगठित प्रतिरोध के कोई विश्वसनीय लक्षण दिखायी न देते हों। इसलिए फ़ैज़ को इस बात का पूरा श्रेय दिया जाना चाहिए कि वे इश्क़ के इस कठिन इम्तिहान में सुर्ख़रू हो कर निकले।

नक़्शे-फ़रियादी के बाद फ़ैज़ की शायरी को जैसे अपना आपा मिल गया। कवि जैसे अपने असल मैदान में आ पहुंचा हो। जेल की ज़िंदगी ने मंच को ठीक-ठीक बांध दिया और उन्हें अपने वक़्त के नाटक के बीचोंबीच उस केंद्रीय जगह ला खड़ा किया जहां से वे अपने भीषण आंतरिक संघर्ष के ज़रिये भी बीसवीं सदी के अल्पविकसित नवस्वतंत्र देशों के मुख्य संघर्ष की रूपरेखा को संकेतित कर सकते थे और आज़ादी और जनवाद के ज्वलंत प्रश्न की त्रासद विडंबना को ज़्यादा से ज़्यादा उद्घाटित कर सकते थे।

दस्ते-सबा (1952) और *ज़िंदांनामा* (1956) और उसके बाद *दस्ते-तहे-संग* (1964) में फ़ैज़ की शायरी की तमाम ख़ूबियां एक रचनात्मक संश्लेषण में ढल कर अपनी मौलिकता और उत्कर्ष के साथ उभर कर आती हैं और अपनी पूरी आज़माइश करते हुए उनके कवि व्यक्तित्व के तमाम पहलुओं को समग्रता में सामने लाती हैं। यह चीज़ बाद तक आने वाले दूसरे संग्रहों में भी हम देखते हैं।

इस पूरे लंबे दौर को एक साथ देखें तो फ़ैज़ की ताक़त इस बात में छिपी लगती है कि वे न्याय के बीहड़ संघर्ष की सच्चाई, सुंदरता और जटिलता को पूरी गहराई से समझते हैं, उसका सरलीकरण नहीं करते। इस इश्क़ के ग़रूर, इसकी आबरू और शान को वे दिल से जानते और समझते हैं, इसके तमाम बोझ और जानलेवा तक़ाज़ों के साथ। इस दर्द का सौदा उन्होंने अपनी इन्सानी गरिमा की हिफ़ाज़त की ज़्यादा गहरी ख़ुशी के लिए किया है, यह जानते हुए कि इस लड़ाई में कामयाबी की या मंज़िल पा लेने की कोई गारंटी नहीं। इसमें बार-बार की नाक़ामी भी कोई ख़ास मानी नहीं रखती, यह मश्क़ ही ख़ुद में कामयाब है। फ़ैज़ ही कह सकते थे 'फ़ैज़ थी राह सर-ब-सर मंज़िल, हम जहां पहुंचे कामयाब आये'। इस कठिन रास्ते का तमाम अधूरापन इसके तमाम पेच-ओ-ख़म के साथ उन्हें मंज़ूर है। बेगानगी, उदासी, अकेलेपन, विकलता और बेबसी के भयानक रेगिस्तान को वे जिस बड़प्पन, धीरज और साहस से पार करते हैं और जिस संलग्नता और आत्मगर्व के साथ अपने स्वप्न की स्वच्छता और अपनी आशिक़ी की उत्कटता को हर क़ीमत पर बचाना चाहते हैं वह फ़ैज़ के कवि व्यक्तित्व की पुख़्तगी की ही एक मिसाल है।

अपनी एक नज़्म में फ़ैज़ ने कवि के अंतःकरण को 'अत्याचार और न्याय का रणक्षेत्र' कहा है। कहना ग़ैरज़रूरी है कि सबसे ज़्यादा यह फ़ैज़ के अपने भावजगत

का ही बखान है। प्रामाणिक ढंग से वही कह सकते थे 'दुख भरी ख़ल्क़ का दुखभरा दिल हैं हम'। हम आगे की उनकी तमाम शायरी में 'अत्याचार' और 'न्याय' के इस भीषण संग्राम की बदलती शक्लों के साथ कवि की दुर्द्धर्षता की अनेक सुंदर और शानदार छवियां देखते हैं। बार-बार हार कर भी इस 'बदी हुई बाज़ी' में कवि हारता नहीं; अपने शोक और एकाकीपन को एक 'ट्रेजिक हीरो' की शान, आत्मगरिमा और बड़प्पन के साथ धारण करता है, अपनी सज़ा क़बूल करता है और समर्पण से इंकार करता है। दरअसल फ़ैज़ एक ऐसे कवि हैं, जिन्होंने मंसूर और फ़रहाद की पुरानी परंपराओं से लेकर कुर्बानियों से भरी प्रतिरोध की तमाम साम्राज्यवाद विरोधी, फ़ासीवाद विरोधी मुक्तिकामी आधुनिक परंपराओं को आत्मसात किया और उनकी क़ीमत समझते और चुकाते हुए उनके संवाहक बने। हम जानते हैं कि एशिया, अफ़्रीका, लातीनी अमरीका और तमाम दुनिया के मुक्तिकामी जनगण के संघर्षों के साथ कैसे उनके दिल की धड़कनें पैवस्त थीं। वे सबसे अच्छी तरह यह जानते थे कि अंदर से यह एक ही लड़ाई है। यह बात अलग है कि अपने इस सफ़र में फ़ैज़ को कभी यह लगा कि 'उठेगा जब जम्म-ए-सरफरोशां/पड़ेंगे दार-ओ-रसन के लाले/कोई न होगा कि जो बचा ले' तो कभी ऐसा भी वक़्त रहा और ज़्यादातर रहा, कि लगा, 'न रहा जुनूने-रुखे-वफ़ा/ये रसन ये दार करोगे क्या'। लेकिन फ़ैज़ इन सब स्थितियों के बीच अपनी ख़ुदी को बचाना जानते हैं। उनकी ख़ूबसूरत नज़्म 'आज बाज़ार में पा-ब-जौलां चलो' ज़ालिमों के निज़ाम में अपने लांछित और अपमानित प्रेम की सुंदरता, शान और आत्मगर्व को जिस तरह पूरे क़द में सामने लाती है और उसका ज़श्न मनाती है, उससे फ़ैज़ की आशिक़ी की गहराई और नैतिक तड़प का कुछ अनुमान लगाया जा सकता है। यह कविता अत्याचार और न्याय के बीच के रणक्षेत्र को उसी तरह एक ऐतिहासिक थियेटर में बदलती है, जैसे मुक्तिबोध की कविता 'भूलग़लती'।

फ़ैज़ सच्चे वतनपरस्त और सच्चे अंतर्राष्ट्रीयतावादी थे। दुनिया भर के जनसंघर्षों के साथ एकजुटता व्यक्त करके अंतर्राष्ट्रीयतावादी हो जाना आसान है लेकिन अंतर्राष्ट्रीयतावाद की असल परख तब होती है जब आपका मुल्क एक अविवेकपूर्ण युद्ध में झोंक दिया जाता है।

यह उल्लेखनीय है कि 1965 में भारत के साथ अनावश्यक जंग का और 1971 में बांग्लादेश पर आधिपत्य बरक़रार रखने के लिए फ़ौज़ी हुक्मरानों के द्वारा की गयी क़त्लोग़ारत का फ़ैज़ ने अपनी रचनाओं के माध्यम से प्रतिकार किया और अपने मुल्क की अंधराष्ट्रवादी धारा का विरोध मोल लिया जबकि 1962 में चीन के साथ भारत के युद्ध के हक़ में प्रगतिशील आंदोलन के उनके हिंदुस्तानी दोस्तों का एक अच्छा ख़ासा हिस्सा अंधराष्ट्रवादी मुहिम का शिकार हुआ।

एक बात जो ख़ास तौर पर समझने की है, वह यह कि फ़ैज़ का ख़ुद के सरोकारों से रिश्ता कोरा वैचारिक, नैतिक या कोई रस्मी रिश्ता नहीं है। वे उनके ख़ुद के सरोकार हैं, ख़ुद कमाये हुए, 'ऑर्गेनिक' और अपरिहार्य। इनमें उनके वास्तविक और निजी

'स्टेक्स' थे। सामाजिक सरोकार और निजी सरोकारों में, ऐतिहासिक कार्यसूची और निजी कार्यसूची में उनके लिए कोई अंतर न था। इसीलिए 'रेटरिक' का सहारा लेने की ज़रूरत उन्हें कभी महसूस नहीं हुई जबकि उनके निरूपण काल में इसका चलन आम था। एक अमूर्त क्रांतिकारी रूमान, अमूर्त देशप्रेम या अमूर्त आवारगी और दीवानगी की अनुष्ठानिक भंगिमाएं उकेरने के लिए यह काफ़ी मुफ़ीद है। 'रेटरिक' कई बार एक कर्मकांड के खोल या परिधान की तरह होता है जिसे पहन कर दिये हुए 'पार्ट' को अदा करने की सहूलियत काफ़ी मिल जाती है लेकिन उस कवि का काम कोरे 'परफ़ारमेंस' से कैसे चल सकता है जिसका अपना अनुभव और बोध एक बाध्यकारी और निर्विकल्प अस्तित्वमूलक संघर्ष के ज़रिये परिभाषित हो रहा हो और इसी को चलाने के लिए उसे भाषा की ज़रूरत पड़ती हो। फ़ैज़ के शब्द अगर बजने के बजाय गूंजते हैं, सच्चे लगते हैं और दिल में उतरते हैं तो उसकी बड़ी वजह यही है कि वे असल की ताक़त लेकर आते हैं। उनमें वही उत्कटता और मार्मिकता है जो फ़ैज़ की अपनी जद्दोजहद में थी।

जिस चुनौती से फ़ैज़ का सामना था, वह आज और भी विकराल हो कर सामने है। उनका सपना चाहे ऊपर-ऊपर टूट गया लगता हो, किंतु इसके बावजूद वह इतिहास के गर्भ में फिर से स्पंदित और जीवित है। इस समय का संघर्ष ज़्यादा भीषण और जटिल है, लेकिन उसी अनुपात में प्रतिरोध की संभावनाएं ज़्यादा सघन, व्यापक और मूलगामी हुई हैं। इस लज्जित और पराजित युग में भी तमाम थकन, उदासी, विछोह और व्यथापूर्ण अकेलेपन के बीच फ़ैज़ का अंतःसंघर्ष, उनका जीवट, धैर्य, उनकी हठी पक्षधरता और उनका अप्रतिहत प्रतिरोध हमारी स्मृति में अपनी सच्चाई और प्राणमयता के साथ तब तक जीवित है, जब तक यह लड़ाई जारी है। कठिन आशिक़ी की फ़ैज़ की यह परंपरा आने वाले लंबे दौर में हमारे साथ चलेगी।

कपास में आग

कृष्ण कल्पित

प्रतीयमानं पुनरन्यरेव वस्त्वस्ति वाणीषु महाकविनाम्।
यत्तत्प्रसिद्धावयवातिरिक्तं विभाति लावण्य मिवाङ्गनासु॥ 4॥
(महाकवियों के वचनों में अर्थवान कुछ और ही वस्तु है, जैसे स्त्रियों में उनके प्रसिद्ध अंगों के अतिरिक्त लावण्य भासित होता है।)

9वीं शताब्दी में आनंदवर्धन रचित *ध्वन्यालोक* में इसी लावण्य को काव्यार्थ बताया गया है। स्त्रियों का लावण्य और मुक्तावलियों की आब या आभा की तरह ही महाकवियों की कविताओं में उनका अर्थ विभासित होता है—इसी लावण्य को आनंदवर्धन अपने अमर-अप्रतिम काव्यशास्त्र-ग्रंथ का आधार बनाते हैं, जिसे वे ध्वन्यर्थ के रूप में विकसित करते हैं और 'रस' पर आकर रूढ़ हो गयी संस्कृत काव्यशास्त्र परंपरा को एक नयी राह दिखाते हैं।

फ़ैज़ अहमद फ़ैज़ की कविता पर लिखते हुए *ध्वन्यालोक* को याद करना अटपटा ज़रूर लग सकता है—लेकिन असंगत नहीं। फ़ैज़ की समूची शायरी में यह लावण्य-आब-आभा झिलमिलाती रहती है। यही कारण है कि फ़ैज़ की कविता के अर्थ का अंत नहीं होता।

वह नित्य-नवीन ध्वनियों की अर्थच्छाया से जगमगाता है। वहां मानी मरते नहीं बल्कि शेर सर्वथा नये रूप से मानीख़ेज़ होता रहता है। इसी अर्थ में कोई कविता काल को जीतने अर्थात कालजयी होने का दावा पेश करती है। इसी तरह अक्षर अपनी अर्थ-छवियों-ध्वनियों से मृत्यु को परास्त करते हैं—यही कारण है कि फ़ैज़ की मृत्यु के चौथाई दशक बाद भी उनकी मृत्यु का आभास हमें नहीं होता। अपने जीवनकाल में फ़ैज़ जिस तरह अपनी कविता के ज़रिये हमारे साथ थे—आज भी हर घड़ी, हर समय, हर आफ़त-संघर्ष-उल्लास में फ़ैज़ हमारे साथ खड़े नज़र आते हैं। हर महान कवि की मृत्यु अंततः मिथक में बदल जाती है। कालिदास-भर्तृहरि-तुलसीदास-मीर-ग़ालिब सब आज भी अपनी मृत्यु से परे अपने काव्यार्थ में झिलमिलाते रहते हैं और फ़ैज़ अहमद फ़ैज़ भी।

फ़ैज़ अहमद फ़ैज़ अपने युवाकाल में ही एक शायर के रूप में मशहूर हो गये थे—और प्रगतिशील लेखक संघ की स्थापना के कुछ बरस पहले ही अपनी अनेक नज़्मों के कारण उर्दू शायरी के एक महत्वपूर्ण और प्रतिष्ठित कवि मान लिये गये थे। उनका पहला कविता-संकलन *नक़्शे-फ़रियादी* 1941 में प्रकाशित हुआ।

दोनों जहान तेरी मुहब्बत में हार के
वो जा रहा है कोई शबे-ग़म गुज़ार के
दुनिया ने तेरी याद से बेगाना कर दिया
तुझसे भी दिलफ़रेब हैं ग़म रोज़गार के

जैसी पंक्तियां काव्य प्रेमियों की ज़बान पर चढ़ गयी थीं। ग़मे जानां और ग़मे-दौरां के बीच विचरण करने वाली उनकी शायरी ने इस उपमहाद्वीप के लोगों का दिल जीत लिया। मीर के बाद ग़ालिब ने उर्दू ग़ज़ल विधा को मुनष्य की अंतरात्मा की आवाज़ बनाकर, दरअसल ग़ज़ल के मैदान को बहुत विस्तृत और मुश्किल कर दिया था। ग़ालिब की मृत्यु के कोई साठ बरस बाद ख़ास तौर से तीन युवा शायरों फ़ैज़, मजाज़ और मख़्दूम ने उसकी रूमानियत बरक़रार रखते हुए अपने समय-समाज और नये ज़माने की हक़ीक़तों को पिरो कर, मीर और ग़ालिब जैसे महाकवियों द्वारा अंतिम बूंद की तरह निचोड़ ली गयी इस विधा में नयी जान फूंकी। इस तरह फ़ैज़, मजाज़ और मख़्दूम की एक त्रयी बनती है, जिसने जीवन, समाज, सियासत, प्रेम, क्रांति और प्रतिरोध के तत्वों से ग़ज़ल का एक नया असरदार कीमिया तैयार किया—जिसने बाद में साहिर लुधियानवी जैसे शायरों की राह आसान की।

इन तीनों के अलावा जज़्बी, जांनिसार अख़्तर, नून मीम राशिद आदि को जोड़कर उस समय के बाग़ी शायरों का एक पूरा गोल भी बनता है। अली सरदार जाफ़री अपनी पुस्तक 'लखनऊ की पांच रातें' में इस दौर का नक़्शा इस तरह खींचते हैं : 'ये इस अहद के बाग़ी हैं, सरफिरे, ऐशो-निशात के दिलदार मगर कफ़न-बदोश। ये अभी अज़ीम नहीं हैं, लेकिन इनके नाम के अफ़साने बन चुके हैं, उर्दू शेरो-अदब के नये धारे अब उनके नाम पर बहेंगे। ये नया जज़्बा, नया एहसास, नयी ज़बान लेकर आये हैं, माज़ी का सारा विरसा इनके पास है, जदीद तालीम की आलातरीन डिग्रियां इनके पास हैं, इसलिए क़दीम व जदीद का इम्तज़ाज इनके यहां ख़ुद-ब-ख़ुद पैदा हो गया है। ये पुराने हीरों को नयी तरह तराश रहे हैं। हिज्रो-विसाल की दास्तानें इनको आती हैं। महबूब के वादा-ए-फ़र्दा की लज़्ज़त से वाक़िफ़ हैं। लेकिन हिंदुस्तान की आज़ादी इनकी सबसे बड़ी महबूबा है और इस महबूबा के सामने नयी शायरी पर एतराज़ करने वालों की गरदन झुक जाती है।'

संस्मरणों की इसी पुस्तक में सरदार जाफ़री फ़ैज का ख़ाका इस तरह खींचते हैं : 'और यह फ़ैज़ अहमद फ़ैज़ हैं, लाहौर के गली-कूचों की तख़लीक़। चेहरे की मुस्कुराहट उदास है, लेकिन आंखें नर्म और मुहब्बत भरी, आवाज़ में हल्का-सा गुदाज़ और शेरों में दिल की धीमी-धीमी आंच जो लफ़्ज़ों के संगीत को पिघलाकर रंग बना

देती है और हर एक मिसरा पेंटिंग बन जाता है। एक हसीन व जमील तस्वीर जो दिल में आवेज़ा हो जाती है, तशबीहें व इस्तआरे नर्म-रौ शेरों के अंदर बिजलियों की तरह कौंधते हैं, और आंखें चकाचौंध हो जाती हैं, मगर ये वो बिजलियां हैं, जो सिर्फ़ फ़ैज़ नन्हे-नन्हे शरारे से बना सकता है :

गुल हुई जाती है अफ़सुर्दा सुलगती हुई शाम
घुल के निकलेगी अभी चश्म-ए-मेहताब से रात
और मुश्ताक़ निगाहों की सुनी जायेगी
और उन हाथों से मस होंगे ये तरसे हुए हाथ।

('मौज़ू-ए-सुख़न')

आगे सरदार जाफ़री फ़ैज़ की शख़्सियत व शायरी का वर्णन करते हुए लिखते हैं : 'यह आहंग फ़ैज़ की रूह के लिए नया बांगे-जरस था जो आख़िरी उम्र में फ़ैज़ को फ़िलस्तीनी मुजाहिदों के ख़ेमों में ले गया। कुछ यही सूरते-हाल बैरूत में फ़ैज़ के साथ थी, जिसके हाथ में रायफल नहीं थी, सिर्फ़ शायरी का गिटार था।'

फ़ैज़-मजाज़-मख़्दूम की त्रयी भले ही आगे चलकर बिखर गयी लेकिन इन्होंने उर्दू में तरक़्क़ीपसंद शायरी का रास्ता खोल दिया। मख़्दूम दकन में राजशाही से लोहा लेते रहे, मजाज़ जैसे मर्मस्पर्शी शायर को शराब की नागन ने डस लिया और फ़ैज़ पाकिस्तान में तानाशाही का मुक़ाबिला करते हुए गिरफ़्तार होते रहे, बाहर आते रहे। तानाशाही हुकूमतों के दमन-चक्र भी फ़ैज़ को डिगा नहीं सके। मनुष्यता के पक्ष में और मानवीय मूल्यों को कुचलने वाली शक्तियों के विरुद्ध कविता से कैसे काम लिया जाये, फ़ैज़ की शायरी इसका जीवंत उदाहरण है। मार्क्सवाद में अपनी अडिग आस्था और कविता-कला में गहरे विश्वास के कारण फ़ैज़ अहमद फ़ैज़ सिर्फ़ पाकिस्तान या उर्दू के शायर ही नहीं रहे बल्कि वे अपने जीवनकाल में ही इस उपमहाद्वीप की आवाज़ बन गये। हिंदी के लिए उर्दू के उत्कृष्ट शायर कभी अजनबी नहीं रहे, लेकिन फ़ैज़ अपने जीवनकाल में हिंदी और हिंदुस्तान के संभवतः सर्वाधिक प्रिय शायर बने रहे। यही कारण था कि सातवें दशक के अंत में विश्वविद्यालय में पढ़ने वाले हम जैसे युवाओं को फ़ैज़ का कलाम कंठस्थ था और उसे हम आंदोलनों-जलसों-पोस्टरों में इस्तेमाल करते थे। यह वह दौर था जब हमारे एक हाथ में मुक्तिबोध और दूसरे में फ़ैज़ की किताब हुआ करती थी।

तब तक फ़ैज़ की ग़ज़लों-नज़्मों को मेहदी हसन, बेगम अख़्तर और नूरजहां ने अपने सुरीले सुरों में गाकर समूची दुनिया में और ग़ैर-अदबी लोगों तक मशहूर कर दिया था। फ़ैज़ मुशायरों में अपना कलाम तरन्नुम में नहीं पढ़ते थे। वे जिगर मुरादाबादी की तरह अपनी बेगम अख़्तर ख़ुद नहीं थे। मुझे दिल्ली में और जयपुर में दो बार उनकी कविताएं सुनने का अवसर मिला। वे बेहद संजीदा आवाज़ में थम-थम कर अपना कलाम पढ़ते थे, जैसे आपसे बातचीत कर रहे हों। लोकप्रियता से नाक-भौं सिकोड़ते हिंदी-आधुनिकों को फ़ैज़ के उदाहरण से यह सीखना चाहिए कि उच्च कोटि

के अदबी मेयार वाली शायरी भी लोकप्रिय हो सकती है। 1980 में पाकिस्तान के अख़बारों में इस बात का सर्वेक्षण किया गया था कि फ़ैज़ और फ़राज़ में से अधिक लोकप्रिय कौन है? उस सर्वेक्षण में ग़ज़ल-गायकों के प्रिय रूमानी-लोकप्रिय शायर अहमद फ़राज़ से अधिक लोकप्रिय फ़ैज़ पाये गये। सर्वेक्षण के इस चौंकाने वाले नतीजे पर मैंने उस वक़्त *राजस्थान पत्रिका* में और *प्रभात ख़बर* में विस्तृत लेख लिखा था। वह लेख भी मेरी गुमशुदा प्रिय चीज़ों में शामिल है।

उर्दू कविता और आलोचना को समझने का मेरा कोई दावा नहीं है। फ़ैज़ शताब्दी वर्ष में फ़ैज़ पर कुछ लिखने का साहस केवल इस आधार पर कर रहा हूं कि उर्दू शायरी भी हमारी साझा परंपरा का हिस्सा रही है और फ़ैज़ की शायरी ने भी हमें उसी तरह मुतास्सर किया है जैसे निराला और मुक्तिबोध की कविता ने। उर्दू की गंभीर आलोचना में पता नहीं नज़्म और ग़ज़ल के भेद को किस तरह लिया गया है लेकिन आपसी बातचीत और अदबी बहसों में यह बात बहुत कही जाती है कि कोई बड़ा कवि ग़ज़ल का बड़ा शायर है या नज़्म का। फ़िराक़, फ़ैज़ और मजाज़ को लेकर बार-बार इस तरह की बात की जाती रही है। मेरा इस बारे में सोचना यह है कि बात इस पर होनी चाहिए कि कोई बड़ा शायर है या नहीं? मीर अनीस और दबीर मर्सिये के बड़े शायर हैं। यहां तक तो ठीक है, क्योंकि मर्सिया एक भिन्न विधा है। हिंदी में ऐसी बहस कभी नहीं हुई कि कबीर दोहे का बड़ा कवि है या साखी या रमैनी का या तुलसी चौपाई के बड़े कवि हैं या दोहे के या निराला छंद के बड़े कवि हैं या मुक्त छंद के या मुक्तिबोध लंबी कविताओं के बड़े कवि हैं या छोटी कविताओं के या त्रिलोचन सॉनेट के बड़े कवि हैं या मुक्त कविता के। कोई कवि अपनी संपूर्ण सर्जना से ही बड़ा कवि बनता है। मुझे लगता है कि उर्दू में भी इस बहस को अकादमिक दर्जा प्राप्त नहीं होगा बल्कि एक दूसरे को नीचा दिखाने के लिए ही ऐसे जुमले इस्तेमाल किये जाते होंगे। जबकि यह तय है कि फ़िराक़, फ़ैज़ और मजाज़ ने नज़्म और ग़ज़ल दोनों ही शिल्पों में उत्कृष्ट काव्य रचना की है।

ऐसा नहीं है कि फ़ैज़ को अपने वक़्त में आलोचनाओं का सामना नहीं करना पड़ा। बार-बार जेल की सलाख़ों के पीछे धकेले जाने के बावजूद एलीट जीवनशैली, बीच-बीच में सत्ताधारियों से नज़दीकी का और अपने अंतिम दिनों में इस्लाम में आस्था का आरोप उन पर लगता रहा। उनकी कविता भी आलोचना से परे नहीं रही। अहमद नदीम क़ासमी फ़ैज़ के बारे में लिखे संस्मरण के अंत में लिखते हैं : 'फ़न और शख़्सियत' के फ़ैज़ नंबर में मैंने जहां फ़ैज़ की मीठी-रसीली शायरी का ज़िक्र किया, वहां ये भी कहा है कि फ़ैज़ फ़िक्र व हिकमत की गहराइयों में जाने से जान कर गुरेज़ करते थे, वर्ना जिस तरह उन्होंने अपनी शायरी में 'इंक़िलाब के मौज़ू' को बरता, उसी तरह वो फ़िक्री शायरी को भी कलात्मक सौंदर्य का एक हिस्सा बना सकते थे। उनके यहां अगर फ़िक्री गहराई नहीं है तो नक्क़ाद हज़रात ही इसकी वजहें बता सकते हैं कि एक निहायत पढ़े-लिखे और उर्दू, पंजाबी के अलावा अंग्रेज़ी, अरबी और फ़ारसी ज़बानों

के जानकार शख़्स ने फ़िक्री शायरी को अमलन क्यों रोके रखा, जबकि ग़ालिब, फिर इक़बाल और दौरे-हाज़िर में नून मीम राशिद की शायरी ने फ़िक्र को शेर में ढालने का काम आसान बना दिया था।'

अहमद नदीम क़ासमी की फ़ैज़ की शायरी से यह मांग और यह आलोचना कहां तक उचित है? क्योंकि कोई भी बड़ी शायरी बग़ैर फ़िक्र, बिना चिंतन, बिना सोच के कैसे संभव हो सकती है? अगर अहमद नदीम क़ासमी का फ़िक्र से ताल्लुक़ किसी आध्यात्मिक चिंतन से नहीं है तो!

दिल ना उमीद तो नहीं, नाकाम ही तो है
लंबी है ग़म की शाम मगर शाम ही तो है
भीगी है रात 'फ़ैज़' ग़ज़ल इब्तिदा करो
वक़्ते-सरोद, दर्द का हंगाम ही तो है

दरअसल फ़ैज़ की शायरी में फ़िक्र की कमी का रोना रोने वालों के लिए मैं फ़िक्र ही कर सकता हूं, क़ासमी साहेब!

जब-जब भी फ़ैज़ को पढ़ता हूं, मुझे शमशेर की बेतरह याद आती है, पता नहीं क्यूं? उर्दू के लिए? नहीं। शमशेर ने अपने समकालीन कवियों पर जितनी मर्मस्पर्शी कविताएं लिखी हैं, फ़ैज़ भी उसी तरह अपने समकालीन कवि मित्रों के बारे में तन्मय होकर लिखते हैं। मख़्दूम के बारे में, नाज़िम हिकमत के बारे में, नाज़िम हिकमत की प्रेमिका-पत्नी के बारे में, वाज्नेसेंस्की के बारे में, रसूल हमजातोव के बारे में; वे अपनी कविता के ज़रिये एशियाई कविता का पूरा परिदृश्य बुनते हैं। और परंपरा में वे किसको अपनी कविता में याद करते हैं? ग़ालिब को, सौदा को, ज़ौक़ को, और फ़ारसी कविता में उनके प्रिय कवि हाफ़िज़ ठहरते हैं। फ़ैज़ की शायरी 'डॉक्यूमेंटेड' कविता है। 15 अगस्त 1947 का ऐसा दस्तावेज़ ('सुब्हे आज़ादी') फ़ैज़ के अलावे और कौन कहेगा?

ये दाग़-दाग़ उज़ाला, ये शबगज़ीदा सहर
वो इंतिज़ार था जिसका, ये वो सहर तो नहीं।

फ़ैज़ की शायरी में तारीख़ें बहुत महत्वपूर्ण है। यह अकस्मात नहीं है कि फ़ैज़ की अधिकतर शायरी में हमें लिखने की तारीख़ और उस जगह का नाम मिलता है। जहां वह लिखी गयी।

अपने पूर्वज कवियों में ग़ालिब फ़ैज़ के सर्वाधिक निकट ठहरते हैं। ग़ालिब की अपने समय से संघर्ष करती आधुनिक दृष्टि को ही फ़ैज़ अपनी तरक़्क़ीपसंद विचारधारा में ढालते हैं। ग़ालिब को ज़ाहिरा तौर पर तो फ़ैज़ याद करते ही हैं। इसके आगे जाकर वे फ़ैज़ की कविता-चेतना का हिस्सा बन जाते हैं। मीर की शायरी के बियाबान वन के बीचोंबीच ग़ालिब अपनी आधुनिक कैंचियों से जिस दिलफरेब बग़ीचे का निर्माण करते हैं, फ़ैज़ उसे ही नये शिल्प, नयी विचारधारा में ढालते हैं। फ़ैज़ 1968 में पाकिस्तान में 'इदारए-यादग़ारे-ग़ालिब' की स्थापना करते हैं और 1969 में ग़ालिब

की मृत्यु शताब्दी का आयोजन करते हैं। 1973 में फ़ैज़ ग़ालिब की इस ग़ज़ल को निबंध लिखने के लिए चुनते हैं :

मुद्दत हुई है यार को मेहमां किये हुए
जोश-ए-क़दह से बज़्म चरागां किये हुए
मांगे है फिर किसी को लब-ए-बाम पर हवस
ज़ुल्फ़े-सियाह रुख़ पे परीशां किये हुए

ग़ालिब की इस ग़ज़ल पर फ़ैज़ साहब का निबंध आपकी नज़रों से गुज़रा होगा, नहीं तो कोशिश करके गुज़ारिएगा, पाठ-आधारित आलोचना का यह दुर्लभ नमूना है। जहां अपने समय का एक कवि अपने पूर्वज कवि के काव्यार्थ को एक नये अनूठे अंदाज़ में खोलता है। वह मीर के बियावान बेहद वन में बने ग़ालिब के आधुनिक बग़ीचे में अपनी कतरब्योंत करता है, ग़ालिब की पद-रचना पर वे बार-बार चलते दिखायी देते हैं और अंत में तो वे ग़ालिब के यहां समर्पण करते हुए से लगते हैं :

बहुत मिला न मिला ज़िंदगी से ग़म क्या है
मता-ए-दर्द बहम है तो बेशो-कम क्या है
सजाओ बज़्म ग़ज़ल गाओ जाम ताज़ा करो
बहुत सही ग़मे गेती, शराब कम क्या है

'जो आंख ही से न टपके तो फिर लहू क्या है' की ज़मीन की याद दिलाती हुई फ़ैज़ की यह ग़ज़ल *सारे सुख़न हमारे* में उनकी अंतिम ग़ज़ल के बतौर प्रकाशित है, हालांकि उसके बाद तीन-चार और रचनाएं भी उनकी अंतिम कविता की तरह प्रचारित की गयीं जिनमें उनकी इस्लाम के प्रति आस्था को स्थापित करने की कोशिश की गयी। सच तो यह है कि फ़ैज़ ने एक सच्चे कम्युनिस्ट और प्रतिबद्ध कवि का जीवन जिया।

फ़ैज़ एक ऐसी शख़्सियत थे, जिनके हर क़दम को बहुत ग़ौर से देखा जाता था। अहमद नदीम क़ासमी कहते हैं : '...मगर आपने किस ख़ुशी में अपनी तारीख़ के घिनौने किरदार...अंग्रेज़...की फ़ौजी मुलाज़मत गुलामी ही के दिनों में क़बूल फ़र्मा ली थी!' शुरुआती दौर के इस काम के लिए फ़ैज़ साहब पर अक्सर छींटाकशी की गयी। मजाज़ लखनवी का यह हिजो तो बहुत मशहूर है :

शायर हूं और अमीं हूं उरूसे-सुख़न का मैं
कर्नल नहीं हूं, खान बहादुर नहीं हूं मैं।

लेकिन फ़ैज़ अपनी आलोचनाओं का उत्तर अपनी शायरी की नैतिक ताक़त से देते रहे। 93 पृष्ठ की छोटी-सी किताब *नक़्शे-फ़रियादी* प्रकाशित होते ही फ़ैज़ मशहूर हो गये और एक सार्वजनिक शख़्सियत बन गये थे। इस बारे में यह आकलन देखिए : 'इस छोटी सी कृति के कारण जो प्रतिष्ठा एवं ख्याति फ़ैज़ को प्राप्त हुई, इससे पूर्व किसी भी उर्दू शायर को इतनी अल्प कविता-निधि पर और इतनी शीघ्र प्रसिद्धि नसीब नहीं हो पायी। मिर्ज़ा ग़ालिब का दीवान भी अन्य शायरों की तुलना

में बहुत संक्षिप्त है और उनका स्थान शायरों में सर्वोपरि समझा जाता है, किंतु यह प्राथमिकता एवं यश उन्हें अपने जीवनकाल में न मिलकर 30-40 वर्ष के बाद प्राप्त हुआ।'

इसके बाद फ़ैज़ का जीवन और शायरी एक हो गयी। यह अजब बात है कि फ़ैज़ की शायरी को उनकी आत्मकथा की तरह भी पढ़ा जा सकता है। फ़ैज़ के साथ रावलपिंडी साज़िश केस में बंदी मेजर मुहम्मद इस्हाक़ लिखते हैं : 'सरगोधा और लायलपुर की जेलों में तीन महीनों की क़ैदे-तनहाई के दिन बहुत मुश्किल दिन थे। काग़ज़-क़लम, दावात-किताबें, अख़बार-ख़तूत सब चीज़ें वर्जित थीं...'

मता-ए-लौह-ओ-क़लम छिन गयी तो क्या ग़म है
कि ख़ूने-दिल में डुबो ली हैं उंगलियां मैंने
ज़बां पे मुहर लगी है तो क्या कि रख दी है
हरेक हलक़ए-ज़ंजीर में ज़बां मैंने

फ़ैज़ साहब पर लिखते हुए मैंने इस बात का ध्यान रखना चाहा है कि आलेख में उनकी कविता के उद्धरण कम से कम दिये जायें, अन्यथा मुश्किल है कि उनके 'सारे सुख़न' लिखने पड़ेंगे। फ़ैज़ की कविता पर विचार करते हुए सब कुछ कहा गया है कि यह उच्च कोटि की नैतिक शायरी है, प्रतिबद्ध-प्रगतिशील शायरी है, मुहब्बत और इंक़लाब की शायरी है, लेकिन उनकी शायरी की इस ख़ूबी की तरफ़ इशारा कम किया गया है कि फ़ैज़ की शायरी सच्चे और अलग अर्थों में पूरब की शायरी है। फ़ैज़ की तमाम शायरी में जो रूपक, उपमान, प्रतीक सब उर्दू-फ़ारसी की पारंपरिक शायरी से लिए गये हैं, फ़ैज़ ने बड़ी ख़ूबी से उसकी अंतर्वस्तु बदल दी है। यह अकारण नहीं है कि फ़ारसी-महाकवि हाफ़िज फ़ैज़ के प्रिय कवियों में शुमार हैं। उर्दू के एक उत्साही नक़्क़ाद ने एक बार 'चले भी आओ कि गुलशन का कारोबार चले' के हवाले से यह स्थापित करने की कोशिश की थी कि फ़ैज़ साहब ने कारोबार जैसे ग़ैर-शायराना और बाज़ार के शब्द को किस सलाहियत के साथ अपनी कविता में इस्तेमाल किया...इत्यादि। अति उत्साह में ये नक़्क़ाद मीर तक़ी मीर को भूल गये, जहां हर मोड़ पर शायरी का 'कारोबार' है।

फ़ैज़ अहमद फ़ैज़ ने अपनी शायरी में अपने समकालीन कवियों के अलावा हाफ़िज़, ग़ालिब, सौदा, ज़ौक़, दाग़ आदि अपने पूर्ववर्ती कवियों को याद किया है, लेकिन यह आश्चर्यजनक तथ्य है कि वे मीर तक़ी मीर को कहीं भी याद नहीं करते। दो-तीन दक्खिनी रंग की ग़ज़लों को छोड़कर उनके यहां रेख़्ते का प्रयोग भी कम देखने में मिलता है। यह सही है कि फ़ैज़ के समय तक उर्दू का परिष्कृत स्वरूप बन चुका था, उनकी समूची शायरी इसी परिष्कृत उर्दू में है। पंजाबी फ़ैज़ की मातृभाषा थी जिसमें उन्होंने कविता भी लिखी है। अगर पहले इस्तेमाल किये गये रूपक का सहारा लेकर कहूं तो फ़ैज़ ग़ालिब के तराशे हुए, उत्कृष्ट, कलात्मक बग़ीचे तक ही ख़ुद को महदूद रखते हैं और ग़ालिब के इस दिल-फ़रेब बग़ीचे के बाहर

मीर तक़ी मीर का जो बीहड़ बन फैला हुआ है, वे उधर का रुख़ कभी नहीं करते। मुझे यह कहने दिया जाये कि ग़ालिब के बग़ीचे का स्तब्ध कर देने वाला सौंदर्य सिर्फ़ इसलिए तो नहीं है कि वह मीर की शायरी के बीहड़ वन के बीचोबीच बना हुआ है। मीर के जंगल ने ग़ालिब के बगीचे के सौंदर्य, उसकी प्राण वायु को बचा रखा है।

फ़ैज़ के जीवनकाल में भी मीर के इस उजाड़ जंगल की जंगली, ख़ुशनुमा, सादा-सरल बेलें नासिर क़ाज़मी के रूप में उगती रहीं। फ़ैज़ ने जहां ग़ालिब की आधुनिकता को मार्क्सवादी विचार से जोड़कर उर्दू कविता में एक नयी वैचारिकता और कलात्मकता पैदा की वहीं नासिर क़ाज़मी ने मीर तक़ी मीर के बीहड़-सुनसान और मनुष्य को सर्वोपरि मानने वाली शायरी में नये अध्याय जोड़े। नासिर क़ाज़मी फ़ैज़ का विपक्ष नहीं है बल्कि फ़ैज़ की अंतर्राष्ट्रीय दृष्टि जब-जब मामूली, अपने आसपास की, धूल-मिट्टी-गर्दो-ग़ुबार को भूलती है, तब नासिर उन छूटी हुई जगहों को अपनी उदासी, सन्नाटे और ख़ास हिंदुस्तानी-पाकिस्तानी परिंदों की आवाज़ से उसे भरते हैं। इस तरह आज़ादी के बाद पचास बरसों की उर्दू-शायरी का चित्र मुकम्मल होता है।

अपने आख़िरी दौर में फ़ैज़ सचमुच अंतर्राष्ट्रीय शख़्सियत बन चुके थे। लेनिन शांति पुरस्कार तो फ़ैज़ को 1962 में ही मिल चुका था। 1973 के बाद वे अफ़्रो-एशियाई लेखक संगठन में सक्रिय हुए। फ़ैज़ ने अफ़्रो-एशियाई लेखक संघ की पत्रिका *लोटस* का भी एक अरसे तक संपादन किया। इस दौर में फ़ैज़ ने एशिया-अफ़्रीका के प्रगतिशील लेखकों-कवियों की एक नयी बिरादरी क़ायम की। इस दौर में वे कभी ताशक़ंद, बीज़िंग, काहिरा, लेबनान, टर्की, लंदन, पेरिस घूमते रहे। हिंदुस्तान तो उनका दूसरा घर था ही। जिन शहरों में फ़ैज़ का मुक़ाम रहा उन पर फ़ैज़ ने यादगार नज़्में लिखी हैं। पूरब के शायर होते हुए भी उनमें एक विश्व-चेतना बसी हुई थी। इसी चेतना ने उनसे 'पेरिस' पर वह यादगार नज़्म लिखवाई, जो मेरी प्रिय कविताओं में शामिल है। पेरिस पर, जो कि यूरोपीय बौद्धिकता का मरकज़ कहलाता है, दुनिया भर के लेखकों-कवियों ने कथा-कहानी, गद्य-कविता, उपन्यास आदि लिखे हैं लेकिन फ़ैज़ की 'पेरिस' कविता बेजोड़ है। पेरिस की यातना-रौशनी-अंधेरे-बेसरोकारी और उसकी समूची आत्मा को फ़ैज़ ने जैसे इस छोटी सी नज़्म में निचोड़ लिया है।

...किसी साया-ए-दीवार से लिपटा हुआ साया कोई
दूसरे साये की मौहूम सी उम्मीद लिये
ज़ेरे-लब शामे-गुज़श्ता की तरह
शरहे बेदरदी-ए-अय्याम की तमहीद लिये
और कोई अजनबी
इन रौशनियों के सायों से कतराता हुआ
अपने बेख़्वाब शबिस्तां की तरफ़ जाता हुआ।

'ध्वन्यालोक' में आनंदवर्धन जिसे ध्वनि या लावण्य कहते हैं, उसे ही शायद अरबी-फ़ारसी-उर्दू काव्यशास्त्र में फ़िक्र कहते होंगे। जो हो, फ़ैज़ की समूची शायरी फ़िक्र में लिपटी हुई शायरी है, जिसके हर शब्द में से लावण्य झिलमिला रहा है, रहेगा, जैसे मुक्ता-मालाओं में आब-आभा दिपदिपाती रहती है, हर बार एक नयी कौंध, नया रंग, नया उजाला और नया अर्थ!

तीन तारीख़ें : तीन संदेश

मुरली बाबू उस दिन दूरदर्शन आये थे—पुष्पराज के साथ। उन्होंने हरीश भादानी पर लिखने को कहा। तब तक हरीश भादानी पर बहुत सारे अच्छे-ख़राब संस्मरण-लेख इधर-उधर छप चुके थे। वह काम अभी बाक़ी है। अब उन तीन तारीख़ों को फ़ैज़-शताब्दी के अवसर पर जारी उन तीन संदेश-कविताओं को यहां लिखता हूं, जिन्हें पढ़कर ही संपादक (*नया पथ*) को लगा होगा कि मैं फ़ैज़ अहमद फ़ैज़ पर कुछ लिख सकता हूं :

बात है ये गये ज़माने की।
फ़ैज़ साहब को गुनगुनाने की।
बात फिर छेड़ उस दिवाने की।
उसको सुनने की और सुनाने की।
आहटें ख़ूब ध्यान से सुनियो,
इसके आने की उसके जाने की।
जल गयी जो अदब की बस्ती थी,
राख बिखरी है उस घराने की।
'अब कहां रस्म घर लुटाने की।
बरकतें थीं शराबख़ाने की।'
फ़ैज़, 100-1
27 मई, 2010

तुम चाक-गरेबां कहते हो,
तब कपड़े तक फट जाते थे।
जब यूनिवर्सिटी के रस्तों पर,
हम फ़ैज़ के नग़मे गाते थे।
सिगरेट का धुआं उठता था,
तब बादल झूम के आते थे।
तुम सुनते सुनते सुनते थे,
हम गाते गाते गाते थे।

मैं फ़ैज़ की नज़्मों के ज़रिये ही,
तेरे दिल में उतरा था।
मैं सुबह से बैठा रहता था,
तुम आते आते आते थे।
फ़ैज़, 100-2
28 मई, 2010

तांबे सा सुतवां जिस्म सफ़ारी लिबास में।
सिगरेट हाथ में थी ओ' व्हिस्की गिलास में।
आना वो उसका झूम के शुअरा-ए-ख़ास में।
जैसे किसी ने आग लगा दी कपास में।
दिल्ली-दयार था
ये अठत्तर की बात है।
मैं भी वहां पे था
ये मुक़द्दर की बात है!
फ़ैज़, 100-3
29 मई, 2010

एक यादग़ार-ए-फ़ैज़

जयपुर। सांगानेरी गेट। मुस्लिम मुसाफ़िरख़ाना। शमीम जयपुरी गर्मियों की उस जलती दोपहर में भी शेरवानी डाले हुए। शमीम जब भी जयपुर आते, अपनी हवेली में कम और मुसाफ़िरखाना में अधिक रहते। वे मुशायरों में भटकते रहते, मुंबई-फ़िल्मी दुनिया से अपनी ब्रीफ़केस में नोट भरकर लाते। ख़त्म होने पर फिर चले जाते। हम उन दिनों उनकी संगत में थे। सुबह से मयनोशी का दौर चलता, कुछ तो इस लालच में और कुछ उनकी सुरीली आवाज़ और क्लासिकी शायरी के जादू में बंधे हुए उनकी सेवा-टहल करते। वे जदीद-शायरों को ऐसी-ऐसी गालियां सुनाते कि तबियत हरी हो जाती। उस दिन वे कुछ उधेड़-बुन में थे। किसी का इंतिज़ार कर रहे थे, घड़ी देख रहे थे। दोहपर जल रही थी, वे टुन्न थे और हम मदहोश। उन्होंने पहली मंज़िल के कमरे से नीचे देखा। मुसाफ़िरखाना के दालान में एक सफ़ेद एंबेसडर टैक्सी रुकी। वे नीचे दौड़ पड़े। हम पीछे-पीछे। टैक्सी से फ़ैज़ साहब उतरे। शमीम ने उन्हें अपने से लिपटा लिया। फ़ैज़ साहब और शमीम। शमीम मुशायरों और सिनेमा के लोकप्रिय शायर थे, जिगर मुरादाबादी की परंपरा के। हम रोमांचित थे। आधा घंटा बमुश्किल फ़ैज़ साहब वहां रुके। मैं नीचे से केतली में उनके लिए चाय लाया और फिर विल्स नेवी कट सिगरेट का पैकेट। वे लड़खड़ाते हुए शमीम को संभाले हुए

सीढ़ियों से उतरे और उसी सफ़ेद एंबेसडर टैक्सी में शमीम के साथ अजमेर के लिए रवाना हो गये। ख्वाज़ा मुईनुद्दीन चिश्ती की दरगाह में मत्था टेकने। शमीम साहब अर्द्ध-बेहोश थे और फ़ैज़ साहब पूर्ण होश में। यह उनकी प्राइवेट-विज़िट थी। मैंने फ़ैज़ साहब से हाथ मिलाया। उनकी गुदाज़ हथेली का नरम स्पर्श मैं भला कैसे भूल सकता हूं।

टैक्सी धूल उड़ाती हुई अजमेर की ओर रवाना हो गयी। हम हतप्रभ हाथ हिलाते खड़े रहे।

जो हाथ फ़ैज़ साहब से मिलाया था, मैं आज भी उसी हाथ से क़लम थाम कर कागज़ पर लिखता हूं, जैसा भी लिखता हूं।

लावण्य या फ़िक्र उनकी शायरी में ही नहीं, उनके व्यक्तित्व में भी झिलमिलाता था।

ग़म और उम्मीद की रूमानियत : एक जिरह

प्रणय कृष्ण

(1)

नून मीम राशिद उर्दू साहित्य के आधुनिकतावादी अध्याय का आगाज़ करने वालों में रहे। उन्होंने एक इंटरव्यू में प्रगतिशील आंदोलन की काफ़ी मलामत करने के बीच यह भी तस्लीम किया कि तरक़्क़ीपसंद साहित्य ने किसी भी लेखक को अपनी निजी ज़िंदगी में महदूद रहने और दीन-दुनिया की फ़िक्र न करने की सुविधा से वंचित करके एक महत्वपूर्ण काम किया। 1930 के ही दशक में तरक़्क़ीपसंदगी और जदीदियत, दोनों ने अदब के दरवाज़े खटखटाये और शायद 1940 के दशक के शुरू के 4-5 सालों तक काफ़ी लेखक ऐसे थे जिन्हें किसी एक के ख़ाते नहीं डाला जा सकता था। इसी इंटरव्यू में राशिद कहते हैं, 'यह संयोग से कुछ ज़्यादा है कि उर्दू में ये दो आंदोलन, एक जो रूप और मुहावरे में बदलाव के लिए था और दूसरा जो वस्तु में बदलाव के लिए था, एक साथ ही उभरे और एक बिंदु पर मिलकर उन्होंने आज के 'नये लेखक को पैदा किया।' (अंग्रेज़ी पत्रिका *महफ़िल,* अंक, 5, 1971, पृ. 12) यह वही समय है जब कृश्न चंदर जैसे प्रगतिशील ने राशिद जैसे आधुनिकतावादी के *मावरा* नामक प्रथम काव्य-संकलन (1940) की भूमिका लिखी, जिसे राशिद ने 'फ़ैज़' को समर्पित किया था। राशिद ने खुद 'फ़ैज़' के पहले संकलन *नक़्शे-फ़रियादी* (1941) की भूमिका लिखी। खुद 'फ़ैज़' ने राशिद की शायरी के प्रारंभिक दौर पर 1939 में ही बेहतरीन समीक्षा लिखी।

हिंदी में भी मंज़र कुछ ऐसा ही था। अज्ञेय द्वारा संपादित *तार-सप्तक* में रामविलास शर्मा, मुक्तिबोध और नेमिचंद्र जैन जैसे मार्क्सवादी शामिल थे। जाहिर है कि 30-40 के दशक में एक साथ जदीदियत और तरक़्क़ीपसदंगी के आंदोलन में कुछ तो ऐसा था जो समान था। समानता का बिंदु था अदब की दुनिया का निकट अतीत या परंपरा से विद्रोह, परंपरा से नये तरीक़े से समकालीन भावबोध के साथ चयनधर्मी रिश्ता बनाने की जद्दोजहद, लेखक, शायर की आत्मसंपूर्ण दुनिया से मोहभंग और वस्तुगत यथार्थ के साथ जुड़ने का संघर्ष, रूमानियत से छुटकारा (जिसका कि रास्ता एलियट

अपने 'लव सांग ऑफ़ जे. अल्फ्रेड प्रूफ्राक' की रचना (1917) के माध्यम से अंग्रेज़ी साहित्य में दिखा चुके थे) आदि। इसके लिए नये लेखक को रचना-प्रक्रिया और अभिव्यक्ति के तौर-तरीक़ों, दोनों में बड़ी तब्दीली की ज़रूरत समझ आ रही थी। दो-दो विश्वयुद्ध, उनके मानवद्रोही परिणाम, उपनिवेशवादविरोधी राष्ट्रीय मुक्ति संग्राम, विज्ञान और तकनीक, बाज़ार और आधुनिक राष्ट्र-राज्यों की दुनिया—यही वह पृष्ठभूमि थी जो कवि-लेखक को अपनी बदली हुई स्थिति, चेतना और भूमिका के प्रति उकसा रही थी।

आगे चलकर जदीदियत और तरक़्क़ीपसंदगी के बीच जो तफ़रक़ा हुआ, उसका कारण साहित्य में विचारधारा और राजनीति की भूमिका के बारे में दोनों के अलग-अलग दृष्टिकोण तो थे ही, रचना-प्रक्रिया के स्तर पर भी यह संघर्ष कम महत्वपूर्ण नहीं था। आधुनिकतावादियों का रूमानियत से विरोध यह था कि रूमानी कवि आत्मनिष्ठ हैं, खुद को ही सिर्फ़ प्यार करते हैं, वस्तुगत दुनिया की अवहेलना कर कल्पना में विचरते हैं, भावुकता को बौद्धिकता पर तरजीह देते हैं, कविता के नाम पर आत्मनिवेदन करते हैं, लिहाज़ा उन्होंने एलियट की तर्ज़ पर अपना रास्ता यह चुना कि भोगने वाले इंसान और रचने वाले इंसान में एक बौद्धिक दूरी होनी चाहिए। दूसरे शब्दों में कवि-लेखक कहे तो वही जो आपबीती हो, लेकिन जब कहे तो अनुभव के प्रति ऐसी तटस्थता बरते कि यों लगे मानो वह अपनी नहीं, किसी दूसरे की बात कर रहा हो। यह बौद्धिक आयास से 'मैं' को 'वह' में बदलने का आग्रह था। रूमानियत में कवि के अपने अनुभव की जो केंद्रीयता थी, वह जदीदियत में बनी रही, फ़र्क़ यह आया कि कवि से यह मांग की गयी कि वह अपने अनुभव के प्रति तटस्थ और आलोचनात्मक भी हो यानी उसे बुद्धि की कसौटी पर भी कसे, महज़ भावना में न बहे। दूसरी ओर, तरक़्क़ीपसंद काव्यशास्त्र इस दिशा में विकसित हुआ कि कवि के अपने अनुभव का दायरा आपबीती तक सीमित न रहे, कवि कोशिश करके जगबीती को आपबीती बनाये, इसके लिए जनता के दुख-दर्द में प्रत्यक्ष सहभागी बने, जनांदोलनों में शिरकत करे, 'आत्मा का आयतन' (मुक्तिबोध) बढ़ाये, खुदी को सताये हुए लोगों की चेतना में डूबने और पिघलने दे, आत्मविस्तार करे, आत्मानुभूति से आगे बढ़कर सहानुभूति को भी अदब के दायरे में लाये। यही कारण है कि जहां जदीदियत की चिंता 'एटीट्यूड और ट्रीटमेंट' पर केंद्रित हुई और रूप और मुहावरे के बदलाव में व्यक्त हुई, वहीं तरक़्क़ीपसंदगी की चिंता विषय-वस्तु और अभिव्यक्ति के तौर-तरीक़ों में आमूलचूल बदलाव तक गयी।

जब शीत-युद्ध के परिवेश में तरक़्क़ीपसंद और जदीद अदीबों के बीच अदबी जंग छिड़ी तो अक्सर दोनों एक दूसरे को रूमानी कहकर आरोपित करते थे और इस तरह रूमान-विरोध की अपनी साझा शुरुआत की विडंबनामय याद दिलाते थे। जब *नक़्शे-फ़रियादी* की भूमिका में राशिद ने फ़ैज़ को 'रूमानियत और यथार्थवाद के जंक्शन पर खड़ा बताया', यह एक तरह का आरोप ही था। आगे काफ़ी दिनों तक इसी जुमले

को फ़ैज़ की शायरी को लेकर कई नक़्क़ाद अलग-अलग तरीक़ों से दुहराते रहे। यह आरोप ही था क्योंकि राशिद ने अपनी धारणा आख़िर तक नहीं बदली और ऊपर जिस इंटरव्यू की चर्चा है उसके पच्चीस साल बाद भी यही दोहराया। वे मानते थे कि फ़ैज़ ने पारंपरिक ग़ज़ल के उत्कंठित, उदास और निराश प्रेमी का स्वर बड़े पैमाने पर विरसे में पाया और अपनाया था और इसीलिए वे ग़ज़ल में खुद को ज़्यादा सहज पाते थे। राशिद को उन पर कीट्स और शेली का भी प्रभाव दिखता रहा, ख़ासकर भावनाओं की नज़ाकत और 'दर्द' का संदर्भ बार-बार उभारने के सिलसिले में। यह भी अजीब विडंबना है कि राशिद मानते हैं कि फ़ैज़ ने पारंपरिक ग़ज़ल के तमाम उपकरणों को बिलकुल अलग इस्तेमाल किया। फिर भी रूमानियत के आरोप से वे फ़ैज़ को मुक्त नहीं करते।

शम्सुर्रहमान फ़ारुक़ी ने 18वीं सदी की उर्दू ग़ज़ल के काव्यशास्त्र को रूमानियत के काव्यशास्त्र से अलगाया है। इसलिए परंपरागत ग़ज़ल कितनी रूमानी थी, कितनी नहीं, यह अलग से विचार का विषय है। ग़ज़ल कोई लिरिक या प्रगीत नहीं था जिसमें शायर अपनी व्यक्तिगत भावनाओं और अनुभवों को एक रचनात्मक दबाव के तहत बयान करता था। रूमानी गीत में शायर की अपनी भावनाओं का दबाव ही ज़्यादा होता है और इस तरह के कलाम को पाठक या श्रोता के साथ संवाद बनाने का कोई दबाव नहीं होता। काव्य के विषय के रूप में मोहब्बत और हुस्न उतना ही प्राचीन है, जितना कि खुद कविता। लिहाज़ा विषय के आधार पर रूमानियत तय नहीं होती। ज़ाहिर है, राशिद यह जानते ही थे।

पारंपरिक ग़ज़ल रदीफ़, काफ़िये, बहर, मक़्ते और मत्ले से तो बंधी थी ही, अपने औसत रूप में उसमें एक उत्कंठित प्रेमी अपने अंतहीन दुखों की बातें सदैव उदासीन, संगदिल प्रेमिका से करते हुए अपने दुखों का उन्मोचन करता था। गुलो-बुलबुल, शमा-परवाना, साक़ी और मयख़ाना उसके थोक प्रतीक हुआ करते थे। लैला-मजनूं और शीरीं-फ़रहाद की दुखांत प्रेम कथाएं और क़ुरान से लिए गये कई मिथक इस औसत पारंपरिक ग़ज़ल में प्रेमी के अंतहीन दुख के उन्मोचन, उदात्तीकरण या फिर बर्बादी का जश्न मनाने के लिए बारंबार दुहराये जाते थे। इस क़िस्म की औसत पारंपरिक ग़ज़लगोई से जदीद और तरक़्क़ीपसंद दोनों क़िस्म की शायरी का 1930 और 40 के दशक में तीव्र विरोध ठीक ही था। मुश्किल यह थी कि ये बातें ग़ज़ल के बारे में, इश्क़िया शायरी की सस्ती भावुकता के बारे में सही हैं लेकिन ग़ज़ल के तमाम बड़े उस्तादों ने इससे बिलकुल अलग क़िस्म की गंभीर शायरी की थी, जो अपने समय और समाज के व्यापक सरोकारों से कटी हुई नहीं थी। फ़ैज़ ने ग़ज़ल की इस दूसरी परपंरा को गहराई से आत्मसात किया था, जिसे जदीद शायरी ग़ज़ल के बारे में सामान्यीकरणों के चलते न देख पायी थी, न समझ पायी थी। ग़ज़ल को लेकर फ़ैज़ के लिए कोई मानक था तो ग़ालिब ही थे। राशिद का यह कहना कि फ़ैज़ ने पारंपरिक ग़ज़ल के उदास प्रेमी का स्वर अख़्तियार किया, हद से हद रूप के स्तर की, कथन

की भंगिमा के स्तर की बात ठहरती है। सवाल यह है कि 'फ़ैज़ की उदासी का सबब क्या है? शायर के अनुभव की दुनिया में उदासी कहां से आती है? क्या वह इश्क़ की असफलता से आती है, जिसके चलते शायर ग़ज़ल के रिवायती असफल इश्क़ की परंपरा में एक नयी कड़ी जोड़ देता है? या फिर इस अफ़सुर्दगी का सबब समाज देश और इतिहास के गहरे दुखों से शायर की बाबस्तगी है?

फ़ैज़ की शायरी इस बात की जगह नहीं देती कि उसके दुख के स्रोत कहीं और खोजे जायें। औपनिवेशिक शोषण के ख़िलाफ़ उपमहाद्वीप का मुक्ति संग्राम, मुल्क की तक़्सीम, आज़ाद पाकिस्तान में लोकतंत्र का ख़ात्मा, वतनबदरी, बेदख़ली, क़ैदे-तन्हाई, दुनिया भर में चल रहे सरमायेदारी और सामराजी शोषण और युद्ध के दुख, उनके ख़िलाफ़ लड़ने वालों की शहादतें—यही सब था जो फ़ैज़ की शायरी की उदासी और आशा दोनों का सबब था। फ़ैज़ के प्रत्यक्ष अनुभव की ये चीज़ें थीं। वे इनके सहभागी और सहभोक्ता थे। संभव है कि *नक़्शे-फ़रियादी* में किसी असफल इश्क़ की छायाएं भी रही हों, लेकिन आगे की तमाम शायरी में उनका दुख और उदासी न तो पारंपरिक ग़ज़ल के असफल इश्क़ के उन्मोचन जैसा है और न ही वह रोमांटिक 'एगोनी' है। फ़ैज़ की तो छोड़िए, 1947 में मुल्क की तक़्सीम के बाद, सरहद के दोनों ओर उर्दू में लगभग 1965 तक लिखा गया ढेर सारा कथा साहित्य आज़ादी की खुशी नहीं मना पाता, बल्कि तक़्सीम की भयावहता, वतनबदरी, विस्थापन का सोग ही मनाता है। यह तमाम साहित्य 'उदास नस्लों' का साहित्य है। शायरी में भी फ़ैज़ की अगली पीढ़ी के नासिर काज़मी की ग़ज़लों और नज़्मों का उदास, अकेलेपन से भरा, गुम हो गयी चीज़ों को ढूंढ़ता-सा माहौल किसी रूमानी अकेलेपन और पीड़ा से बिलकुल अलहदा चीज़ है। नासिर की ग़ज़लों से दो उदाहरण हम लेते हैं :

(1)

मुसलसल बेकली दिल को रही है
मगर जीने की सूरत तो रही है
मैं क्यूं फिरता हूं तनहा मारा-मारा
ये बस्ती चैन से क्यों सो रही है
चले दिल से उम्मीदों के मुसाफ़िर
ये नगरी आज ख़ाली हो रही है
न समझो तुम इसे शोर-ए-बहारां
ख़िज़ां पत्तों में छुप के रो रही है
हमारे घर की दीवारों पे 'नासिर'
उदासी बाल खोले सो रही है

(2)

कुछ यादगार-ए-शहर-ए सितमगर ही ले चलें
आये हैं इस गली में तो पत्थर ही ले चलें
यूं किस तरह कटेगा कड़ी धूप का सफ़र
सर पर ख़याल-ए-यार की चादर ही ले चलें
रंज-ए-सफ़र की कोई निशानी तो पास हो
थोड़ी सी ख़ाक-ए-कूचा-ए-दिलबर ही ले चलें
ये कह के छेड़ती है हमें दिलगिरफ़्तगी
घबरा गये हैं आप तो बाहर ही ले चलें
इस शहर-ए-बेचराग़ में जायेगी तू कहां
आ ऐ शब-ए-फ़िराक़ तुझे घर ही ले चलें

नासिर की इन दो ग़ज़लों को हमने इसीलिए उद्धृत किया है कि यह बात साफ़ हो सके कि ग़ज़ल के मुहावरे और प्रतीकों में बड़ी इंसानी ट्रेजिडी को बयान करने की जो राह फ़ैज़ ने निकाली थी, वह आगे भी जारी रही। ऊपर उद्धृत नासिर की ग़ज़लों में घर की दीवारों पर बाल खोले सो रही उदासी, 'ख़याल-ए-यार की चादर', 'कूचा-ए-दिलबर की ख़ाक' और 'शब-ए-फ़िराक़' जैसे बिंबों और प्रतीकों में एक खोयी हुई दुनिया आबाद है। यह खोयी हुई दुनिया महज़ इश्क़ की दुनिया नहीं है, बल्कि तमाम रिश्तों, व्यवहारों, जीवन-पद्धति, हालात, जगहों, फ़सलों और मौसमों की एक भरी-पूरी दुनिया है, जिसे मुल्क की तक़्सीम ने उजाड़ दिया है।

दरअसल, आशिक़ और माशूक़ के संबंधों की मार्फ़त दर्द-वियोग-मिलन, कुछ मूल्यवान खो जाने का एहसास, असहायता, समर्पण, शौक़ और इश्क़ की जिन भावनाओं को व्यक्त किया जाता है, वे किन्हीं सामाजिक सच्चाइयों के दबाव में पैदा होती हैं। यह एक पूरी भाव-संरचना है जो रवायत में ढल जाती है और अलग-अलग परिस्थितियों में अपना अलग-अलग मानी पैदा करती है।

फ़ैज़ ने शायरी के इस ढांचे को, उसकी रवायत की पूरी ताक़त को अपने देश-समय और समाज के गंभीर सवालों को संबोधित करने के लिए इस्तेमाल किया है। बात महज़ इतनी नहीं है कि उनके लिए माशूक़ कभी देश है या कभी क्रांति। महत्वपूर्ण यह है कि वे उदासी, बेबसी, तकलीफ़, असफलता, इंतज़ार, उम्मीद और निराशा की बेहद गहरी जिन भावनाओं को व्यक्त करते हैं, वे सब इतिहास और समाज ने एक पूरे उपमहाद्वीप में पैदा कर दी थीं।

फ़ैज़ की शायरी अपने पाठकों और श्रोताओं में पहले से मौजूद कुछ ज़ज़्बात, सपनों, यादों और रिश्तों को जगा देती है। फ़ैज़ की काव्यभाषा मंत्रों की तरह जनसमुदाय की भावनाओं और अनुभवों का आवाहन करती है, भूले हुए अहसासों को जगाती है, दिल में गहरे दफ़न संवेदनाओं को पुकारती है और उन्हें एक ऐसी

काव्यात्मक संरचना प्रदान करती है कि लोगों को उसमें अपने जीवन का मायने-मतलब और मूल्य समझ में आता है। उनकी पूरी शायरी अवाम के साथ एक ऐसा संवाद है जो अवाम की चेतना के दबा दिये गये हिस्सों से रू-ब-रू है। कोई भी फ़ैज़ का 'पैसिव' श्रोता नहीं हो सकता। उन्हें सुनने वाले अवाम, उन्हें पढ़ने वाला पाठक उनकी शायरी में मानी, अर्थ भरता है। यह वह चीज़ है जो फ़ैज़ की शायरी के अवामी और जम्हूरी चरित्र को समझने के लिहाज़ से महत्वपूर्ण है। उनकी शायरी एक चुंबक है जिससे खिंचकर न जाने कितने अनुभव जुड़ जाते हैं। जो बात पैदा होती है, वह है एक ऐसी शायरी जो हमें आमंत्रित करती है कि हम सब उसमें अपने अनुभव मिला दें। फ़ैज़ का पाठक या श्रोता यह एहसास किये बग़ैर नहीं रह सकता कि वह उनकी शायरी में शामिल है। अवाम के दिलों में ग़ज़ल के साथ रिश्ता, उसके प्रतीक विधान और माहौल के साथ वाबस्तगी पारंपरिक तौर पर गहरी थी। फ़ैज़ के लिए यही एक महत्वपूर्ण बात थी और उन्होंने ग़ज़ल के ढांचे को लेकर एक आधुनिक लोकतांत्रिक समाज में एहतिजाज की महान शायरी को अंजाम दिया। जदीदियत के महान स्तंभ राशिद अगर इस बात को नहीं समझ सके तो कोई ख़ास आश्चर्य की बात नहीं, क्योंकि साहित्य का वह कोई भी विमर्श जो रूप को ही वस्तु का दर्जा देता है, फ़ैज़ के साथ न्याय नहीं कर सकता।

हिंदी में आज भी गीत और गीतकार साहित्य की दुनिया में दूसरे दर्जे के नागरिक हैं। लेकिन लोकप्रिय प्रतिरोध के लिए हिंदी में दुष्यंत कुमार, गोरख पांडेय वग़ैरह ने अगर ग़ज़ल को फिर से मुफ़ीद पाया तो इसके पीछे फ़ैज़ जैसों के कारनामों की ही विरासत थी। हिंदी में आज भी कुछ लोग समझते हैं कि ताल, छंद, तुक, लय वग़ैरह ऐसे काव्य उपकरण हैं, जिनका यथार्थ के लिए पुनरुद्धार संभव नहीं है। इसे जदीदियत का ही वर्चस्व समझना चाहिए, जो रूप से स्तर पर मनोग्रस्त है।

प्रतीक से इतर, ख़ालिस इश्क़ और हुस्न की बात करते हुए फ़ैज़ ने कहीं भी आत्मग्रस्त मानसिकता का परिचय नहीं दिया, जो कि औसत पारंपरिक ग़ज़ल और रूमानी, शायरी का समान तत्व है। फ़ैज़ के रूप में एक ऐसा शायर हमारे सामने है, जो प्रिय पात्र पर किसी अधिकार कामना से संचालित नहीं है जबकि यह अधिकार-कामना ही है जो रोमांटिक 'एगोनी' का स्रोत है। फ़ैज़ आमतौर पर प्रिय पात्र को महज़ निमित्त मानकर सिर्फ़ प्रेमी की प्रतिक्रियाओं के तंग घेरे में नहीं विचरते। वे तो प्रिय पात्र की तस्वीर ऐसी खड़ी करते हैं कि वह हर किसी का प्रिय पात्र हो जाये और ऐसा करके वे सूफ़ियों की याद दिलाते हैं। ये भावनाओं की दुनिया में लोकतंत्र की इंतेहा है। इसीलिए 'रक़ीब से' जैसी नज़्म वे ही लिख सकते थे। जहां रूमानियत में महबूब की जगह आशिक़ की अपनी ही दुनिया प्रधान होती है वहीं फ़ैज़ के यहां महबूब का असर प्रधानता पाता है :

वह तो वह है तुम्हें हो जायेगी उल्फ़त मुझसे
इक नज़र तुम मेरा महबूबे नज़र तो देखो

महबूब को, उसके वस्तुगत व्यक्तित्व को इतनी तरजीह भला पारंपरिक ग़ज़ल में कैसे मिल सकती थी! जब फ़ैज़ महबूब के नक़्श उकेरते हैं तो जदीद आलोचक को उसमें सिर्फ़ 'ऐंद्रिय इफ़ेक्ट' नज़र आता है, लेकिन संवेदना का बदलाव नहीं, जो एक साथ सूफ़ियाना और आधुनिक दोनों है। फ़ैज़ जब ये नक़्श उभारते हैं तो वह रीतिकालीन 'नख-शिख' उपभोग नहीं होता, बल्कि ज़िंदगी के तमाम तजुर्बों से उलझते हुए, फैलते हुए दायरे का असर रखता है :

दश्ते तनहाई में, ऐ जाने-जहां लरज़ां हैं
तेरी आवाज़ के साये, तेरे होठों के सराब
दश्ते तनहाई में, दूरी के ख़सो-ख़ाक तले
खिल रहे हैं तेरे पहलू के समन और गुलाब
उठ रही है कहीं क़ुर्बत से तेरी सांस की आंच
अपनी खुशबू में सुलगती हुई मद्धम मद्धम
दूर उफ़ुक़ पार, चमकती हुई क़तरः क़तरः
गिर रही है तेरी दिलदार नज़र की शबनम

(दस्ते-सबा से)

इस नज़्म में दूरी ही सब कुछ कहती है। हुस्न का असर दूरी के चलते ही सब पर यक्सां पड़ता है। यहां महबूब दूर होने के बावजूद इस क़दर छाया हुआ है कि उसे चाहने वाले का 'ईगो' कोई महत्व ही नहीं रखता। वह तो बस खुद निमित्त है। सारी कायनात के सामने उस जमाल को लाने का। यह तरीक़ा रूमानियत से ठीक उलट काव्य भंगिमा है। हसरत मोहानी की यादगार ग़ज़ल याद आती है :

रौशन जमालेयार से है अंजुमन तमाम
दहका हुआ है आतिशेगुल से चमन तमाम।

फ़ैज़ के यहां शुरुआत में दुविधा रूमानियत और यथार्थ के बीच चुनाव की नहीं बल्कि मौज़ू-ए-सुख़न यानी काव्य के विषय के चुनाव की है, जिसकी ओर उनके श्रेष्ठ अनुवादक विक्टर केअरनन ने अपनी भूमिका में इशारा भी किया। 'नज़्रे-ए-सौदा' और 'मौज़ू-ए-सुख़न' इसी दुविधा को व्यक्त करने वाली ग़ज़ल और नज़्म है। ग़मे दुनिया को ग़मे यार में शामिल करने की अवस्था वे अपनी शायरी की शुरुआत में ही पार कर गये थे। आगे उनकी शायरी में दोनों को अलग किया ही नहीं जा सकता। फ़ैज़ ने न तो व्यक्तिगत दुखों के घनीभूत दबाव से खुद को मुक्त करने के लिए शायरी की, जैसी कि रूमानी रिवायत थी और न ही उनकी शायरी आधुनिकतावादियों की निर्वैयक्तिकता के प्रतिमान का पालन करती है। यही कारण है कि फ़ैज़ की शायरी पाठ्यपुस्तकों में वर्णित काव्य के पारंपरिक वर्गीकरण—क्लासिकीय, रोमांटिक या आधुनिक में कहीं भी पूरी तरह अंट नहीं पाती।

(2)

नेरुदा की कविताओं के अब तक के सबसे बेहतर अनुवाद हिंदी में लानेवाले कवि नीलाभ ने नेरुदा की लंबी कविता 'वह लकड़हारा जागे' के बारे में लिखा है, 'इस कविता का अंत उस आशा भरे अवसाद में होता है, जो नेरुदा की अपनी ख़ासियत है।' दरअसल, यह नेरुदा की ही नहीं, बल्कि 20वीं सदी में रचनारत ऐसे विश्वकवियों की एक ख़ास विशेषता है जो तीसरी दुनिया के मुल्कों से आते थे और बेहतर दुनिया के संघर्ष और स्वप्न को जीवित रखने के लिए अपनी मातृभाषाओं में कविताएं लिखते रहे। चूंकि वे जनसंघर्षों से जुड़े कवि थे, लिहाज़ा उन संघर्षों के उतार-चढ़ाव, आशा-निराशा, सफलता-असफलता का उनकी कविता पर प्रभाव लाज़िमी था। ये कवि ऐसे थे जिन्हें बहुधा अपने वतन से बेदख़ल होना पड़ा, जेल की सज़ा काटनी पड़ी, यातनाएं सहनी पड़ीं और अपनों का बिछोह सहना पड़ा। वतनबदरी ने उन्हें दुनिया भर में साम्राज्यवाद, औपनिवेशिक उत्पीड़न, फ़ासीवाद और तानाशाही के ख़िलाफ़ चलने वाली लड़ाइयों के साझेपन, बहिनापे और दर्द के आपसी रिश्ते की चेतना दी। वे ख़ुद जिन देशों से आते थे, उनकी भौतिक, ऐतिहासिक, भू-राजनीतिक और सामाजिक परिस्थितियों में समानता के भी तत्व थे, भिन्नता के भी। वे जिन जातीय काव्य-परंपराओं के वारिस थे, वे भी अलग-अलग थीं। लेकिन उनकी कविता में 'आशा भरे अवसाद' के स्वर की समानता का सीधा संबंध उनकी जनांदोलनों से गहरी संलग्नता और बेहतर, सुंदर, आज़ाद दुनिया तथा मानव नियति के सरोकारों से है। जिन भौतिक और आध्यात्मिक सवालों से उनकी कविता रू-ब-रू है, उनका समाधान 20वीं सदी न दे सकी। वे सवाल भी ऐसे नहीं हैं जिनका हल आसान या समय के निश्चित दायरे में अपरिवर्तनीय ढंग से संभव हो। इसी वजह से उनकी इतिहास-चेतना भी एक-रेखीय, परिणामवादी और निर्धारणवादी नहीं है। इन कवियों में अवसाद मिलेगा, लेकिन निराशा नहीं। आज 21वीं सदी में हम 'आशा भरे अवसाद' की इनकी स्वर-भंगिमा से और भी ज़्यादा निकटता महसूस करते हैं क्योंकि आज के संघर्ष और ज़्यादा पेचीदा हैं, साम्राज्यवाद के पक्ष में झुके विश्व शक्ति-संतुलन का कोई प्रति-संतुलन मौजूद नहीं है, इसलिए कोई आसान हल भी हमारे सामने मौजूद नहीं हैं। ये कवि इतिहास की गति के बीच अपनी कविता को रखते हैं, इसलिए वे वर्तमान के संघर्षों के गर्भ में पल रही उम्मीदों के रचनाकार हैं, ज़िंदगी की रोज़-ब-रोज़ की जद्दोजहद से कटे किसी यूटोपिया के सर्जक नहीं हैं। वे आसान समाधानों और नुस्ख़ों के कवि नहीं हैं। उन्हें एहसास है कि जिन संघर्षों में उनकी जनता और कविता मुब्तिला है, वे लंबे चलनेवाले हैं, वे पस्तहिम्मती भी ला सकते हैं, लिहाज़ा उनकी कविता इस से आगाह करती है और नयी उम्मीद भरने के कर्तव्य का निर्वाह भी करती चलती है। नाज़िम हिकमत की एक मशहूर कविता का यह टुकड़ा देखें :

मान लीजिए हम मोर्चे पर हैं
लड़ने लायक़ किसी चीज़ के लिए।
वहां पहले ही हमले में, उसी दिन
हम औंधे गिर सकते हैं, मुंह के बल, मुर्दा।
हम जानते होंगे इसे एक अजीब ग़ुस्से के साथ
फिर भी हम सोचते सोचते हलकान कर लेंगे ख़ुद को
उस युद्ध के नतीजे की बाबत जो बरसों चल सकता है।
मान लीजिए हम जेल में हैं
और पचास की उम्र की लपेट में,
और लगाइए कि अभी अट्ठारह बरस बाक़ी हैं
लौह फाटकों के खुलने में।
हम फिर भी जियेंगे बाहर की दुनिया के साथ
इसके लोगों, पशुओं, संघर्षों और हवा के-
मेरा मतलब कि दीवारों के पार की दुनिया के साथ
मेरा मतलब, कैसे भी कहीं भी हों हम
हमें यों जीना चाहिए जैसे हम कभी मरेंगे ही नहीं।
(अनु. वीरेन डंगवाल, पहल पुस्तिका, जनवरी-फरवरी, 1994, सं. ज्ञानरंजन)

फ़ैज़ साहब का आख़िरी कलाम जो हिंदीभाषियों को एक ग़ज़ल के रूप में उपलब्ध है, उसमें भी वे कहना नहीं भूलते कि उन्हें मालूम है कि ज़िंदगी की लड़ाइयों में, ख़ुशी और ग़म, उत्थान-पतन, जय-पराजय क्या है। लिहाज़ा सब सोच-समझ कर ही उन्होंने, एक शायर के रूप में उन्हें क्या करना है, इसका चुनाव किया है। वे लिखते हैं :

हम एक उम्र से वाक़िफ़ हैं अब न समझाओ
कि लुत्फ़ क्या है मेरे मेह्रबां सितम क्या है
करे न जग में अलाव तो शेर किस मक़सद
करे न शह्र में जल-थल तो चश्मे-नम क्या है।

इतिहास की गहरी समझ, ज़िंदगी के संघर्षों में पराजय और धक्कों के एहसास के बीच भी संघर्ष की अपरिहार्यता, उम्मीद का सृजन और अपने काम की, जनता के कवि के काम की अहमियत में यक़ीन इन कवियों को एक ख़ास तरह के रिश्ते में बांधती है। फ़ैज़ के समकालीन ऐसे विश्व-कवियों में नेरुदा (1904-1973), हिकमत (1902-1963) और महमूद दरवेश (1941-2008) का नाम सबसे ऊपर लिखा हुआ है। फ़ैज़ साहब का इन सबसे व्यक्तिगत ज़िंदगी में भी आत्मीयता का रिश्ता रहा। इन कवियों की एक विशेषता यह भी रही कि इन्होंने अपनी कविताओं का जो देश और काल रचा, वह साभ्यतिक था, एक पूरे महाद्वीप या उप-महाद्वीप की स्मृतियां और यथार्थ इनकी शायरी में मुखरित हुए। ये कवि किसी राष्ट्र-राज्य की

चौहद्दी में बंधे कवि न थे क्योंकि राष्ट्र-राज्यों का उदय पूंजीवाद के साथ हुआ, जबकि ये कवि हक़, इंसाफ़, बराबरी और शांति के पक्ष में लिखते हुए पूंजी के युग में पैदा किये गये राज्य, समाज और संस्कृति के संस्थानों से पहले के ऐतिहासिक जन-जीवन, मिथकीय भाव-जगत, साभ्यतिक अनुभूति की संरचनाओं को वर्तमान के मुक्ति-संग्राम के दृष्टिकोण और मानव-मुक्ति की भविष्य-दृष्टि के साथ काव्य में रूपांतरित और संप्रेषित करते हैं। काव्य-दृष्टि की इस विराटता के चलते ही वे विशिष्ट सभ्यताओं और काव्य-परंपराओं से आने के बाद भी विश्व-मानव की आकांक्षाओं और संवेदनाओं के वाहक हुए। आज बहुप्रचारित और साम्राज्यवादियों द्वारा अमल में लाये जा रहे 'सभ्यताओं के संघर्ष' का सिद्धांत इनकी कविताओं के सामने बालू की भीत सा लगता है, क्योंकि इनमें से हर कवि अपनी विशिष्ट सभ्यता की अनुभूतियों की जटिल बुनावट के भीतर से सामान्य मानव-मुक्ति के स्वप्न और यथार्थ को उभार देता है।

उपनिवेशवाद-विरोधी संस्कृति-कर्म की एक ख़ास भंगिमा यह भी थी कि न केवल वर्तमान को, बल्कि इतिहास और स्मृति को भी साम्राज्य के कब्ज़े से छुड़ा लाया जाये। यह काम इन सभी उपनिवेशवाद-विरोधी शायरों ने बख़ूबी अंजाम दिया। फ़ैज़ न केवल पूरे उप-महाद्वीप के शायर हैं, बल्कि इंडो-परशियन काव्य-परंपरा के वारिस होने के चलते एक बड़ा सभ्यतागत घेरा अपने काव्य में बनाते हैं। हिकमत को आटोमन साम्राज्य के भीतर समाहित शताब्दियों में विकसित अनेक क़ौमों की साझा संस्कृतिक विरासत मिली थी जो उनके काव्य में अपनी ख़ास छटा लेकर आती है। हिकमत के पुरखों में तुर्की, पोलिश, जर्मन और काकेशस की आडिग जनजाति से आनेवाले लोग थे, लिहाज़ा पारिवारिक विरासत के लिहाज़ से भी वे कास्मोपालिटन थे। महमूद दरवेश महज फ़िलिस्तीनी राष्ट्र के नहीं, बल्कि उदात्त अरब अस्मिता के कवि थे और कविता भी उन्होंने अरबी भाषा में ही लिखी। नेरुदा इसीलिए महज़ अपने देश चिले के कवि नहीं, बल्कि सारा लैटिन अमरीका उनके काव्य की रंगस्थली है। 1943 में नेरुदा ने पेरू की यात्रा की और शताब्दियों पहले लुप्त हो चुकी इंका सभ्यता के खंडहरों में घूमे। दो ऊंची पहाड़ियों के बीच स्थित इंका सभ्यता के प्रमुख नगर-केंद्र 'माच्चू पिच्चू' को उन्होंने देखा और अपनी महान कविता 'माच्चू-पिच्चू के शिखर' लिखी। इस खोये हुए पहाड़ी नगर की चढ़ाई का वृतांत कविता में ऐसे ढलता है कि वह लैटिन अमरीका के खोये हुए अतीत, उसके संघर्षों, उसके प्राकृतिक और मानवीय सौंदर्य तथा उसकी स्मृतियों के संधान में तब्दील हो जाता है। कविता के अंत में नेरुदा शताब्दियों के मृतकों का अपनी वाणी में फिर से जन्म लेने का आह्वान करते हैं :

उठो जन्म लो, मेरे साथ, मेरे सहजात
... ...
देखो मेरी ओर धरती की गहराइयों से

हरवाहे, जुलाहे, ख़ामोश चरवाहे
विघ्नहर्ता ऊंटों के पालक
ख़तरनाक पहाड़ों पर चढ़े हुए राजगीर
एंडीज़ के आंसुओं के कहार
कुचली उंगलियों वाले मणिकार
अंखुवाते बिरवों में लरजते किसान
अपनी माटी में बिखरे कुम्हार
इस नयी ज़िंदगी के प्याले तक लाओ
अपने पुराने दबे पड़े दुख।
... ...
मैं आया हूं तुम्हारे निस्पंद मुखों की ओर से बोलने।

(पाब्लो नेरुदा, अनु. नीलाभ, माच्चू पिच्चू के शिखर,
सदानीरा प्रकाशन, इलाहाबाद, पृ.68-69)

इन कवियों का काव्य रूमानी, आदर्शवादी, मानवतावादी कवियों की तरह अमूर्त नहीं, बल्कि यथार्थ में गहरे धंस कर, गहरे अर्थ में राजनीतिक और प्रतिबद्ध है। ये सभी कवि अपनी काव्य-यात्रा की शुरुआत से ही कम्युनिस्ट न थे, बल्कि अपने काव्य की जो भूमिका इन्होंने चुनी, वह इन्हें कम्युनिस्ट बनाने तक ले गयी। इन कवियों ने कविता की ज़रूरत, उसकी ताक़त और भूमिका को भी एक नयी ज़मीन दी है। वास्तविक दुनिया की विभीषिकाओं के बरख़िलाफ़ कविता की काल्पनिक दुनिया में ज़िंदगी के अर्थ को, उम्मीद को फिर से जगाना और पाना इन कवियों की ख़ास भंगिमा है। इनकी जीवनगत परिस्थितियों ने भी कविता की इस ख़ास भूमिका की खोज के लिए उन्हें प्रेरित किया। महमूद दरवेश ने अपनी मृत्यु से एक साल पहले दिये गये एक साक्षात्कार में डालिया कार्पेल नामक पत्रकार के एक सवाल के जवाब में कहा था, 'जब उम्मीद न भी हो, हमारा फ़र्ज़ बनता है कि हम उसका आविष्कार और उसकी रचना करें। उम्मीद के बिना हम हार जायेंगे। उम्मीद से सादगीभरी चीज़ों से उभरना चाहिए। प्रकृति की महिमा से, जीवन के सौंदर्य से, उनकी नज़ाकत से। केवल अपने मस्तिष्क को स्वस्थ रखने की ख़ातिर आप कभी कभी ज़रूरी चीज़ों को भूल ही सकते हैं। इस समय उम्मीद के बारे में बात करना मुश्किल है। यह ऐसा लगेगा जैसे हम इतिहास और वर्तमान की अनदेखी कर रहे हैं। जैसे कि हम भविष्य को फ़िलहाल हो रही घटनाओं से काट कर देख रहे हैं। लेकिन जीवित रहने के लिए हमें बलपूर्वक उम्मीद का आविष्कार करना होगा।' (*कबाड़खाना* ब्लाग से साभार)

जिस फ़िलिस्तीन के महमूद दरवेश राष्ट्र-कवि जैसे हैं, वह आज तक एक राष्ट्र बन नहीं पाया है। निहत्थी फ़िलिस्तीनी जनता, अपनी अधिकांश ज़मीन से पूरी तरह बेदख़ल, अपने ही देश में शरणार्थी, महज़ जीवित रहने के लिए पूरी तरह से विदेशी सहायता पर निर्भर होने के बावजूद अपने अधिकार, इज़्ज़त और संप्रभुता के लिए

एक असंभव सा युद्ध लड़ रही है। पिछले चार दशकों में फ़िलिस्तीनी संघर्ष आगे कम बढ़ा है, उसे झटके ही ज़्यादा लगे हैं और शेष दुनिया मूक दर्शक बनी रही है। फ़िलिस्तीनी मुक्ति-संघर्ष 1967 से ही जारी है। इस बीच फ़िलिस्तीनी अपनी लगभग सारी ही ज़मीनें इस्राइल को हार चुके हैं और अब वे अलग-थलग, कटे-फटे ज़मीन के उन टुकड़ों पर जीवन बसर करते हैं जो चारों ओर से इस्राइली कब्ज़े वाले इलाक़ों से घिरे हुए हैं। इस पूरे इलाक़े पर अमरीका के समर्थन और शह पर इस्राइल ने जिस प्रकार के हमले, क़ब्ज़े और जनसंहार को अंजाम दिया है, उसकी तुलना अतीत की सिर्फ़ एक ही घटना से हो सकती है—वह है कोलंबस के अमरीकी तट पर पहुंचने के बाद वहां चलाया गया क़ब्ज़ा और हत्या अभियान। ऐसे लहूलुहान मुल्क के कवि के पास उम्मीद की भला क्या वजह हो सकती थी? फ़िलस्तीनी आबादी न केवल विभाजित है, बल्कि इन स्थितियों के बीच वहां लोकतंत्र और मानवाधिकार भी गिरावट पर है। बाहरी हमला और क़ब्ज़े तथा घेरेबंदी की स्थितियां भीतरी कलह को भी जन्म देती हैं और महमूद दरवेश ने अपने जीते जी गाज़ा में अल-फ़तह और हमास के बीच ख़ूनी संघर्ष को देखा था। बहुत पहले फ्रैंज़ फ़ैनन ने औपनिवेशिक घेरेबंदी में जीनेवालों के आपसी कलह के बारे में स्थापना देते हुए लिखा था, 'अपनी पूरी ताक़त के साथ जब देशी लोग एक दूसरे के प्रति घृणा में कूद पड़ते हैं तो वे स्वयं को समझा रहे होते हैं कि उपनिवेशवाद अस्तित्व में नहीं है, कि सब कुछ पहले जैसा ही है, कि इतिहास जारी है। सामुदायिक संगठनों के स्तर पर हम परिवर्जन (या बचने) के सुपरिचित व्यवहार को देखते हैं, मानो आपसी ख़ूनी लड़ाइयों ने उन्हें (वास्तविक बाधाओं को) नज़रअंदाज़ करने और उपनिवेशवाद के ख़िलाफ़ अपरिहार्य सशस्त्र संघर्ष के चुनाव को टाल देने का मौक़ा दे दिया हो। इस प्रकार सामूहिक आत्मविनाश उन तरीक़ों में से एक है जिनसे देशियों की मांसपेशियों का तनाव मुक्त होता है। इस तरह का व्यवहार ख़तरे की स्थिति में मृत्यु की प्रतिक्रिया है, एक आत्मघाती व्यवहार...।'

ज़रा सोचिए, कहां और कैसे आये ऐसी स्थितियों में उम्मीद? लेकिन यहीं एक कवि अपनी कविता की ताक़त पर भरोसा करता है, अपनी लहूलुहान मातृभूमि को कविता में निर्मित करता है और महज़ यथार्थ के नहीं, बल्कि कल्पना के तत्वों से उसकी कविता जनता के मुक्ति-संघर्ष में अपनी भूमिका निभाती है, एक पराजित जाति के लोग उस कविता में अपनी उम्मीद और सपनों को महफ़ूज़ पाते हैं। इन पंक्तियों के लेखक ने ख़ुद दिल्ली में वतनबदरी की हालत में रह रहे फ़िलिस्तीनी नौजवानों के कमरों में दरवेश की कविताओं के पोस्टर और किताबें देखी हैं। अपने पूर्वोक्त साक्षात्कार में दरवेश कहते हैं, 'मैं उपमाओं का कर्मचारी हूं, प्रतीकों का नहीं। मैं कविता की ताक़त पर भरोसा करता हूं, जो मुझे भविष्य को देखने और रौशनी की झलक को पहचानने की वजहें देती है। कविता एक असल हरामज़ादी हो सकती है। वह विकृति पैदा करती है। इस के पास अवास्तविक को वास्तविक में और

वास्तविक को काल्पनिक में बदल देने की ताक़त होती है। इसके पास एक ऐसा संसार खड़ा कर सकने की ताक़त होती है जो उस संसार के बरख़िलाफ़ होता है जिसमें हम जीवित रहते हैं। मैं कविता को एक आध्यात्मिक ओषधि की तरह देखता हूं। मैं शब्दों से वह रच सकता हूं जो मुझे वास्तविकता में नज़र नहीं आता। यह एक विराट भ्रम होती है लेकिन एक पाज़िटिव भ्रम। मेरे पास अपनी या अपने मुल्क की ज़िंदगी के अर्थ खोजने के लिए और कोई उपकरण नहीं। यह मेरी क्षमता के भीतर होता है कि मैं शब्दों के माध्यम से उन्हें सुंदरता प्रदान कर सकूं और एक सुंदर संसार का चित्र खींचूं और उनकी परिस्थिति को भी अभिव्यक्त कर सकूं। मैंने एक बार कहा था कि मैंने शब्दों की मदद से अपने देश और अपने लिए एक मातृभूमि का निर्माण किया था।'

जिन्हें 'आशा भरे अवसाद' के इस द्वंद्वात्मक सौंदर्य-विधान का अभ्यास नहीं है, वे या तो आशा देखते हैं या अवसाद और दोनों को अलगाकर अलग-अलग दिशाओं के निष्कर्ष निकालते हैं। ऐसी ही स्थिति में फ़ैज़ की जीवनीकार रूस की उर्दू विदुषी लुदमिला वेसिलेवा ख़ुद को पाती हैं। उनके द्वारा रूसी भाषा में लिखी फ़ैज़ की बेहतरीन जीवनी 2002 में प्रकाशित हुई। फिर 2007 में उसका परिवर्धित उर्दू संस्करण 'परवरिश-ए-लौहो-क़लमः फ़ैज़, हयात और तख़लीक़ात' नाम से प्रकाशित हुई। अदीब ख़ालिद ने इसकी समीक्षा 'ऐनुअल आफ़ उर्दू स्टडीज़' (खंड 23, 2008) में की है। उनके लिखे के मुताबिक जीवनीकार वासिलेवा यह मानती हैं कि 'वे राजनीतिक और सामाजिक मूल्य जो फ़ैज़ के लिए प्राथमिक महत्व के थे, समय की कसौटी पर खरे नहीं उतरे'। ज़ाहिर है कि वासिलेवा रूस की हैं और सोवियत विघटन से उन्होंने बहुत से लोगों की तरह यह निष्कर्ष निकाला हो कि समाजवाद के पहले प्रयोग की विफलता समाजवाद मात्र की विफलता है, तो कोई आश्चर्य की बात नहीं। मुश्किल तब आती है जब वे अपनी समझ को फ़ैज़ की शायरी पर थोपती हैं। फ़ैज़ सोवियत विघटन देखने को जीवित न थे। अदीब ख़ालिद के साक्ष्य पर हमें ज्ञात होता है कि वासिलेवा फ़ैज़ के आख़िरी काव्य-संग्रहों—*मेरे दिल, मेरे मुसाफिर* और *ग़ुबारे-अय्याम* में व्यक्त अवसाद की न केवल फ़ैज़ के सोवियत संघ के प्रति संदेह के बतौर व्याख्या करती हैं, बल्कि इससे भी आगे बढ़कर वे इसमें उन उद्देश्यों और आदर्शों से भी फ़ैज़ के मोहभंग को लक्षित करती हैं, जो उन्हें जीवनभर प्रिय रहे। फ़ैज़ के इन दोनों संग्रहों में अवसाद वैसा ही है जैसा उनके पिछले संग्रहों में भी दिखायी पड़ता है, लेकिन एक उम्मीद बराबर साथ लगी रही है। लुदमिला वासिलेवा को आख़िरी संग्रहों में जो नाउम्मीदी और शुब्हा दिखायी पड़ता है, उसमें अफ़ग़ानिस्तान पर सोवियत हमले की छाया देखना तो शायद उतनी दूर की कौड़ी नहीं है, लेकिन उदासी का यह गाढ़ापन क्या सचमुच उन मूल्यों से फ़ैज़ का मोहभंग है जो फ़ैज़ को जीवनपर्यंत प्रिय रहे? आइए देखें कि इन संग्रहों में व्याप्त उदासी के बीच कौन से मूल्य व्यक्त होते हैं। *मेरे, दिल, मेरे मुसाफिर* में एक नज़्म है 'मंज़र'। यह दृश्य है आसमान का जिसमें

समुद्र जैसा शोर है। बादलों के गड़गड़ाते हुए जहाज़ हैं, नील में नहाती हुई अबाबील है, तो कहीं चील ग़ोते लगा रही है। हरकतों से भरा आसमान है और 'एक बाज़ी में मसरूफ़ है हर कोई'। लेकिन इस शोरगुल में कहीं ताक़त की ज़ोर-आज़माइश नहीं है :

कोई ताक़त नहीं इसमें ज़ोर-आज़मा
कोई बेड़ा नहीं है किसी मुल्क का
इसकी तह में कोई आबदोज़ें नहीं
कोई राकट नहीं कोई तोपें नहीं
यूं तो सारे अनासिर हैं यां ज़ोर में
अम्न कितना है इस बहरे-पुरशोर में।

हरकतों से भरे, शोरगुल से भरे आसमान का चित्र यहां दुनिया में दो महाशक्तियों के बीच चल रही हथियारों की होड़, युद्ध की विभीषिका के भयानक चित्र के साथ जक्स्टापोज़ किया गया है। दोनों जगह शोरग़ुल है, प्रकृति के दृश्य में पंचतत्वों का शोर है, जबकि महाशक्तियों की हथियारों की स्पर्धा में जहाज़ी बेड़ों, पनडुब्बियों, राकेटों और तोपों का। प्रकृति के दृश्य में शोर तो है, लेकिन शांति है और सौंदर्य भी, कोई किसी के ख़िलाफ़ युद्धरत नहीं है जबकि मानवीय दृश्य के शोरगुल में न शांति है न सौंदर्य, बल्कि विनाश का ऐलान ही है सब ओर। जैसे बादलों से गड़गड़ाते आसमान का दृश्य है, वैसे ही अनेक दृश्य और भी हमें मिलते हैं जहां शोर तो होता है, लेकिन वह ताक़तवरों का विनाशकारी शोर नहीं होता, जैसे कि खेल-कूद करते बच्चों का शोर। पहले हमने उद्धृत किया है महमूद दरवेश को जहां वे कहते हैं कि हमें नाउम्मीद समय में भी प्रकृति की महिमा से और जीवन के सौंदर्य से उम्मीद रचनी चाहिए। फ़ैज़ ने इस कविता में यही किया है। यह कविता विश्व-शांति के पक्ष में, मुल्कों के बीच आपसी युद्धों और हथियारों की होड़ के ख़िलाफ़ प्रकृति का एक दृश्य खड़ा करके पैदा की गयी है। क्या विश्व-शांति वह मूल्य नहीं जो फ़ैज़ को जीवन भर प्यारा रहा और जिसके पक्ष में वे शुरू से लिखते रहे? इसी संग्रह की एक कविता है 'शायर लोग' जहां फ़ैज़ एक बार फिर अपनी शायरी के सबसे बड़े मूल्य 'ऐहतिजाज़' की, हाकिमों के ख़िलाफ़ मज़लूमों का पक्ष लेने के एवज़ में कुर्बानियां देने की शायराना रस्म की याद दिलाते हैं :

जो भी रस्ता चुना उस पे चलते रहे
माल वाले हिकारत से तकते रहे
तान करते रहे हाथ मलते रहे
हमने उन पर किया हर्फ़े-हक़ संगज़न
जिन की हैबत से दुनिया लरजती रही
जिन पे आंसू बहाने को कोई न था
अपनी आंख उनके ग़म में बरसती रही

सबसे ओझल हुए हुक्मे हाकिम पे हम
क़ैदख़ाने सहे ताज़याने सहे
लोग सुनते रहे साज़े-दिल की सदा
अपने नग़में सलाखों से छनते रहे...

क्या ये उस शायर का कलाम है जिसका अपने उद्देश्यों और आदर्शों से मोहभंग हो गया है, जैसा लुदमिला चाहती हैं कि हम समझें? ज़रा देखिए कि 'ग़ुबारे-अय्याम' में वे मौलाना हसरत मोहानी को कैसे याद करते हैं :

मर जायेंगे ज़ालिम की हिमायत न करेंगे
अहरार कभी तर्के-रिवायत न करेंगे

ज़ाहिर है कि आज़ादी, बराबरी और भाईचारे के इस शायर ने आख़िर तक उस रिवायत को तर्क नहीं किया जो इन मूल्यों के लिए प्राण न्यौछावर कर देनेवालों की रही है। याद आती है फ़ैज़ की *दस्ते-तहे-संग* में संकलित वह महान गज़ल जिसका एक शेर यों है :

करो कज जबीं पे सरे कफ़न, मेरे क़ातिलों को गुमां न हो
कि ग़ुरूरे-इश्क़ का बांकपन पसे-मर्ग हमने भुला दिया

क्या यह पर्याप्त चेतावनी नहीं है उन तमाम समीक्षकों के लिए जो फ़ैज़ के न रहने के बाद उन्हें उनके आदर्शों और मूल्यों से काट कर पढ़ना चाहते हैं, ख़ासकर आख़िरी दिनों की शायरी में। 'शोपेन का नग़मा बजता है' जैसी बेहद उदास नज़्म में भी आज़ादी के लिए प्राण देनेवालों का गर्वमय ज़िक्र आता है :

कुछ आज़ादी के मतवाले, जां कफ पे लिये मैदां में गये
हर सू दुश्मन का नर्गा था, कुछ बच निकले, कुछ खेत रहे
आलम में उनका शोहरा है
शोपेन का नग़मा बजता है।

इन आख़िर के संग्रहों में भी महज़ उदासी या फिर 'आशा भरे अवसाद' की ही शायरी नहीं है, बल्कि जोशीले आह्वान की भी नज़्में हैं। 'आवाज़ें' शीर्षक नज़्म का आख़िरी हिस्सा है–'निदा-ए-ग़ैब' जो कि क्रमशः 'ज़ालिम' और 'मज़लूम' शीर्षक दो हिस्सों के बाद आता है। पहले दो हिस्सों में क्रमशः ज़ालिम की गर्वोक्तियां और मज़लूम के दर्द और ग़ुस्से के बयान के बाद इस आख़िरी हिस्से में ज़ालिमों को सीधी सीधी चेतावनी दी गयी है और क्रांतिकारी शक्तियों द्वारा इंसाफ़ का भय दिखाया गया है :

हर इक उलिल-अम्र को सदा दो
कि अपनी फ़र्दे-अमल संभाले
उठेगा जब जम्मे-सरफ़रोशां
पड़ेंगे दारो-रसन के लाले
कोई ना होगा कि जो बचा ले
जज़ा सज़ा सब यहीं पे होगी
यहीं अज़ाबो-सवाब होगा

यहीं से उट्ठेगा शोरे-महशर
यहीं पे रोज़े हिसाब होगा।

उसी *ग़ुबारे-अय्याम* में 'एक तराना मुजाहिदीने-फ़लिस्तीन के लिए' भी है, लड़ाकों को जोश दिलाता हुआ :

हम जीतेंगे
हक़्क़ा हम इक दिन जीतेंगे
बिल आख़िर इक दिन जीतेंगे...

अगर इससे भी इत्मीनान न हो तो *ग़ुबारे-अय्याम* का वह अमर तराना तो ज़रूर ही उन लोगों को याद दिलाना होगा जो फ़ैज़ के आख़िरी संग्रहों में उनके जीवनपर्यंत प्रिय उद्देश्यों और आदर्शों से उनके मोहभंग का सिद्धांत प्रतिपादित कर रहे हैं। 'तराना-2' की इस उम्मीद को वे कैसे परिभाषित करेंगे, जहां शायर को यक़ीन है उस दिन का जब 'सब ताज उछाले जायेंगे, सब तख़्त गिराये जायेंगे' :

उट्ठेगा 'अनहलक़' का नारा
जो मैं भी हूं और तुम भी हो
और राज करेगी ख़ल्क़े-ख़ुदा
जो मैं भी हूं और तुम भी हो।

यूं लुदमिला अकेली सिद्धांतकार नहीं हैं इस तथाकथित 'मोहभंग' की। समीक्षक अदीब ख़ालिद भी जीवनीकार से सहमत दिखायी देते हैं और उन्हें भी लगता है कि आख़िरी दिनों के इन संग्रहों की नज़्में जो उन्होंने निर्वासन में लिखीं, उनमें समाजवादी मूल्यों से मोहभंग के साथ साथ उनका अपना वतन उनकी शायरी के केंद्र में आ जाता है। इसीलिए अपना आत्मनिर्वासन ख़त्म कर वे मौत से पहले 1983 में अपने वतन वापस लौट आये। इशारा यह है कि तीसरी दुनिया की एकता या अंतर्राष्ट्रीयतावाद, दुनिया के मज़दूरों और मज़लूमों की एकता के आदर्शों की जगह अब वे अपने वतन को ही केंद्रित करना चाहते हैं शायरी में। अगर ऐसा है तो फिर उसी *मेरे दिल, मेरे मुसाफिर* में फ़िलिस्तीन के लिए नज़्में क्यों हैं? फ़िलिस्तीन के जो योद्धा परदेस में शहीद हुए, उनके लिए लिखते हुए फ़ैज़ 'उत्तम पुरुष' में लिखते हैं, मानो कवि का वतन वही है जो उन शहीदों का और शायर उनका अपना हमवतन है :

मैं जहां पर भी गया अर्ज़े-वतन
तेरी तज़लील के दाग़ों की जलन दिल में लिये
तेरी हुर्मत के चराग़ों की लगन दिल में लिये
तेरी उल्फ़त, तेरी यादों की कसक साथ गयी

इन पंक्तियों का दर्द जितना फ़िलिस्तीन के परदेस में मारे गये योद्धाओं का है, उतना ही वतनबदर शायर फ़ैज़ का भी, दर्द के रिश्ते में वतनियत के आधार पर कोई तक़सीम नहीं है। बहरहाल, जहां जीवनीकार ने एक ही झटके में फ़ैज़ को समाजवाद, बराबरी, न्याय, स्वतंत्रता, विश्व-बंधुत्व जैसे उन मूल्यों से अलगाया जो फ़ैज़ को जान से ज़्यादा

प्यारे थे, वहीं जीवनी के समीक्षक ने उन्हें पूरी दुनिया में सरमायादारी और साम्राज्यवाद के ख़िलाफ़ मेहनतकशों की एकता के शायर के ओहदे से उतार कर 'राष्ट्रवाद' की तंग सरहदों में उनकी शायरी को क़ैद करने की दिशा ली। वतन कब फ़ैज़ की शायरी में नहीं रहा? क्या उनका ऐसा भी कोई संग्रह है जिसमें अपने वतन के मेहनतकशों और आम लोगों की ख़ुदमुख़्तारी, बराबरी और आज़ादी की चाहत के तराने न हों? हाकिमों के ख़िलाफ़ प्रतिरोध के स्वर में एक प्रतिरोधी राष्ट्रीय भावना न हो? अवाम की बदहाली के शोकगीत न हों? फ़ैज़ अपने देश के तानाशाहों से लड़ते रहे और कभी भी उनके 'जंगजू' राष्ट्रवाद के साथ खड़े नहीं हुए। वे शुरू से उस वतन के दर्द के गीत गाते रहे जिसे ज़ालिम रौंद रहे थे। उनका राष्ट्रवाद अगर कुछ था, तो एजाज़ अहमद के शब्दों में 'ग़मज़दा' राष्ट्रवाद ही था, शुरू से आख़िर तक। देश की सत्ता और संपत्ति पर मेहनतकशों का कब्ज़ा हो, भविष्य के इसी राष्ट्र के वे शायर थे, जिससे उन्हें कोई देशनिकाला नहीं दे सकता था। ऐसा ही मेहनतकशों का राष्ट्र दुनिया के मेहनतकशों से एका क़ायम कर सकता है और विश्वमैत्री भी। इसीलिए फ़ैज़ प्रचलित अर्थों में जिसे राष्ट्रवाद कहा जाता है, वैसे राष्ट्रवादी न थे। वतन तो हरदम उनकी शायरी के केंद्र में था—वह वतन जो पहले एक था और उनके जीवनकाल में ही तीन हिस्सों में बंटा। जब उन्होंने 'सुबहे-आज़ादी' लिखी थी, तब भी न उसमें अवसाद कम था और न ही उम्मीद का दामन छूटा था। उस नज़्म के आख़िर में वह कौन सी मंज़िल है जिस तक पहुंचने की उम्मीद में वे कह रहे हैं कि, 'चले चलो कि वो मंज़िल अभी नहीं आयी?' बांग्लादेश के अलग हो जाने के बाद 'ढाका से वापसी' शीर्षक नज़्म में भी इस बात का ही दर्द उभरा है कि कैसे जो क़ौमें एक साथ रहीं सदियों तक, वे अचानक ऐसी अजनबी हो गयीं एक दूसरे के लिए कि सारी मेहमाननवाज़ी के बाद भी, अजनबियत है कि मिटती ही नहीं। दरअसल सरमाये और ज़मींदारी की ताक़तें जब राष्ट्र की कमान संभाल लेती हैं, तो वे बंटवारे को ही लगातार बढ़ाती जाती हैं। एक क़ौम को दूसरे के ख़िलाफ़ खड़ा करके, भाषा, धर्म, जाति के झगड़ों को उकसाकर वे मेहनतकशों की एकता को कमज़ोर करती हैं और ख़ुद को सत्ता में महफ़ूज़ रखती हैं। अक्सर ऐसे निज़ाम ये सब कुछ वतन, देश या राष्ट्र के नाम पर करते हैं। वे ख़ुद को देश घोषित करते हैं और ज़ुल्मों के ख़िलाफ़ लड़नेवालों को देश-विरोधी। हर थोड़े थोड़े वक़्त बाद उन्हें 'देश पर ख़तरे' के बादल मंडराते दिखते हैं और फिर वे देश की रक्षा में किसी न किसी क्षेत्रीय, धार्मिक, भाषाई या उप-राष्ट्रीय समुदाय पर लाव-लश्कर लेकर टूट पड़ते हैं। धीरे धीरे दिलों के घाव वतन की तक़सीम में बदल जाते हैं। फ़ैज़ ने ये सब अपने देश और पूरे उपमहाद्वीप में देखा था और इसके दर्द को अपने स्नायुओं पर झेला था। किसी अदीब ने ही मज़ाक में कहा था कि पाकिस्तान की फ़ौजें हर कुछ साल बाद अपने ही देश को फ़तह कर लेती हैं। 'देश पर ख़तरे' से निपटने के लिए फ़ौजी तानाशाहियां स्थापित होती हैं जिन्हें बरक़रार रखने के लिए अक्सर 'धर्म पर ख़तरे' का आविष्कार किया

जाता है। फ़ैज़ ने सरमायादारों, फ़ौजी तानाशाहों और जागीरदारों की कथित वतनियत के शिकार उस लहूलुहान वतन को पुकारा है अपनी शायरी में जिसके आंसू पोंछनेवाला कोई न था। वतन ऐसे ही आता है फ़ैज़ के यहां—दुख की गाथा के रूप में, इंसाफ़ की चीख़ के बतौर, प्यार के पैग़ाम के बतौर। 'हम लोग' (नक़्शे-फ़रियादी), 'निसार मैं तेरी गलियों पे' (*दस्ते-सबा*), 'ख़ुशा ज़मानते-ग़म' (*दस्ते तहे-संग*), 'इंतिसाब', 'ऐ वतन, ऐ वतन', 'दुआ' (*सरे-वादिए-सीना*), 'हम तो मजबूरे वफ़ा हैं' (*मेरे दिल, मेरे मुसाफिर*) जैसी नज़्मों में ऐसा ही वतन आबाद है।

मेहनतकश अवाम से अलग वतन का कोई तसव्वुर उनके पास न था। 'तराना' (*दस्ते-सबा*) 'तराना-1' (*सरे-वादिए-सीना*) और 'तराना-2' (*ग़ुबारे-अय्याम*) मेहनतकशों और अवाम की इंक़लाबी कार्रवाइयों के गीत हैं। अपने वतन के मेहनतकशों का दर्द, आम लोगों की तकलीफ़ों और आकांक्षाओं ने ही उन्हें दुनिया भर के संघर्षरत अवाम के साथ जोड़ दिया था। दर असल उनके आख़िरी दो संग्रहों को केंद्र में रखकर लुदमिला वेसिलेवा और अदीब ख़ालिद द्वारा निकाले गये निष्कर्षों को ऐहतेजाज़ की विश्व-शायरी के महान-स्तंभ के रूप में फ़ैज़ को दरकिनार कर किसी देश और भाषा की चौहद्दी में सीमित एक सौंदर्यवादी शायर के रूप में दोबारा कैननाइज़ करने के आरंभिक प्रयासों के बतौर ही समझा जाना चाहिए। हमारे यहां गोपीचंद नारंग ने अल्थ्यूसर, मार्ले पोंटी और रोलां बार्थ के कुछ पाठीय उपकरणों/सिद्धांतों को जोड़-जाड़ कर फ़ैज़ के पाठ की एक ऐसी वैकल्पिक पद्धति का प्रस्ताव किया है जिसमें पंक्तियों/शब्दों के बीच की जगह/अंतराल और ख़ामोशियों के माध्यम से उनकी शायरी के गहरे, अचेतन, सौंदर्यात्मक अर्थों की अनेक पर्तों को खंगालने की सलाह दी गयी है, जो कि उनके अनुसार सामने की वैचारिक सतह के नीचे दब गयी है। नारंग का अभिप्राय यह है कि इस पाठ पद्धति के ज़रिये अर्थ के दबे हुए संस्तर शायर के क्रांतिकारी उद्देश्यों की बाहरी सतह को तोड़कर उभर आते हैं। ऐसा नहीं है कि फ़ैज़ की शायरी का ही सौंदर्यवादी पाठ प्रस्तावित किया जा रहा है। तमाम इंक़लाबी अदीबों के साथ यह नियमित तौर पर घटनेवाली चीज़ है। अदीब ही क्यों, क्रांतिकारी योद्धाओं और यहां तक कि आंदोलनों के साथ भी ऐसा होता है। सबसे बड़ा प्रमाण तो चे-ग्वेवारा हैं, जिनकी हत्या के बाद उन्हें उत्तरी अमरीका में बाज़ार की ताक़तों ने बेपरवाह अमरीकी किशोरों और युवाओं के फ़ैशन आइकन में बदल दिया। यह प्रतीकों की राजनीति है जो संकेत-तंत्रों के भीतर वर्गीय शक्ति-संतुलन का विस्तार है। हम देखते हैं कि कैसे जन-आंदोलनों को कुचलने के बाद जनता के बीच उनकी पवित्र स्मृति की ताक़त को दुहने के लिए शासक जमातें उनके प्रतीकों, नारों वग़ैरह को उनकी अंतर्वस्तु से विरहित कर आत्मसात कर लिया करती हैं। जब व्यक्ति या आंदोलन सत्ताधारियों के लिए ख़तरे का सबब नहीं रह जाते, तो प्रतीकों में ढालकर सत्ता-प्रतिष्ठान में उनकी वापसी होती है। इस तरह सत्ता इस बात की भी गारंटी करने की कोशिश करती है कि उनकी स्मृति का ऐसा विरूपण हो जाये कि वह भविष्य के संघर्षों की प्रेरणा न

बन सके, यह अलग बात है कि ऐसे हर प्रयास कामयाब नहीं होते। हमारे देश के साम्राज्यपरस्त हुक्मरान किसानों की आत्महत्याओं के बीच चैन की बंसी बजाते हुए उस 1857 की डेढ़ सौवीं वर्षगांठ भी मना डालते हैं जिसमें लाखों किसान अंग्रेज़ों से लड़कर शहीद हुए थे। अभी पिछले साल सन 2009 में तुर्की सरकार ने नाज़िम हिकमत की मौत के 46 साल बाद उनकी नागरिकता लौटा दी। अपने जीवन काल में हिकमत जिस देश में कम्युनिस्ट होने के चलते जेल में रखे गये, अपराधी बताये गये, यातनाएं झेलते रहे, आज वहीं जनता में उनकी अपार लोकप्रियता और इज़्ज़त के जज़्बे को अपने पक्ष में मोड़ने की खातिर हुक्मरान उनकी नागरिकता वापस कर रहे हैं।

यह सच है कि *मेरे दिल, मेरे मुसाफिर* में उदासी का रंग गाढ़ा है, लेकिन उसका सबब भी उसी में बयान होता है। पाकिस्तान में फ़ौजी हुकूमत के चलते वतनबदर होना, फ़िलिस्तीन के मुक्ति-संघर्ष की तमाम शहादतों के बावजूद जीत न मिलना, मध्यपूर्व का जलते रहना, दुनिया में युद्धों का सिलसिला ख़त्म न होना, अणुबमों से लैस महाशक्तियों की अंतहीन स्पर्धा और जिस उपमहाद्वीप के वे शायर थे वहां परिवर्तन की रफ़्तार का बेहद कम होना और बार बार ज़ुल्म और तानाशाही के निज़ाम की ओर प्रत्यावर्तन, ऐसे तमाम कारण थे। *मेरे दिल, मेरे मुसाफ़िर* की पहली ही नज़्म 'दिले-मन मुसाफ़िरे-मन' बार बार वतनबदर होने के गहरे अवसाद में लिखी गयी है :

मेरे दिल, मेरे मुसाफ़िर
हुआ फिर से हुक्म सादिर
कि वतन बदर हों हम तुम
दें गली गली सदाएं
करें रुख़ नगर नगर का
कि सुराग़ कोई पायें
किसी यार-ए-नामा-बर का
हर एक अजनबी से पूछें
जो पता था अपने घर का...

यह पूरी नज़्म ग़ालिब के रंग में ही नहीं, बल्कि उनके अंदाज़े-बयां, उनकी दर-बदर भटकती आत्मा के गहरे अवसाद की शायरी से एक उपमहाद्वीपीय, शायराना रिवायत का संबंध बनाकर लिखी गयी है :

तुम्हें क्या कहूं कि क्या है
शब-ए-ग़म बुरी बला है
हमें ये भी था ग़नीमत
जो कोई शुमार होता
हमें क्या बुरा था मरना
अगर एक बार होता

दरअसल वतन से अलग होना फ़ैज़ के लिए अपनी हस्ती से, अपने वजूद से अलग होना है, वर्ना ग़ालिब क्यों याद आते? वे तो वतन बदर न हुए थे। ग़ालिब अलग हुए थे उस दुनिया से जो उनके वजूद को अर्थ देती थी, जिसमें उनकी मुहब्बत थी, जिसमें वह सब कुछ था जो वे ख़ुद थे। नामाबर की तलाश ग़ालिब को रहा करती थी ताकि वे उससे संपर्क कर सकें जो अपना था, पर छूट चुका है। वतन का छूटना, कू-ए-यार का छूटना, अपनी हस्ती को अर्थ देने वाली तमाम चीज़ों, परिस्थितियों और इनसानों का छूटना एक ही तरह के दर्द की तीव्रता पैदा करता है जिसके चलते फ़ैज़ अपने पुरखे ग़ालिब की आवाज़ में अपनी आवाज़ मिला देते हैं। एलियट मानते थे कि किसी शायर के कलाम में उसके पुरखों की आवाज़ भी मिली होती है, यह अलग बात है कि ऐसा जदीद शायरी में कम, तरक़्क़ीपसंदों में ज़्यादा देखने में आता है। 'आज शब कोई नहीं' या 'मेरे मिलने वाले' जैसी नज़्मों की उदासी को लक्ष्य करके जो लोग फ़ैज़ के मोहभंग का मिथक रचते हैं, उन्हें नहीं मालूम कि वे क्या कह रहे हैं। वे फ़ैज़ को समझ नहीं पाते क्योंकि वे उस ज्ञान-मीमांसा से ही इत्तेफ़ाक नहीं रखते जो बग़ैर शामिल हुए जानने का दावा नहीं करती। फ़ैज़ 'इनसाडर' थे, वे आंदोलन के शायर थे, बाहर से बैठ कर उसपर निर्णय सुनाने वालों में नहीं थे। 'गुबारे-अय्याम' की पहली नज़्म 'तुम ही कहो क्या करना है' पढ़कर बाहर बैठे लोगों को भरम हो सकता है कि शायर को अपने उद्देश्यों और आदर्शों को लेकर शुब्हा हो गया है। लेकिन दरअसल यह शायर का वहम नहीं, बल्कि उन लोगों का है जिन्होंने अगर ज़ालिम का साथ न भी दिया हो तो भी हरदम किनारे पर बैठकर आंदोलनों की उठती गिरती मौजों पर फ़ैसले सुनाते आये हैं। 'तुम ही कहो क्या करना है' शीर्षक नज़्म में कवि मंज़िल पर पहुंच पाने की विफलता की बात करता है, उसके कारण भी बताता है, लेकिन कहीं भी यह अफ़सोस ज़ाहिर नहीं करता कि मंज़िल चुनी ही ग़लत थी या कोई और रास्ते भी मौजूद थे जिन पर न चलने की ग़लती की गयी। शायर का कहना है कि जिस मर्ज़ का इलाज किया जाना था, वह इतना पुराना था कि वैद्यों के सारे आज़माये हुए नुस्ख़े बेकार गये। इस नज़्म का अर्थ उन लोगों के लिए बिलकुल अलग है जो किसी आंदोलन का हिस्सा हैं, 'इनसाइडर' हैं। नज़्म की शुरुआती पंक्तियां देखें :

जब दुख की नदिया में हमने
जीवन की नाव डाली है
था कितना कस-बल बांहों में
लोहू में कितनी लाली थी
यूं लगता था दो हाथ लगे
और नाव पूरम्पार लगी
ऐसा न हुआ, हर धारे में
कुछ अनदेखी मझधारें थीं

कुछ मांझी थे अनजान बहुत
कुछ बेपरखी पतवारें थीं
अब जो भी चाहो छान करो
अब जितने चाहो दोष धरो
नदिया तो वही है, नाव वही
अब तुम ही कहो क्या करना है
अब कैसे पार उतरना है।'

पहली छः पंक्तियों में विफलता का, संघर्ष शुरू होने के समय के उत्साह के आगे चलकर छीजने का बयान है। लेकिन इसके आगे विफलता के कारणों का बयान है जो बाहरी भी हैं और भीतरी भी। जो लोग जन-आंदोलनों के हिस्सेदार हैं, वे ही समझ सकते हैं कि कैसे 'हर धारे में कुछ अनदेखी मझधारें हुआ करती हैं', बिलकुल नयी परिस्थितियां जिनका पहले से कोई अनुमान संभव ही नहीं होता। अगर सब पहले से मालूम हो तो इतिहास और गणित में फ़र्क़ ही क्यों हो। ये तो हुईं वे भौतिक परिस्थितियां जो किसी भी आंदोलन या संघर्ष के दौरान बड़ी रुकावट बन कर खड़ी हो जाती हैं, जिनका पहले से अनुमान लगाना मुश्किल हुआ करता है। (क्या रूसी क्रांति के बाद या आज भी 21वीं सदी में लैटिन अमरीकी देशों और पड़ोसी नेपाल के क्रांतिकारियों का अनुभव 'हर धारे में, अनदेखी मझधारों' की तस्दीक़ नहीं करता?) दूसरी ओर आत्मगत परिस्थितियां हैं—संघर्ष चला रहे लोगों की कमज़ोरियां, अदूरदर्शिता (कुछ मांझी थे अनजान बहुत) और काम-काज के तरीक़ों, लड़ाई के अस्त्रों की गड़बड़ियां (कुछ बेपरखी पतवारें थीं)। इन्हें रेखांकित करने के बाद, शायर ज़ोर देकर कहता है कि चाहे जितनी भी छानबीन कर लो, चाहे जिसको दोष दे डालो, और कोई नयी बात इसमें से नहीं निकलेगी। ज़ोर देने के लिए जो शब्द शायर इस्तेमाल करता है, वह है 'भी' (अब जो *भी* चाहे छान करो)। आगे जब वह कहता है कि ' नदिया तो वही है, नाव वही' तो अपनी तरफ़ से बातों को बिलकुल साफ़ कर देता है। नदिया (लोगों के दुख, नाइंसाफी, ग़ैर-बराबरी, अशांति, भूख, ग़रीबी आदि) भी वही है और नाव (यानी ख़ुद का जीवन, उसके एहसास, तजर्बे, ज्ञान और जिसकी बदौलत संघर्ष के वैचारिक तंत्र, संगठन आदि का चुनाव किया था) वही हैं। इनमें कोई शुब्हा नहीं। 'वही' शब्द भी ज़ोर देने के अर्थ में ही लाया गया है। आगे जब वे कहते हैं कि अपनी छाती में देखे गये देश के घावों के इलाज के लिए जिन वैद्यों और नुस्ख़ों पर यक़ीन था, वे रोग की तह पाने में कामयाब नहीं हुए। वहां भी शायर न वैद्यों को दोष दे रहा है, न नुस्ख़ों को, बल्कि रोग ही इतने पुराने थे कि लाइलाज हो गये :

ऐसा न हुआ कि रोग अपने
तो सदियों ढेर पुराने थे
वैद इनकी तह को पा न सके
और टोटके सब नाकाम गये।

इस नज़्म का पाठ करते हुए एक सवाल उठता है कि ये संबोधित किसको है, ख़ुद को या उन लोगों को भी जिन्होंने दुख की नदिया में जीवन की नाव डाली ही नहीं और अब निर्लिप्त भाव से असफलता की छानबीन में लगे हैं और दोष धरने के लिए 'स्केपगोट' खोज रहे हैं। यों तो शायरी के एकदम निर्दिष्ट भौतिक संदर्भ खोजना मुश्किल और कभी कभी अतिशयता के ख़तरे से भरा होता है, लेकिन यह सोचना बहुत ग़लत न होगा कि पाकिस्तान में बार बार लोकतंत्र की ताक़तों की विफलता और सैनिक-धार्मिक तानाशाहियों की ओर उसका प्रत्यावर्तन भी इस नज़्म के असफलता बोध के पीछे सक्रिय है, ख़ासतौर पर तब जबकि शायर इसी कारण फिर से वतनबदर होकर रहने के लिए अभिशप्त है। 'सुबहे-आज़ादी' जैसी नज़्म 1947 में लिखनेवाले शायर का यह बोध काफ़ी पहले का है कि इस उप-महाद्वीप के रोग ऐतिहासिक हैं, जहां कोई नयी चीज़ जन्म लेने से पहले ही दम तोड़ दिया करती है, इतिहास अपनी प्रसव पीड़ा के बाद किसी नये को जन्म देता भी है, तो उसकी उम्र कम होती है, चीज़ें फिर अपने ढर्रे पर वापस आ जाया करती हैं। इसका सबसे तल्ख़ एहसास शायर को तब हुआ था जब इतनी कुर्बानियों के बाद आयी आज़ादी 'दाग़ दाग़ उजाले' और 'रात से डसी हुई सुबह' की तरह निकली। *दस्ते-तहे-संग* में संकलित एक नज़्म है 'शाम' जो एक ठिठकी हुई शाम का मंज़र खींचती है। लेकिन इसके बिंब एक पुरातन सभ्यता के वक़्त में क़ैद होने का, एक सनातन अवरुद्धता का रूपक होने का एहसास कराते हैं :

इस तरह है कि हर इक पेड़ कोई मंदिर है
कोई उजड़ा हुआ, बेनूर पुराना मंदिर
ढूंढ़ता है जो ख़राबी के बहाने कब से
चाक हर बाम, हर इक दर का दमे-आख़िर है
आसमां कोई पुरोहित है जो हर बाम तले
जिस्म पर राख मले, माथे पे सिंदूर मले
सरनिगूं बैठा है चुपचाप न जाने कब से
इस तरह है कि पसे-पर्दः कोई साहिर है...
... ...
आसमां आस लिये है कि यह जादू टूटे
चुप की ज़ंजीर कटे, वक़्त का दामन छूटे।

फ़ैज़ की शायरी की उपमहाद्वीपीय इतिहास, साभ्यतिक स्मृति और जन-जीवन की नब्ज़ पर पकड़ गहरी है। उनके अनुभव और समझ उन्हें दुनिया भर में चलनेवाले हक़, ख़ुदमुख़्तारी, जम्हूरियत और बराबरी के संघर्षों को भीतर से महसूस करने और उनके साथ होने में मदद करती है। इन संघर्षों की राह में आनेवाली बाधाओं, घिसाव-थकाव की लंबी चलनेवाली लड़ाइयों में आनेवाली उदासी, उम्मीद-नाउम्मीदी के आरोह-अवरोह में झूलती जन-चेतना, छोटी-छोटी जीतों पर अछोर खुशियों में डूब जाने की फ़ितरत

से उनकी शायरी ख़ूब वाक़िफ़ है। इसीलिए उनकी शायरी ने जश्न भी मनाये, मातम भी। अवसाद से ग्रस्त भी हुई, लेकिन उम्मीद का दामन नहीं छोड़ा। कभी उसने ढाढ़स बंधाया, कभी जोश और हिम्मत को ललकारा, कभी आंसू बहाये, तो कभी पुचकारा, कभी दुआ में हाथ उठाये तो कभी इंतज़ार की लंबी घड़ियां काटीं, कभी तख़्तो-ताज गिराये तो कभी रुककर आत्मावलोकन किया, कभी बेअंत सी लगनेवाली तनहाई झेली तो कभी मुहब्बत और क़ुदरत की गहराइयों में डूबकर हस्ती के सरो-सामां जुटाये। उनकी शायरी ऐहतिजाज़ की एक बेमियादी शम्मा है, जो हर रंग में जलती रहेगी, सहर होने तक।

हर दौर में तारीख़ का उन्वां

अर्जुमंद आरा

फ़ैज़ का लहजा तो सूरज की तरह दुनिया में
कल भी ताबिंदा था, और आज भी ताबिंदा है
फ़ैज़ मर कर भी ज़माने में अभी ज़िंदा है।
मौत आ जायेगी ज़ुल्मत के परस्तारों को
पूरी दुनिया में जब इनसान फ़रोज़ां होगा
फ़ैज़ हर दौर में तारीख़ ,का उन्वां होगा।

—डॉ. बेदिल हैदरी

गहरी अनुभूति और प्रगतिशील विचारधारा के सबसे मशहूर और मक़बूल शायर फ़ैज़ अहमद फ़ैज़ (जन्म 13, फरवरी 1911) के देहांत (20 नबंवर 1984) के मौक़े पर कही गयी उक्त पंक्तियों से अंदाज़ा होता है कि फ़ैज़ के समकालीन लेखक, रचनाकार और जागरूक पाठक किस तरह फ़ैज़ के साथ भावनात्मक रिश्ते में बंधे थे। फ़ैज़ को इतिहास के हर युग का उन्वान (शीर्षक) बताना इन अर्थों में अतिशयोक्ति नहीं होगा कि फ़ैज़ सिर्फ़ प्रगतिशील लेखन के ही बेहतरीन शायर नहीं थे बल्कि उनकी शोहरत देश, भाषा, काल को पार कर चुकी थी और है। फ़ैज़ के देहांत को 26 वर्ष गुज़र चुके हैं, लेकिन उनके प्रशंसकों के उक्त भाव और भावनात्मक रिश्ते उतने ही जोशो-जज़्बे से भरे हैं।

फ़ैज़ की शायरी में इनसान दोस्ती और इंक़लाबी विचारधारा और एक रूमानी स्वभाव के व्यक्ति का प्रेम और वेदना का संगम एक जल तरंग में परिवर्तित होकर जिस नाज़ से बहता है उसका एतराफ़ तो वे लोग भी करते हैं जो आम तौर से प्रगतिशील लेखन से बिदकते हैं। फ़ैज़ के देहांत के बाद उन पर लिखे एक संस्मरण में मुश्ताक अहमद यूसुफ़ी ने लिखा :

मैंने ज़हन पर बहुत ज़ोर डाला, कोई मिसाल ऐसी याद नहीं आयी जहां लोगों को शायर के सियासी रुझान या विचारधारा से ऐसा शदीद इख़्तलाफ़ रहा हो और उसकी शायरी से ऐसा टूट के प्यार। फ़ैज़ साहब का सियासी और वैचारिक रुझान हमेशा ही विवादास्पद रहा, और शायरी हमेशा हर विवाद से बुलंद।

(उर्दू मासिक शबिस्तां, दिल्ली, मार्च 1985, पृष्ठ, 82)

फ़ैज़ की शायरी की महत्ता को आंकते वक़्त बहुत से लोग उनके प्रगतिशील होने, रावलपिंडी साज़िश केस में लंबे समय तक जेल में रहने (1951-55) और ग़ज़ल गायकों द्वारा उनके अधिकांश कलाम के गाये जाने को कुछ इस तरह पेश करते हैं मानो यही उनकी शायरी की भी ख़ूबियां हैं। यह बात दुरुस्त है कि फ़ैज़ को लोकप्रिय बनाने में गायकों ने अहम भूमिका निभायी लेकिन यह भूमिका फ़ैज़ की शायरी के आकलन का पैमाना नहीं बन सकती। गायकों से पहले भी फ़ैज़ पूरे साहित्य जगत के बड़े लोकप्रिय शायर बन चुके थे तो इसका कारण उनकी शायरी और हरदिलअज़ीज़ शख़्सियत दोनों थे।

फ़ैज़ ने जिस परिवेश में जन्म लिया, वह ज़मींदारी व्यवस्था के मूल्यों और पूर्वाग्रहों का परिवेश था, लेकिन फ़ैज़ ने जो राजनीतिक परिस्थितियां देखीं और उनका हिस्सा बने, उन्होंने फ़ैज़ के बौद्धिक विकास में सक्रिय रचनात्मक योगदान किया। ज़ाहिर है यह दौर पूरे भारतीय उपमहाद्वीप में बड़े द्वंद्व और संघर्ष का दौर था। द्वंद्व केवल साम्राज्य के विरुद्ध नहीं था बल्कि पूरा समाज विभिन्न राजनीतिक दृष्टिकोणों, पूर्वी और पाश्चात्य संस्कृति के टकराव, जनतांत्रिक और जमींदारी व्यवस्था के द्वंद्व और समाजवादी साम्यवादी विचारधारा के उद्भव और प्रभाव का दौर था। मुहम्मद अली सिद्दीक़ी के शब्दों में :

> *यह युग राष्ट्रवाद से अंतर्राष्ट्रीयता, व्यक्तिवाद से समाजवाद, निजी सुख से सर्वजन सुख की ओर यात्रा का युग था। यह युग नयी वास्तविक्ताओं और समानताओं की अनुभूति साथ लाया था।*
>
> *(मजरूह सुल्तानपुरी के काव्य संकलन 'ग़ज़ल' के प्राक्कथन से, 1987)*

फ़ैज़ की पारिवारिक पृष्ठभूमि भी बेहद दिलचस्प है। वे पारंपरिक रूप से तो ज़मींदार घराने से नहीं थे लेकिन उनके पिता अपनी मेहनत और सूझ-बूझ से अफ़ग़ानिस्तान के बादशाह के दरबार में मीर मुंशी के अहम पद पर रहे और वहां से लौटने के बाद अपनी वकालत के कारण अमीर बन गये। उनके पिता सुल्तान मुहम्मद ख़ां पंजाब के एक छोटे से गांव काला क़ादर के बेहद ग़रीब लोगों में से थे। बचपन में गांव वालों के मवेशी चराते और बचे-खुचे वक़्त में पढ़ते थे। यही शौक़ उनको सियालकोट ले गया जहां वे मस्जिद में रहते और पढ़ते थे। अंग्रेज़ी अच्छी तरह सीख ली थी। उसी मस्जिद में अफ़ग़ानिस्तान का डिप्लोमेट नमाज़ पढ़ने आता था। वह उनको अपने साथ अफ़ग़ानिस्तान ले गया और उनको वहां दरबार में नौकरी मिल गयी।

सुल्तान मुहम्मद ख़ां ने कोई तेरह वर्ष अफ़गानिस्तान में नौकरी की। वहां उनकी शादी अफ़ग़ानिस्तान के हाकिम अमीर अब्दुर्रहमान की भतीजी सायर जान से हुई थी जिनका शादी के दो साल बाद देहांत हो गया। फ़ैज़ की बड़ी बहन गुल बीवी इन्हीं सायर जान की औलाद थीं। अफ़ग़ानिस्तान की सियासत से घबरा कर सुल्तान मुहम्मद ख़ां लौट आये और झेलम में दरिया के किनारे एक बंगला किराये पर लेकर रहने लगे। सरगोधा ओर मंटगोमरी में अंग्रेज़ों ने उन्हें ज़मीनें दी थीं जहां घोड़ों के फ़ार्म थे।

क़ाबुल से लौटने के कुछ अर्से बाद सुल्तान मुहम्मद ख़ां लंदन चले गये। वहां से बैरिस्ट्री की परीक्षा पास करके झेलम में वकालत करने लगे, फिर सियालकोट चले आये। पहली बीवी की मृत्यु के बाद दूसरी शादी एक ज़मींदारं अदालत ख़ां की बेटी सुल्तान फ़ातिमा से हुई। फ़ैज़ इन्हीं के बेटे थे। बड़े भाई तुफ़ैल और छोटे भाई इनायत थे।

फ़ैज़ का बचपन भरे-पूरे ख़ानदान में ज़्यादातर औरतों के बीच गुज़रा। सरदार जान ने (जो फ़ैज़ की बड़ी मां सायर जान की निजी ख़ादिमा और घर की मैनेजर थीं और अफ़ग़ानिस्तान से बहुत से नौकरों के साथ आयी थीं) फ़ैज़ की परवरिश की। सब उनको नानाजान कहते थे। वे अच्छी अरबी-फ़ारसी जानती थीं, स्वयं उनकी परवरिश शाही हरम में हुई थी। वे फ़ैज़ को तरह-तरह की कहानियां सुनाती थीं। घर का माहौल बड़ा मज़हबी था। फ़ैज़ की बड़ी बहन गुल बीवी ने अपने एक इंटरव्यू में अख़्तर जमाल को बताया कि फ़ैज़ को शुरू में क़ुरान हिफ़्ज़ (कंठस्थ) कराया जा रहा था, दो *सीपारों* के बाद यह सिलसिला टूट गया। फ़ैज़ का बचपन खेलकूद में गुज़रा। वे ख़ुद लिखते हैं कि 'ख़वातीन ने हम को निहायत शरीफ़ाना ज़िंदगी गुज़ारने पर मजबूर किया, जिसकी वजह से कोई ग़ैर-मुहज़्ज़ब या उजड्ड क़िस्म की बात उस ज़माने में हमारे मुंह से नहीं निकलती थी।' सुबह को अब्बा के साथ नमाज़ पढ़ने जाते। वहां मौलवी इब्राहीम सियालकोटी से घंटा-डेढ़ घंटा क़ुरान का सबक़ लेते, फिर स्कूल जाते। रात में अब्बा के लिए ख़त लिखते और अख़बार पढ़कर सुनाते। इस तरह अख़बार पढ़ने और ख़त लिखने की ट्रेनिंग बचपन में ही मिल गयी।

फ़ैज़ के घर के पास किताबों की एक दुकान थी, जहां किराये पर किताबें मिलती थीं। दुकानदार को सब लोग 'भाई साहब' कहते थे। भाई साहब की दुकान से दो-दो पैसे किराये पर किताब लाकर फ़ैज़ ने *तिलिस्मे होशरुबा, फ़साना-ए-आज़ाद,* शरर के नॉवेल, वग़ैरह पढ़ डाले। फिर मीर, ग़ालिब, दाग़ वग़ैरह की शायरी पढ़ी। फ़ैज़ लिखते हैं कि ग़ालिब उस वक़्त ज़्यादा समझ में तो नहीं आये लेकिन उनको पढ़ने से एक अजीब सा असर ज़रूर होता था। इस तरह धीरे-धीरे शायरी से लगाव पैदा हो गया। एक दिन अब्बा के मुंशी ने उनके उपन्यास पढ़ने की शिकायत अब्बा से कर दी। अब्बा ने डांटा तो नहीं लेकिन यह ज़रूर कहा कि नॉवेल ही पढ़ने हैं तो अंग्रेज़ी के नॉवल पढ़ा करो। उर्दू के नॉवेल अच्छे नहीं होते। इस तरह फ़ैज़ ने शहर की लायब्रेरी से लेकर अंग्रेज़ी उपन्यास पढ़ने शुरू कर दिये। फ़ैज़ लिखते हैं कि हार्डी, और डिकेंस वग़ैरह को पढ़ने का फ़ायदा यह हुआ कि नॉवेल तो पूरी तरह समझ में नहीं आये लेकिन अंग्रेज़ी अच्छी हो गयी। और नुक़सान यह हुआ कि स्कूल में वे अपने उस्तादों की अंग्रेज़ी दुरुस्त करने लगे जिससे वे प्रायः नाराज़ हो जाते थे।

> *फ़ैज़ को बचपन ही से संगीत से भी लगाव था। उस्ताद तवक्कुल हुसैन ख़ां, उस्ताद आशिक़ अली ख़ां और छोटे ग़ुलाम अली ख़ां आदि के साथ बैठते और उनको सुनते थे।*
>
> (*शबिस्तां, पृष्ठ 15-16*)

एम.ए. के ज़माने की एक याद का दिलचस्प वर्णन फ़ैज़ ने अपने एक लेख में किया है। वे लिखते हैं कि प्रो. डिकिंसन या प्रो. हरीशचंद कटपालिया का जब पढ़ाने को दिल नहीं चाहता तो फ़ैज़ से कहते 'तुम लेक्चर दे दो, एक ही बात है।' प्रो. डिकिंसन ने क्लास के दो तीन लायक़ लड़कों को यह ज़िम्मेदारी सौंप दी थी कि वे उन्नीसवीं सदी के गद्य साहित्य पर दो-दो, तीन-तीन लेक्चर तैयार कर लें। इस तरह के क्रियाकलापों से फ़ैज़ 'नीम उस्ताद' तो बन ही गये थे लेकिन यह बात भी दिलचस्पी से ख़ाली नहीं कि अध्यापकों की कामचोरी और न पढ़ाने की रुस्वाइयों की परंपरा भी अंग्रेज़ों के ज़माने की ही देन है। (यूनिवर्सिटी अध्यापक विशेषकर इस घटना को अच्छी तरह याद रखें ताकि वक़्ते-ज़रूरत सनद रहे।)

शुरू में फ़ैज़ के सामने कई रास्ते थे। उन्हें क्रिकेट खेलने का शौक़ था और चाहते थे कि क्रिकेट के खिलाड़ी बन जायें। उन्होंने क्रिकेट की भाषा में एक बड़ा मज़ेदार इंटरव्यू भी दिया है। मिसाल के तौर पर जब साक्षात्कार कर्त्ता अनवर मक़सूद ने पूछा कि आप की सबसे अच्छी इनिंग्स कौन सी है, तो फ़ैज़ का जवाब था : 'एक इनिंग्स हमने वतन को हसीन बनाने के लिए खेली थी। इसमें हम मुसीबतें झेलते रहे, ख़ून के आंसू पीते रहे, फिर भी कोई हमें आउट नहीं कर सका। हमारा दूसरा टेस्ट था–*दस्ते-सबा (दूसरा संकलन)।* हमारे ख़याल में सब से अच्छी इनिंग्स *दस्ते-सबा* थी।' अनवर मक़सूद ने पूछा आप किस साइड पर ज़्यादा बार कैच हुए तो फ़ैज़ ने कहा 'हमेशा राइट साइट पर क्योंकि हमारी लेफ़्ट साइड बहुत पॉवरफ़ुल थी। इस वजह से हम ज़्यादातर राइट गेंद को भी लेफ़्ट पर खेलने की कोशिश करते थे और हमेशा स्लिप में हमें कोई न कोई पकड़ लेता था।') क्रिकेट के अलावा उनके दूसरे शौक़ थे–रिसर्च करना और अध्यापक बनना। रिसर्चर तो नहीं बने लेकिन अध्यापक बनकर अमृतसर के एम.ए.ओ. कॉलेज जा पहुंचे। अमृतसर में वे ख़ुद में गुम रहने लगे थे। इसी ज़माने में वे प्रेम कर बैठे जो नाकाम हो चुका था। उन्हीं दिनों फ़ैज़ की मुलाक़ात कामरेड महमूदुज़्ज़फ़र, रशीद जहां, दीन मुहम्मद तासीर और हाजरा बेगम इत्यादि से हुई। इन लोगों की एक अलग ही दुनिया थी। रशीद जहां ने उनको *कम्युनिस्ट मेनिफ़ेस्टो* पढ़ने को दिया। फ़ैज़ बहुत प्रभावित हुए। शोषित सर्वहारा वर्ग के लिए उनकी हमदर्दी उस गहरी अनुभूति से जन्मी थी जो अपने पिता के बचपन के हालात जानकर उनके दिल में कहीं न कहीं छिपी बैठी थी। उन्होंने अपने कामरेडों के साथ मिलकर मज़दूरों में काम किया, सिविल लिबर्टीज़ की संस्था में काम किया और अंजुमन तरक़्क़ीपसंद मुसन्निफ़ीन में। बी.बी.सी. टेलीविजन के लिए कृष्ण गोल्ड को दिये अपने आख़िरी इंटरव्यू में फ़ैज़ ने यह खुल कर स्वीकार किया है कि बेगम रशीद जहां ने हमें सिखाया कि 'निजी ग़म बहुत मामूली चीज़ है। दुनिया के जो दुख हैं वे ज़्यादा संगीन क़िस्म के हैं, दुनिया भर के दुख देखो, अपने लिए, अपनी क़ौम और अपने मुल्क के लिए सोचो। अगर अपने लिए सोचते रहोगे तो ये ख़ुदग़रज़ी होगी।' इस नयी सोच के साथ उन्होंने अमली ज़िदगी में भी हिस्सा लिया और उसे अपनी शायरी का भी आधार बनाया।

उन्हीं दिनों रेडियो नया-नया शुरू हुआ था। फ़ैज़ और उनके दोस्त प्रोग्राम देने तो जाते ही थे, स्टेशन डायरेक्टर रशीद अहमद के लिए प्रोग्राम तरतीब भी देते थे। जब रशीद साहब दिल्ली ट्रांसफर हो गये तो ये लोग भी दिल्ली आने जाने लगे। वहीं फ़ैज़ की मुलाक़ात मजाज़, अली सरदार जाफ़री, जां निसार अख़्तर, जज़्बी और मख़्दूम वग़ैरह से हुई।

गर्मियों की छुट्टियों में फ़ैज़ अक्सर अपनी बड़ी बहन के पास धर्मशाला चले जाते थे। वहां उनके बच्चों के साथ वक़्त बिताते और घूमते। उन्होंने बीवी गुल के बेटे और बेटी सआदत को मेज़ पर मुक्का मार कर कहना सिखाया, 'टोडी बच्चा हाय-हाय! विलायती माल बायकाट!' यानी घर के बच्चों की तर्बियत भी वे उसी रास्ते पर करने लगे थे जो उन्होंने अपने लिए चुन लिया था। लिखते हैं कि 'धर्मशाला में क़ुदरती मंज़र देखने का बहुत मौक़ा मिला, वे दिल पर अपनी छाप छोड़ जाते हैं लेकिन हमें इनसानों से जितना लगाव रहता है उतना क़ुदरत के मनाज़िर और उसकी सुंदरता को पढ़ने से कभी नहीं रहा।' फिर उन्होंने यह भी महसूस किया कि शहर के गली मुहल्लों में भी एक हुस्न है जो दरिया और सहरा, पर्वतों और फूलों से कम नहीं है, लेकिन उसको देखने के लिए दूसरी तरह की नज़र चाहिए।' फ़ैज़ की शायरी में गलियों और शहरों का ज़िक्र बड़े पैमाने पर हुआ है। जेल के ज़माने में ख़ास तौर से उन्होंने अपने वतन के गली-मुहल्लों को बड़ी शिद्दत से याद किया है। 'ऐ रौशनियों के शहर, निसार मैं तेरी गलियों पे...' 'शाहराह', 'एक रहगुज़र पे' वग़ैरह नज़्में इसकी मिसाल हैं। विशेषत : 'निसार मैं तेरी गलियों पे...' इन पंक्तियों में जिस तरह अपनी गलियों को याद किया है, उसकी नज़ाकत किसी महबूब को याद करने जैसी गहरी अनुभूति से कम नहीं है :

बुझा जो रौज़ने-ज़िंदां[1] तो दिल ये समझा है
कि तेरी मांग सितारों से भर गयी होगी
चमक उठे हैं सलासिल[2] तो हमने जाना है
कि अब सहर[3] तेरे रुख़[4] पर बिखर गयी होगी
ग़रज़ तसव्वुरे-शामो-सहर में जीते हैं
गिरफ़्ते-साया-ए-दीवारो-दर में जीते हैं।

रोज़मर्रा की ज़िंदगी, इश्क़ो-मुहब्बत और सियासी समझ–ये सब फ़ैज़ के लिए अलग-अलग ख़ानों में बंटे हुए नहीं थे। इसीलिए तो उनकी रूमानी शायरी में भी गहरा समाजी और सियासी शऊर मिलता है और अमली ज़िंदगी में एक बेचैनी जो हालात को बदल देने के लिए की गयी उनकी कोशिशों में नज़र आती है। कॉलेज में पढ़ाने का काम वे छः सात बरस से ज़्यादा न कर सके। 1940 में अमृतसर से लाहौर के कॉलेज चले गये और 1942 में यह नौकरी छोड़ कर फ़ौज में भर्ती हो गये। फ़ौज में जाने का सीधा कारण यह था कि वे यह महसूस कर रहे थे कि पहली ज़रूरत

1. जेलख़ाने की खिड़की। 2. बेड़ियां, ज़ंजीरें। 3. सुबह। 4. चेहरा।

फ़ासीवाद को ख़त्म करने की है, और कोई इंक़लाबी और तरक़्क़ीपसंद ताक़त इस बात को नज़र अंदाज़ नहीं कर सकती। फ़ौज की नौकरी से फ़ैज़ ने 1947 में इस्तीफ़ा दिया और लाहौर चले गये। वहां पत्रकारिता और सियासी काम साथ-साथ करते रहे। ट्रेड यूनियनों और मज़दूर संगठनों को बनाने में उन्होंने बड़ी सरगर्मी से हिस्सा लिया। डाक-तार विभाग और रेलवे कर्मचारी यूनियनों के सदर रहे और विभिन्न स्तरों पर मज़दूरों की नुमाइंदगी करते रहे। उसी दौरान मियां इफ़्तख़ारुद्दीन के अख़बार *पाकिस्तान टाइम्स* और *इमरोज़* के एडिटर बने। 1958 में जब अय्यूब ख़ां ने मार्शल लॉ लगाकर हुकूमत पर क़ब्ज़ा कर लिया तो इन अख़बारों को भी सरकार ने अपने क़ब्ज़े में ले लिया।

1951 में रावलपिंडी साज़िश केस में फ़ैज़, सज्जाद ज़हीर और दूसरे बहुत से लोगों को जेल भेज दिया गया। फ़ैज़ ने चार साल एक महीना, ग्यारह दिन जेल में गुज़ारे जिन में से तीन महीने उन्हें क़ैदे-तनहाई भी झेलनी पड़ी। वे सरगोधा, मंटगोमरी, लायलपुर, और लाहौर इत्यादि की जेलों में रहे। ऐसा वक़्त भी गुज़रा जब उन्हें बीवी-बच्चों से मिलने तक की इजाज़त नहीं थी। कागज़ क़लम भी अपने पास नहीं रख सकते थे। यह बड़ी कठिनाई का ज़माना था। उनके दो संकलनों, *दस्ते-सबा* और *ज़िंदांनामा* की ज़्यादातर शायरी इसी दौर की यादगार है।

जेल की यादगार सिर्फ़ फ़ैज़ की नज़्में और ग़ज़लें ही नहीं हैं, जेल के उनके अक्सर साथियों ने फ़ैज़ के बारे में अपनी याददाश्तें लिखी हैं। उनमें मेजर इसहाक़ का मज़मून *ज़िंदांनामा* में छपा। कैप्टेन ज़फ़र-उल्लाह पोशनी ने जेल के शबो-रोज़ की बड़ी दिलचस्प रूदाद लिखी है जिसमें बिल्लियां पालने से लेकर कविता के हास्य सम्मेलनों तक का बड़ा सजीव बयान है। ये लोग रेडियो पर हिंदुस्तान का क्लासिकी संगीत सुनते, क़व्वालियां गाते और तरही मुशायरे करते थे। पंद्रह-सोलह क़ैदियों के इस ग्रुप में सब के लिए शायरी करना ज़रूरी था और सब को नये-नये तख़ल्लुस भी दिये गये थे। किसी को 'सारस', कोई 'गड़बड़' कोई 'जाहिल' और 'ख़बीस'। फ़ैज़ का तख़ल्लुस 'काहिल' रखा गया, कैप्टिन ख़िज़्र हयात का 'पेटू' और मेजर इसहाक़ 'डेगा' (यानी टेढ़ा) कहलाये। इन्हीं महफ़िलों में फ़ैज़ ने अपनी मशहूर ग़ज़ल कही :

रंग पैराहन का .ख़ुशबू ज़ुल्फ़ लहराने का नाम
मौसमे-गुल है तुम्हारे बाम पर आने का नाम

यह ग़ज़ल 19 अगस्त 1952 को पढ़ी गयी। मुशायरा हैदराबाद सेंट्रल जेल के 'बी' क्लास वार्ड में जनरल नज़ीर अहमद 'सारस' की सदारत में हुआ था। फ़ैज़ ने अपना मशहूर तराना भी यहीं लिखा जिसके बारे में कैप्टेन पोशनी लिखते हैं कि 'यह तराना हमें इस क़दर पसंद था कि हम इसे महफ़िल में कम से कम एक बार ज़रूर गाते, और कई बार तो आधा पौन घंटे तक लगातार गाते। मुझे यक़ीन है कि यह तराना किसी रोज़ एक विशाल जन आंदोलन का नारा बनकर हमारे वतन (पाकिस्तान) के चप्पे-चप्पे पर फैल जायेगा।' (*शबिस्तां*, पृष्ठ 140)

यह बात सच साबित हुई और तराने की ये पंक्तियां आज हिंदुस्तान में भी कॉलेजों और यूनिवर्सिटियों के छात्रों का प्रिय नारा हैं :

कटते भी चलो बढ़ते भी चलो
बाज़ू भी बहुत हैं, सर भी बहुत

यह पूरा तराना ही जिन तेवरों के साथ लिखा गया है वे फ़ैज़ के उस धीमे और रूमानी मिज़ाज से मेल कम खाते हैं जिसको कई रेडिकल कामरेड अदीबों ने ज़रा आलोचनात्मक विवेचन की नज़र से देखा है। पूरा तराना इस तरह है :

दरबारे-वतन में जब इक दिन सब जाने वाले जायेंगे
कुछ अपनी सज़ा को पहुंचेंगे, कुछ अपनी जज़ा[5] ले जायेंगे
ऐ ख़ाक नशीनो उठ बैठो, वो वक़्त क़रीब आ पहुंचा है
जब तख़्त गिराये जायेंगे, जब ताज उछाले जायेंगे।
अब टूट गिरेंगी ज़ंजीरें, अब ज़िंदानों[6] की ख़ैर नहीं
जो दरिया झूम के उट्ठे हैं, तिनकों से न टाले जायेंगे
कटते भी चलो, बढ़ते भी चलो, बाज़ू भी बहुत हैं, सर भी बहुत
चलते भी चलो कि अब डेरे मंज़िल ही पे डाले जायेंगे।
ऐ ज़ुल्म के मातो उठ बैठो, चुप रहने वालो चुप कब तक
कुछ हश्र[7] तो इनसे उट्ठेगा, कुछ दूर तो नाले[8] जायेंगे।

लेकिन इस ऊंचे स्वर के बावजूद फ़ैज़ अपनी पहचान क़ायम रखते हैं। उनकी काव्यशैली मजाज़, साहिर और मख़्दूम से भिन्न ही रहती है। इसकी वजह यह है कि फ़ैज़ शायरी में न केवल ग़ालिब और इक़बाल से प्रभावित हैं बल्कि उन्होंने मीर के दर्द और धीमे-धीमे जलने के एहसास को तो आत्मसात किया लेकिन उनकी मायूसी नहीं ली। इसके मुक़ाबले ग़ालिब का आत्मविश्वास और रिजाईयत (आशा) और इक़बाल का कमिटमेंट और दृढ़ता उनकी सोच में शामिल हुई। सिर्फ़ मिज़ाज ही नहीं, भाषा और प्रतीकों, उपमाओं और बिंबों के प्रयोग में भी उन्होंने क्लासिकी अदब की परंपरा से गहरा असर लिया है। फ़ैज़ के यहां 'मौसम' सियासी माहौल के मायनों में बहुत इस्तेमाल हुआ है। मसलन एक नज़्म की ये कुछ पंक्तियां देखें :

बेज़ार फ़ज़ा, दरपै आज़ार[9] सबा है
यूं है कि हर इक हमदमे-दैरीना ख़फ़ा है
हां बादाकशो[10] आया है अब रंग पे मौसम
अब सैर के क़ाबिल रविशे[11] आबो-हवा है
उमड़ी है हर इक सिम्त से इल्ज़ाम की बरसात
छायी हुई हर दांग[12] मलामत की घटा है

---

5. पुरस्कार। 6. बंदीगृहों। 7. क़यामत। 8. क्रंदन, विलाप। 9. कष्ट देने में लगी हुई। 10. शराब पीने वालो। 11. रास्ता। 12. दिशा।

इनमें मौसम को सियासी अर्थ देने की यह परंपरा उन्हें मीर से जोड़ती है :

मौसम आया तो नख़्ले-दार[13] पे मीर
सरे-मंसूर[14] ही का बार[15] आया

या जब फ़ैज़ कहते हैं :

मताए-लौहो-क़लम[16] छिन गयी तो क्या ग़म है
कि ख़ूने-दिल में डुबो ली हैं उंगलियां मैंने
ज़बां पे मुहर लगी है तो क्या कि रख दी है
हरेक हल्क़ा-ए-ज़ंजीर में ज़बां मैंने

ख़ून की सुर्ख़ी से रौशनाई और उंगलियों से क़लम का काम ग़ालिब ने भी लिया है :

हाले-दिल लिखूं कब तक जाऊं उनको दिखलाऊं
उंगलियां फ़िगार[17] अपनी, ख़ामा[18] ख़ूं-चकां[19] अपना।

या फिर ग़ालिब ही का यह शे'र :

लिखते रहे जूनूं की हिकायाते-ख़ूं-चकां
हर चंद इसमें हाथ हमारे क़लम हुए

पढ़कर अंदाज़ा होता है कि फ़ैज़ ने कोई नया ख़याल पेश नहीं किया है लेकिन फ़ैज़ ने इस ख़याल को अपनी विशेष शैली में जिस तरह नज़्म का रूप दिया है उसमें उनकी अमली ज़िंदगी का तर्जुबा और दुनिया को बदल देने का वह संकल्प भी शामिल है जो उन्हें मार्क्सिज़्म के वैज्ञानिक दृष्टिकोण ने दिया है और तमामतर यूनिवरसिलिज़्म और इनसान दोस्ती के बावजूद जिसकी उम्मीद हम ग़ालिब से नहीं कर सकते क्योंकि ग़ालिब एक अलग ही समय और वातावरण में जन्मे थे। अपने दिल और अपने जुनून की कहानी लिखने में हाथों में क़लम रखना या 'हाथ-क़लम रखना' (कटे हुए) एक बात है और बड़ी बात है लेकिन बग़ावत की ज़बां पर अगर ताले डाल दिये जायें तो अपनी बेड़ियों की हर कड़ी में एक ज़बान रख देना उस नाभिकीय रिएक्शन की ओर इशारा करता है जो परमाणु में निहित है और जो ऐसी प्रक्रिया है जिसे रोका नहीं जा सकता। एतराज़ किया जा सकता है कि ग़ालिब ने भी तो अपनी बेड़ियों को जले हुए बाल की तरह कमज़ोर बताया है :

बस कि हूं ग़ालिब असीरी में भी आतिश ज़ेरे-पा
मू-ए-आतिश-दीदा है हल्क़ा मिरी ज़ंजीर का

इन पंक्तियों से भी यह बात स्पष्ट है कि ग़ालिब अपने मिज़ाज की और जुनून की उस ताक़त की ओर इशारा कर रहे हैं जो बेड़ियों को जले बाल की तरह कमज़ोर समझता है। यह बेचैनी और दृढ़ता आज़ादी तो दिला सकती है लेकिन उसे इंक़लाब में परिवर्तित नहीं करती। यहीं से ग़ालिब और फ़ैज़ के मिज़ाज और माहौल का अंतर सामने आता है।

---

13. सूली का पेड़। 14. मंसूर जिसको फांसी पर लटकाया गया। 15. फल। 16. क़लम और तख़्ती। 17. कटी-फटी, ज़ख़्मी। 18. क़लम और तख़्ती अर्थात कागज़-क़लम। 19. ख़ून बरसाता हुआ।

फ़ैज़ ग़ालिब की महान परंपरा से भाषा और विचार दोनों स्तरों पर फ़ायदा तो उठाते हैं, लेकिन उसको अपनी विचारधारा का हिस्सा बनाकर। उसी तरह जैसे ग़ालिब ने फ़ारसी परंपरा के अज़ीम शायरों से फ़ायदा उठाया लेकिन उसको नया मोड़ देकर। अपने एक लेख, 'फ़न का तक़ाज़ा' में फ़ैज़ ने स्पष्ट शब्दों में अपना रास्ता ग़ालिब से अलग बताया है। वे कहते हैं कि शायर का काम सिर्फ़ मुशाहिदा (observation) ही नहीं, मुजाहिदा (संघर्ष) भी उस पर फ़र्ज़ है। गिर्दोपेश के मुज़्तरिब (बेचैन) कतरों में ज़िंदगी के दजले का (बूंद में समुद्र का) मुशाहिदा उसकी बीनाई (दृष्टि) पर है, उसे दूसरों को दिखाना उसकी फ़न्नी दस्तरस (कला निपुणता) पर, उसके बहाव में दख़ल अंदाज़ होना उसके शौक़ की सलाबत (दृढ़ता) और लहू की हरारत पर और तीनों काम मुसलसल कोशिश और जद्दोजहद (प्रयास और संघर्ष) चाहते हैं।' ('दीबाचा', *दस्ते-सबा)*

पानी की बूंद में समुद्र देखने, दिखाने और उस समुद्र में उतर जाने के तीन मरहलों में ग़ालिब पहले दो मरहलों के शायर हैं, तीसरे मरहले की बात मार्क्सवादी दृष्टिकोण रखने वाला लेखक ही कर सकता है क्योंकि वह द्वंद्व और द्वंद्वात्मक संबंधों में शायर को देश काल से अलग नहीं देखता बल्कि उसका हिस्सा समझता है, बल्कि उस द्वंद्व का हिस्सा इस तरह बनता है कि धारा के बहाव में बदलाव लाने या मोड़ने का मुसलसल प्रयास करता है। फ़ैज़ आगे कहते हैं कि कलाकारों को इस संघर्ष से कोई मुक्ति नहीं, उसकी कला एक सतत और निरंतर प्रयास है।

यह निरंतर और सतत प्रयास जिसकी तरफ़ फ़ैज़ मार्क्सवादी चेतना के सहारे पहुंचे, हमें इक़बाल की भी याद दिलाता है जो इनसान को निरंतर गति और तलाश में रहने का पैग़ाम देते हैं। फ़र्क़ यह है कि इक़बाल मानव का उत्कर्ष मुसलसल हरकतो-अमल और तलाशो-जुस्तजू में देखते हैं तो इसका कारण द्वंद्व और संघर्ष को नहीं बल्कि प्रकृति में क्षण-क्षण आते बदलाव को स्रोत मान कर इस नतीजे पर पहुंचते हैं कि अगर इनसान ने बदलाव के प्राकृतिक नियम का पालन नहीं किया तो वह पतन का शिकार हो जायेगा। बदलाव ऐसा ध्येय है जो फ़ैज़ और इक़बाल दोनों ज़रूरी मानते हैं लेकिन इस तक पहुंचने के लिए जितने पहलुओं से और तर्क के साथ इक़बाल ने अनथक लिखा है, फ़ैज़ नहीं लिख सके। इसके कारणों की खोज शायद ज़्यादा मुश्किल न हो। दोनों शायरों के मिज़ाज में ज़मीन आसमान का फ़र्क़ था। इक़बाल अपनी शायरी के प्रारंभिक दौर से ही बड़ा स्पष्ट सियासी और सामाजिक दृष्टिकोण रखते हैं, यह अलग बात है कि धीरे-धीरे उसमें बदलाव आता जाता है। लेकिन उनका दृष्टिकोण हर एतबार से स्पष्ट ही रहता है। फ़ैज़ का मामला यह था कि स्पष्ट सियासी नज़रिये में यक़ीन तो रखते थे लेकिन उनकी नज़र बहुत दूर तक न जा सकती थी। उनके दिल में तड़प थी शोषितों के प्रति, ग़ुस्सा था शोषक वर्ग के प्रति, उसको भरपूर अभिव्यक्त भी किया है लेकिन अपने इस बोध, दर्द और आक्रोश को कैसे बदलाव में परिवर्तित किया जाये इसको उन्होंने अपनी शायरी का हिस्सा

बहुत ही कम बनाया है। रावलपिंडी साज़िश केस में उनके जेल के साथी मेजर मुहमद इस्हाक़ ने बहुत सटीक शब्दों में फ़ैज़ की इस दुविधा और कमी की ओर इशारा किया है और लिखा है कि फ़ैज़ का कैनवस ज़रा कम व्यापक है। वे कहते हैं कि फ़ैज़ ज्वालामुखी से निकलने वाले पहले धुएं के बादल ही को सब कुछ समझ लेते हैं, जब वह बादल छंट जाता है तो उदास हो जाते हैं। अगर वे ज्वालामुखी की गर्मी में छिपी गरज को सुनें, या कुछ ही क्षणों में उबलने वाले लावे की कल्पना करें तो फिर दर्द और वेदना की जगह संघर्ष की तड़प पैदा हो जाये। (*ज़िंदांनामा*, पृष्ठ 43)

लेकिन ज़ाहिर है कि शायर फ़ैज़ से एक पूरा जीवन दर्शन देने की उम्मीद करना या किसी मार्क्सवादी से इंक़लाब की राह पर चलने के साथ-साथ विवचेन और विश्लेषण और फिर शायरी की आशा करना फ़ैज़ के साथ ज़्यादती होगी। फ़ैज़ बुनियादी तौर पर एक ऐसे शायर थे जिनकी भावनाएं लोगों के दुख-दर्द के साथ जुड़ी थीं, वे उनके साथ खड़े होते हैं, उनके दर्द में शरीक होते हैं, और अपने नर्म शब्दों और नग़मों का फ़ाहा रखकर वे उसके दर्द को कम तो करते ही हैं, दूसरे लोगों की भावनाओं को जगाकर शोषितों के हक़ में और अन्याय के ख़िलाफ़ पाठकों को लामबंद भी करते हैं। फ़ैज़ की शायरी का यह कमाल किसी भी तरह यह कहकर कम नहीं किया जा सकता कि उनके केनवस को और व्यापक होना चाहिए था।

फ़ैज़ की शायरी, उनकी अज़मत, उनकी विचारधारा और पैग़ाम पर बहुत लिखा गया है। मेरा मक़सद उस पर बहुत विस्तार से बात करना नहीं है बल्कि वे जिस माहौल में पले बढ़े, जिससे उनका एक विशेष मिज़ाज बना और उर्दू शायरी की परंपरा में वे किन शायरों से प्रभावित नज़र आते हैं, इसकी ओर इशारा करना मेरा मक़सद था। इस छोटे से लेख में मैंने यथासंभव यही इंगित किया है कि फ़ैज़ को भली भांति समझने के लिए हमें ग़ालिब और इक़बाल से भी कुछ न कुछ वाक़फ़ियत रखनी चाहिए। इसके अलावा यह देखने की भी ज़रूरत है कि फ़ैज़ की शायरी अपने समकालीन शायरों, ख़ास तौर से प्रगतिशील कवियों से किस तरह भिन्न थी या उनके साथ क्या समानताएं रखती है। मैं सिर्फ़ मजरूह सुल्तानपुरी का ज़िक्र करना चाहूंगी। इसका कारण यह है कि मजरूह की ग़ज़ल भी उसी परंपरा को आगे बढ़ाती है जिसको उर्दू-फ़ारसी की सांझी धरोहर कहा जाता है। मजरूह ने भी गुल, बुलबुल, क़फ़स, मौसम, ज़िंदां, सय्याद के पारंपरिक प्रतीकों और रूपकों को नये सियासी अर्थों में प्रयुक्त किया है, बल्कि क्लासिकी रचाव के साथ सियासी विषयों पर ग़ज़ल कहना उन्होंने फ़ैज़ से भी पहले शुरू कर दिया था। मजरूह को फ़ैज़ जैसी शोहरत न मिलने का कारण यह है कि एक तो उन्होंने सिर्फ़ ग़ज़लों तक स्वयं को सीमित कर लिया, ग़ज़लें भी बहुत कम कहीं (उनका एक ही संकलन है, *ग़ज़ल*), दूसरे वे सक्रिय राजनीतिक वामपंथी आंदोलन का उस तरह हिस्सा नहीं बने जैसे फ़ैज़।

नतीजा यह हुआ कि आज मजरूह के बहुत से अशआर और ग़ज़लें फ़ैज़ के नाम से जानी जाती हैं। ख़ास तौर से ऐसे शेर :

मैं अकेला ही चला था जानिबे-मंज़िल मगर
लोग साथ आते गये और कारवां बनता गया
... ...
देख ज़िंदां से परे रंगे-चमन, जोशे-बहार
रक़्स करना है तो फिर पांव की ज़ंजीर न देख
... ...
हमारे लब न सही, वो दहाने-ज़ख़्म सही
वहीं पहुंचती है यारो, कहीं से बात चले
... ...
सुतूने-दार पे रखते चलो सरों के चराग़
जहां तलक ये सितम की सियाह रात चले।

लेकिन जो लोग दोनों शायरों के मिज़ाज से वाक़िफ़ हैं उन्हें दोनों का अलग-अलग रंग पहचानते देर नहीं लगती। फ़ैज़ की ग़ज़ल और मजरूह की ग़ज़ल का फ़र्क़ मुहम्मद अली सिद्दीक़ी ने बहुत व्यवस्थित ढंग से मजरूह पर अपने लेख में स्पष्ट किया है। उनका मानना है कि मजरूह के यहां अपने कम्युनिस्ट नज़रिये के प्रति ज़्यादा स्पष्ट इज़हार और यक़ीन मिलता है। फ़ैज़ के यहां शायराना रमज़ियत (संकेत, भेद) ज़्यादा है। दोनों की ग़ज़ल का रंग अलग है। बहरहाल, अहम बात यह है कि मजरूह और फ़ैज़ ये दोनों ही ऐसे प्रगतिशील शायर हैं जिन्होंने तरक़्क़ीपसंदी के दौर में ग़ज़ल की गिरती हुई साख को फिर से बहाल किया।

जो बात फ़ैज़ की शायरी में सब से ज़्यादा अपील करती है वह उनका मानवतावादी दृष्टिकोण, अर्थात इनसान दोस्ती और यूनीवर्सलिज़्म है। इन मामलों में कि वे दुनिया भर में जारी जन आंदोलनों के साथ हैं। जहां-जहां साम्राज्यवादी ताक़तें विभिन्न राष्ट्रों को अपनी अत्याचारी नीतियों का निशाना बनाये हुए हैं फ़ैज़ उन सब की हिमायत में आवाज़ उठाते हैं। जन आंदोलनों की हिमायत में खड़े होने वाले लेखकों, कलाकारों के नग़्मे गाते हैं और इस तरह उनके साथ अपनी एकजुटता व्यक्त करते हैं। वे ईरानी छात्रों से लेकर फ़िलिस्तीनी अवाम, अफ़्रीक़ा, बेरूत इत्यादि पर दिल छूने वाली नज़्में लिखते हैं। आज़ादी और ख़ास तौर से अभिव्यक्ति की आज़ादी के लिए फ़ैज़ ने जिस अनुभूति के साथ लिखा है उसकी वजह से मुश्ताक युसुफ़ी ने उनकी नज़्म 'बोल' ('बोल कि लब आज़ाद हैं तेरे) को उनकी शायरी का अहदनामा' और Testament of the Third World कहा है।

लेकिन फ़ैज़ के इस तमाम मानवतावादी दृष्टिकोण के बावजूद जिसमें वे कमज़ोरों, शोषितों और पराधीनों की वेदना में उनके साथ हैं, औरतों की स्थिति पर उनकी ख़ामोशी या उसको समझ न पाना हैरत में डालता है। अपनी मृत्यु से चार दिन पहले, अर्थात 16 नवंबर 1984 को बेगम तासीर को दिये एक इंटरव्यू में उन्होंने कहा कि 'औरतें अपने अधिकारों को मर्दों के अधिकारों से अलग-अलग कोई चीज़ समझती हैं, और

उसके लिए अलग से संघर्ष कर रही हैं, हालांकि औरतों और मर्दों की समस्याओं को अलग-अलग नहीं किया जा सकता...औरतों की हालत उस व्यवस्था के अनुसार बेहतर या बदतर होती है, जिसमें वे जीवन बिताती हैं...पाकिस्तान, के जिन इलाक़ों में औरतों को बेहतर हैसियत मिली है उसकी वजह यह है कि वहां के मर्द भी तरक़्क़ी कर चुके हैं।' (*शबिस्तां*, : पृष्ठ 195)

ये विचार एक आम आदमी के तो महसूस होते हैं लेकिन सामाजिक विषमताओं का बोध रखने वाले व्यक्ति के बिलकुल नहीं; क्योंकि यह बात किसी को भी आसानी से समझ में आयेगी कि हर वर्ग में चाहे वह उच्च, संभ्रांत या फिर भिन्न पिछड़े तबक़े की ही औरतें क्यों न हों, उन्हें दोयम दर्जा मिला है। सामाजिक अधिकारों से लेकर वोट के अधिकार तक, राजनीति में शरीक होने के अधिकार तक फ़ैज़ के दौर में बड़ी बहसें हो चुकी थीं, नारी आंदोलनों के फ़ैशन में आने से बहुत पहले लेनिन ने क्लारा ज़ेटकिन को दिये अपने इंटरव्यू में इन विषमताओं की ओर ध्यान दिलाया था और समाजी इंक़लाब की राह में महिलाओं के रोल पर बात की थी। ऐसे में फ़ैज़ का सर सैयद अहमद खान और इक़बाल की तरह यह सोच रखना कि मर्दों की तरक़्क़ी होगी तो औरतों की स्वतः ही तरक़्क़ी हो जायेगी, औरतों के प्रति एक संकीर्ण दृष्टिकोण को दिखाता है। ऐसा नहीं है कि फ़ैज़ औरतों को बराबरी का दर्जा देना नहीं चाहते थे, लेकिन यह विषमता क्या है, कैसे जन्मी, और इसे कैसे दूर किया जा सकता है इस पर उनकी कोई स्पष्ट सोच नहीं थी। कहा जा सकता है कि वे उन्हीं पितृसत्तात्मक और ज़मींदारी व्यवस्था की रूढ़ियों से ग्रस्त रहे जिनमें वे पले-बढ़े। उन्होंने कभी औरत को ऐसे वर्ग के तौर पर देखने की भी कोशिश नहीं की कि जिसके अधिकार एक-एक करके छिनते चले गये और वह मूक तमाशाई बनी रही। फ़ैज़ की शायरी में भी औरत महबूब के रूप में ही आती है लेकिन कहीं भी एक क्रांतिकारी, एक सहयोगी के रूप में नज़र नहीं आती। वे बस उसके रूप, उसकी वफ़ा, उसके इश्क़ और हिज्र की वेदना का बयान भर करके रह जाते हैं और उसके व्यक्तित्व को इसी हद तक देखते हैं। समाज निर्माण और बदलाव लाने वाले एक कर्त्ता के रूप में उसके रोल के प्रति फ़ैज़ उदासीन हैं, लेकिन इतना ज़रूर मानते हैं कि 'औरतों को ज़हनी और समाजी तौर पर मर्दों के बराबर लाने के लिए ज़रूरी है कि सियासी और समाजी व्यवस्था में इंक़लाबी तब्दीली लायी जाये।'

जिस विषय पर फ़ैज़ ने नहीं लिखा उसकी आशा करना उनके साथ ज़्यादती है क्योंकि उनके विचारों और कला पर बात उसी हद तक होनी चाहिए जो उन्होंने लिखा, लेकिन फ़ैज़ की रौशनख़याली और पसमांदों के प्रति उनकी सहानुभूति, मानव मूल्यों और अधिकारों के लिए उनके मुखर स्वर के कारण ऐसी आशा करना अनुचित भी नहीं कि उन्होंने समाज के अन्य पिछड़े वर्गों (जाति और लिंग के आधार पर) पर भी लिखा होता तो अच्छा होता।

हर क़दम हमने आशिक़ी की है

वैभव सिंह

फ़ैज़ अहमद फ़ैज़ के बारे में जोश मलीहाबादी ने कभी 1965 में लिखा था :

> *मेरा साहिल अब सामने आ चुका है। मेरी कश्ती में अब बादबान लपेटे जा रहे हैं, लेकिन डूब जाने से पेश्तर यह कह देना चाहता हूं कि मैं इत्मीनान से मरूंगा और महज़ इस बिना पर कि उर्दू अदब के एक मल्लाह को पीछे छोड़े जा रहा हूं और उस मल्लाह का नाम है—फ़ैज़।'*

जोश ने अपना भरोसा फ़ैज़ पर जताया था, पर फ़ैज़ पर और उनकी शायरी पर भरोसा केवल शायरों ने नहीं किया बल्कि जनता ने सबसे ज़्यादा किया है। उन लोगों ने जिन्होंने अक्सर तानाशाहों, चरम उत्पीड़न और पूंजीवाद से लड़ते हुए सच्ची मानवता की स्थापना के ख़्वाब को अपने दिल में मरने नहीं दिया है। इसीलिए आज 2011 में फ़ैज़ की नज़्मों और शायरी का पाठ किसी तरह का होगा, इसे लेकर अकादमिक उलझनें सबसे कम हैं, हालांकि बहुत सारे ऐसे धुरंधर विद्वान ज़रूर हैं जो कविता के क्रांतिकारी तेवरों से कविता को मुक्त करने के नाम पर उसे फिर पुराने रहस्यवाद, अध्यात्म और आत्मकेंद्रित प्रेम की दुनिया की क़ैद में डाल देते हैं। ऊपर से तुर्रा यह कि ऐसा करते हुए वे किसी नयी और महान मौलिक सोच के स्थापक के रूप में भी ख़ुद को पेश करने का दावा करते हैं। पर फ़ैज़ की शायरी आशिक़ी, उदासी और मुहब्बत की धारणाओं को नयी परिस्थितियों में रूपांतरित करते हुए ही विकसित हुई थी और उस पर प्रगतिशील आंदोलन का बड़ा प्रभाव था। इस आंदोलन ने मुहब्बत, तनहाई और आशिक़ी के वर्णन के शायर के अधिकार को छीना नहीं था, पर मुहब्बत को केवल माशूक़ा तक सीमित न रखकर दुनिया की मानवता के साथ जोड़ने का काम किया था। दुनिया की सबसे तुच्छ और कमज़ोर चीज़ों के प्रति भावुकता को नयी ऊंचाई प्रदान की थी। पुराने बदनाम विषयों को भी असाधारण रूप से भावपूर्ण बनाकर प्रस्तुत किया था और इस प्रकार कविता के सौंदर्यशास्त्र को बदलकर रख दिया था। सौंदर्य को भी देखने की नयी निगाह तैयार करने की बात उठायी थी। ख़ुद फ़िराक़ ने फ़ैज़ की इस ख़ूबी को सराहा था और रक़ीब जैसे विषय पर लिखी उनकी नज़्म के बारे में लिखा था :

'रक़ीब का विषय उर्दू शायरी का बहुत बदनाम विषय है और रक़ीब अक्सर ही खलनायक के रूप में शायरों की गालियां पाता रहा है। लेकिन फ़ैज़ ने उसे असाधारण रूप से भावबहुल और पाकीज़ा बना दिया। इश्क़ और इंसानियत के कोमल और गंभीर संबंधों को समझना हो तो यह रचना देखिए।'

'रक़ीब से' नामक नज़्म 1941 के उनके पहले संग्रह *नक़्शे-फ़रियादी* में प्रकाशित हुई थी। इसमें रक़ीब यानी प्रेम के प्रतिद्वंद्वी से भी वह लड़ाई या नफ़रत नहीं करते हैं, बल्कि उससे कहते हैं :

तुझसे खेली हैं वो महबूब हवाएं जिनमें
उसके मलबूस[1] की अफ़सुर्दा[2] महक बाक़ी है
तुझ पे भी बरसा है उस बाम[3] से महताब[4] का नूर
जिसमें बीती हुई रातों की कसक बाक़ी है।

यह प्रेम की दुनिया की लोकतांत्रिकता है जिसमें औरत सिर्फ़ निजी ज़ायदाद नहीं बनी है कि जिस पर कोई नज़र डाल दे तो ख़ूनख़राबा हो जाये। बल्कि इश्क़, औरत और रक़ीब, सब इस दुनिया में बराबरी की जगह रखते हैं, न किसी के साथ बदसलूक़ी है और न किसी के साथ कोई प्रतिद्वंद्विता। यह प्रगतिशील आंदोलन की विशेषता थी जिसने औरत और मर्द को केवल जिस्मानी रिश्तों से ऊपर उठाकर ज़िंदगी की बड़ी लड़ाइयों के साथ जुड़ने के लिए प्रेरित किया था और इसका लाभ यह हुआ था कि औरत की अपने पति या प्रेमी के अलावा अन्य मर्दों से मिलने-जुलने को चाल-चलन की अच्छाई या बुराई से जोड़कर देखने की पुरानी तंग सोच बेमानी हो गयी थी। औरत की देह पर राष्ट्र और परंपरा की भव्यता खड़ी करने को जिस तरह पौरुषपूर्ण प्रोजेक्ट के रूप में देखा जाता था, उसका दक़ियानूसपन ज़ाहिर हो गया था। इसी से 'रक़ीब से' जैसी नज़्में भी संभव हुई थीं जिसमें रक़ीब अब मुहब्बत का दुश्मन नहीं बल्कि एक दोस्त की तरह पेश आता है। इसी नज़्म में इश्क़ से सीखी बातों को भी शायर ने बताया है और जो बातें सीखी हैं उनमें एक है ग़रीबों की हिमायत करना। इसलिए इश्क़ में डूबा प्रेमी जैसे संसार को और तीखी, साफ़ निगाहों से देखने लगता है। न सिर्फ़ देखने लगता है बल्कि उसकी कुरूपता पर क्रोधित होने लगता है। इस नज़्म का अंत इस प्रकार होता है :

जब कभी बिकता है बाज़ार में मज़दूर का गोश्त
शाहराहों पे ग़रीबों का लहू बहता है
आग सी सीने में रह रह के उबलती है न पूछ
अपने दिल पर मुझे क़ाबू ही नहीं रहता है

प्रेम को संकीर्णताओं, स्वार्थ से मुक्त करना और जीवन की व्यापक लड़ाइयों के बीच उसे संभव बनाना ही फ़ैज़ की शायरी का मक़सद था। इसलिए जब वे इश्क़ की बात करते हैं तो दुनिया को नहीं भुला देते और जब दुनिया के कठिन संघर्षों और आंदोलनों

1. कपड़ों। 2. उदास। 3. अटारी। 4. चांद।

की भाषा का प्रयोग करते हैं तो उसमें भी इश्क़ की बात बड़े स्वाभाविक ढंग से चली आती है। फ़ैज़ की यह ख़ूबी भी है कि वे अपनी शायरी के माध्यम से इस बात को उठाते हैं कि इस दुनिया में इश्क़ के तभी मायने हैं जब अन्यायकारी व्यवस्था को पलट दिया जाये। उनकी निगाह में अन्यायकारी व्यवस्था हमेशा से प्रेमविरोधी रही है और प्रेम के लिए संघर्ष इस विद्रूप व्यवस्था से लड़ाई से अलग नहीं हो सकता है। इसीलिए उनके यहां मनुष्य की भावभूमि को व्यापक बनाने की चिंताएं हैं और इसके लिए वे साहसिक सोच का रास्ता चुनते हैं।

नक़्शे-फ़रियादी की ही एक और नज़्म 'चंद रोज़ और मेरी जान' में हुस्न, जवानी और सितम जैसे शब्द, जो उर्दू शायरी में बहुतायात में प्रयोग किये जाते रहे हैं, को पूरी तरह अलग संदर्भों में प्रयोग किया है। इसमें हुस्न को किस तरह दर्द घेरे है, जवानियां शिकस्त की शिकार हैं और जज़्बातों पर ज़ंजीरें चढ़ी हैं, इसका वर्णन है। यानी इश्क़िया शायरी की जो शब्दावली थी, वह मौजूद होते हुए भी इश्क़ और हुस्न के परंपरागत रूपों से बाहर निकल गयी है। पुरानी शायरी में प्रेमी का दर्द बड़ा निजी मामला सा लगता था और अक्सर ही माशूक़ा का सताया हुआ होता था। वह अपने दर्द को बड़ी अनोखी चीज़ समझता था और उसके इज़हार में भी अनोखापन देखता था। इश्क़ को वह कठिन कार्य अवश्य मानता था पर इस कठिनता से पार पाने के लिए संसार को बदलने के स्थान पर अपनी भावनाओं की शक्ति पर निर्भर रहना अधिक पसंद करता था। पर अब यह दर्द निजी नहीं रह गया है और न ही सारे दर्दों की दवा माशूक़ा के पास है। उसे समझ में आ गया है कि माशूक़ा दिल खोलकर सारी मोहब्बत लुटा देगी तो भी प्रेम का संकट समाप्त न होगा। प्रेमियों का संसार केवल उनकी इच्छाओं से बनता बिगड़ता नहीं है बल्कि बाहर के असर से वह संचालित होता है। इसीलिए फ़ैज़ जैसा शायर इश्क़ की शायरी लिखते समय भी कभी उदासी तो कभी गुस्से से भरा नज़र आता है। उसकी भाषा ललकारने वाली भाषा है, तेवरों में तल्ख़ी है और हुस्न के प्रति दृष्टिकोण भी बदला हुआ है। वह लिखता है :

ये तेरे हुस्न से लिपटी हुई आलाम[5] की गर्द
अपनी दो-रोज़ा जवानी की शिकस्तों का शुमार
चांदनी रात का बेकार दहकता हुआ दर्द
दिन की बेसूद[6] तड़प जिस्म की मायूस पुकार
चंद रोज़ और मेरी जान, फ़क़त चंद ही रोज़

ललकार और संघर्ष की यह भाषा ही फ़ैज़ की शायरी की जान कही जा सकती है। अपने जीवन के कटु से कटु अनुभवों के दौरान उन्हें उदासी का सामना तो करना पड़ा पर उनका मूल स्वभाव ज़्यादा नहीं परिवर्तित हुआ। अनुभव, संघर्ष और शायरी का सबसे बेहतर समन्वय फ़ैज़ के यहां मिलता है और उनकी रचनाएं

---

5. दुःखों। 6. व्यर्थ, बेकार।

शायरी के फ़ॉर्मेट के भीतर अपने समय की आलोचना का सबसे अचूक दस्तावेज़ जैसी हैं। लाहौर में जब वे पहली बार फ़ौजी बग़ावत के आरोप में गिरफ़्तार हुए और उन्हें अकेले जेल में रखा गया जहां क़लम, दवात, पेपर या अख़बार जैसा कुछ नहीं मिलता था, तब जैसे उनकी आत्मा से विद्रोह की तरह ये पंक्तियां निकल पड़ीं :

मता-ए-लौह-ओ-क़लम छिन गयी तो क्या ग़म है
कि ख़ूने-दिल में डुबो ली हैं उंगलियां मैंने
ज़बां पे मुहर लगी है तो क्या कि रख दी है
हरेक हलक़ा-ए-ज़ंजीर में ज़बां मैंने

फ़ैज़ की शायरी की ख़ूबसूरती का एक कारण जीवन के प्रति बड़ा दृष्टिकोण है। पूरी दुनिया में जारी जनसंघर्षों से वे लगाव को व्यक्त करते हैं और इन संघर्षों के परिणामस्वरूप जो लोग जेल यातनाएं, दमन और दुख को सहते हैं, उनके प्रति अपने मन के सम्मान भाव को व्यक्त करते हैं। स्वदेश दीपक की कृति 'मैंने मांडू नहीं देखा' में भी फ़ैज़ का ज़िक्र आता है जहां फ़ैज़ अंबाला के किसी मुशायरे में आये हुए हैं। स्वदेश दीपक उनसे कहते हैं, 'ख़ुशवंत सिंह और कुछ औरों का कहना है कि आपको नोबल प्राइज़ मिलना चाहिए।' इस पर फ़ैज़ का जवाब होता है 'वतन की ख़ातिर जेल की सजा काटना किसी भी इनाम से बड़ा होता है।' पाकिस्तान में हुई दो बार की जेल, पहले 1953 और फिर 1959 में इस बात को प्रमाणित करती है कि फ़ैज़ उन चंद साहित्यकारों में थे जिन्होंने कविता और जीवन को कभी अलग-अलग नहीं माना तथा एक ही मूल्य का दोनों जगह निर्वाह किया। एडवर्ड सईद ने ठीक ही लिखा है कि 'फ़ैज़ की शायरी में कीट्स जैसी गहन ऐंद्रिकता (सेंसुअसनेस) और पाब्लो नेरुदा की कविताओं जैसी विषयगत व्यापकता मौजूद है।'

फ़ैज़ ने शब्द को केवल अभिव्यक्ति का माध्यम नहीं माना बल्कि उन्होंने उसे जीवन की तरह देखा। यानी शब्द ज़िंदा इनसान के लिए ही नहीं बने हैं बल्कि ख़ुद उनमें ज़िंदगी बसती है। इसीलिए वे एक-एक शब्द से प्यार करते हैं, उसे शायरी में सम्मान देते हैं और उसकी गहराइयों को पहचानते हैं। उनकी एक बहुचर्चित नज़्म की लाइन है : 'और भी दुख हैं ज़माने में मुहब्बत के सिवा'। इस लाइन में दुख की जगह अक्सर ग़म का इस्तेमाल भी होता है। कौन सा शब्द सही है, इस पर भी स्वदेश दीपक की उपर्युक्त कृति में उनसे सवाल किया गया था। उनका बड़ा संजीदा जवाब यह था : 'यह नज़्म शायद 1936 में मैंने लिखी थी। सही याद नहीं। लेकिन दुःख ही लिखा होगा। ग़म में इतनी गहराई और कसक कहां है।'

एक-एक शब्द की कसक और गहराई पहचानने वाला रचनाकार ही शायद बड़ा कवि या शायर हो सकता है। जिसमें यह क्षमता नहीं है, उसे यक़ीनन कुछ और काम ढूंढ़ लेना चाहिए। पर यह क्षमता आती कहां से है, यह भी समझना महत्वपूर्ण है। जो इन्सानी दिमाग़ ज़िंदगी के व्यापक दृष्टिकोण को अपनाने के कारण ही ज़िंदगी

की सबसे सूक्ष्म और मामूली प्रतीत होने वाली चीज़ों को पैनी निगाहों से पकड़ पाता है और उनसे संवेदनात्मक लगाव का अनुभव करता है, वही दिमाग़ भाषा के हर शब्द, छोटे से छोटे या बड़े से बड़े शब्द से उतनी ही गहराई से जुड़ता है। यानी ज़िंदगी की सूक्ष्म व छोटी चीज़ों से उसकी बड़ी संवेदना जुड़ती है और यही प्रक्रिया भाषा के शब्दों पर लागू होती है। जो लोग ज़िंदगी के केवल तटस्थ भोक्ता और दर्शक हैं, उनके रचनाकर्म में वह गहराई नहीं होती जो ज़िंदगी और समाज के संघर्षों में सक्रिय हिस्सेदारी करने वालों की रचनाओं में होती है। इसीलिए फ़ैज़ ने ग़ालिब के हवाले से माना था कि 'क़तरों में दजला' देखना ही किसी रचनाकार की दृष्टि की शक्ति और क्षमता पर आधारित होता है। दजला इराक़ की नदी का नाम है और क़तरों में दजला यानी छोटी-छोटी बूंदों में भी बड़े जीवन-सागर को देख पाना। पर वे केवल देखने तक ही रचनाकार की विशेषता नहीं मानते बल्कि कहते हैं : 'यों कहिए कि शायर का काम महज़ पर्यवेक्षण ही नहीं, पराक्रम करना भी उसका कर्तव्य है' और मानते हैं कि ज़िंदगी के 'बहाव में दख़लंदाज़ होना—धारा को प्रभावित करना—उसके शौक़ की दृढ़ता और ख़ून की गर्मी पर आधारित होता है।'

फ़ैज़ का बचपन सियालकोट, लाहौर, लायलपुर, श्रीनगर और धर्मशाला में बीता और प्रकृति के निकट रहने के बावजूद भरे-पूरे परिवार में ही वे अधिक समय बिताते थे। अपने संस्मरणों में उन्होंने लिखा भी है :

> *'हमें इनसानों से जितना लगाव रहा, उतना कुदरत के मनाज़र (सीन-सीनरी) और नेचर के हुस्न देखने का नहीं रहा। फिर भी उन दिनों मैंने महसूस किया कि शहर के जो गली-मोहल्ले हैं, उनमें भी अपना एक हुस्न है जो दरिया व सहरा, कोहसार या सर्व-ओ-समन से कम नहीं। अलबत्ता इसको देखने के लिए बिलकुल एक दूसरी नज़र चाहिए।'*
>
> *(फ़ैज़—संपादन शमशेर बहादुर सिंह व मुग़ीसुद्दीन फ़रीदी, पृष्ठ-139)*

फ़ैज़ की शायरी में इसी कारण प्रकृति के इतने विविध रंग नहीं हैं, बल्कि अलग तरह की रूमानियत है जो मनुष्य से संबंध या सामाजिक असंतोष की अभिव्यक्ति के रूप में मिलती है। उनकी राजनीतिक नज़्में बहुत ही उच्च कोटि की हैं, पर फ़ैज़ की शायरी को केवल राजनीतिक स्तर की शायरी के रूप में देखना फ़ैज़ के मूल्यांकन को सीमित करने जैसा होगा। उनकी शायरी का बड़ा हिस्सा उदासी, एकांत और दर्द से भरा हुआ है। यहां ऐसे रचनाकार का अंतःलोक भी दिखता है जो कविता पर आस्था रखकर ही ख़ुद की ज़िंदगी की जीने लायक़ बनाता है। वह लिखता है :

सहल यूं राह-ए-ज़िंदगी की है
हर क़दम हमने आशिक़ी की है
हमने दिल में सजा लिये गुलशन
जब बहारों ने बेरुख़ी की है।

फ़ैज़ ने अपने बचपन व किशोरावस्था के अनुभवों को व्यक्त करते हुए बताया है कि किस तरह घर की औरतों की सोहबत और क़िस्सा-दास्तान परंपरा की किताबों व उर्दू नॉवेलों ने उनकी ज़िंदगी को प्रभावित किया है। घर में औरतों की सोहबत इसलिए ज़्यादा रही क्योंकि उनके दोनों भाई घर की औरतों से बाग़ी होकर खेलकूद में लगे रहते थे पर फ़ैज़ 'अकेले इन ख़वातीन के हाथ आ गये'। इसका फ़ायदा उन्हें यह हुआ कि इंतिहाई शरीफ़ाना ज़िंदगी बसर करने पर उन्हें मज़बूर होना पड़ा और असभ्य व उजड्ड क़िस्म की बातें उनके मुंह से नहीं निकलती थीं। दूसरी ओर छठी-सातवीं जमात में किराये की किताबों की दुकान में दो पैसा किराया देकर जो किताबें उन्होंने पढ़ीं, उन्होंने उनके साहित्यिक संस्कारों को बनाने में बड़ा योगदान दिया। *तिलस्मे-होशरुबा* तथा *फ़साना-ए-आज़ाद* जैसे कृतियां और अब्दुल हलीम शरर के नॉवेल के बाद मीर, ग़ालिब और दाग़ के कलाम उन्होंने पढ़े। हालांकि बाद में फ़ैज़ के घर में काम करने वाले मुंशी ने फ़ैज़ के नॉवेल पढ़ने की शिकायत उनके अब्बा से कर दी। अब्बा ने उर्दू नॉवेल पढ़ने के लिए फ़ैज़ को डांटा-फटकारा और कहा कि 'नॉवेल ही पढ़ना है तो अंग्रेज़ी नॉवेल पढ़ो, उर्दू के नॉवेल अच्छे नहीं होते। शहर के क़िले में जो लायब्रेरी है, वहां से लाकर नॉवेल पढ़ा करो।' (वही, पृ. 137)। उर्दू के उपन्यास लेखन में जो अवरोध आये और अच्छे उपन्यासों का अकाल सा दिखता है, उसके पीछे एक कारण यह भी है कि सर सैय्यद अहमद ख़ान के नेतृत्व में मुस्लिम समाज के आधुनिकीकरण की जो मुहिम शुरू हुई और अंग्रेज़ी में शिक्षित भद्रवर्ग बनाने का जो संघर्ष हुआ, उसने एक ओर तो भद्र वर्ग को क़िस्सा-दास्तान के लेखन से दूर किया तो दूसरी ओर मुस्लिम समाज की भौतिक स्थितियों ने यथार्थवादी उपन्यास लेखन का विकास नहीं होने दिया। मुस्लिम समाज का मध्यवर्ग भी भिन्न क़िस्म का रहा है क्योंकि संयुक्त परिवारों की टूटन, शिक्षा का विकास व व्यक्ति का उदय वहां अपेक्षाकृत देर से हुआ और परंपराओं से तरह-तरह के समझौते पर भी टिका रहा है। धार्मिक जकड़बंदियां भी उपन्यास लेखन को अवरुद्ध करती हैं क्योंकि उपन्यास जिस विद्रोह व स्वतंत्रता की कामना से प्रेरित होता है, उसमें सबसे पहले उसका सामना धर्म व परिवार की निरंकुशता से ही होता है। इसीलिए फ़ारसी, अरबी इत्यादि भाषाओं में कई उपन्यास लिखे जाने के बावजूद उपन्यास विधा पूरी तरह विकसित न हो सकी और प्रायः पुराने ऐतिहासिक गौरव, रोमांच, वेश्यावृत्ति या कामेडी तक उनके विषय सीमित रहे हैं। आसपास की दुनिया के प्रति सजगता से पैदा तनाव वहां कम है। कारण यह भी है कि मुस्लिम समाज में अशिक्षितों की संख्या अधिक रही या फिर सामंती व अंग्रेज़ी शिक्षा प्राप्त भद्र वर्ग की जो मध्यवर्गीय मूल्यों से पूरी तरह जुड़ न सका। इसलिए मुशायरे की परंपरा तो ख़ूब फली-फूली पर उपन्यासों का लेखन कोई व्यवस्थित रूप न ले सका।

फ़ैज़ की शायरी को पढ़ते हुए बार-बार 'ख़्वाब' शब्द से मुलाक़ात होती है। यह शब्द किसी दूर की गूंज की तरह उनकी नज़्मों, ग़ज़लों और शायरी में हर तरफ़ जैसे

छाया हुआ है। पुरानी कविता व शायरी में ख़्वाब अक्सर अपनी प्रेमिका से मुलाक़ात का देखा जाता था, या ख़्वाब ज़न्नत का था जहां हूरें और मौजमस्ती का हर सामान मौजूद रहता है। कभी-कभार ख़्वाबों में सुंदर प्रकृति का भी चित्र उभर आता था। पर फ़ैज़ के यहां ख़्वाब और सपने का मतलब ही बदल गया और वह नयी दुनिया की कल्पना से जुड़ गया। पहले दुनिया-जहान के बारे में ज़िक्र आता था तो लगता कि दुनिया ने सिर्फ़ ग़म ही ग़म दिये हैं और शायर को दुनिया से दूर चले जाना चाहिए। दुनिया का सताया शायर सिर्फ़ अपने दुःखों में खो गया है। पर शायर का दिल भी अब 20वीं सदी का है जहां लोग ज़ुल्म के ख़िलाफ़ खड़े हो गये हैं और साम्राज्यवाद से लेकर सामंतवाद और सैनिक तानाशाही के ख़िलाफ़ लड़ते हुए नयी दुनिया बनाने की कोशिश कर रहे हैं। जिस शायर का दिल इन संघर्षों से अछूता रह जाये, वह शायर कभी अपनी रचना की प्रासंगिकता भी नहीं स्थापित कर सकता। ऐसे ही समय में फ़ैज़ जैसा शायर 'शायर लोग' नज़्म में बड़े स्वाभिमान से कह सकता था : 'दुख भरी ख़ल्क़ (जनता) का दुख भरा दिल हैं हम।' फ़ैज़ के यहां दुनिया के ग़मों से शिकायत की जगह दुनिया के ग़मों को ही अपना लेने की बात भी बार-बार उठती है और अपने सुख के सपने पहले की तरह अहम नहीं रह जाते हैं। यानी दुनिया के ग़म अपने ही ख़्वाबों के साथ जुड़ जाते हैं। वह अपनी 'सोच' नज़्म में कहते हैं :

क्यूं न जहां का ग़म अपना लें,
बाद में सब तदबीरें सोचें,
बाद में सुख के सपने देखें,
सपनों की ताबीरें सोचें।

फ़ैज़ की शायरी में राजनीतिक नज़्मों का भी बड़ा हिस्सा है और इन नज़्मों में सुदूर फ़िलिस्तीन, बेरूत, अफ़्रीका और ईरान के जनसंघर्षों के बारे में लिखा गया है। रूसी क्रांति की 50वीं सालगिरह पर उन्होंने 'इंक़लाब-ए-रूस' नामक नज़्म में लिखा : 'दस्त-ए-मज़लूम[7] में हथकड़ी की कड़ी/ऐसी चमकी कि तेग़-ए-कज़ा[8] बन गयी'। हथकड़ियों को तलवार में बदलते देखने का रूपक पूरी उर्दू शायरी को नयी ऊंचाई देता है और ज़िंदगी के रंगमंच पर उसकी भूमिका को बदल कर रख देता है। ख़ुद फ़ैज़ का मानना था कि वे जिस दौर के शायर हैं उस दौर को व्यक्त करने लिए केवल शायरी का प्रचलित रूप ही काफ़ी नहीं है; बल्कि वर्तमान संघर्षों को व्यक्त करने के लिए शायरी का ज़्यादा बड़ा कोई रूप अपनाना पड़ेगा। कोई ऐसी चीज़ लिखनी होगी जो महान संघर्षों को बयां कर सके। पत्नी एलिस फ़ैज़ को 27 जुलाई 1954 को जेल से लिखे पत्र में वे लिखते हैं :

छोटी-मोटी चीज़ें लिखने को जी नहीं चाहता। कुछ एत्माद (आत्मविश्वास) पैदा हो जाये तो इरादा है कि पुरानी रज़्मिया (एपिक) नज़्मों के पैमाने पर

---

7. अत्याचार सहने वाले के हाथ। 8. मौत की तलवार।

कोई बड़ी चीज़ लिखूं जिसमें अपने दौर की अज़ीमुश्शान (महान) कश्मकशे-हयात (जीवन-संघर्ष) का बयान हो सके। इसलिए कि हमारा दौर शायद तारीख़ (इतिहास) का सबसे शुजाआना (शौर्यपूर्ण) और वलवला-अंगेज़ (उमंग भरा) दौर है। न जाने कभी लिख पाऊंगा या नहीं, लेकिन इरादा ज़रूर है।

यह वही दौर था जब दुनिया में चीन की क्रांति हुए अभी पांच साल ही हुए थे और उपनिवेशवाद अपने अंतर्विरोधों व मुक्ति संघर्षों के संयुक्त कारणों से कई देशों से विदा होने लगा था। भारत जैसे देशों में साम्यवाद की स्थिति निरंतर मज़बूत हो रही थी और ख़ुद उर्दू में तरक़्क़ीपसंद लोगों की तुलना में अदब-बराय-अदब यानी 'कला कला के लिए' जैसे सिद्धांत पर शायरी करने वालों की संख्या कम हो रही थी। उनकी शायरी में इंगलैंड या अमेरिका का नाम कहीं नहीं आता है पर पढ़ने वाले समझ जाते हैं कि किस तरह उपनिवेशवाद का विरोध उनकी शायरी का सबसे प्रिय मक़सद है। फ़ैज़ को दो बार पाकिस्तान में कम्युनिस्ट पार्टी से संबंध रखने के कारण जेल जाना पड़ा और उन्होंने ज़ंजीर, दर्द, क़ैद और सितम जैसे शब्दों को इस दौरान बार-बार इस्तेमाल किया। उनकी शायरी में ख़्वाब के साथ-साथ तख़य्युल (कल्पना शक्ति) शब्द का भी गहरा प्रयोग मिलता है। वे जीवन के यथार्थ से पलायन को बुरा समझते थे पर यह भी जानते थे कि उपनिवेशवाद व सामंती मूल्यों में जकड़े भारतीय उपमहाद्वीप के इनसान को जिस यथार्थ का सामना करना पड़ता है, उसमें फ़ैंटेसी, कल्पना व सपनों के रूप में यथार्थ से कुछ दूर जाकर ही ख़ुद को बचा भी पाता है। उसका पलायन करना कल्पना में प्रति-संसार खड़ा करने जैसा होता है, जहां वह उस यथार्थ को जीना चाहता है जिसका वास्तविक जीवन में निरंतर दमन किया जाता है। इस प्रति-संसार में वह सामाजिक सेंसरशिप को भी समाप्त कर देता है। उसकी चेतना तत्कालीन दबावों से मुक्त कर स्वयं को न केवल नष्ट होने से बचाती है बल्कि अपना उदात्तीकरण भी करती है। जेल हो या तंग परिवेश, दोनों की सलाख़ें उसके लिए छोटी हो जाती हैं। जेल के दौर की उनकी नज़्मों में उदासी का रंग अगर कल्पना में गहराई तक घुल-मिल जाता है तो इसका कारण भी यही है। 1953 में जब वे जेल में थे तो अपनी शादी की सालगिरह पर जो पत्र उन्होंने पत्नी को लिखा, उसमें जैसे साहित्य व लेखक की इसी नियति को उन्होंने शब्द प्रदान कर दिये। उन्होंने लिखा :

आदमी तखय्युल के बल पर गिर्दो-पेश (चारों ओर) की दल-दल से पांव छुड़ा सकता है। फ़रारियत (पलायन) बुरी बात है। लेकिन जब हाथ-पांव जकड़े हुए हों तो आज़ादी का वाहिद (एकमात्र) सुख यही रह जाता है। इसी नुस्ख़े के तुफ़ैल (बदौलत) मुझे जेल की सलाख़ें बहुत ही हक़ीर (तुच्छ) और बेहक़ीक़त दिखायी देने लगी हैं और बेश्तर औक़ात उनकी तरफ़ ध्यान ही नहीं जाता है।

फ़ैज़ की शायरी बहुस्तरीय है और व्यापक संवेदना वाली है। भारतीय उपमहाद्वीप में मनुष्यता की रक्षा के लिए जो संघर्ष हुए हैं और चल रहे हैं उन्हें किसी ठोस दस्तावेज़ की तरह उनकी रचनाएं व्यक्त करती हैं। तरह-तरह के काले क़ानून, पुलिस आतंक, फ़ौजी दमन, तानाशाही, चुनावी धांधलियां और भ्रष्ट हुकूमतों के ख़िलाफ़ संघर्षों का रक्तरंजित इतिहास उसमें झलकता है। इसलिए फ़ैज़ की शायरी में बेहद निजी प्रतीत होने वाले सवाल भी जैसे पूरी मानवता के सवाल बन गये हैं। मैं और हम के बीच जैसे भेद ही ख़त्म हो गया है। अवाम का संघर्ष ही फ़ैज़ की शायरी का संघर्ष है और फ़ैज़ के सवालों में अवाम की ही आवाज़ सुनायी देती है। क़त्लेआम के शिकार सारे अवाम फ़ैज़ की क़लम के ज़रिये यह सवाल पूछते लगते हैं :

लाओ तो क़त्लनामा[9] मेरा, मैं भी देख लूं
किस किस की मुहर है सर-ए-महज़र लगी हुई।

---

9. आदेशपत्र।

सुर्ख़ चिराग़ की लौ

मोहम्मद ज़फ़र इक़बाल

ऐसे समय में जब इधर की दुनिया उधर हो जाती है और एक पत्ता तक नहीं हिलता तो फ़ैज़ की याद आती है। प्रतिबद्धता को प्रश्नचिह्न के भीतर देखते हैं तो फ़ैज़ की याद आती है। 'बोल कि लब आज़ाद हैं तेरे/बोल ज़बां अब तक तेरी है' का तावीज़ बनाकर गले में लटका लेने से प्रतिबद्धता नहीं आती। एक सजग कवि के लिए प्रतिबद्धता कोई प्रोपगेंडा नहीं बल्कि जीवन का एक सहज भाव होता है। फ़ैज़ *दस्ते-सबा* की भूमिका में कवि की प्रतिबद्धता पर विस्तार से चर्चा करते हैं :

> *...यूं कहिए कि शायर का काम केवल देखना ही नहीं संघर्ष भी उसका फ़र्ज़ है। आसपास के बेचैन पानी की बूंदों में ज़िंदगी के दजला (इराक की एक नदी) को देखना उसकी दृष्टि पर है, उसे दूसरों को दिखाना उसकी कला क्षमता पर, उसके बहाव में हस्तक्षेप करना उसकी इच्छाशक्ति और ख़ून की गर्मी पर। और ये तीनों काम निरंतर संधान और संघर्ष चाहते हैं। जिस दृष्टि ने मानवीय इतिहास में जीवन-समुद्र के चिह्न और चरण नहीं देखे उसने दजला को क्या देखा है। फिर शायर की दृष्टि अतीत और वर्तमान तक पहुंच भी गयी, परंतु उनके चित्रण ने कुछ नया न जोड़ा या अगले गंतव्य तक पहुंचने के लिए अगर वे तन और मन तथा प्रयास और इच्छा पर जमे न रहे तो भी शायर अपनी विधा से पूरी तरह न्याय नहीं करता।*
>
> *शायद इस लंबे और विस्तृत रूपक को सरल शब्दों में बताना अनावश्यक है। मुझे केवल यह कहना था कि मानव जीवन के सामूहिक संघर्ष को पहचानना और उस संघर्ष में शिरकत जीवन का उद्देश्य ही नहीं कला का भी उद्देश्य है।*
>
> *कला इसी जीवन का एक भाग है और कला का संघर्ष इसी संघर्ष का एक पहलू है। यह तक़ाज़ा अनवरत जारी रहता है। इसलिए कला के चाहने वालों के लिए इस संघर्ष से कोई मुक्ति नहीं। कला एक निरंतर प्रयास है और स्थायी संरचना भी।*

इस प्रयास में सफलता या असफलता तो अपनी-अपनी शक्ति और क्षमता पर निर्भर है। लेकिन कोशिश में मसरूफ़ रहना संभव भी है और आवश्यक भी।[1]

इस लंबे उद्धरण में फ़ैज़ ने कवि के रोल और कविता की रचना प्रक्रिया पर विस्तार से प्रकाश डाला है। फ़ैज़ की कविता पर ये सभी बातें लागू होती हैं।

फ़ैज़ की रचनात्मकता के कई आयाम हैं और फलक भी काफ़ी विस्तृत है। विविधता विषय वस्तु और शिल्प दोनों स्तरों पर है। वे केवल नारेबाज़ी में गुम होकर नहीं रह गये बल्कि क्लासिकी ढंग की शायरी पर भी उनकी अच्छी पकड़ है। परंतु सोच का दायरा तो नया है ही। 'उनकी आवाज़ में पुराने शायरों के वज़न और कलाकारी का कमाल भी मिलता है और नयी ज़िंदगी की बेचैनी और इंक़लाबी हौसला। उन्होंने परंपरा से केवल उतना ही हटने का प्रयास किया है जितना अपने विचारों को प्रकट करने के लिए ज़रूरी समझा है।'[2]

जैसा प्रायः सभी कवियों के साथ होता है। फ़ैज़ ने भी आरंभ में रूमानी ढंग की कविताएं लिखीं परंतु जल्दी ही उन्होंने अपना मिज़ाज बदल लिया और उनकी वे कविताएं सामने आयीं जिनके लिए हम फ़ैज़ को याद करते हैं। शायर को अंततः यह अनुभव हो गया कि 'और भी दुख हैं ज़माने में मुहब्बत के सिवा'। 'चूंकि प्रेमिका का दुःख और दुनिया का दुख तो एक ही अनुभव के दो पहलू हैं। इस नये अनुभव का आरंभ *नक़्शे-फ़रियादी* (पहला संग्रह) के दूसरे हिस्से की पहली नज़्म से होता है। उस नज़्म का शीर्षक है 'मुझसे पहली सी मुहब्बत मेरी महबूब न मांग'।...उसके बाद तेरह-चौदह बरस तक 'क्यों न जहां का ग़म अपना लें' में गुज़रे।'[3]

फ़ैज़ की कविता के कई रंग हैं :

'फूल भी, शूल भी'

फ़ैज़ की कविता में फूल भी हैं और शूल भी। उर्दू कविता की परंपरा में प्रेम का अत्यधिक और समाज का अपेक्षाकृत कम चित्रण होता रहा है, परंतु अलग-अलग संदर्भों में। फ़ैज़ के यहां आकर दोनों एक दूसरे में घुलमिल जाते हैं। समाज के लिए लड़ने की प्रेरणा प्रेम से ग्रहण करते हैं और समाज के लिए लड़ते हुए थक जाने पर प्रेम की छांव में विश्रांति पाते हैं। दोनों कहीं एक दूसरे के लिए बाधक नहीं हैं। एक ही कविता में जहां एक ओर महबूबा और उसकी मुहब्बत का वर्णन करते हैं तो दूसरी

---

1. नुस्ख़ा हाए वफ़ा, फ़ैज़ अहमद फ़ैज़, एजुकेशनल पब्लिशिंग हाउस, दिल्ली, संस्करण 2001, पृ. 103-04.
2. उर्दू अदब की तनक़ीदी तारीख़, एहतेशाम हुसैन, एन.सी.पी.यू.एल., आर.के. पुरम, नयी दिल्ली, संस्करण 2009, पृ. 276.
3. नुस्ख़ा हाए वफ़ा, पृ. 310-11.

ओर 'जा बजा बिकते हुए कूचओ-बाज़ार में जिस्म/ख़ाक में लिथड़े हुए ख़ून में नहलाये हुए' भी याद आते हैं। वे अपनी प्रेमिका के इश्क़ में पड़कर खो नहीं गये बल्कि इस माध्यम से बहुत कुछ सीखा :

आजिज़ी[4] सीख़ी, ग़रीबों की हिमायत सीखी
यास व हिरमां[5] के, दुख दर्द के मानी सीखे
ज़ेरदस्तों[6] के मसाइब[7] को समझना सीखा
सर्द आहों के, रुख़े-ज़र्द[8] के मानी सीखे

(नुस्ख़ा हाए वफ़ा, पृ. 62)

रचनात्मक प्रतिबद्धता

सन् 1951 से 1955 तक फ़ैज़ जेल में रहे और इस दौरान भी उनका लेखन लगातार जारी रहा। *दस्ते-सबा* और *ज़िंदांनामा* संग्रह की रचनाएं इसी दौर की हैं। ये दोनों संग्रह फ़ैज़ की रचनात्मकता का श्रेष्ठ उदाहरण हैं। सोना आग में तपने के बाद कुंदन बन जाता है। *दस्ते-सबा* संग्रह की शुरुआत कुछ इस ढंग से होती है।

'मताए-लौह-ओ-क़लम[9] छिन गयी तो क्या ग़म है,
कि ख़ूने दिल में डुबो ली हैं उंगलियां मैंने
ज़बां पे मुहर लगी है तो क्या कि रख दी है
हर एक हलक़ए-ज़ंजीर[10] में ज़बां मैंने।'

(नुस्ख़ा हाए वफ़ा, पृ. 107)

फ़ैज़ के यहां 'लौह-ओ-क़लम' बार-बार आता है जो उनकी रचनात्मकता की अभिव्यक्ति का माध्यम है। शरीर को क़ैद किया जा सकता है मगर विचारों की अभिव्यक्ति को प्रतिबंधित करना इतना आसान नहीं। अभिव्यक्ति का ख़तरा उठाना आसान नहीं है बल्कि उसके लिए अपना लहू भी देना पड़ता है। पर यह शक्ति कहां से आती है? अपने संकुचित 'मैं' से 'हम' तक पहुंचने की प्रक्रिया के माध्यम से आती है। तब 'मैं' में हम और हम में मैं' की पूर्ण अभिव्यक्ति हो जाती है। फ़ैज़ 'मैं' की शैली में नहीं बल्कि 'हम' की शैली में कविता लिखने को अच्छा मानते हैं। 'बल्कि मैं तो शेर में भी जहां तक संभव हो व्यक्ति-वाचक संज्ञा का प्रयोग नहीं करता, और 'मैं' के बजाय हमेशा से 'हम' लिखता आया हूं।'[11]

ये जहां, वो जहां

फ़ैज़ स्थान विशेष पर टिककर लिखने वाले कवि नहीं हैं। वे एक समय में अतीत से भविष्य तक की यात्रा करते हैं। वर्तमान को हम देखते हैं, पर अतीत बोलता है। उनके यहां हाफ़िज़, अमीर खुसरो, ग़ालिब, इक़बाल सभी आते हैं। ऐसा लगता है

4. दीनता। 5. निराशा। 6. पिछड़े हुए, दबे हुए। 7. समस्या। 8. पीला चेहरा। 9. क़लम और तख़्ती रूपी संपत्ति। 10. ज़ंजीर के घेरे में। 11. नुस्ख़ा हाए वफ़ा : पृ. 307।

कि फ़ैज़ की कविता में ये सभी बोल रहे हैं। साथ ही साथ तत्कालीन समय समाज की वैश्विक अनुभूति और अभिव्यक्ति फ़ैज़ के यहां बहुत है। 'सिंकियांग', 'पीकिंग', 'लेनिनग्राड', 'Come Back Africa', 'ईरानी तुल्बा के नाम', 'फ़िलिस्तीन पर दो नज़्में' शीर्षक कविता के माध्यम से इसे देखा जा सकता है। फ़िलिस्तीन पर इज़राइल के आक्रमण और अतिक्रमण का उन्होंने विरोध किया था जिसको वे अपनी रचनात्मक प्रतिबद्धता का अंग मानते हैं; इसी का उल्लेख *पाकिस्तान टाइम्स* में छपे 'किस्सागो फ़ैज़' शीर्षक आपबीती में मिलता है।

दुनिया भर के दुख दर्द को अपनाना, दमन-शोषण का विरोध करना फ़ैज़ ने जीवन भर नहीं छोड़ा। पर उनके भीतर एक नाज़ुक दिल था और उसमें दर्द भी था जिसे वे दबाये हुए थे। उनके बड़े भाई की मृत्यु ने उन्हें भीतर तक तोड़ दिया था। शायद यहीं से दुख-दर्द भी 'मैं' से 'हम' में बदल गया और फ़ैज़ ने पूरी मानवता के दर्द को अपना लिया। 'नौहा' (प्रकाशन-18 जुलाई 1952) नाम से एक कविता फ़ैज़ ने अपने भाई के निधन पर लिखी थी जो बहुत सरल भाषा में दर्द को पूरी तरह समेटे हुए है :

मुझको शिकवा है मेरे भाई कि तुम जाते हुए
ले गये साथ मेरी उम्र-गुज़श्ता[12] की किताब
इसमें तो मेरी बहुत क़ीमती तस्वीरें थीं
इसमें बचपन था मेरा और मेरा अह्दे-शबाब[13]

(*नुस्ख़ा हाए वफ़ा, पृ. 153*)

'उम्मीदे सहर की बात सुनो'

फ़ैज़ आशा और उत्साह के कवि हैं, अगर निराशा आती भी है तो थोड़ी देर के लिए। उनका स्थायी भाव आशा है। हर दौर की रचनाओं में आशा का स्वर मुखर है। पहले संग्रह *नक़्शे-फ़रियादी* में भी स्थान-स्थान पर आशा का स्वर है ऐसा लगता है कि जल्द ही सब कुछ ठीक हो जायेगा।

चंद रोज़ और मेरी जान! फ़क़त चंद ही रोज़
ज़ुल्म की छांव में दम लेने को मजबूर हैं हम
लेकिन अब ज़ुल्म की मीयाद के दिन थोड़े हैं
इक ज़रा सब्र कि फ़रियाद के दिन थोड़े हैं।

(*नुस्ख़ा हाए वफ़ा, पृ. 75*)

फ़ैज़ की एक प्रसिद्ध कविता है 'सुब्हे आज़ादी अगस्त'47' जिसमें वे देश की आज़ादी से ख़ुश नहीं हैं। उन्हें लगता है कि देश के लोगों को छला गया है। 'वह इंतज़ार था जिसका यह वह सहर तो नहीं' और लोगों से आह्वान करते हैं कि 'चले, चलो

12. बीते हुए दिन। 13. युवावस्था।

कि वह मंज़िल अभी नहीं आयी'। फ़ैज़ लोगों को जगाते हैं और क्रांति का आह्वान करते हैं :

ऐ ख़ाक नशीनों उठ बैठो, वह वक़्त क़रीब आ पहुंचा है
जब तख़्त गिराये जायेंगे, जब ताज उछाले जायेंगे

(नुस्ख़ा हाए वफ़ा, पृ. 138)

पर धीरे-धीरे उनकी यह शैली कुछ संयमित होती जाती है और क्रांति की बात दब-सी जाती है। पर दुनिया को बदलने का प्रयास जारी रहता है। पर यह प्रयास सामूहिक से वैयक्तिक होता जान पड़ता है। पाकिस्तान के स्वतंत्रता दिवस पर 1952, 1955 और 1967 में भी फ़ैज़ ने कविता लिखी है जिसे सन् 47 वाली कविता से जोड़कर देखा जा सकता है। 'अगस्त सन् 52' शीर्षक से जो कविता है उसकी अंतिम पंक्ति इस प्रकार है :

है दश्त[14] अब भी दश्त मगर ख़ूने-पा से फ़ैज़
सैराब[15] चंद ख़्वारे-मुग़ीलां[16] हुए तो हैं

(नुस्ख़ा हाए वफ़ा, पृ. 160)

इसी तरह 'अगस्त सन् 55' शीर्षक कविता में भी कुछ इसी तरह का भाव है कि अब भी परिवर्तन की उम्मीद है पर आशा नहीं छोड़नी चाहिए और प्रयास करते रहना चाहिए :

फिर से बुझ जायेंगी शम्एं जो हवा तेज़ चली
ला के रक्खो सरे-महफ़िल[17] कोई ख़ुर्शीद[18] अब के

(नुस्ख़ा हाए वफ़ा, पृ. 288)

फ़ैज़ मार्शल लॉ के दौर में सरकार द्वारा बहुत सताये गये और उसका वर्णन भी उनकी कविता में मिलता है :

यहां से शहर को देखो तो हल्क़ा-दर-हल्क़ा[19]
खिंची है जेल की सूरत हर एक सिम्त[20] फ़सील[21]

(नुस्ख़ा हाए वफ़ा, पृ. 405)

पर सब कुछ के बाद अंततः कवि के पास आशा है। 14 अगस्त, 1967 के दिन कविता के माध्यम से दुआ मांगते हैं :

आइए हाथ उठायें, हम भी
हम जिन्हें रस्मे दुआ याद नहीं
हम जिन्हें सोज़े मुहब्बत के सिवा
कोई बुत कोई ख़ुदा याद नहीं।

(नुस्ख़ा हाए वफ़ा, पृ. 429)

---

14. जंगल। 15. सिंचित। 16. बबूल का कांटा। 17. महफ़िल के किनारे। 18. सूरज। 19. जगह-जगह। 20. ओर, दिशा। 21. चारदीवारी।

अंत में फ़ैज़ के उस भाषण के अंश को देखते हैं जो उन्होंने 1964 ई. में 'अंतर्राष्ट्रीय लेनिन शांति पुरस्कार' लेते समय दिया था।

वैसे तो मानसिक रूप से दिवालिया और अपराधी लोगों के अतिरिक्त सभी मानते हैं कि शांति और आज़ादी बहुत सुंदर और चमकदार चीज़ है और सभी विचार कर सकते हैं कि शांति गेहूं के खेत हैं और सफ़ेदे के वृक्ष, दुल्हन का आंचल है और बच्चों के हंसते हुए हाथ, शायर का कलम है और चित्रकार के लिए तूलिका और आज़ादी उन सभी कारकों के लिए उत्तरदायी है और ग़ुलामी उन सब ख़ूबियों की क़ातिल है जो इनसान और हैवान में फ़र्क़ करती है।...अब मानव की बुद्धि विज्ञान और उद्योग के फलस्वरूप उस स्थिति तक पहुंच चुकी है कि जिसमें सब पोषित हो सकते हैं और सभी झोलियां भर सकती हैं। परंतु शर्त यह है कि यह अनमोल धरोहर पैदावार के ये असीमित खाद्यान्न भंडार, कुछ व्यापारियों और विशेष वर्ग के लालच को पूरा करने के लिए नहीं बल्कि सभी इनसानों की भलाई के लिए काम में लाये जायें।

मुझे विश्वास है कि मानवता जिसने अपने दुश्मनों से कभी हार नहीं खायी अब भी जीतकर रहेगी। और अंततः युद्ध और घृणा तथा अत्याचार और छल-कपट के बजाय हमारी आपसी ज़िंदगी की निर्मिति ही स्थायी ठहरेगी।[22]

इस उद्धरण को पढ़ने के बाद दिखता है कि फ़ैज़ की दृष्टि कितनी व्यापक थी, यह व्यापकता उनकी कविताओं में भी स्पष्ट रूप से परिलाक्षित होती हैं। विश्व के सामने तब जो संकट थे वे आज भी विद्यमान हैं। आइए, हम सब मिलकर दुआ के लिए हाथ उठायें ताकि फ़ैज़ की जन्मशताब्दी पर शायद उनकी इच्छा किसी हद तक पूरी हो सके।

22. नुस्ख़ा हाए वफ़ा, पृ. 304, 305, 306।

कथा-साहित्य के संदर्भ में आलोचना-दृष्टि

अली अहमद फ़ातमी

मुम्ताज़ हुसैन ने फ़ैज़ के बारे में एक जगह लिखा था :

> *फ़ैज़ जब भी महफ़िल में आये, एक छोटी सी किताब, एक क़ता, किसी नामुकम्मल ग़ज़ल के चंद अश्आर, कुछ मश्क़े सुख़न और कुछ माज़रत लेकर आये और हर बार कामयाब आये।*
>
> *(फ़ैज़ नंबर—फ़न और शख़्सियत)*

अहले-इल्म वाक़िफ़ हैं कि फ़ैज़ का शेरी सरमाया कम है और नस्र का सरमाया इससे भी कम...कुछ भूमिकाएं, कुछ लेख, कुछ ख़त या कुछ ख़ुतबात वग़ैरह। यह सब कुछ अपनी कमियत के एतबार से ज़्यादा न सही लेकिन फ़िक्र व ख़याल, नज़र व नज़रिया के एतबार से बेहद अहम है। इनके बग़ैर फ़ैज़ की शायराना व दानिशवराना शख़्सियत को समझ पाना मुश्किल ही नहीं नामुमकिन भी है।

उनके निबंध-संग्रह 'मीज़ान' में वैसे तो नज़रिया, मसायल, मोतक़द्दमीन, मोआसरीन के शीर्षक से तक़रीबन तीस लेख शामिल हैं। जिनमें कुछ ऐसे भी हैं जिन्हें लेख नहीं कहा जा सकता। चूंकि वे लेख फ़ैज़ के हैं इसलिए किताबों में शामिल हैं। इसके विपरीत कुछ लेख—मसलन, अदब का तरक़्क़ी पसंद नज़रिया, शायरी की क़द्रें, ख़यालात की शायरी, उर्दू शायरी की पुरानी परंपराएं, नये अनुभव, ग़ालिब और ज़िंदगी का फ़लसफ़ा, इक़बाल और जोश पर लेख ऐसे हैं जिनसे बहस और फ़िक्र के सोते फूटते हैं और जिन पर लंबी बातचीत की जा सकती है। वक़्त की तंगी की वजह से मैंने उनके फ़िक्शन से संबंधित लेख को ही बहस का विषय बनाने की कोशिश की है। यह कोशिश इसलिए भी कि उर्दू की साहित्यिक व सांस्कृतिक परंपरा अजीबोग़रीब रही है। यहां एक ज़माने तक आम तौर पर साहित्य का मतलब शायरी और शायरी का मतलब ग़ज़लगोई समझा जाता रहा है। गद्य और दुनिया की चीज़ समझी जाती रही। हालांकि उन्नीसवीं सदी में ही कुछ शायरों और साहित्यकारों ने इस ख़याल को तोड़ने की कोशिश की। हाली, शिबली, आज़ाद वग़ैरह की इन कोशिशों को बीसवीं सदी में फ़ैज़, फ़िराक़, सरदार जाफ़री वग़ैरह ने आगे बढ़ाया। इसलिए कि ये सबके सब सिर्फ़ और सिर्फ़ शायर न थे बल्कि विचारक और चिंतक

थे और शेरो-शायरी को सिर्फ़ व्याकरण और छंद में उलझाये रखने के बजाय ज़िंदगी और दुनिया के हवाले से देखते थे।

फ़ैज़ न सिर्फ़ तरक़्क़ीपसंद तहरीक के, बल्कि इक़बाल, जोश के बाद उस दौर के सबसे प्रिय, हरदिल अज़ीज़ और अहम शायर थे जिन्होंने कम उम्र से ही अपनी शायरी का लोहा मनवाया। भरी जवानी में, बल्कि भरे इश्क़ में वह महबूब की ज़ुल्फ़ों से निकल कर ज़िंदगी की ज़ुल्फ़ों को सुलझाने में व्यस्त हो गये और इस कमउम्री के दौर में साहित्य के तमाम विषयों पर कई लेख लिखे जिनमें फ़िक्शन से संबंधित उनके चार लेख हैं—'उर्दू नॉवेल', 'रतन नाथ सरशार की नोवलनिगारी', 'शरर' और 'प्रेमचंद'—ये चार लेख 1939 ई. और 1945 ई. के दरमियान लिखे गये हैं। उस वक़्त फ़ैज़ की उम्र और इसके साथ-साथ उस दौर की ज़िंदगी, वैश्विक उथल-पुथल और विश्वयुद्ध, हिंदुस्तान की जंगे-आज़ादी और अंजुमन तरक़्क़ीपसंद मुसन्निफ़ीन के क़याम वग़ैरह से अलग करके इन लेखों को समझना मुमकिन नहीं। यह वह दौर था जब साहित्य को समाज से अलग करके देख पाना मुमकिन ही न था, ख़ास तौर से कथात्मक साहित्य को। इसलिए 'उर्दू नॉवेल' लेख इस वाक्य से शुरू होता है...'अदब की तारीख़ हमारी समाजी तारीख़ ही का एक हिस्सा है।' और आगे लिखते हैं...'अदब समाज के इज्तेमाई (सामूहिक) फ़िक्र की पैदावार होता है। इसके फ़िक्र की सूरत बदलती है तो अदब का रंग भी दूसरा हो जाता है...'

उन्नीसवीं सदी के आख़िर और बीसवीं सदी की शुरुआती दहाइयों में शायद उर्दू अदब में पहली बार ऐसा हुआ था कि इनसान वर्गों में ही नहीं बल्कि बौद्धिक वर्गों में बंट गया। इनकी अपनी-अपनी भावुक और समाजी समस्याएं थीं जिन्हें बड़े पैमाने पर समझने का ज्ञान पहली बार हुआ। ज़ाहिर है कि इनके अंदर का यह एहसास दुनिया के इन्सानी और चारित्रिक उथल-पुथल की वजह से पैदा हुआ था। विचार व सम्मान की बरबादी, इन्सानी ज़िंदगी के ख़तरात, इनसान की इनसान से जंग, ज़ोर-ज़बरदस्ती, कमज़ोर और बलवान के आसार और आज़ार (तकलीफ़ें) ने इन्हें ऐसा सोचने पर मजबूर किया। इस तमाम सूरतेहाल की बेहतरीन झलक जिस क़दर फ़िक्शन में हुई, शायरी में इस शक्ल में न हो सकी। ऐसा इसलिए भी हुआ कि शायरी के मुक़ाबले में नॉवेल ज़िंदगी को ज़्यादा विस्तृत, पारदर्शी और शायद खुरदुरे अंदाज़ में देखता और दिखाता है। इसीलिए फ़ैज़ साफ़ तौर पर कहते हैं कि नॉवेल की सबसे बड़ी देन मध्यम वर्ग की खोज है और यह खोज समाजी फ़िक्र की सबसे बड़ी खोज है। जिन नावलों में यह वर्ग आया है और पूरे फ़िक्र व शऊर के साथ नहीं आया है, फ़ैज़ इसकी आलोचना करने में हिचकिचाते नहीं। वे सस्ते रूमानी जासूसी नावलों की ख़ूब-ख़ूब ख़बर लेते हैं और कहते हैं कि इस दौर के नॉवेल नये दौर की नुमाइंदगी नहीं करते। नये दौर के बदले हुए समाजी एहसास की तर्जुमानी ने सबसे पहले हक़ीक़त के समाजी मतलब को इतना विस्तार दिया कि उसे सही मायने में हक़ीक़त कहा जा सके। फ़िक्शन में वाक़यानिगारी की बड़ी अहमियत है

जिसने आगे बढ़ कर अपनी तरक़्क़ीयाफ़्ता शक्ल में हक़ीक़त का शब्द क़ायम कर लिया। लेकिन यह हक़ीक़त भी एक ज़माने तक एक ख़ास मायने में सीमित रही। मसलन, नज़ीर अहमद के यहां हक़ीक़त किरदारी है। सिर्फ़ किरदार आता है। इसकी कमज़ोर पेशकश के कारण पाठक चरित्रों की वर्गीय भिन्नताओं को समझने से वंचित रह जाता है। इसके विपरीत *उमराव जान अदा* या प्रेमचंद के नॉवेल के किरदार सिर्फ़ किरदार नहीं होते बल्कि पूरे वर्ग की अलामत (निशानी) होते हैं। फ़ैज़ की समाजी फ़िक्र इससे भी दो क़दम आगे बढ़ कर यह ऐलान करती है :

> *किसी एक तबक़े की तर्जुमानी, ख़ास तौर से जब वह तबक़ा सोसाइटी या समाज का बहुत ही छोटा तबक़ा हो, सही मानों में वाक़ीयत नहीं। वाक़ीयत का सही मफ़हूम (मतलब) उस वक़्त तक अदा नहीं हो सकता जब तक लिखने वाला समाज के कोने छिदरे खंगालने में समाज को मजमूई हैसियत से न देखे। इस नौ (क़िस्म) की वाक़ीयत सही अवामी या जमहूरी (प्रजातंत्रात्मक) शऊर के बग़ैर पैदा नहीं हो सकती।*
>
> *('उर्दू नॉवेल')*

जुज़ (हिस्सा) में कुल देखने का यह सूफ़ियाना मिज़ाज तो फ़ैज़ के यहां शुरू से ही था, लेकिन समाज को एक पूरी इकाई के तौर पर देखने का विज़न उनके समाजी दृष्टिकोण की देन का जो एक फ़िक्र, एक फ़लसफ़ा बनकर सिर्फ़ फ़ैज़ को ही नहीं बल्कि उस दौर के ज़्यादातर रचनाकारों को प्रभावित कर रहा था और ज़िंदगी की व्याख्या–विस्तार आलोचना में, ज़िंदगी की मुश्किलें, ज़िंदगी के फलसफ़े में, मावराईयत अरज़ियत (वास्तविकता) में, वैयक्तिकता सामूहिकता में बदल जाने के लिए बेचैन हो रही थी। यही वजह है कि प्रेमचंद के वक़्त से उर्दू नॉवेल का मिज़ाज ही नहीं कैनवस भी बदल जाता है, इसलिए कि उन्होंने ज़्यादा हक़ीक़त से काम लिया था लेकिन फ़ैज़ प्रेमचंद की हक़ीक़त से भी संतुष्ट न थे और उनका जोशीला समाजी नज़रिया प्रेमचंद पर भी एतराज़ करने से उन्हें रोक नहीं पाता। वे यह तो स्वीकार करते हैं कि प्रेमचंद उर्दू नॉवेल को सफ़ेदपोश शरीफ़ों की बैठकों से निकालकर देहात के चौपालों में ले गये, लेकिन जब वे अलग से प्रेमचंद पर बातें करते हैं तो ख़ास तौर पर कहते हैं :

> *हक़ीक़त एक जामे चीज़ है और उसकी वजाहत (व्याख्या) वही शख़्स कर सकता है जिसके ज़ेहन में समाज का मजमूई तसव्वुर (पूरी कल्पना) मौजूद हो और प्रेमचंद के ज़ेहन में यह तसव्वुर मौजूद न था। इसके अलावा ज़िंदगी के बहुत से ऐसे पहलू हैं जिनके मुताल्लिक़ न सिर्फ़ प्रेमचंद ख़ामोश रहते हैं बल्कि दानिस्ता तौर पर उनसे चश्मपोशी कर लेते हैं। मैं समझता हूं कि वो और जो कुछ भी हों हकीक़तनिगार हरगिज़ नहीं कहला सकते।*

प्रेमचंद 1936 ई. में इंतक़ाल कर गये। 1941 ई. में आग़ा अब्दुल हमीद से यह बातचीत की गयी। सच यह है कि उस वक़्त तरक़्क़ीपसंद हलक़े में प्रेमचंद की तूती बोल रही थी। ऐसे में प्रेमचंद जैसे शोहरतयाफ़्ता नॉवेलनिगार पर इस क़िस्म की

नुक़्ताचीनी करना, वह भी एक नौजवान शायर के लिए, हैरत और हिम्मत की बात है। वे उसी हिम्मत से आगे यह कहते हैं :

> *फ़न्नी तौर पर इन्सानी जिस्म और उसकी अज़ली ख़्वाहिशात के मुताल्लिक़ प्रेमचंद को या तो कुछ मालूम नहीं है या वो इसके मुताल्लिक़ कुछ कहने की जुर्रत नहीं करते, हालांकि खाने के बाद जिन्सियात का मसला इन्सानी ज़िंदगी में सबसे अहम मसला है। मिसाल के तौर पर 'चौगाने हस्ती' ले लो। सूफ़िया और विनय सिंह की मुहब्बत बिलकुल बच्चों की सी मुहब्बत है, लेकिन वो दोनों बाक़ी मामलात में काफ़ी पोख़्ताकार हैं। एक और चीज़...प्रेमचंद मज़हब और समाज के बाज़ उसूलों को बग़ैर सोच-विचार के दुरुस्त मान लेते हैं। बाज़ रिवाज ऐसे होते हैं जो किसी समाजी ज़रूरत की वजह से पैदा होते हैं। कुछ अरसे के बाद समाजी हालात के बदलने से उनका अस्ल मक़सद फ़ौत (बरबाद) हो जाता है। लेकिन समाज में इतनी सलाहियत (योग्यता) नहीं होती कि उन्हें तर्क कर दे और लोग उन्हें एक बेकार बोझ की तरह अपने कंधों पर उठाये फिरते हैं। मसलन, औरत के मुताल्लिक़ प्रेमचंद का नज़रिया यह कि उनके नज़दीक मिसाली औरत वह है जो किसी उसूल के लिए अपनी जान तक क़ुर्बान कर दे, ख़्वाह वह उसूल ग़लत ही क्यों न हो। क़ुर्बानी पर प्रेमचंद बहुत ज़ोर देते हैं। ज़िंदगी की ख़ुशियां छोड़ कर दुनिया को त्याग देना उनके नज़दीक क़ाबिले एहतराम बात है हालांकि मौजूदा हालात में यह क़ुर्बानी बहादुराना नहीं बुज़दिलाना बात है।*

और फिर आख़िर में यह भी कहते हैं :

> *बात यह है कि प्रेमचंद बेचारे निहायत शरीफ़ आदमी थे और समाजी तनक़ीद शुरफ़ा (शरीफ़ों) का काम नहीं।*

इन वाक्यों में नौजवान समाजवादी के बाग़ियाना तत्व छलके पड़ रहे हैं। जहां समझौते का दूर-दूर तक नाम नहीं, जहां नौजवान उमंगें सब कुछ उलट-पलट कर देना चाहती हैं। ज़ाहिर है कि यह सब कुछ मार्क्सिज़्म के ज़रिये हासिल हुआ था जो उस युग के नौजवानों की रगों में ख़ून बन कर दौड़ रहा था। यह तो नहीं कहा जा सकता कि प्रेमचंद ने मार्क्सिज़्म नहीं पढ़ा था या वे इससे प्रभावित नहीं हुए थे, लेकिन यह ज़रूर है कि वे अपनी उम्र के आख़िरी हिस्से में इस फ़लसफ़े के क़रीब आये। यही वजह है कि उनके आख़िरी दौर के लेखन में मार्क्सिज़्म या मार्क्सी सौंदर्य नज़र तो आता है लेकिन वह भी संजीदा और ठहरे हुए अंदाज़ में। इसके विपरीत फ़ैज़ जवान होते ही मार्क्सवादी हो गये। महमूदुज़्ज़फ़र और रशीद जहां ने नौजवानी में ही मार्क्स की किताबें पकड़ा दीं और ललकार कर कहा कि दुनिया से इश्क़ करो, दुनिया भर के सताये इनसानों के लिए संघर्ष करो। ज़ाहिर है कि यह संघर्ष सिर्फ़ व्यावहारिक न था बल्कि इसके पीछे एक इल्म था, इन्सानी फ़लसफ़ा था जिसने एक आंदोलन बन कर उस युग के तक़रीबन तमाम शायरों, फ़नकारों को एक ख़ास क़िस्म के विज़न

और जोश व जज़्बे से भरपूर कर रखा था, जिसमें फ़ैज़ भी सराबोर थे। प्रेमचंद ने आधी से ज़्यादा ज़िंदगी गांधीवादी प्रभाव में गुज़ारी, अहिंसा के फ़लसफ़े पर यक़ीन रखा। यही वजह है 'होरी' सारे ज़ुल्म बरदाश्त करता है लेकिन अपने संस्कारों से अपने आपको अलग नहीं कर पाता बल्कि उस पर क़ुर्बान हो जाता है। प्रेमचंद के यहां औरत बाग़ी कम, सती सावित्री ज़्यादा है। ज़ाहिर है कि प्रेमचंद का यह शरीफ़ाना या कहीं-कहीं समझौतापूर्ण रवैया फ़ैज़ को पंसद नहीं आता और इसीलिए वे इस पर एतराज़ करते हैं और उन्हीं हवालों से उनकी वाक़यानिगारी और किरदारनिगारी पर खुलकर बहस करते हैं। यह बहस सिर्फ़ फ़िक्री और नज़रियाती नहीं है बल्कि नॉवेल की शक्ल और फ़न के हवाले से भी अहम है। प्रेमचंद की ज़बान के बारे में वह कहते हैं :

> *उनकी देहाती ज़बान सिर्फ़ इतनी है कि हुज़ूर को हजूर और मुश्किल को मुस्किल लिख दिया जाये और मज़े की बात तो यह है कि एक ही देहाती एक तक़रीर (बात) में एक फ़िक़रा देहाती ज़बान में बोलता है तो दूसरा फ़िक़रा अच्छी ख़ासी लखनवी ज़बान में।*

इस बात को फ़ैज़ कोई बड़ा एतराज़ तो नहीं मानते, लेकिन प्रेमचंद पर उनका अस्ल एतराज़ यूं सामने आता है :

> *वो कभी-कभी अपने अफ़सानों में खुल्लमखुल्ला वाज़ (उपदेश) शुरू कर देते हैं। यूं तो कोई आर्ट प्रोपेगैंडा से ख़ाली नहीं होता लेकिन इसके ये मायने नहीं हैं कि एक नॉवेल नवीस के अफ़साने पर देहात सुधार के पम्फ़लिट का शुब्ह होने लगे।*

आगे यह भी कहते हैं :

> *महज़ कहानी बयान कर लेना तो कोई ऐसा कमाल नहीं है जब तक उसमें एक इरादी सिफ़त, एक जंचा-तुला डिज़ाइन या नक़्शा मौजूद न हो।*

प्रेमचंद के बारे में फ़ैज़ के इन ख़यालात से असहमत हुआ जा सकता है लेकिन यह बात बहरहाल दरमियान से निकलती है कि फ़ैज़ फ़िक्र के साथ-साथ फ़न के क़ायल थे। उनका ख़याल था कि फ़िक्र की पोख़्तगी के बग़ैर फ़न और फ़न के ज्ञान के बग़ैर फ़िक्र पूर्ण किरदार अदा नहीं कर सकते। साहित्य कोई भी हो वह प्रोपेगैंडा से अलग नहीं लेकिन हर प्रोपेगैंडा साहित्य नहीं हो सकता। यह बात उन्होंने अपनी और दूसरों की शायरी के हवाले से भी बार-बार कही है और इसीलिए उन्हें प्रेमचंद की ख़ारज़ियत में फ़न का बिखराव नज़र आता है, जो ज़रूरी नहीं कि ठीक ही हो। फ़िक्शन की तमाम अहमियत के बावजूद उनका ख़याल है कि उसमें प्लाट, उसकी बनावट में बिखराव, ग़ैरज़रूरी वार्तालाप और प्रोपेगैंडे के दाख़िल हो जाने की संभावनाएं बनी रहती हैं लेकिन इन सब बहसों के बावजूद वे प्रेमचंद को एक समाजी और प्रजातंत्रात्मक नॉवेलनिगार मानते हैं और एतराफ़ करते हैं कि उन्होंने अफ़सानवी अदब को सफ़ेदपोशों से निकाल कर चौपाल तक पहुंचाने का ऐतिहासिक काम अंजाम दिया है।

सरशार और शरर के अध्ययन में अगरचे ये समस्याएं नहीं हैं, इसलिए उनके विश्लेषण भी दिलचस्प और अर्थपूर्ण हैं। फ़ैज़, सरशार की नॉवेल निगारी का विश्लेषण शुरू में एक पाठक की हैसियत से करते हैं लेकिन धीरे-धीरे उनके अंदर का तारीख़ी और समाजी शऊर उन्हें उस युग के अवध में ले जाता है जो पतनशील है, जो एक परेशान और बेमक़सद ज़िंदगी के चौराहे पर खड़ा है, जहां से उनको कोई रास्ता सूझ नहीं रहा है। फ़ैज़ किस क़दर मज़े से लिखते हैं :

> *इस अफ़रात ओ तफ़रीत के बावजूद सरशार की तस्वीर में नवाबी के आख़री अहृद के बाद वो ख़ाल नुमायां और ज़िंदगी के मुताबिक़ हैं। पहली नज़र में यह दुनिया शोर ओ हंगामा, रौनक़ और गहमागहमी, राग-रंग, रक़्स ओ सुरूद, इश्क़ व मुहब्बत, रिंदी और बेफ़िक्री की दुनिया है। कहीं बटेरों पर शर्तें बद रही हैं, पालियां हैं कि मैदाने जंग को मात करती हैं। कहीं मेलों-ठेलों का हुजूम है। कहीं शेर ओ शायरी की महफ़िल गर्म है। कहीं चांडू पिया जा रहा है। कहीं शादी-बयाह में तवायफ़ें आ रही हैं। मेहमानों में चुहलें हो रही हैं...नवाब, ओमरा (अमीर) शहसवार, बटेरबाज़, भटियारिनें, भांड ठिठोल, चोर गठकतरे, ओलमा, सूफ़ी, अफ़ीमची, कुमारबाज़, सब एक हमागीर बेमक़सद धकापेल में मसरूफ़ ओ मुनहमिक हैं।*

लेकिन जल्द ही फ़ैज़ का तारीख़ी शऊर उस नाज़ुक मोड़ की तरफ़ ले जाता है जहां से तस्वीर का दूसरा रुख़ नज़र आने लगता है और वे यह कहने पर मजबूर होते हैं :

> *सरशार ख़ूब जानते थे कि यह जगमग बुझती हुई शमा का आख़िरी संभाला है। यह रक़्से महफ़िल मौत का रक़्स है। ऐश ओ तरब महज़ यास और ख़ौफ़ से फ़रार का बहाना है। सरशार ने इसका इज़हार यूं किया है कि 'फ़सानए आज़ाद' के तमाम किरदार और उन किरदारों की तमाम सरगर्मियां महसूस और मौजूद होने के बावजूद क़तई ग़ैर हक़ीक़ी और ग़ैर वाक़ई मालूम होती हैं।*

और फिर उनके अंदर का मार्क्सिस्ट अपने आपसे सवाल करता है :

> *किसी समाज या समाज के किसी तबक़े में तनज्जुल (पतन) क्यों आता है और क्या सूरत अख़्तियार करता है। ग़ालेबन सबसे सीधी बात यह है कि जब माद्दी ज़राये में तरक़्क़ी हो जाने की वजह से दुनिया के एक़्तेसादी (आर्थिक) हालात बदलते हैं तो समाज को भी उनके साथ बदलना पड़ता है। लेकिन अगर कोई समाज या समाज का कोई तबक़ा बदलने से इनकार कर दे या उस इंक़लाब का अह्ल न हो तो ज़िंदगी की रौ उसे छोड़ कर आगे बढ़ जाती है...इस साकिन समाज के इर्द-गिर्द दुनिया का नक़्शा बदल जाता है। मोआशरत और तहज़ीब के सांचे नये ढाले जाते हैं लेकिन पसमांदा तबक़ा अपनी डेढ़ ईंट की मस्जिद अलग चुनने में लगा रहता है...इस बेताल्लुक़ी का नतीजा यह होता है कि इस समाज में उस तबक़े की सरगर्मियां ब तदरीज ज़्यादा मोहमल, ज़्यादा बेमक़सद और ज़्यादा मोज़हकाख़ेज़ होती चली जाती हैं।*

इस ख़याल की बुनियाद पर वे लखनऊ के उस सारे तफ़रीही काम को एक सांचे में ढाल लेते हैं जहां एक गहरी बेइत्मीनानी, मायूसी और कभी-कभी क़रार के अलावा कुछ नज़र नहीं आता। सरशार के फ़सानों के साथ-साथ अवध की पतनशील सभ्यता का यह नक़्शा फ़ैज़ के समाजी, सियासी और इश्तेराकी विचार का आईनादार है जहां तारीख़ और सभ्यता की अपनी आर्थिक हालत एक नयी तहज़ीब को जन्म दे रही है लेकिन पुराने लोग परदे के पीछे चालाकी से सिर्फ़ डुगडुगी बजा रहे हैं। फ़ैज़ ने सरशार के इस ज़ेहन को अपनी गिरफ़्त में ले लिया है जो कशमकश और शक का शिकार है और वह सब कुछ 'फ़सानए आज़ाद' में कहीं खोजी, कहीं आज़ाद और कहीं पूरे समाज के ज़रिये जलवागर होता है। सरशार को भी पुरानी दुनिया के जाने का ग़म है लेकिन उनकी ख़ूबी यह है कि नयी दुनिया का स्वागत भी करते चलते हैं। अगर एक तरफ़ बटेरबाज़ी है तो अख़बारात भी हैं। हुस्नआरा और सरवत है तो अंग्रेज़ी मिसें भी हैं। रेलें और मोटरें भी हैं। खोजी के बारे में उनका कहना है कि यह मज़ाकिया शख़्सियत पतनशील दरबारी तबक़े की आख़िरी मंज़िल है। इसी तरह वे आज़ाद को नये तबक़े का नुमाइंदा क़रार देते हैं और यह कहते हैं कि सरशार ने आज़ाद के ज़रिये यह कहना चाहा है कि यही वह तबक़ा है जो कुछ कर सकने का अह्ल है।

इसी तरह से शरर के नॉवेलों में भी उनकी राय तारीख़ के हवालों से दिलचस्प अंदाज़ में सामने आती है। शरर के यहां तारीख़ History है। Historicity वही जो ज़माने के साथ सफ़र करती है। लेकिन उनकी यह हिस्ट्री भी फ़ैज़ की निगाह में किसी एक बिंदु पर नहीं ठहरती। इसलिए कि शरर अपने नॉवेलों में जो तारीख़ी माहौल बनाते हैं वह उनकी ज़बान में न किसी दौर को समझने में मदद करती है और न ही किसी तारीख़ी शख़्सियत की कल्पना ज़ेहन में बैठती है। अलबत्ता एक दिलकश रूमानी फ़ज़ा ज़रूर क़ायम हो जाती है और यह फ़ज़ा अरब की हो सकती है और अफ़्रीका की भी, लेकिन वे शरर के नॉवेलों में उस दौर की समाजी तहज़ीबी ज़िंदगी और उसके बदलते हुए नक़्शे तलाश करना चाहते हैं जिसमें उनको मायूसी होती है और उसकी वजह से यह समझते हैं कि शरर समाजी फ़िक्र न रखते थे और न ही समाजी सरोकार रखते थे। वे अपने नॉवेलों में दो बादशाहों के दरमियान जंग तो दिखाते हैं लेकिन जहां तक अवाम और बाक़ी समाज का ताल्लुक़ है, शरर उनसे कोई वास्ता नहीं रखते। वे लिखते हैं :

> *ख़ालिस (शुद्ध) नॉवेलनवीसी के एतबार से शरर का रुतबा क्या है, इसका जवाब दिया जा चुका है। नॉवेल ज़िंदगी का चरबा होता है और शरर के नोवलों का ज़िंदगी से कुछ ज़्यादा ताल्लुक़ नहीं। इसकी बड़ी वजह यह है कि ज़िंदगी बहुत-सी छोटी-मोटी चीज़ों से मिलकर बनती है। इन सबका मुतालिबा करना, उनके बाहमी ताल्लुक़ात मालूम करना, अपनी-अपनी जगह पर बैठाना है, यह काफ़ी बारीक काम है और शरर बारीकियों से भागते हैं। मैं समझता हूं कि इनकी तहरीरों में सबसे बड़ा नुक़्स एक ख़ास क़िस्म की ज़ेहनी काहिली और सहल अंगारी है...*

हालांकि ख़ुद फ़ैज़ इसको माफ़ कर देने की वजह भी निकाल लेते हैं कि शरर व्यस्त इनसान थे। वे एक साथ कई विभागों में काम करते थे। पत्रकारिता, सामाजिकता, मज़हब, साहित्य, तारीख़ सभी पर बराबर लिखते रहते थे और इन सब पर हावी सामाजिक सुधार, जिसके शिकार नज़ीर अहमद, शरर, राशिदुलख़ैरी सभी थे। शरर को जहां भी अपनी क़ाबिलियत दिखाने का मौक़ा मिला अपने असरात (प्रभाव) छोड़ने में कामयाब हुए। नॉवेलों में 'अय्यामे अरब', 'फ़िरदौसे बरीं', 'ज़वाले बग़दाद' उनके अच्छे और कामयाब नॉवेल हैं। 'गुज़श्ता लखनऊ' भी एक यादगार किताब है। कुछ और चीज़ें भी हैं लेकिन फ़ैज़ इनका ज़िक्र नहीं करते। अपने पूरे लेख में 'फ़िरदौस बरीं' का नाम तक नहीं लाते जिसमें शेख़ अली वजूदी उस दौर की मज़हबी व्यवस्था और हुसैन उस दौर के नौजवानों की दीवानगी और पस्तहिम्मती की निशानी बनकर आते हैं। हुसैन तो 'ज़हरे इश्क़' के हीरो का विस्तार है जो ख़ुद कुछ नहीं सोच पाता और दीवानगी की हालत में उसका शोषण होता रहता है। यह अमल उस पूरी पतनशील व्यवस्था और मरदाना समाज की तरफ़ तल्ख़ और तीख़ा इशारा है जिससे उस दौर का समाज गुज़र रहा था। फ़ैज़ ने शरर के बारे में यह बात भी साफ़ तौर पर कही :

> *शरर नॉवेलनवीस नहीं क़िस्सागो हैं और क़िस्सागोई में उन्हें काफ़ी महारत हासिल है।*

फ़ैज़ ने क़िस्सागोई और नॉवेलनवीसी के फ़र्क़ को अच्छी तरह से पेश किया है और इससे इनकार कर पाना मुश्किल है कि शरर वाक़ई क़िस्सागो ज़्यादा हैं, लेकिन वे नॉवेलनवीस थे ही नहीं, मज़बूती के साथ यह बात कहना शरर के साथ ज़्यादती है। कम लोग जानते हैं, और शायद फ़ैज़ के ज़ेहन में भी न होगा, कि शरर उर्दू के ऐसे नॉवेलनिगार हैं जिन्होंने पहली बार लफ़्ज़ नॉवेल का इस्तेमाल किया, अपनी क़िस्सानवीसी को बाक़ायदा नॉवेलनवीसी का नाम दिया, वरना उससे पहले नज़ीर अहमद वग़ैरह ने अपने नॉवेलों को नये तर्ज़ की क़िस्सानिगारी कहा है। शरर ने अपने रिसाले 'दिलगुदाज़' में नॉवेल विधा पर कई अच्छे लेख लिखे जिनमें नॉवेल विधा की अहमियत, मक़बूलियत और मक़सदियत पर अच्छी बहसें की हैं। ये बहसें उर्दू फ़िक्शन की आलोचना में अपनी क़िस्म की पहली मानीख़ेज़ और कारआमद बहसें हैं। उन्होंने अंग्रेज़ी के नॉवेल और तारीख़ी नॉवेल पढ़े थे। स्कॉट और ड्यूमा के तारीख़ी नॉवेलों को पढ़ने के बाद ही उन्हें उर्दू में तारीख़ी नॉवेल लिखने का ख़याल आया, वरना वे नज़ीर अहमद की तर्ज़ पर 'दिलचस्प' और 'दिलकश' जैसे समाजी नॉवेल लिख चुके थे जो ज़्यादा कामयाब न हुए थे। यह सच है कि उनके तारीख़ी नॉवेल रूमानी ज़्यादा हैं और उस रूमान पर भी एक ख़ास क़िस्म की मक़सदियत और खारज़ियत हावी रहती है जिससे नॉवेल की बनावट और उसका मक़सद नज़र आता है लेकिन यह भी न भूलना चाहिए कि शरर के सामने उर्दू में अच्छे नॉवेलों की मिसालें कम और समाजी ज़रूरतें ज़्यादा थीं। यह क्या कम बड़ी बात है कि जहां 'हुज्जते इस्लाम' जैसे पात्र समाज में हैं, वहां 'बदरुन्निसा की मुसीबत' जैसे नॉवेल में शरर परदे की सख़्त मुख़ालिफ़त (विरोध)

करते हैं। 'ताहिरा' में मौलवी के पात्र की फक्कड़ी उड़ा कर मज़हबी व्यवस्था पर चोट करते हैं और 'ज़वाले बग़दाद' जैसा नॉवेल लिख कर लखनऊ के शिया-सुन्नी झगड़े पर गहरी चोट लगाते हैं। शरर फ़ौरन लिखने वाले थे और बहुत लिखते थे। उनकी लेखनी की भीड़ के बारे में फ़िराक़ ने दिलचस्प बात कही है :

> *शरर के नॉवेल आज ज़रा पुरानी चीज़ें मालूम होते हैं और उनकी तहरीर ज़्यादातर कल की बात मालूम होती है। हम प्रेमचंद के नॉवेलों और अफ़सानों और शरर के अफ़सानों से ज़्यादा मुतास्सिर हैं। लेकिन ज़रा यह तो सोचिए कि सरशार को छोड़कर शरर के हमउम्र और हम अस्र सैकड़ों नॉवेलनिगारों में आज किसका नाम ज़िंदा है। किरदार और मंज़र निगारी और तारीख़ी तख़य्युल की कुछ अहम ख़ामियों के बावजूद भी शरर के कई नॉवेल दिलफ़रेब, दिलकश और जानदार हैं। इसके अलावा सरशार के मुक़ाबले में शरर के नॉवेलों का मंज़र कहीं ज़्यादा वसीअ है। एक सरशार पे क्या मौकूफ़ है उर्दू के किसी दूसरे नस्रनिगार ने इतने मौज़ूआत और इतनी चीज़ों को हाथ नहीं लगाया जिन पर शरर ने हज़ार सफ़हात लिख कर क़लम हाथ से डाल दिया...*
>
> *('अंदाज़े', पृ. 329)*

ऐन मुमकिन है कि फ़िराक़ की ये मिसालें ग़ैर ज़रूरी सी लगें, लेकिन इनको पेश करने के दो मक़सद हैं—पहला यह कि फ़िराक़ के लेख भी तक़रीबन उसी दौर में लिखे गये जब फ़ैज़ ने लिखे। फ़िराक़ फ़ैज़ से उम्र में बड़े ज़रूर थे लेकिन हालात और ज़माने के पेशे नज़र दोनों को समकालीन ही कहा जायेगा। दोनों अंग्रेज़ी के विद्यार्थी और अध्यापक थे। दोनों की आलोचना को व्यक्तिगत आलोचना के ख़ाने में लिया जाता है। फिर प्रेमचंद और शरर से संबंधित दोनों की रायों में इस क़दर दूरी और विरोध क्यों...? इस सवाल के जवाब की तलाश में फ़ैज़ और फ़िराक़ की बुनियादी फ़िक्र और तहज़ीब (सभ्यता) को समझना होगा। फ़िराक़ हिंदू थे और कायस्थ थे। कमउम्री में वालिद की मौत ने उन्हें तरह-तरह से बीमारियों और ज़िम्मेदारियों ने घेर लिया। वे हिंदू सभ्यता और संस्कृति के रसिया थे जिसने आगे चलकर उनकी रचनाओं को एक राह दी। ऐसा न था कि फ़िराक़ ने समाजवाद को पढ़ा और समझा न था, उनकी कविताओं और ख़तों में इसके प्रभाव बतौरे ख़ास दिखायी देते हैं, लेकिन वे समाजवाद की तरफ़ दिल से मायल न थे। इसके उल्टा फ़ैज़ मुस्लिम घराने की वजह से नहीं बल्कि ख़ुद अपने घर के विशेष मज़हबी माहौल की वजह से शुरू में तसव्वुफ़ से परिचित हुए। कहते हैं कि फ़ैज़ ने बचपन में ही आधे से ज़्यादा क़ुरआन याद कर लिया था और एक बार अल्लामा इक़बाल की अध्यक्षता में अंजुमने इस्लामिया सियालकोट के सालाना जलसे में क़ुरआन पाक पढ़ने का वाक़या उन्हें हमेशा याद रहा। ख़ुद लिखते हैं :

> *मैं इतना छोटा था कि मुझे एक ऊंची मेज़ पर खड़ा कर दिया गया। जब मैं तिलावत (पढ़ना) कर चुका तो इक़बाल ने बड़े प्यार से सर पर हाथ फेरा और कहा कि तुम कितने ज़हीन बच्चे हो।*
>
> *('हम कि ठहरे अजनबी')*

कनाडा के एक इंटरव्यू में उन्होंने साफ़ कह दिया :

मैं अपने आपको अदना तरीक़े से तसव्वुफ़ का पैरो समझता हूं। इस मस्लक पर थोड़ा बहुत इख़्तेलाफ़ हो सकता है...हमारी तो सारी की सारी तरबियत ख़ालिस दीनी माहौल में हुई और मेरी शायरी का मेरे ज़ेहनी अक़ायद से कोई तज़ाद नहीं है।

(अदबे लतीफ़—फ़ैज़ नंबर)

सूफ़ीवाद की दूसरी विशेषताओं के साथ-साथ एक बड़ी विशेषता यह भी है कि वह दुनिया के कामों से ऊपर उठ कर अपनी बात हिम्मत के साथ कहना सिखाता है। मुमकिन है कि सादगी और निडरता से कहने का हुनर फ़ैज़ ने इसी माहौल से लिया हो।

फ़ैज़ जवान हुए। अंग्रेज़ी पढ़ी और अंग्रेज़ी के उस्ताद हो गये और फिर इश्क़ में गिरफ़्तार हुए। ठीक इन्हीं दिनों तरक़्क़ीपसंदी और समाजवाद का शोर बुलंद हुआ। महमूदुज़्ज़फ़र और रशीद जहां ने इस आरज़ी इश्क़ पर शर्म दिलायी और मार्क्स की किताबें पढ़ने को दीं। फ़ैज़ के अनुसार :

यह किताब मैंने एक नशिस्त में पढ़ डाली बल्कि दो-तीन बार पढ़ी। इनसान और फ़ितरत, फ़र्द और मुआशरा, मुआशरा और तबक़ात और ज़राए पैदावार की तक़सीम...इनसानों की दुनिया के पेच दर पेच, तह दर तह रिश्ते-नाते, क़द्रें, अक़ीदे, फ़िक्र ओ अमल वग़ैरह-वग़ैरह के बारे में यूं महसूस हुआ कि किसी ने इस पूरे ख़ज़ीनए-असरार को कुंजी हाथ में थमा दी।

इस तरह सूफ़ी फ़ैज़ के पेट से समाजवादी फ़ैज़ का जन्म हुआ। सूफ़ीवाद से लेकर मार्क्सवाद का यह सफ़र इन्हें अच्छा लगा और वे अपने आपको कामरेड समझने लगे, लेकिन उनका ख़याल अब भी था कि यह सूफ़ी लोग ही अस्ल कामरेड हैं। यह 1935-1936 ई. का वह ज़माना था जब इस्लामी चिंतक कहे जाने वाले उर्दू के महान शायर अल्लामा इक़बाल भी समाजवाद के रद्द ओ क़बूल के रास्ते गुज़र चुके थे और इस तरफ़ मुहब्बत और उम्मीद की निगाह से देख रहे थे। जोश इंक़लाब के नारे बुलंद कर रहे थे। हसरत मोहानी अपने आपको सूफ़ी मोमिन और समाजी मुस्लिम कहने पर फ़ख़्र महसूस कर रहे थे। और फिर इन सबके सामने नयी नस्ल, तरक़्क़ीपसंद नस्ल के तौर पर उभर कर आयी जो मग़रिब के तमाम सियासी और समाजी विचार और नज़रियों से बाख़बर थी, बाअमल थी। समाजी शऊर, सांस्कृतिक समझ, सामाजिक हवालों से अपने तमामतर जोश व जज़्बए हरकत व हरारत के साथ सैलाब की तरह बह निकले थे। पूरे निज़ाम को हिला देने और आसमान से तारे नोच लेने की बातें सोची जाने लगी थीं और दुनिया से इस तरह से लड़ा जाने लगा था जैसे राबर्ट फ्रास्ट ने कहा था : 'मेरा और दुनिया का झगड़ा दो प्रेमियों का झगड़ा है।' दुनियावी और मुल्की हालात, नित नये नज़रियात और तजुर्बात नयी विधाएं एवं कलाएं और समाजी व इंक़लाबी रुझानात ने हयात व कायनात को समझने-समझाने के तौर-तरीक़े ही बदल दिये थे। बक़ौल आले अहमद सुरूर—

शायर ज़िंदगी से मुहब्बत करता है और कभी-कभी ज़िंदगी के एक बुलंद तसव्वुर की ख़ातिर इसके सस्ते और कारोबारी तसव्वुर से लड़ता है। शायर के ख़्वाब महज ख़याली दुनिया की परछाइयां नहीं होते। इनमें गहरी और ताबिंदा हक़ीक़त की किरन होती है। इस किरन की ख़ातिर ज़ुलमात से ही नहीं, सूरज से भी लड़ने को तैयार होता है। ज़िंदगी की बसीरत और एक दर्दमंद दिल यही शायर की दौलत हैं। यह बसीरत फ़ितरत से मिलती है, मगर इसमें जिला ज़िदगी के सोज़ ओ साज़ व दर्द के दाग़ से होती है।

मीर ने कहा था :

ऐ आहूवाने-काबा न एंडो हरम के गिर्द
खाओ किसी का तीर, किसी की शिकार हो।

इस पूरे पसमंज़र को पेश करने का मक़सद सिर्फ़ यह है कि फ़ैज़ के इन लेखों को, ख़ास तौर पर फ़िक्शन से मुताल्लिक़ लेखों को, इस माहौल, मिज़ाज, उम्र, ज़ेहन और जोश व जज़्बा से अलग करके नहीं देखा जा सकता। प्रेमचंद पर इनके ऐतराज़ात रौशनी के सूरज पर ऐतराज़ के बराबर हैं। इन लेखों में क़बूल कम, रद्द ज़्यादा है। स्थानीयता कम, वैश्विकता ज़्यादा है। अशराफ़ियत कम, अवामियत ज़्यादा है। ख़ुद फ़ैज़ ने भी भूमिका में कहा है :

इनमें सुख़न ओलमा (विद्वानों) से नहीं, आम पढ़ने वालों से है जो अदब के बारे में कुछ जानना चाहते हैं।

फ़िक्शन के इन लेखों में आप फ़ैज़ के नापुख़्ता फ़ैसलों से मतभेद रख सकते हैं लेकिन उनके शौक़े मोतालआ (अध्ययन), इल्म की प्यास, निज़ामे-दुनिया को समझने की जो ललक है, इन्सानी व दुनियावी क़द्र व फ़िक्र में घुलने-मिलने का जो फ़िक्री व फ़ितरी जज़्बा है, उससे इंकार नहीं कर सकते। यह क्या कम है कि उर्दू का एक शायर जिसकी परवरिश शायराना व सूफ़ियाना माहौल में हुई, दास्तान, नॉवेल, सरशार, शरर, प्रेमचंद जैसे बुज़ुर्गों के लेखनी से रचे गये साहित्य को पढ़ रहा है, इस दुनिया के पेच ओ ख़म और कैफ़ ओ कम को समझने की कोशिश कर रहा है। इसके विषय, पात्रों, शैली–सबके सब उसके पढ़ने का ही नहीं उसके चिंतन का हिस्सा बनते हैं। यह बिलकुल मुमकिन है फ़ैज़ की क्लासिकी रूमानियत, नयी मक़सदियत को नया रूप देने में और उसके नफ़्स (आत्मा) को सभ्य करने में ये कृतियां मददगार साबित हुई हों।

एहतेशाम हुसैन ने फ़ैज़ पर ही लेख लिखते हुए कहा था कि फ़िक्र की यह रियाज़त मश्के सुख़न से कम तहज़ीबे-नफ़्स से ज़्यादा पैदा होती है और फ़ैज़ के मोहज़्ज़ब, मुनज़्ज़िम, मुरत्तिब होने से किसे इंकार हो सकता है। इसीलिए कुछ लोग इन्हें सूफ़ी मुस्लिम और कुछ इन्हें समाजवादी मुस्लिम कहते हैं।

पंजाबी कविता

सतिंदर सिंह नूर

फ़ैज़ अहमद फ़ैज़ ने लगभग सारी शायरी उर्दू में लिखी। परंतु वे पंजाबी थे। उनका जन्म सियालकोट में हुआ था। सियालकोट ठेठ पंजाबी क्षेत्र है जो कि अब पाकिस्तान में है। उन्होंने अपनी प्राथमिक शिक्षा उर्दू, फ़ारसी तथा अरबी भाषा में ली। 1928 में उन्होंने अपनी पहली ग़ज़ल कही। 1933 में उन्होंने अंग्रेज़ी में एम.ए. पास किया और अंग्रेज़ी के प्राध्यापक भी पहले-पहल अमृतसर (पंजाब) में ही लगे। परंतु शायरी उन्होंने लगातार उर्दू में ही की। वे अक्सर इस बात का ज़िक्र करते रहे कि पंजाबी में भी उन्होंने कविता लिखनी है, क्योंकि वारिस शाह, सूफ़ी कविता व पंजाबी लोकगीतों के साथ उनकी मुहब्बत अथाह थी। फिर उन्होंने कुछ कविताएं पंजाबी में लिखीं।

तमाम उम्र उनका संबंध प्रगतिशील कविता से रहा। यों तो उन्होंने बहुत प्रभावशाली रूमानी कविता लिखी, क्योंकि यह समय व दौर रूमानी प्रगतिशील कविता का था। पंजाबी में जो उन्होंने प्रगतिशील कविता लिखी, उसका संबंध आम लोगों से है। उन्होंने किसान से जागृत होने को कहा, क्योंकि किसान सारे समाज को रोटी देता है, परंतु स्वयं सामाजिक व आर्थिक तौर पर कमज़ोर है। फ़ैज़ अहमद फ़ैज़ किसान को मुर्दा हालत में नहीं देखना चाहते थे। ऐसी शायरी उन्होंने बहुत साधारण और ठेठ पंजाबी में कही। इस शायरी को उन्होंने पंजाबी किसान के लिए तराना क़हा :

उठ उत्तां नूं जट्टा
मरदा क्यों जायें
भोलया, तूं जग दा अनदाता
तेरी बांदी धरती माता
तू जग दा पालनहार
ते मरदा क्यों जायें
उठ उत्तां नूं जट्टा
मरदा क्यों जायें
जनरल, करनल, सूबेदार
डिप्टी, डी.सी. थानेदार

सारे तेरा दित्ता खावन
तूं जे न बीजें, तू जे न गाहवें
भुक्खे, भाने सब मरजावन
एह चाकर तूं सरकार
मरदा क्यों जायें
...
विच कचहरी, चुंगी, थाने
कीह अनभोल, ते कीह स्याने
कीह अशराफ़ ते कीह नमाने
सारे खज्जल ख़्वार
मरदा क्यों जायें
उठ उत्तां नूं जट्टा
एका कर लो, हो जाओ कट्ठे
भुल जाओ रांगड़, चीमे चट्ठे
सभ्भे दा इक परिवार
मरदा क्यों जायें
जे चढ़ आवन फ़ौजां वाले
तूं वीं छोयां लंब कराले
तेरा हक़ तेरी तलवार
ते मरदा क्यों जायें
दे अल्लाह हू दी मार
ते मरदा क्यों जायें
उठ उत्तां नूं जट्टा

पाकिस्तान में उस समय जो पंजाबी कविता लिखी जा रही थी, उस में अधिकतर बौद्धिक जटिलता नहीं थी क्योंकि वह कविता अधिक से अधिक सामान्यजन के नज़दीक रहकर उनके यथार्थ की बात करना चाहती थी। इसीलिए इस कविता पर लोक संस्कृति का बहुत प्रभाव था तथा काव्य भाषा भी लोकभाषा के ज़्यादा से ज़्यादा क़रीब रहती थी। परंतु इस कविता पर प्रगतिवादी लहर या समाजवादी विचारधारा का बहुत प्रभाव था। इसीलिए फ़ैज़ अहमद फ़ैज़ ने समस्त किसानों को इकट्ठा होने को कहा तथा सामाजिक दीवारों तथा जात-पांत को भूल कर एक परिवार बनने को कहा। ऐसी कविता चाहे किसान को संबोधित है परंतु यह केवल किसान के लिए नहीं है। किसान महज़ इसमें एक प्रतीक बन जाता ह। इस कविता की आवाज़ समूची लोकसत्ता की है।

फ़ैज़ अहमद फ़ैज़ ने जो अन्य पंजाबी कविताएं लिखीं, उनका स्वर व विधि कुछ अलग है। पाकिस्तान की पंजाबी कविता में प्रगीतात्मक काव्य छाया हुआ है। समकालीन

पंजाबी कविता में बहुत सुंदर प्रगीत लिखे गये, क्योंकि पाकिस्तान की पंजाबी संस्कृति लोक संस्कृति के अभी भी बहुत नज़दीक है। इसलिए वहां पंजाबी की प्रगीतात्मक कविता लोगों में बहुत मक़बूल है। यह कविता ठेठ पंजाबी में भी लिखी जाती है। ऐसी कविता में बेहिसाब बलूची शब्द भी हैं। पंजाबी क़िस्सों में हीर-रांझा, सोहनी-महीवाल या अन्य प्रेमी नायकों का ज़िक्र होता है, उनके प्रतीक ऐसी कविताओं में आम होते हैं। केवल यही नहीं, इन प्रगीतों पर सूफ़ी शायरी का भी बहुत गहरा असर होता है। कई बार तो शाह हुसैन तथा बुल्ले शाह के अंदाज़ में ही वे प्रगीत लिखे मालूम होते हैं। जैसे बुल्ले शाह ने अपनी काफ़ी लिखी थी—'इल्मो बस करीं ओ यार', फ़ैज़ अहमद फ़ैज़ ने भी एक नग़मा इन काफ़ियों की भांति ही लिखा :

वतने दियां ठंढ़ियां छाईं ओ यार
टिक रौ थाईं ओ यार
रोज़ी देवेगा साईं ओ यार
टिक रौ थाईं ओ यार
हीर नूं छढ़ टुर गयों रंझीए
खेड़ियां दे घर पे गये हासे
...
पिंड विच कढ्ढी टोहर शरीकां
यारां दे ढै पये मुंडासे
वीरां दियां टुट गय्यां बायीं ओ यार
टिक रौ थाईं ओ यार
रोज़ी देवेगा साईं

उनकी ऐसी प्रगीतात्मक कविता में रूमानी रंग घुला मिला है क्योंकि फ़ैज़ अहमद फ़ैज़ मूल तौर पर प्रगतिशील कवि हैं। इसलिए ऐसे रूमानी प्रगीत में भी जब वे अपने आंगन तथा झोंक के सब ख़ैर की बात करते हैं तथा ग़ैरों के महल छोड़ने को कहते हैं, तब वे लौकिक अंदाज़ में एक विचारधारात्मक अवचेतन से जुड़े हुए हैं तथा इस प्रगीत में बड़ी सरलता से उसका संचार भी कर देते हैं। साथ ही उनकी काव्य पंक्तियां निराले लोकगीत की शैली में ढल जाती हैं :

काग उड़ावन मावां बहनां
तरले पावन लक्ख हज़ारां
खैर मनावन संगी साथी
चरख़े ओले रोवन मट्यारां
हाडां कर दियां सुंजियां राईं ओ यार
टिक रौ थाईं ओ यार
वतने दियां ठंडियां छाईं
छड़ ग़ैरां दे महल चौमहले

अपने वेहड़े दी रीस न काई
अपनी झोक दियां सत्ते खैरां
बीबा तुस ने क़दर न पायी
मोड़ महारां
ते आ घर बारां
मुड़ आके मूल न जाईं ओ यार
टिक रौ थाईं ओ यार

पाकिस्तान में पंजाब के ज़्यादातर कवियों ने उर्दू के साथ-साथ पंजाबी में भी कविता कही है। मुनीर नियाज़ी, ज़फ़र इक़बाल और बहुत सारे कवियों का पंजाबी शायरी में नाम लिया जा सकता है। उनके अनेक पंजाबी काव्य संग्रह भी हैं परंतु फ़ैज़ अहमद फ़ैज़ ने पंजाबी में केवल कुछ ही कविताएं लिखीं। इसलिए मूल तौर पर वे उर्दू के ही शायर माने जाते हैं। पंजाबी में उन्होंने जो काविताएं लिखीं उनमें पंजाबी कविता की परंपरा को वे पूरी तरह निभाते हैं तथा पंजाबी कवियों ने उनकी चंद एक कविताओं की चर्चा भी की है।

नज़्मों और ग़ज़लों की संगीत प्रस्तुतियां

सुहैल हाशमी

फ़ैज़ अहमद फ़ैज़ की लोकप्रियता और उनकी शायरी के चाहने वालों की लगातार बढ़ती हुई तादाद का राज़ समझना कोई बहुत मुश्किल नहीं है। फ़ैज़ के बचपन का माहौल, उनके उस्ताद, फ़ैज़ के ख़यालात, उनके नज़रिये पर आज़ादी की तहरीक और बायें बाज़ू के ख़यालात का गहरा असर, फ़ैज़ की शायरी में समाज की बुनियादी सच्चाइयों का प्रतिबिंबन और मक़बूल संगीतकारों और गायकों का इस शायर को हाथोंहाथ लेना, वे बुनियादी चीज़ें हैं जिन्होंने मिल कर फ़ैज़ को बीसवीं सदी के सबसे लोकप्रिय शायरों और अदीबों की पहली क़तार में ला खड़ा किया है।

फ़ैज़ के परिवार में साहित्य को पढ़ना और उसके बारे में बातचीत करना इतना ही ज़रूरी था जितना ज़िदगी के दूसरे अहम काम करना। उर्दू, फ़ारसी, अरबी और अंग्रेज़ी अदब से दिलचस्पी जो बचपन से घुट्टी में मिली थी, फ़ैज़ के साथ हमेशा रही। उन्होंने इन ज़बानों को कॉलेज और यूनिवर्सिटी के स्तर तक पढ़ा, और यही वजह है कि फ़ैज़ की शायरी की ज़बान इतनी समृद्ध है कि जितनी ग़ालिब और इक़बाल के बाद बहुत कम शायरों की है। अदब और शायरी का शौक़, घर के अदबी माहौल और बहुत से अच्छे उस्तादों की सरपरस्ती में जल्द ही उन्हें शायरी की तरफ़ ले गया।

शायद फ़ैज़ भी अपने काल के कई दूसरे शायरों की तरह, शमा, परवाना, गुलोबुलबुल, सैयाद, इश्क़, विसाल और हिज्र के शायर ही रह जाते अगर जवानी के दिनों में उनकी मुलाक़ात तहरीके आज़ादी से जुड़े हुए उन अदीबों और दानिश्वरों से न हो जाती जिनका ताल्लुक़ या तो सीधा सीधा कम्युनिस्ट तहरीक से था, या उन लोगों से जो बायें बाज़ू के ख़यालात रखते थे।

इस ताल्लुक़ की वजह से, रोज़ होने वाली बहसों के कारण, दुनिया को एक नये नज़रिये से देखने की शुरुआत ने फ़ैज़ की शायरी पर बहुत असर डाला। फ़ैज़ की शायरी ने, जो अभी अपने शुरुआती दौर में ही थी, बड़ी तेज़ी से अपनी शक्ल बदली और वह अब व्यक्तिगत सरोकारों के बजाय सामूहिक या सामाजिक सरोकारों की शायरी में तब्दील होने लगी। वह नया नज़रिया जो अब फ़ैज़ की शायरी का नज़रिया

बन चुका था, उसने फ़ैज़ को समाज में फ़नकार के मक़ाम और उसके फ़राइज़ के बारे में सोचने की तरफ़ प्रेरित किया। 1936 में अंजुमन तरक़्क़ीपसंद मुसन्निफ़ीन की बुनियाद पड़ी और फ़ैज़ उसकी पंजाब सूबाई कमेटी के सेक्रेटरी चुने गये।

फ़ैज़ की शायरी का पहला संकलन *नक़्शे फ़रियादी* 1941 में छपा, और नूरजहां ने, जो उस वक़्त की सबसे मशहूर गायिका थीं, फ़ैज़ साहब से इजाज़त मांगी कि वे संकलन की एक नज़्म 'मुझ से पहली सी मुहब्बत मेरे महबूब न मांग' गाना चाहती हैं। कहा जाता है कि वे इस नज़्म को सबसे पहले गाना चाहती थीं। फ़ैज़ साहब से इजाज़त मिलने के बाद उन्होंने जल्द ही इसे गाया और जल्द ही फ़ैज़ साहब को सुनाया भी। क़िस्सा मशहूर है कि फ़ैज़ साहब ने कहा कि आज से यह ग़ज़ल हमारी नहीं आपकी हो गयी। अब अगर इस कहानी में वक़्त का जो पैमाना दिया गया है, उसके मुताबिक़ यह वाक़या 1943 में या हद से हद 1944 में हुआ होगा। उस रिकार्डिंग की सही तारीख़ तो पता नहीं। पर क़िस्सा दिलचस्प है और उस खलबली की तरफ़ इशारा भी करता है जो, *नक़्शे फ़रियादी* के छपने के साथ, उर्दू शायरी को समझने वालों के दिलोदिमाग़ में चल रही थी।

नूरजहां की अवाज़ में जब यह नज़्म अवाम तक पहुंची तो सब ने सुनी। नूरजहां जो मलिका-ए- तरन्नुम कहलाती थीं '40 के दशक में और उसके बाद भी लंबे अरसे तक ग़ज़ल और गीत गाने वालियों में सुपरस्टार थीं।

फ़ैज़ की शायरी एक नयी तर्ज़ की शायरी थी, एक ऐसी शायरी जो उर्दू शायरी की रवायती ज़बान का इस्तेमाल करते हुए एक नयी बात कह रही थी, कुछ इस अंदाज़ से कि उस रवायती ज़बान और शायरी के रवायती मुहावरे को नये अर्थ मिल रहे थे। अंजुमन तरक्क़ीपसंद मुसन्निफ़ीन से जुड़े हुए बहुत से दूसरे शायर जो ग़ज़ल के मैदान को सीमित और नये ख़यालों के इज़हार के लिए नाकाफ़ी समझ रहे थे, उन्हें यह एहसास होने लगा कि ग़ज़ल में अभी गुंजाइश है। यह एहसास बहुत हद तक फ़ैज़ की शायरी की देन है। ग़ज़ल के मैदान में जो काम फ़ैज़ ने किया है वह काफ़ी हद तक तरक्क़ीपसंद शायरी में ग़ज़ल को दोबारा इज़्ज़त का मुक़ाम दिलाने के लिए ज़िम्मेदार है और फ़ैज़ को ग़ैरमामूली हर-दिल-अज़ीज़ बनाने में भी।

नूरजहां की गायी हुई इस नज़्म में जो बात कही गयी थी वह शायद उर्दू शायरी में पहले नहीं कही गायी थी, कम से कम इतने साफ़ अंदाज़ में तो नहीं ही कही गयी होगी। प्यार करने वाला अपनी महबूबा से कहता है :

और भी दुख हैं ज़माने में मुहब्बत के सिवा
राहतें और भी हैं, वस्ल की राहत के सिवा
मुझसे पहले सी मुहब्बत मेरी महबूब न मांग।

सुनने वालों में और सुनने की ख़्वाहिश जागी। फ़ैज़ की सियासी ज़िंदगी के लगातार उतार-चढ़ाव, अपने ख़यालों, अपने नज़रियात पर क़ायम रहने की उनकी तर्ज़, मद्धम मद्धम सुरों में मगर साफ़ आवाज़ में बिना लाग लपेट के अपनी बात कहना, बार

बार लंबी लंबी सज़ाएं काटना और हर बार जेल से निकलते ही अपनी शायरी का एक और मजमुआ अवाम के सामने ले आना, ऐसी बातें थीं जिनकी वजह से अवाम में उनकी मक़बूलियत लगातार बढ़ रही थी।

हिंदोपाक में अवाम के जो हालात थे, एक तरफ़ ज़िंदा रहने की रोज़ की जद्दोजहद और दूसरी तरफ़ अवाम की तकलीफ़ों से हुक्मरानों की बेनियाज़ी, उनमें फ़ैज़ की शायरी अवाम के ग़ुस्से और बेचैनी का आईना बन कर उभर रही थी। हिंदुस्तान और पाकिस्तान के गाने वालों ने फ़ैज़ की शायरी को अवाम तक, ख़ासतौर पर उन लोगों तक पहुंचाया जो या तो उर्दू पढ़ नहीं सकते थे या जिनकी यह औक़ात ही नहीं थी कि किताबें ख़रीद सकें।

बेगम अख़्तर ने बहुत ख़ूबसूरत ढंग से 'शाम-ए-फ़िराक़ अब न पूछ' गायी और मेहदी हसन ने 'गुलों में रंग भरे' को इस तरह गाया कि फ़ैज़ साहब ने एक बार दिल्ली में उस ग़ज़ल को सुनाने की फ़रमाइश पर कहा, 'भई वो तो हमने मेहदी हसन को दे दी है, अब उन से ही सुन लीजिएगा।' फ़ैज़ की कई ग़ज़लें मेहदी हसन ने गायीं। मगर वे लोग जिन्हें फ़ैज़ के हर शेर के सियासी संदेश में उनकी शायरी के ज़ाहिरी मतलब से ज़्यादा दिलचस्पी होती थी, और फ़ैज़ के चाहने वालों में ऐसे लोगों की तादाद बहुत बड़ी होती थी, उन्हें मेहदी हसन के गाने का अंदाज़ ज़्यादा मीठा लगता था। इतने मीठे ढंग से फ़ैज़ को गाना कि उनकी शायरी का असल मक़सद ही धुंधला हो जाये, ज़ाहिर है उनके कुछ ख़ास काम का नहीं था, जो फ़ैज़ की शायरी को अवाम की जद्दोजहद में, नुक्कड़ नाटकों में, सियासी जलसों में, मज़दूरों के जुलूसों में, वियतनाम के लड़ाकू अवाम की हमदर्दी में किये जाने वाले धरनों में गाते थे, और मौक़ों पर, विनोद नागपाल ने, सफ़दर ने, काजल घोष ने, इप्टा ने, जन नाट्य मंच ने और बहुत सारे अन्य लोगों ने फ़ैज़ की शायरी को अपनी ज़रूरतों के मुताबिक़ नयी धुनों में ढाला और गाया।

यही वह दौर था जिसमें पाकिस्तान में गाने वालों की एक नयी पीढ़ी ने फ़ैज़ को गाना शुरू किया और इनमें इक़बाल बानो, फ़रीदा ख़ानम, टीना सानी, नय्यरा नूर के नाम सब से आगे आते हैं। फ़ैज़ को गाने वालों की यह वह पीढ़ी है जिसने फ़ैज़ की ऐसी शायरी को संगीत में ढालने की शुरुआत की, जिसके सियासी तेवर सब से तीखे हैं, जैसे 'हम देखेंगे', 'ईरानी तुल्बा के नाम', 'इंतेसाब' वग़ैरह। इसी दौर में फ़ैज़ की आज़ाद शायरी जैसे 'तुम मेरे पास रहो' को गाने की शुरुआत हुई।

इस पीढ़ी के गाने वाले वालों में नय्यरा नूर की आवाज़ सबसे ज़्यादा सुरीली और मीठी है, और शायद यही वजह है कि मेहदी हसन की तरह नय्यरा नूर की आवाज़ भी उस तेवर की शायरी को रास नहीं आती जिस तेवर की शायरी फ़ैज़ साहब करते थे। इसके बावजूद कि फ़रीदा ख़ानम ने फ़ैज़ साहब की चंद ग़ज़लें, ख़ास तौर पर, 'न गंवाओ नाविके नीमकश' बहुत ख़ूबसूरत ढंग से अदा की हैं। इस दौर के गाने वालों में इक़बाल बानो का नाम सबसे ऊपर आता है। जिस वक़्त पाकिस्तान पर

ज़ियाउल हक़ की तानाशाही थी, फ़ैज़ साहब पाकिस्तान आ नहीं सकते थे और उनकी शायरी गाना ख़तरे से ख़ाली नहीं था। ऐसे वक़्त फ़ैज़ के जन्मदिन पर लाहौर में एक आम मीटिंग में इक़बाल बानो ने जो नज़्म गायी, उस वक़्त जो समां था उसका अंदाज़ा उस मीटिंग की वीडियो रिकार्डिंग सुन कर ही लगाया जा सकता है। हर शेर पर 'इंक़लाब ज़िंदाबाद' के नारे लग रहे थे, हज़ारों लोग तालियां बजा रहे थे और इक़बाल बानो के साथ गा रहे थे।

अच्छी शायरी, ऐसी शायरी जो अवाम की ख़्वाहिशों का आईना हो, कितनी जादुई हो सकती है, अगर उसे उस ढंग से गाया जाये जिस ढंग की अदायगी की उसे ज़रूरत है। इसकी बेहतरीन मिसाल फ़ैज़ मेले में इक़बाल बानो की गायी हुई वह नज़्म है।

अभी फ़ैज़ की बहुत सारी शायरी को गाया जाना बाक़ी है, और फ़ैज़ की बहुत सी शायरी को दोबारा बदलते हुए वक़्त की ज़रूरतों के मुताबिक़ गाया जाना भी ज़रूरी है। फ़ैज़ की शायरी, ग़ालिब की शायरी की तरह, हर अच्छी शायरी की तरह, हर वक़्त के लिए नये अर्थ लेकर आती है। फ़ैज़ की शायरी तो कई सौ साल तक गायी जायेगी, उसके बारे में लिखने के वक़्त की तो अभी शुरुआत हुई है।

परिशिष्ट-1

फ़ैज़ से बातचीत

मुज़फ़्फ़र इक़बाल

(यह इंटरव्यू नयी दिल्ली से भीष्म साहनी के संपादन में प्रकाशित अंग्रेजी पत्रिका **लोटस** *के 1985 के पहले खंड में छपा था। मुज़फ़्फ़र इक़बाल ने 1981 में यह इंटरव्यू लिया था। यह पहले उर्दू में प्रकाशित हुआ। उस समय उर्दू से अंग्रेज़ी में इसका अनुवाद ख़ालिद हसन ने किया था।)*

मु.इ. : 1936 में प्रगतिशील साहित्यिक आंदोलन के संस्थापक सदस्यों में से एक होने के नाते आपने इसके उतार-चढ़ावों को निकटता से देखा है। अधिकांश राजनीतिक एवं साहित्यिक आंदोलनों की भांति इसका उद्भव भी शक्तिशाली ढंग से हुआ किंतु गतिरोध के पश्चात इसमें ठहराव आ गया। मतभेदों के कारण यह अनेक गुटों में विभाजित हो गया। मैं मानता हूं कि आपने 1949 ई. से स्वयं को इससे अलग कर लिया था। उर्दू साहित्य में इस आंदोलन द्वारा किये गये योगदान पर आप टिप्पणी करना चाहेंगे?

फ़ैज़ : सर्वप्रथम, जैसा कि तुमने कहा है, आंदोलन कई गुटों में विभाजित हो गया, सही नहीं है। प्रगतिशील साहित्यिक आंदोलन अथवा प्रगतिशील लेखक संघ जैसा कि वह जाना जाता रहा है, एक दौर तक एक बिंदु पर केंद्रित रहा, सामान्यरूप से उसकी एकता बनी रही। दो बातों पर ध्यान दिया जाना चाहिए। यह संगठन या आंदोलन उस समय अस्तित्व में आया जब हमारे देश में राष्ट्रीय स्वतंत्रता आंदोलन अपने उत्कर्ष पर था। लोगों के सम्मुख (देश की स्वतंत्रता का) एक विशिष्ट उद्देश्य था और इस बिंदु पर कोई मतभेद नहीं था।

दूसरी बात जो याद रखनी चाहिए कि उस समय की सामाजिक प्राथमिकताओं को लेकर भी कोई मतभेद नहीं था। इस बात पर सहमति थी कि साहित्य में शोषित एवं मौलिक अधिकारों से वंचित वर्ग की समस्याओं का चित्रण किया जाय। इसमें शहरों के सफ़ेदपोश मजदूर और समाज में इसी प्रकार के उपेक्षित वर्ग जिनके जीवन को इससे पूर्व

साहित्य का विषय बनाने के बारे में नहीं सोचा गया था। ऐसी धारणा बनी और आशा की जाने लगी कि आज़ादी के बाद सामाजिक अन्याय पर विराम लग जायेगा।

इन मूलभूत बिदुंओं पर सहमति होने के कारण आंदोलन अस्तित्व में आया। यह संगठित आंदोलन था। स्वतंत्रता के रूप में पहले उद्देश्य की प्राप्ति हो गयी थी, यद्यपि शीघ्र ही इस बात का आभास हो गया कि सच्ची आज़ादी प्राप्त करना अभी बाक़ी है। हर किसी का अपना फ़ार्मूला था। लक्ष्य की प्राप्ति किस प्रकार हो इस पर भिन्न-भिन्न मत थे। इस दृष्टिकोण से आंदोलन में विभेद था। साहित्य में जीवन एवं उसकी समस्याओं का किस प्रकार यथार्थ चित्रण किया जाये, इस पर भी अनेक मत थे। जब समाज में बौद्धिक कुहासा हो और मार्ग दर्शन का अभाव हो तो प्रायः देखा गया है कि लोग या तो समस्या के बाह्य रूप का चित्रण करते हैं या उसके सर्वथा विपरीत बातें करते हैं।

इस अनिश्चितता के चलते कुछ लोगों ने हताश होकर कहा-'इस सब पर ख़ाक डालो, अपनी अंतरात्मा की आवाज़ पर विवेक द्वारा नयी राहें खोजने का प्रयत्न करना चाहिए।' इस प्रकार कुछ नितांत निजी मतों को रेखांकित किया गया। फलतः एक विशिष्ट बिंदु उभरा कि मूलतः कुछ भी अच्छा या बुरा नहीं है। यह एक प्रकार के अराजकतावाद या निषेधवाद या आत्मरति के प्रभाव का उदय था। मैं नहीं समझता इस स्थिति के लिए आप प्रगतिशील लेखक संघ को ज़िम्मेदार ठहरा सकते हैं। चूंकि कुछ लेखकों ने सदैव दूरदृष्टि से काम लिया है और कुछ ने केवल अपने इर्द-गिर्द ही देखा है, इस अर्थ में साहित्य आरंभ से ही प्रगतिशील रहा है।

मेरे विचार से आज जैसा जीवनदायी साहित्य लिखा जा रहा है, यह न्यूनाधिक प्रगतिशील साहित्यिक आंदोलन के मूल्यों पर आधारित अथवा निर्देशित है। इस आंदोलन से पहले शेख़ सादी और इक़बाल जैसे दूसरे प्रगतिशील लोग बहुत सरगर्म लेखन कर रहे थे।

यद्यपि यह सर्वथा भिन्न समस्या है कि अब तक हम अपने लिए किसी सामाजिक ढांचे का निर्माण नहीं कर पाये ना ही शांति के लक्ष्य और उसे प्राप्त करने के तरीक़ों पर सहमति बनी। इस सब का प्रभाव हमारे साहित्य पर पड़ना स्वाभाविक था। इसलिए मेरे विचार से आज जीवन संबंधी जिस अधिकांश साहित्य की रचना हो रही है, मूलतः प्रगतिशील मूल्यों पर ही आधारित है। अब पलायनवादी मार्ग अपनाने की अपेक्षा वास्तविक प्रयत्नों द्वारा यथार्थपूर्ण, तार्किक परिस्थितियों तक पहुंचने की चेष्टा हो रही है।

मु.इ. : मैं अब भी ऐसी मानता हूं कि अपनी आरंभिक अवस्थाओं में किसी आंदोलन के पास यह दृष्टि नहीं होती कि साहित्य कैसा हो। कुछ समय के बाद मतभेद उभर आते हैं। प्रगतिशीलों में मंटो और इस्मत चुग़ताई को लें। उनके आलोचकों को याद करें जिन्होंने उन्हें अश्लील लेखक घोषित कर दिया। इक़बाल को लेकर भी मतभेद हैं। कुछ प्रश्नों को लेकर अहमद नदीम कासमी के साथ आपके भी मतभेद रहे हैं। मैं जानना चाहता हूं क्या वे मतभेद सांगठनिक थे अथवा प्रगतिशील आंदोलन को लेकर आधारभूत मतभेद थे?

फ़ैज़ : आंदोलन के भीतर किसी प्रकार के (कासिम को लेकर) मतभेद नहीं थे। जब आप किसी आंदोलन अथवा किसी संगठन के साथ जुड़ते हैं तो सांगठिनक निर्णयों को लेकर मतभेद उभरना स्वाभाविक है। इसलिए आज़ादी के पश्चात हमें कुछ समस्याओं से दो चार होना पड़ा, जो पहले नहीं थीं। यह माना जा रहा था कि कुछ मतभेद होंगे यानी कुछ सांगठणिक निर्णय लिये गये थे जिन्हें हम में से कुछ ने सही नहीं समझा।

यह भी होता है कि कुछ लोग अतिवादी दृष्टिकोण अपनाते हैं और समस्याओं पर यथार्थ ढंग से सोचने के बजाय वे व्यक्तिवादी हो जाते हैं। वे संकीर्ण तात्कालिकता पर आकर ठहर जाते है। मंटो, इस्मत वग़ैरह में यह हमेशा से रहा है। कुछ आलोचकों ने सरलीकृत करते हुए कहा है कि सारे प्रगतिशील लेखक अश्लील होते हैं। वास्तविकता यह है कि प्रगतिशील लेखन का अश्लीलता से कुछ लेना-देना नहीं है। मूलतः न तो मंटो और न ही इस्मत ने अश्लील साहित्य लिखा। यद्यपि यह भी तय है कि उनकी शैली और कुछ विषय के चुनाव को लेकर अश्लीलता का भ्रम हो सकता है। इस समस्या को लेकर मेरी अपनी धारणा है किंतु यथार्थ के प्रति उनकी निष्ठा एवं प्रतिबद्धता निर्विवाद रही है। इन दोनों के संदर्भ में संपूर्ण आंदोलन पर अश्लीलता का ठप्पा लगा देना भी एक अतिवादी रोग है। यह भी कहा गया कि मंटो और इस्मत का आंदोलन से कुछ लेनादेना नहीं है। इस बात को लेंकर मेरा उनसे तब भी मतभेद था और आज भी है। भले ही आंदोलन में इस प्रकार के मतभेद न तो नये हैं और न ही असामान्य।

मु.इ. : लेकिन 1949 में आपने स्वयं को आंदोलन से अलग कर लिया जब कि ...

फ़ैज़ : यह ग़लत प्रचार है। मैंने स्वयं को आंदोलन से अलग नहीं किया। आंदोलन के हित में ही मैंने असहमति वाले प्रश्नों पर मौन रहना ही उचित समझा। इस समय इक़बाल को लेकर भ्रांतियां फैलायी गयीं। मेरे विचार से मंटो, इस्मत, कुर्रतुलेन हैदर और नून मीम राशिद को

लेकर उनकी धारणा ग़लत थी। मैंने स्वयं को आंदोलन से कभी अलग नहीं किया क्योंकि उसमें कुछ भी अनुचित नहीं था।

मु.इ. : आपकी शायरी पर बात की जाये। अब्दुला हुसैन ने उपन्यास 'उदास नस्लें' के प्रकाशन के साथ ही उर्दू में घटनापूर्ण युग का सूत्रपात हुआ। किंतु उर्दू शायरी में 1952 में आपका संकलन *दस्त-ए-सबा* प्रकाशित होने से पहले इस प्रकार की स्थिति नहीं थी। आप पर इसका क्या प्रभाव पड़ा? आप उस समय जेल में थे। क्या इस 'घटना' से आपकी परवर्ती शायरी प्रतिबाधित हुई? क्या इससे मानक स्थापित करने में समस्या हुई? अकस्मात आपका नाम चारों दिशाओं में गूंजने लगा। आपको कैसा लगा?

फ़ैज़ : जहां तक मेरे नाम का प्रश्न है, जब मेरा पहला संकलन *नक़्शे-ए-फरियादी* प्रकाशित हुआ तो मुझे लगा कि मैं अदब के एक मुक़ाम पर पहुंच गया। मैं पुस्तक के उन्मुक्त स्वागत पर थोड़ा चकित भी था। बाद में मैंने कुछ कविताओं की रचना की। किंतु *दस्त-ए-सबा* की पृष्ठभूमि में कारावास का नया अनुभव था। देश में नयी परिस्थिति के कारण लोगों ने इसे पहचाना। उन्होंने तात्कालिक घटनाओं और उनके पीछे कार्यरत शक्तियों का सजीव चित्रण इस पुस्तक में देखा। जहां तक मेरा प्रश्न है, मुझ पर न तो विशेष प्रभाव पड़ा और न ही मेरे लिए यह कोई नयी बात थी, क्योंकि लोग हमेशा से मुझ पर मेहरबान थे।

लोकप्रिय प्रतिक्रियाएं किसी की शायरी को प्रभावित नहीं करतीं, न ही उसकी दिशा बदलती हैं। व्यक्ति सदैव अपने संघर्षों और अनुभवों को ही चित्रित करता है। मेरे साथ हमेशा से ऐसा ही रहा है।

जब हम प्रश्नों के भावनात्मक दबावों को वैयक्तिक स्तर पर महसूस करते हैं तो अक्सर प्रभावित होते हैं। अपने से अलग घटनाओं के लिए दूसरों से सहानुभूति प्रकट करने की चेष्टा करते हैं। पर हम अपना व्यवहार या अपना दृष्टिकोण नहीं बदलते। न ही हम इसका या उसका दबाव महसूस करते है।

मु.इ. : सुबह का विंब आपकी शायरी में आधारभूत रूप से मौजूद है, देदीप्यमान है। यह एक स्वप्न की तरह है। आप उसी पीढ़ी से हैं जिसने स्वप्न देखे हैं, जिन्होंने उसकी प्राप्ति के लिए स्वतंत्रता संग्राम में भाग लिया है। आप लंबी रात के यात्री थे। जब हम मुड़कर देखते हैं तो पाते हैं कि आपकी पीढ़ी ने एक अंधेरे कोने से दूसरे तक की यात्रा की है। इसी के मध्य प्रभात का सपना देखा है किंतु अंधेरे को भेदने वाला कोई अस्त्र नहीं था उनके पास। आपकी पीढ़ी के सपनों के साथ

विश्वासघात के दो परिणाम हो सकते थे। या तो यथार्थ अथवा कटुता और मोहभंग के कारण पूर्णतया पलायन। आपकी महानता इसी में है कि आपने दोनों शक्तियों का निषेध किया है। यद्यपि आपकी शायरी में उदासी की एक अंतःसलिला झलकती है। आपने अपनी शायरी में आंतरिक प्रतिरोध एवं लचीलेपन को बचा कर रखा है। वास्तव में समय के साथ ये दोनों घटक सुदृढ़ हुए हैं। आप ये सब कैसे कर पाये?

फ़ैज़ : पहले तो मैं यह नहीं मानता कि सपना बिखर गया है। मीर तक़ी मीर ने कहा है मौत भी आपने आप में तनिक ठहराव के अतिरिक्त कुछ नहीं है। वह संदर्भ बिंदु है जहां से व्यक्ति आगे बढ़ता है। राष्ट्र एवं देश सदैव बने रहते हैं।

दूसरे, सपने को जीवित रखने के लिए एक उम्मीद देते हैं। यह मुझ में स्वाभाविक रूप में है। यथार्थवाद के लिए भी यह आवश्यक है। निराशा के क्षणों से इनकार नहीं किया जा सकता किंतु इसके साथ-साथ विश्वास और उम्मीद को भी बचा कर रखना होगा।

मु.इ. : मोहभंग से स्वयं को बचाने का यह अच्छा तरीक़ा है। किंतु आपकी पीढ़ी के कुछ लेखक या तो अन्तर्मुखी हो गये या पूंजीवादी व्यवस्था का हिस्सा बन गये। क्या आपने इस विभेद का कभी सामना किया या इससे दुराव रखने में सजग रहे?

फ़ैज़ : चेतन और अवचेतन में कोई विभाजक रेखा वास्तव में है नहीं। हमारे सचेतन कार्यों में अवचेतन की भूमिका सदैव रहती है, वस्तुतः सचेतन एवं अवचेतन के बीच एक प्रकार का संघर्ष तो रहता ही है। शायद अवचेतन में कभी मैं चिल्लाना चाहूंगा या स्वयं से कहूंगा—आगे इस सब को छोड़-छाड़कर घर में बैठ कर हरिभजन करें किंतु मैं ऐसा नहीं करता; यह इस बात पर भी निर्भर करता है कि आप में संघर्ष की कितनी शक्ति है। मैं समझता हूं कि व्यक्ति की निरंतरता के कई कारण हैं। थोड़ा सा विश्वास, थोड़ी सी आंतरिक रौशनी, थोड़ा बाहरी जीवन से लगाव और मित्रता। आप लोगों को साथ लेकर चलें, कारवां के साथ आप निराश और उदास नहीं होते।

मु.इ. : हां मैं जानता हूं, मेरा एक मित्र है सलीमुर रहमान। अर्थशास्त्र पढ़ाता है। वह प्रायः कहता है कि अंत में सभी चीज़ें सामान्य हो जाती हैं। किंतु जब आपकी नयी-नयी शादी हुई थी तो कभी आपको ऐसा महसूस हुआ था कि बड़ा अंतर है?

फ़ैज़ : शादी एक दिन में नहीं होती। हम एक दूसरे को दो-तीन साल से जानते थे। चूंकि उसका एक राजनीतिक रुझान था और हमारी परस्पर

विचारधारात्मक सहमति थी, जब हम अमृतसर में मिले थे, जहां वह अपनी बहन से मिलने के लिए आयी थी। हमने बहुत सा समय एक साथ गुज़ारा। हमने महसूस किया कि यह संभव है और हमने विवाह करने का निर्णय ले लिया। यह पहली नज़र का प्रेम नहीं था।

मु.इ. : आपके नये संकलन *मेरे दिल मेरे मुसाफिर* में एक भावना उभरती है, जो आपके पहले के संकलनों से बिलकुल अलग है। इसमें आत्मनिर्वासन की शायरी का आभास होता है, भौतिक रूप से अपने देश से दूर रहने की भावना। क्या इससे आपकी शायरी में नये अध्याय जुड़ने की संभावनाएं प्रस्फुटित हुई हैं? क्या अब आप नाजिम हिकमत और महमूद दरवेश की भांति निर्वासित अंतर्राष्ट्रीय कवियों की श्रेणी में आ गये हैं?

फ़ैज़ : एक अर्थ में हां, अन्य अर्थ में नहीं। उनसे मेरी जो समानता है वह मातृभूमि से बिछुड़ने की है। किंतु एक बड़ा अंतर है। उन्हें जबरन देश से निकाला गया है, जबकि मैं स्वेच्छा से भटक रहा हूं। मुझे किसी ने देशनिकाला नहीं दिया। मन में तरंग उठने पर मैं कभी भी लौट सकता हूं। यद्यपि अपनी धरती से दूर रहने की उदासी हमेशा बनी रहती है, जैसे अपनी प्रेमिका से बिछुड़ने का दर्द, किंतु उन दोनों की बेबसी बिलकुल अलग है। मैं उस तरह से बेबस नहीं हूं। जब मेरी इच्छा होगी लौट जाऊंगा।

मु.इ. : हाल ही में आपने कहीं लिखा है, यह तय हो चुका है कि हमें देशनिकाला दे दिया जायेगा?

फ़ैज़ : हां यह ठीक है, पर शब्दशः नहीं। मुझे निकालने का कोई फ़रमान जारी नहीं हुआ। मैंने देखा कि हालात ठीक नहीं हैं तो मैंने सोचा स्थिति से कुछ देर के लिए किनारा कर लेना चाहिए। किंतु दरवेश और हिकमत की स्थिति मुझ से भिन्न है। मैं उस अर्थ में वंचित नहीं हूं, जिस अर्थ में वे हैं। मुझे घर लौटने से किसी ने नहीं रोका। मेरी अपनी इच्छा है। किंतु महमूद दरवेश और फ़िलिस्तीनी जनता को न केवल वैयक्तिक रूप से अपितु सामूहिक रूप से अपनी धरती से निर्वासित किया गया है। उनका दर्द मुझसे कहीं अधिक है। नाजिम हिकमत को चौदह वर्ष का कारावास हुआ था, इसलिए उन्हें पलायन करना पड़ा, वे लोग अपने घरों को नहीं लौट सकते। किंतु मुझे अभी भी विश्वास है कि वहां मेरे घर में अनेक लोग हैं जिनका स्नेह मुझे प्राप्त है। यद्यपि इस सोच से प्रियजनों से अलगाव का दुख कम नहीं होता, वह अपनी जगह है।

मु.इ. : आत्मनिर्वासन के कारण आप पिछले तीन वर्षों से विदेश में हैं। क्या अब आप समस्याओं को भिन्न दृष्टि से देखते हैं? जब आप चीज़ को

आंखों से सटा लेते हैं तो उसे देख नहीं सकते, वह धुंधला जाती है। क्या दूरियों ने आपके नज़रिये को बदला है?

फ़ैज़ : यह ठीक है दूरी से व्यक्ति समस्याओं को अधिक वस्तुपरक दृष्टि से देख सकता है, स्पष्ट रूप से देख सकता है, पर व्यावहारिक रूप से उनके सुख दुख में शामिल नहीं हो सकता, एक तरह से उसका बोझ कुछ हल्का हो जाता है, लौटने पर स्थिति भिन्न होगी।

मु.इ. : आपकी शायरी का मुहावरा, आपकी शब्द योजना, आपकी अलंकार योजना शुद्ध शास्त्रीय है और पारंपरिक शायरी का हिस्सा है, पर आप शास्त्रीय शैली का इस्तेमाल नये अर्थों में करते हैं। आपने नयी भाषा, नयी शैली, नये मुहावरे का प्रयोग करने के बारे में कभी नहीं सोचा, जैसा कि लोग आजकल कर रहे हैं?

फ़ैज़ : हर भाषा में, जिसमें उर्दू और उर्दू शायरी भी शामिल है, की कुछ सीमाएं हैं। उसके सीमित ढांचे के अंदर आतंरिक अनुशासन के साथ नये प्रयोग होते रहे हैं। मीर, सौदा, नज़ीर अकबरवादी, ग़ालिब, इक़बाल ने प्रयोग किये हैं। उसके मुहावरे ने व्याकरण और बिंबविधान को बदला है किंतु पुरानी रूढ़ उस सीमा को पार करने के लिए महान प्रतिभा की ज़रूरत है।

गद्य और पद्य के मध्य अंतर को सदैव देखा जाना चाहिए। पद्य चीज़ों को साथ लेकर चलता है, उन्हें जोड़ता है, जबकि गद्य उन्हें विस्तार देता है, बिखेरता है। शायरी एक अनुशासन है। हमें किसी न किसी अनुशासन को मानना ही होगा। शायरी उच्च पायदान पर अवस्थित है, गद्य समतल भूमि पर होता है, इसलिए इस अंतर को रेखांकित करते हुए कुछ नया कहने की चेष्टा की जानी चाहिए। कोई कहीं बना बनाया फ़ार्मूला नहीं है। मनुष्य की प्रकृति और प्रेरणा होती है। मेरे विचार से परंपरा ने जो हमें दिया है, हमने उसका भरपूर उपयोग नहीं किया। अभी बहुत कुछ करना बाक़ी है। वास्तव में हमने ऐसा करने की चेष्टा भी नहीं की। हमारी पीढ़ी ने परंपरा से दूरी बना रखी है। परंपरा ने क्या दिया है, हमने सोचने की कोशिश नहीं की। बावजूद इसके नये प्रभाव उत्पन्न करने के लिए एक महान शायर की शैली और विशिष्ट अंदाज़ की ज़रूरत है। मैं अपने भीतर इस प्रकार भी महानता का अनुभव नहीं करता। कभी-कभी जब मैं उर्दू के माध्यम से व्यक्त नहीं कर पाता तो मैं पंजाबी में कहने की कोशिश करता हूं।

मु.इ. : नयी उर्दू शायरी में क्या शायर पश्चिम से अत्यधिक प्रभावित नहीं हैं?

फ़ैज़ : हां हैं, यह स्वाभाविक है। मौलाना हाली और मौलाना मोहम्मद हुसैन आज़ाद के समय से यह हमारे साथ शुरू हुआ। अपनी परंपरा को त्याग

कर पश्चिम के प्रभाव से जो शायरी उन्होंने की, उसका कोई नतीजा नहीं निकला। चूंकि उसमें देशी ख़ून नहीं था। यह एक प्रकार से नक़ल थी, और नक़ल कोई सृजन नहीं होती। इसका यह अर्थ नहीं कि व्यक्ति को दूसरी भाषाओं में लिखी जाने वाली शायरी से फ़ायदा नहीं उठाना चाहिए या बदली हुई परिस्थितियों के अनुसार नये प्रयोग नहीं किये जाने चाहिए, ज़रूर किये जाने चाहिए। ऐसा करने के लिए हमें एक बात को ध्यान में रखना चाहिए कि जिन शैलियों का हम उपयोग करें, उनमें अपनी परपंरा को ज़रूर आत्मसात करें। पैबंद हमारी रजाई से मिलता-जुलता या उसके अनुकूल हो।

शायरी भावनाओं और विचारों को व्यक्त करने का महज़ एक साधन नहीं है। यह दस्तकार के हुनर की तरह है। इस हुनर को जानना ज़रूरी है। यह संगीत की धुन की तरह है। यह देखा जाना ज़रूरी है कि स्वर कहां और कैसे जुड़ता है। पौधे की जड़ें मिट्टी में होनी चाहिए। निर्मूल पौधा कभी नहीं पनप सकता। इसी प्रकार परपंरा की जड़ों को भी बनाये रखना चाहिए। यद्यपि बदली हुई परिस्थतियों के अनुसार पौधे की कटाई-छंटाई होती रहनी चाहिए। समसामयिक संदर्भ में भी यह पहचान बनी रहनी चाहिए। इसके लिए दो बातें ज़रूरी हैं निरंतरता एवं सुधार, परंपरा एवं प्रयोग। इसके लिए कोई पूर्व निर्भारित फ़ार्मूला या नुस्ख़ा नहीं है।

हर शायर को अपना रास्ता ख़ुद चुनना होता है, यदि आपको मालूम है कि आप क्या कर रहे हैं, तो आप सही जगह चोट करेंगे। अपने कुछ गद्यात्मक कवियों को ही लें। साधारणतया वे तीन-चार वर्षों में ऊब कर पारंपारिक शायरी की ओर लौट आते हैं। मैने कभी ऐसी व्यर्थ चेष्टा नहीं की। इसके बारे में कई बार विचार ज़रूर आया है। यद्यपि मैंने स्वयं को पारंपरिक ढांचे तक ही सीमित रखा और उसकी सीमाओं में ही जहां तक संभव हुआ प्रयोग किये हैं। जैसे धर्म में किसी व्यक्त शब्द की समयानुसार व्याख्या की छूट होती है, उसी तरह हमारी शायरी में भी है। यहां भी समसामयिक यथार्थ की व्याख्या संभव है किंतु नास्तिकता की नहीं।

मु.इ. : कुछ लातिनी अमरीकी कवि आपकी सोच के निकट हैं। क्या आप मानते हैं कि शायरी अंतर्राष्ट्रीय स्थितियों को प्रभावित कर सकती है? क्या यह जनसाधरण को प्रभावित करती है? क्या लोग प्रभावित हो रहे हैं?

फ़ैज़ : सच्चाई यह है कि अंग्रेज़ी कविता के अतिरिक्त मेरा सरोकार अन्यत्र लिखी जाने वाली शायरी के साथ नहीं रहा और अंग्रेज़ी कविता का हमारी परिस्थितियों के साथ अधिक लेना-देना नहीं है। किंतु दुनिया के दूसरे

हिस्सों को लेकर यह स्थिति नहीं है। हम उनके अनुभव एवं दबावों को समझते हैं। हमारी स्थितियां समान हैं। उन क्षेत्रों से जो अनेक आवाज़ें आप सुनते हैं, वे हमसे मिलती जुलती हैं। वे हमसे सीख सकते है और हम उनसे। पिछले दस-बीस वर्षों में फ्रेंच, जर्मन और अंग्रेज़ी कविता की अपेक्षा मैंने लातिनी अमरीकी, स्पैनिश और हाल ही में अरबी और फ़िलिस्तीनी या अफ्रीकी कविता के साथ भावनात्मक संबंध बनाया है। वे लोग भी उन्हीं स्थितियों से गुज़रे हैं जैसे कि हम। यह अच्छा है, सांस्कृतिक एवं राजनीतिक समानता वाले समाजों के साहित्य से हम सीख सकते हैं बजाय उनके जिनके साथ बांटने के लिए हमारे पास कुछ नहीं है।

मु.इ. : गेब्रियल गार्सिया मार्ख़ेज़ के उपन्यास *Autumn of Patriarch* (बूढ़े का पतझड़) की कथा ऐसी है जो हमारे देश में भी घट सकती है। वही दमन, वही घटनाएं, वही शक्ति प्रयोग। जब इस तरह की रचनाओं का अनुवाद होता है तो वे प्रभाव छोड़ती हैं। आपके अनुवादों का दूसरी भाषाओं पर क्या प्रभाव पड़ा?

फ़ैज़ : अनुवादों से बहुत लाभ होता है। हमारे देश में अरबी साहित्य के अनुवाद हुए हैं। मैंने नाज़िम हिकमत की कुछ कविताओं और तुर्की के अन्य शायरों की कुछ कविताओं का अनुवाद किया है। और फ़िलिस्तीनी साहित्य का अनुवाद हो रहा है। यह साहित्य सब लोगों को अपने पर्यावरण एवं अपनी ज़िंदगियों को समझने में सहायता देता है। यह उन्हें नये दृष्टिकोण देता है, इस अर्थ में यह साहित्य के प्रभाव को विस्तार देता है।

मु.इ. : आज की कविता पर दो शब्द। अपने समकालीनों और जो आपके बाद आने वाले हैं, उनके बारे में आपके क्या विचार हैं?

फ़ैज़ : मेरे विचार से मानसिक असमंजस या भावात्मक बेचैनी के बावजूद अच्छी कविताएं लिखी जा रही हैं। नौजवानों के बारे में भविष्यवाणी करना कठिन होता है क्योंकि हम नहीं जानते कि जो आज लिख रहे हैं उनमें से कितने पलायन कर जायेंगे। इसलिए जो कहते हैं कि रचनात्मक साहित्य का अभाव है, वे ग़लत सिद्ध हो रहे हैं। अनेक नये लेखक-शायर-आलोचक तथा गद्य लेखक दिखायी दे रहे हैं। साहित्य की हर विधा में कुछ न कुछ नया लिखा जा रहा है। यह एक तरह का आंदोलन है। पर इसकी तुलना किसी तरह प्रगतिशील लेखक आंदोलन की स्थितियों से नहीं की जा सकती। भले ही यह उस तरह का आंदोलन नहीं है पर साहित्य को लेकर नये चिन्ह और संकेत ज़रूर दिखायी देते हैं। साहित्य को लेकर चिंतित होने की ज़रूरत नहीं है।

उर्दू को जाने दीजिए, पंजाबी, बलूची, सिंधी और पश्तो में खूब अच्छा साहित्य रचा जा रहा है। पहली बार लोगों का ध्यान इन भाषाओं की ओर गया है, साहित्य का कारवां प्रगति पर है।

मु.इ. : शायरी में यह सवाल हमेशा बना रहता है कि किसने किसको प्रभावित किया। क्या आपके क़द का शायर जो पूरे साहित्य को प्रभावित कर रहा है, निरंतरता का हिस्सा है या वे नये लेखक जो अभिव्यक्ति के नये स्रोत खोजने में कठिनाई महसूस कर रहे हैं, आपके क़द के लेखकों के कारण बाधा महसूस कर रहे हैं?

फ़ैज़ : हां, एक शायर दूसरे शायरों को प्रभावित कर सकता है किंतु अधिक महत्वपूर्ण यह है कि वस्तुपरक स्थितियां भी नये मुहावरे गढ़ती हैं। नये ढंग का यह व्याकरण अभिव्यक्ति की एक विशिष्ट शैली है। जो शायर सर्वप्रथम इन सब का इस्तेमाल करता है वह, एक विशेष समय के संदर्भ में शैलीकार कहलाता है। शायर दूसरे शायरों से सीखते हैं। आज भी हम मीर और ग़ालिब से सीखते हैं। यह एक स्वाभाविक प्रक्रिया है। लोग दूसरों से सीखते हैं और दूसरों की रचनात्मकता से लाभान्वित होते हैं। ऐसा हमेशा से हो रहा है। यदि कोई यह घोषित करता है कि वह जोश, क़ासिम, या फ़ैज़ की शैली का अनुकरण करने जा रहा है तो यह उसकी समस्या है, हम पर कोई इल्ज़ाम नहीं आता। अधिकांश लेखक अपना रास्ता ख़ुद बनाते हैं। वे दूसरों के गुणों को ग्रहण करते हैं। जैसे मैं ग़ालिब से ग्रहण करता हूं, अन्य जोश और क़ासिम से ग्रहण करते हैं, यह बिलकुल स्वाभाविक है।

मु.इ. : अपनी पीढ़ी के लोगों का एक सपना था, वे संघर्ष और आंदोलन का हिस्सा थे। फिर सपना बिखर गया। यद्यपि आप कहते हैं कि वह नहीं बिखरा, आपके अनुसार यह संक्रांति काल था। परंतु आपके बाद की पीढ़ी उसे इस तरह नहीं देखती। जो पाकिस्तान बनने के बाद पैदा हुए या उस समय चार-या पांच वर्ष के थे उनका यथार्थ भिन्न है। वे देखते हैं राजनीतिज्ञों ने क्या किया। राष्ट्रीय और अंतर्राष्ट्रीय स्तर पर या देश पर क्या गुज़री। यह कैसा संक्रांतिकाल है जिसमेकं प्रतिरोध अथवा क्रोध से लबालब कविताएं लिखी जा रही हैं या हताशापूर्ण रचनाएं सामने आ रही हैं। आपको कैसा लगता है?

फ़ैज़ : मेरे विचार से सरलीकरण ठीक नहीं। अच्छी शायरी अच्छी शायरी है चाहे वह किसी काल में भी लिखी गयी हो। अच्छी शायरी में सभी गुण हैं। यथार्थ और प्रतिरोध, आशा और विश्वास। किसी बड़े आंदोलन के अभाव में हर व्यक्ति अपना मुक्ति मार्ग खोज रहा है, यह अच्छी बात है। मैंने ऐसा कभी नहीं सोचा कि मैंने ऐसा कुछ किया है जिसे नौजवान

लोग करने में असमर्थ हैं। जो प्रतिभावान हैं वे एक दिन उभर कर आयेंगे, जैसा कि पहले की पीढ़ियों में हुआ है।

मु.इ. : और अब रूढ़ प्रश्न–आप कैसे लिखते हैं?

फ़ैज़ : कोई कैसे लिखता है? मैं सचमुच नहीं जानता कोई कैसे लिखता है। कभी-कभी एक पुस्तक पढ़ते हुए, कोई वाक्यांश या वाक्य या विश्व का कोई पद्य मन को छू जाता है, जो अंततः संपूर्ण नज़्म का रूप धारण कर लेता है। कभी संगीत सुनते हुए, कोई एक स्वर या बंदिश गहरा प्रभाव डालती है, अकस्मात एक पंक्ति कौंध जाती है। ग़ज़ल के लिए चेतना में तुकांत सूझता है, इसी पर ग़ज़ल उभरती है। कभी एक पंक्ति उभरती है और आप नज़्म के ढांचे के बारे में सोचते हैं। यह दस्तकार की कार्य प्रणाली की तरह है। उसका विकास करना होता है। इसे केंद्रीभूत करना होता है, आधारभूत बिंब तेज़ी से फ़ोकस में आना चाहिए। चीज़ों को एकरूपता देनी होती है। संगीत योजना सही होनी चाहिए। कोई ग़लत स्वर नहीं आना चाहिए, कभी-कभी किसी घटना का अनुभव इतना आकस्मिक और तीव्र होता है कि तुरंत पूरी नज़्म लिख जाती है। दूसरे वक़्तों में यह महीनों लेती है।

मु.इ. : कभी आपने कोई लंबी रचना लिखनी चाही और ऐसा नहीं कर सके?

फ़ैज़ : एक या दो बार मैने लंबी नज़्म लिखने की कोशिश की मसलन *सर-ए-वादी-ए सीना* संकलन को समर्पित करने के लिए। पर मैं लिखने के दौरान ऊब गया। *दस्त-ए-सबा* में एक दूसरी नज़्म है 'ज़िंदां की एक सुबह', इसे भी मैंने लंबी नज़्म का रूप देना चाहा, पर नहीं दे सका।

अंग्रेज़ी से हिंदी अनुवाद : केवल गोस्वामी

परिशिष्ट-2

फ़ैज़ : जीवन-वृत्त

1911 जन्म, 13 फ़रवरी, गांव काला क़ादर, सियालकोट (पंजाब, पाकिस्तान में)
1914 *क़ुरान* कंठस्थ किया (पहले दो पारे)
1916 उर्दू-फ़ारसी-अरबी की प्रारंभिक शिक्षा
1921 स्कूल में भर्ती
1927 मैट्रिक पास किया (फ़र्स्ट डिवीज़न)
1928 पहली ग़ज़ल कही
1929 इंटरमीडिएट पास किया
1929 पहली नज़्भ कही
1931 बी.ए. ऑनर्स (अरबी) पास किया
1933 एम.ए. पास किया (अंग्रेज़ी में)
1934 पहला लेख प्रकाशित
1934 अरबी में एम.ए. (फ़र्स्ट डिवीज़न)
1935 अंग्रेज़ी के प्राध्यापक हुए (एम.ए.ओ. कॉलेज, अमृतसर)
1936 पंजाब प्रगतिशील लेखक संघ की स्थापना
1938 *अदबे-लतीफ़* (लाहौर) का संपादन, रेडियो के लिए नाटक लिखे
1940 प्राध्यापक, हेली कॉलेज, लाहौर
1941 शादी, एलिस जॉर्ज से
1941 *नक़्शे-फ़रियादी* (कविता-संग्रह) प्रकाशित
1942 ब्रिटिश इंडियन आर्मी में कैप्टेन
1942 पहली बेटी सलीमा का जन्म
1943 मेजर के पद पर पदोन्नत
1944 कर्नल के पद पर पदोन्नत
1945 दूसरी बेटी मुनीज़ा का जन्म
1947 आर्मी से इस्तीफ़ा दिया
1947 *पाकिस्तान टाइम्स* और दैनिक *इमरोज़* और साप्ताहिक *लैलो-नहार* का संपादन
1948 सन् फ्रांसिस्को की यात्रा

1949 जिनेवा की यात्रा
1951 रावलपिंडी षड्यंत्र केस में गिरफ़्तारी और जेल
1952 *दस्ते-सबा* (कविता-संग्रह) प्रकाशित
1953 मार्च 1955 तक सरगोधा, लायलपुर और मंटगोमरी जेल में
1955 जेल से रिहाई
1956 चीन की यात्रा
1956 *ज़िंदांनामा* (कविता-संग्रह) प्रकाशित
1957 बंबई की यात्रा
1958 सेफ़्टी एक्ट के तहत दुबारा गिरफ़्तारी और जेल
1958 पहली बार फ़िल्मी गाने लिखे
1958 अफ्रो-एशियाई लेखक सम्मेलन के लिए ताश्क़ंद की यात्रा
1962 ब्रिटेन, सोवियत संघ, हंगरी, क्यूबा, लेबनान, अल्जीरिया, मिस्र की यात्रा
1962 लेनिन शांति पुरस्कार से सम्मानित
1962 *मीज़ान* (लेखों का संग्रह) प्रकाशित
1964 प्रिंसिपल, अब्दुल्ला हारून कॉलेज, कराची
1964 *दस्ते-तहे-संग* (कविता-संग्रह) प्रकाशित
1968 इदारए-यादगारे-ग़ालिब क़ायम किया
1968 *नक़्शे-फ़रियादी* का दसवां संस्करण
1968 *दस्ते-सबा* का दसवां संस्करण
1968 सोवियत संघ की यात्रा
1969 ग़ालिब-शती समारोह का सफल आयोजन
1971 फ़ैज़ की साठवीं सालगिरह
1971 *सरे-वादिए-सीना* (कविता-संग्रह) प्रकाशित
1971 *सलीबें मेरे दरीचे में* (जेल से एलिस फ़ैज़ के नाम लिखे पत्रों का संग्रह) प्रकाशित
1972 *सरे-वादिए-सीना* का दूसरा संस्करण
1972 अध्यक्ष, राष्ट्रीय कला-परिषद, पाकिस्तान
1973 अल्मा-अता (सोवियत संघ) में अफ्रो-एशियाई लेखक सम्मेलन में शामिल हुए
1973 फ़िलिपींस की यात्रा
1973 इंडोनेशिया की यात्रा
1973 *मताए-लौहो-क़लम* * प्रकाशित
1974 *सफ़रनामा-ए-क्यूबा*

---

* इसमें फ़ैज़ के चुने हुए भाषण, लेख, इंटरव्यू, भूमिकाएं, पत्र आदि, रेडियो और टेलीविज़न से प्रसारित सामग्री और चार नाटक संकलित हैं. अंत में फ़ैज़ से संबंधित चार विशिष्ट लेख हैं।

1976 *हमारी क़ौमी सक़ाफ़त* प्रकाशित

1978 *शामे-शहरे-यारां* (कविता-संग्रह) प्रकाशित

1978 कनाडा, हवाई और मास्को की यात्रा

1978 लुआंडा (अंगोला) में अफ़्रो-एशियाई लेखक सम्मेलन में भाग लिया

1978 अफ़्रो-एशियाई लेखक संघ के मुखपत्र *लोटस* (बेरूत) का संपादन-दायित्व संभाला।

1980 पाकिस्तान में 'जश्ने फ़ैज़'

1979 'फ़ैज़' नाम से शमशेर बहादुर सिंह ने एक पुस्तक का संकलन-संपादन किया।

1980 *महो-साले-आशनाई* (लेखों का संग्रह) प्रकाशित

1980 नयी दिल्ली में 'जश्ने फ़ैज़'

1981 *मेरे दिल मेरे मुसाफ़िर* (कविता-संग्रह) प्रकाशित

1982 *'कलाम-ए-फ़ैज'* प्रकाशित

1984 *सारे सुख़न हमारे* (फ़ैज़ समग्र) लंदन से प्रकाशित

1984 *नुस्ख़ा-हाए-वफ़ा* (फ़ैज़ समग्र) पाकिस्तान से प्रकाशित

1984 20 नवंबर को लाहौर में निधन

1986 *नुस्ख़ा-हाए-वफ़ा* देहली से प्रकाशित

1987 1987 में 'सारे सुखन हमारे' हिंदी में अब्दुल बिस्मिल्लाह के संपादन में प्रकाशित

1990 द एविसेना एवार्ड (मरणोपरांत)

1990 निशाने-इम्तियाज़ (पाकिस्तान सर्वोच्च नागरिक सम्मान, मरणोपरांत)

●●●

फ़ैज़ अजमद फ़ैज़ : कुछ छवियां

बिश्वजीत दास

राजकुमार
2010

नंद कट्याल

समीक्षा

आज बाज़ार में
पा-ब जौलां चलो
दस्त-अफ़्शां चलो
मस्त-ओ रक़्सां चलो
ख़ाक-बर-सर चलो
ख़ूं-ब दामां चलो
फ़ैज़ अहमद फ़ैज़
1911-1984
देवेन्द्र
2010